KB055892

건강·재물·승진·시험·취직·사업·애정·결혼운을 알기 쉽게
월(月)별로 미리 찾아볼 수 있는 운세 비결서

행운을 잡는
족집게

토정
비결

토정(土亭) 이지함 원저
호산(湖山) 염경만(정명철학원장) 해설

ᄿᄿᄿ 태웅출판사

인간에게 내일이 없다면 오늘의 의미는 상실되고 말 것이며 오늘의 곤경을 참고 견디어야 할 이유를 잃어버리게 될 것이다. 흔히들 인생에 있어서 삶은 천태만상(千態萬象)이라고 하지만 희로애락(喜怒哀樂)이 생활에 깊숙이 스며들어 있어 부귀공명(富貴功名)과 영화(榮華)는 환경과 감정에 따라 조금씩의 차이가 있게 마련이다.

이러한 우리들의 인생살이를 144 종류로 분류 정리하여 운명의 기본을 설정하고 해마다 달라지는 일 년 신수를 점지한 사람은 한 시대(時代，·조선 명종)를 풍미했던 토정(土亭) 이지함(李之菡) 선생이었으며, 그 동안 전래되어 오던 책이 그 유명한 『토정비결(土亭秘訣)』인 것이다.

『토정비결』은 일 년(一年)의 신수를 매월별로 찾아볼 수 있도록 만든 일종의 예언서이자 운세비결서로 인생 지침서의 역할을 담당해 왔다. 그러나 원문이 너무 어렵고 지나친 추상 부분이 많은 한문(漢文)으로 쓰여 있어 21세기를 살아가는 현대인들에게는 이해하기 힘든 애로사항이 있기 때문에 너무나 요원한 거리감이 있는 것이 사실이다.

그래서 해설자는 현대인들을 위해 즉 현대판 『토정비결』을 만들어 보겠다는 의도로 감히 『토정비결』을 해설하였다.

1999년 1월 초판이 발행된 후 전국 독자 여러분들의 열렬한 성원과 격려에 힘입어 수십 쇄를 거듭하였고, 그 뒤 2005년 내용을 부분적으로 수정 보완했으며, 2012년 10월 수록된 내용을 전면적으로 개정 보완하여 한글세대들이 누구나 쉽게 이해할 수 있도록 꾸몄다.

이 책『토정비결』은 건강,· 재물· 승진· 시험· 취직· 사업· 애정· 결혼운 등을 알기 쉽게 월(月)별로 찾아볼 수 있는 장점이 있으므로 당신에게 앞으로 찾아올 10년 (2013~2022년) 동안의 원대한 계획을 세우고 행운을 잡으십시오.

이 책은 원문의 본뜻을 충분히 살리면서 현대감각에 맞도록 최선을 다하였으나 더욱 옹골지게 쓰지 못한 곳이 없지는 않을까(?) 하는 걱정이 앞선다.

무릇 비를 대비하여 우산을 준비하고, 영하의 날씨에 대비하여 난방을 준비하고 가뭄에 대비하여 물을 저장하고, 홍수에 대비하여 제방을 쌓듯이 유비무환(有備無患)의 정신으로 이 책을 참고하여 자신의 길흉(吉凶)에 대비하면서 생활해 나간다면 더욱 알차고 도움이 되는 삶이 될 것이다.

'행운을 잡는 족집게 토정비결'이 급변하는 시대에 건강을 더해 주는 생활의 활력소요, 꼭 필요한 지침서가 되기를 바라며, 이 책이 출판되기까지 많은 도움을 주신 태웅출판사 조종덕 사장님, 유종무 주간님, 김영국님께 깊은 감사를 드린다.

당산동 서가에서
湖山 염경만

제1장
토정비결과 운명

1. 다섯 성(五姓) 보기

목성(木姓)

김(金), 박(朴), 조(趙), 최(崔), 유(兪), 홍(洪), 조(曹), 류(劉), 고(高), 공(孔), 차(車), 강(康), 염(廉), 주(朱), 육(陸), 동(董), 우(虞), 주(周), 연(延), 추(秋)

화성(火姓)

이(李), 윤(尹), 정(鄭), 강(姜), 채(蔡), 라(羅), 신(辛), 정(丁), 전(全), 변(邊), 지(池), 석(石), 진(陳), 길(吉), 옥(玉), 탁(卓), 등(鄧), 설(薛), 함(咸), 구(具), 주(奏), 당(唐), 선(宣)

토성(土姓)

송(宋), 권(權), 민(閔), 임(任), 엄(嚴), 손(孫), 피(皮), 구(丘), 도(都), 전(田), 심(沈), 봉(奉), 명(明), 감(甘), 현(玄), 목(睦), 동(童), 공(貢)

금성(金姓)

서(徐), 황(黃), 한(韓), 성(成), 남(南), 유(柳), 신(申), 안(安), 곽(郭), 노(盧), 배(裵), 문(文), 왕(王), 원(元), 양(梁), 방(方), 두(杜), 백(白), 하(河), 양(楊), 장(張), 경(慶), 음(陰), 장(蔣), 편(片), 진(晋), 반(班)

수성(水姓)

오(吳), 여(呂), 우(禹), 기(奇), 허(許), 소(蘇), 마(馬), 노(魯), 천(千), 맹(孟), 변(卞), 복(卜), 어(魚), 경(庚), 용(龍), 모(牟), 남궁(南宮), 황보(皇甫), 선우(鮮于), 동방(東方), 매(梅), 표(表)

※ 위 다섯 성(姓)은 본 「토정비결」 본문 속에서 서술되는 것임.

14

2. 토정비결의 원리

옛날에는 하루를 자시(子時)가 지나면 축시(丑時), 축시가 지나면 인시(寅時)가 됨으로 자, 축, 인, 묘, 진, 사, 오, 미, 신, 유, 술, 해(子, 丑, 寅, 卯, 辰, 巳, 午, 未, 申, 酉, 戌, 亥)라 했다. 그러나 그 12시각은 일 년 열두 달(12) 무상한 변화를 일으킨다고 생각하였던 바 「토정비결」의 원리로 등장하였으며, 12시각×12개월=144 즉 인생의 종류를 144괘로 분류하여 설명한 것이다.

또한 「토정비결」은 일 년의 신수를 팔괘(八卦)로 연결지어 지은 것인데 팔괘는 하늘과 땅을 근거로 만물의 근본이 되는 물과 불, 산과 못, 천둥, 바람의 특징을 위주로 하여 운명을 점지한 것이다.

하늘은 건(乾 ☰), 땅은 곤(坤 ☷), 물은 감(坎 ☵), 불은 리(離 ☲), 산은 간(艮 ☶), 못은 태(兌 ☱), 천둥은 진(震 ☳), 바람은 손(巽 ☴)으로 정했다.

즉 천지(天地) 공간 작용을 형상으로 나타낸 팔괘는 둘씩 겹치게 됨으로써 무상한 변화가 일어나는데 두 괘(卦)가 만나서 변하는 획이 모두 여섯이므로 이를 육효(六爻)라 한다.

그 육효 중에서 1년 신수마다 수시로 변하는 변수를 셋(3)으로 보아 '토정비결'의 8괘인 8과 6효인 6과 변수인 3을 근거로 하여 6×8=48×3=144괘가 나오게 된 것이다.

이는 12시각×12개월(144) 합수(合數)와 맞아 떨어지는 숫자인 것이다. 그러므로 '토정비결'을 144괘로 신수를 풀어 놓은 것이다.

3. 토정비결 보는 법

「토정비결」은 반드시 음력으로만 보도록 되어 있다. 먼저 자기의 나이 숫자를 놓고 신수를 보고자 하는 해의 간지(干支)를 다음의 도표에서 찾아보면 연수(年數)인 태세수(太歲數)가 있으니 그 숫자를 나이 숫자와 합(合)하여 8로 나눈다. 나누어 남는 숫자가 상수(上數)가 된다.

예를 들자면 31세인 사람이 서기 2013년의 신수를 보려면 31이라는 숫자에다 2013년의 간지(干支)인 계사년(癸巳年)의 태세수인 14를 합한 31+14=45를 8로 나누면 5가 남으니 상수(上數)로 정한다. 즉, 상수는 5가 되는 것이다. 만약 합수(合數)가 56이 나오면 8로 나누어 딱 떨어지고 나머지가 없으니 8을 상수로 정한다.

다음에 자기가 태어난 달의 신수를 보고자 하는 2013년인 계사년(癸巳年)의 달(月)이 크면 30일이니 30을 놓고 작으면 29일이니 29를 놓는다. 그런 다음 생월(生月)의 월건수(月建數)를 합하여 6으로 나눈다.

예를 들자면 3월생이라면 2013년 3월은 크므로(큰 달) 30을 놓고 그 해 3월의 간지(干支)가 병진(丙辰)이므로 병진(丙辰)의 월건수인 12를 합(合)하면 42가 되니 6으로 나누면 딱 떨어지고 나머지가 없으니 6을 중수(中數)로 정한다. 그 다음은 생일(生日) 숫자를 놓고 생일의 일진(日辰)을 찾아 그 일진의 숫자가 얼마인가를 도표에서 찾아 합산한 뒤에 다시 3으로 나누어 마지막 숫자를 하수(下數)로 정한다.

예를 들어 3월 8일생이라면 8에다 2013년 3월 8일의 일진이 계축(癸丑)이므로 계축(癸丑)의 일진수인 16을 합하면 24가 되니, 3으로 나누면 딱 떨어지고 나머지가 없으니 3을 하수(下數)로 정한다.

서기 2013년에 31세가 된 3월 8일이 생일인 사람은 계사년(癸巳年), 병진월(丙辰月), 계축일(癸丑日)이다.

즉, 태세수와 월건수와 일진수를 합하여 얻은 상수인 5와 중수인 6을 하수인 3을

순서대로 나열하니 **563**이라는 괘를 얻어 낸 것이다. 토정비결에서 **563**괘를 찾아서 읽으면 그 해의 신수를 알 수 있다. 그러나 이 방법은 『만세력』이 있어야 가능한 고로 만세력이 없는 분들을 위해 또한 만세력이 있어도 계산하기 귀찮아하는 분들을 위해 해설자가 쉽게 찾아서 볼 수 있도록 2013년부터 2022년까지의 운세조견표를 실어 놓았으니 많이 활용하시기 바란다.

참고로 괘(卦)를 뽑아내는 법을 익혀 두면 향후 몇 십 년 후라도 이 책을 활용하여 그 해의 운세를 볼 수 있다.

4. 수리법(數理法)

연월일(年月日) 공통으로 천간(天干)을 수로 정하는 법은 다음과 같다.

$$\begin{matrix} 甲 \\ 己 \end{matrix}\Big] 9 \qquad \begin{matrix} 乙 \\ 庚 \end{matrix}\Big] 8 \qquad \begin{matrix} 丙 \\ 辛 \end{matrix}\Big] 7 \qquad \begin{matrix} 丁 \\ 壬 \end{matrix}\Big] 6 \qquad \begin{matrix} 戊 \\ 癸 \end{matrix}\Big] 5$$

연월일별의 지지(地支)를 수로 정하는 법은 다음과 같다

	子	丑	寅	卯	辰	巳	午	未	申	酉	戌	亥
태세수	11	13	10	10	13	9	9	13	12	12	13	11
월건수	9	8	7	6	5	4	9	8	7	6	5	4
일진수	9	11	8	8	11	7	7	11	10	10	11	9

해설:간지(干支)가 갑자(甲子)라면 천간인 갑(甲)의 숫자가 9이고, 지지인 자(子)의 태세수가 11, 월건수가 9, 일진수가 9이므로 이를 각각 합산하여 갑자(甲子)의 태세수는 甲의 숫자인 9와 子의 태세수인 11을 합하여 20이 되고, 甲子의 일진수는 甲의 숫자인 9와 子의 월건수인 9를 합하여 18이 되며, 甲子의 일진수는 갑의 숫자인 9와 子의 일진수인 9를 합하여 18이 된다. 이와 같이 모든 육갑은 태세수와 월건수와 일진수를 정하게 된다.

다음 도표는 이 원리를 이용하여 만든 것이니 많이 활용하시길 바란다.

5. 태세수 · 월건수 · 일진수

태세수(太歲數)는 년(年)으로, 월건수(月建數)는 월(月)로, 일진수(日辰數)는 일(日)로 표시하였다.

甲子 年20 月18 日18	甲戌 年22 月14 日20	甲申 年21 月16 日19	甲午 年18 月18 日16	甲辰 年22 月14 日20	甲寅 年19 月16 日17
乙丑 年21 月16 日19	乙亥 年19 月12 日17	乙酉 年20 月14 日18	乙未 年21 月16 日19	乙巳 年17 月12 日15	乙卯 年18 月14 日16
丙寅 年17 月14 日15	丙子 年18 月16 日16	丙戌 年20 月12 日18	丙申 年19 月14 日17	丙午 年16 月16 日14	丙辰 年20 月12 日18
丁卯 年16 月12 日14	丁丑 年19 月14 日17	丁亥 年17 月10 日15	丁酉 年18 月12 日16	丁未 年19 月14 日17	丁巳 年15 月10 日13
戊辰 年18 月10 日16	戊寅 年15 月12 日13	戊子 年16 月14 日14	戊戌 年18 月10 日16	戊申 年17 月12 日15	戊午 年14 月14 日12
己巳 年18 月13 日16	己卯 年19 月15 日17	己丑 年22 月17 日20	己亥 年20 月13 日18	己酉 年21 月15 日19	己未 年22 月17 日20
庚午 年17 月17 日15	庚辰 年21 月13 日19	庚寅 年18 月15 日16	庚子 年19 月17 日17	庚戌 年21 月13 日19	庚申 年20 月15 日18
辛未 年20 月15 日18	辛巳 年16 月11 日14	辛卯 年17 月13 日15	辛丑 年20 月15 日18	辛亥 年18 月11 日16	辛酉 年19 月13 日17
壬申 年18 月13 日16	壬午 年15 月15 日13	壬辰 年19 月11 日17	壬寅 年16 月13 日14	壬子 年17 月15 日15	壬戌 年19 月11 日17
癸酉 年17 月11 日15	癸未 年18 月13 日16	癸巳 年14 月9 日12	癸卯 年15 月11 日13	癸丑 年18 月13 日16	癸亥 年16 月9 日14

6. 월건(月建) 보는 법

태어난 해의 천간(天干) 즉 년간(年干)에 태어난 달을 맞추면 된다. 갑오(甲午)년 7월에 태어났다면 년간(年干)이 갑(甲)이므로 그 해 7월은 임신(壬申)월이 된다.

월별 절후 년간	1월 입춘	2월 경칩	3월 청명	4월 입하	5월 망종	6월 소서	7월 입추	8월 백로	9월 한로	10월 입동	11월 대설	12월 소한
甲·己	丙寅	丁卯	戊辰	己巳	庚午	辛未	壬申	癸酉	甲戌	乙亥	丙子	丁丑
乙·庚	戊寅	己卯	庚辰	辛巳	壬午	癸未	甲申	乙酉	丙戌	丁亥	戊子	己丑
丙·辛	庚寅	辛卯	壬辰	癸巳	甲午	乙未	丙申	丁酉	戊戌	己亥	庚子	辛丑
丁·壬	壬寅	癸卯	甲辰	乙巳	丙午	丁未	戊申	己酉	庚戌	辛亥	壬子	癸丑
戊·癸	甲寅	乙卯	丙辰	丁巳	戊午	己未	庚申	辛酉	壬戌	癸亥	甲子	乙丑

시(時) 일으키는 법

태어난 날의 일진(日辰)의 천간(天干)에 태어난 시(時)를 맞추면 된다. 가령 갑자(甲子)일 오(午)시에 태어났다면 생일의 천간이 갑(甲)이므로 그 날 오(午)시는 경오(庚午)시가 된다.

시간 일진	子시	丑시	寅시	卯시	辰시	巳시	午시	未시	申시	酉시	戌시	亥시
甲己日	甲子	乙丑	丙寅	丁卯	戊辰	己巳	庚午	辛未	壬申	癸酉	甲戌	乙亥
乙庚日	丙子	丁丑	戊寅	己卯	庚辰	辛巳	壬午	癸未	甲申	乙酉	丙戌	丁亥
丙辛日	戊子	己丑	庚寅	辛卯	壬辰	癸巳	甲午	乙未	丙申	丁酉	戊戌	己亥
丁壬日	庚子	辛丑	壬寅	癸卯	甲辰	乙巳	丙午	丁未	戊申	己酉	庚戌	辛亥
戊癸日	壬子	癸丑	甲寅	乙卯	丙辰	丁巳	戊午	己未	庚申	辛酉	壬戌	癸亥

제2장

토정비결 운세 조견표
(2013년~2022년)

토정비결 운세 보는 법

예 ① : 서기 2013년 31세 된 3월 8일(음력)이 생일인 사람은 나이란 밑에 태세수를 보면 5이요 태어난 달(중수)을 보면 3월이 6이며 태어난 날(하수)을 보면 3월 8일이 3이 되니 **563괘**를 읽으면 2013년 신수를 알 수 있다.

예 ② : 서기 2014년에 28세가 된 5월 5일(음력)이 생일인 사람은 나이란 밑에 태세수를 보면 6이요. 태어난 달(중수)을 보면 5월이 4이며 태어난 날(하수)을 보면 5월 5일이 1이 되니 **641괘**를 읽으면 2014년 신수를 알 수 있다.

예 ③ : 서기 2015년에 47세가 된 10월 3일(음력)이 생일인 사람은 나이란 밑에 태세수를 보면 4이요 태어난 달(중수)을 보면 10월이 3이며 태어난 날(하수)을 보면 10월 3일이 1이 되니. **431괘**를 읽으면 2015년 신수를 알 수 있다.

예 ④ : 서기 2016년에 52세가 된 3월 6일(음력)이 생일인 사람은 나이란 밑에 태세수를 보면 7이요 태어난 달(중수)을 보면 3월이 5이며 태어난 날(하수)을 보면 3월 6일이 3이 되니 **753괘**를 읽으면 2016년 신수를 알 수 있다.

예 ⑤ : 서기 2017년에 35세가 된 9월 16일(음력)이 생일인 사람은 나이란 밑에 태세수를 보면 5이요 태어난 달(중수)을 보면 9월이 6이며 태어난 날(하수)을 보면 9월 16일이 2가 되니 **562괘**를 읽으면 2017년 신수를 알 수 있다.

예 ⑥ : 서기 2018년에 47세가 된 8월 10일(음력)이 생일인 사람은 나이란 밑에 태세수를 보면 1이요, 태어난 달(중수)을 보면 8월이 6이며 태어난 날(하수)을 보면 8월 10일이 3이 되니 **163괘**를 읽으면 2018년 신수를 알 수 있다.

예 ⑦ : 서기 2019년에 53세가 된 12월 4일(음력)이 생일인 사람은 나이란 밑에 태세수를 보면 1이요, 태어난 달(중수)을 보면 12월이 2이며 태어난 날(하수)을 보면 12월 4일이 3이 되니 **123괘**를 읽으면 2019년 신수를 알 수 있다.

예 ⑧ : 서기 2020년 68세 된 7월 19일(음력)이 생일인 사람은 나이란 밑에 태세수를 보면 7이요. 태어난 달(중수)을 보면 7월이 3이며 태어난 날(하수)을 보면 7월 19일이 1이 되니 **731괘**를 읽으면 2020년 신수를 알 수 있다.

예 ⑨ : 서기 2021년에 67세가 된 1월 29일(음력)이 생일인 사람은 나이란 밑에 태세수를 보면 7이요. 태어난 달(중수)을 보면 1월이 2이며 태어난 날(하수)을 보면 1월 29일이 1이 되니 **721괘**를 읽으면 2021년 신수를 알 수 있다.

예 ⑩ : 서기 2022년에 51세가 된 10월 3일(음력)이 생일인 사람은 나이란 밑에 태세수를 보면 3이요 태어난 달(중수)을 보면 10월이 5이며 태어난 날(하수)을 보면 10월 3일이 1이 되니. **351괘**를 읽으면 2022년 신수를 알 수 있다.

2013년 (단기 4346년) - 계사년(癸巳年)

태어난 해(상수, 태세수)

나이	계사 1	임진 2	신묘 3	경인 4	기축 5	무자 6	정해 7	병술 8	을유 9	갑신 10	계미 11	임오 12	신사 13	경진 14	기묘 15	무인 16	정축 17	병자 18	을해 19	갑술 20
태세수	7	8	1	2	3	4	5	6	7	8	1	2	3	4	5	6	7	8	1	2
나이	계유 21	임신 22	신미 23	경오 24	기사 25	무진 26	정묘 27	병인 28	을축 29	갑자 30	계해 31	임술 32	신유 33	경신 34	기미 35	무오 36	정사 37	병진 38	을묘 39	갑인 40
태세수	3	4	5	6	7	8	1	2	3	4	5	6	7	8	1	2	3	4	5	6
나이	계축 41	임자 42	신해 43	경술 44	기유 45	무신 46	정미 47	병오 48	을사 49	갑진 50	계묘 51	임인 52	신축 53	경자 54	기해 55	무술 56	정유 57	병신 58	을미 59	갑오 60
태세수	7	8	1	2	3	4	5	6	7	8	1	2	3	4	5	6	7	8	1	2
나이	계사 61	임진 62	신묘 63	경인 64	기축 65	무자 66	정해 67	병술 68	을유 69	갑신 70	계미 71	임오 72	신사 73	경진 74	기묘 75	무인 76	정축 77	병자 78	을해 79	갑술 80
태세수	3	4	5	6	7	8	1	2	3	4	5	6	7	8	1	2	3	4	5	6
나이	계유 81	임신 82	신미 83	경오 84	기사 85	무진 86	정묘 87	병인 88	을축 89	갑자 90	계해 91	임술 92	신유 93	경신 94	기미 95	무오 96	정사 97	병진 98	을묘 99	갑인 100
태세수	7	8	1	2	3	4	5	6	7	8	1	2	3	4	5	6	7	8	1	2

태어난 달 (중수)

	1월	2월	3월	4월	5월	6월	7월	8월	9월	10월	11월	12월
	갑인大	을묘小	병진大	정사大	무오小	기미大	경신小	신유大	임술小	계해大	갑자小	을축大
	4	1	6	4	1	5	2	1	4	3	5	4

태어난 날 (하수)

날짜	1	2	3	4	5	6	7	8	9	10	11	12	13	14	15	16	17	18	19	20	21	22	23	24	25	26	27	28	29	30
1월	3	2	1	2	3	3	2	1	1	1	3	3	3	2	2	3	1	3	2	2	2	2	3	3	1	3	3	3	1	1
2월	3	3	2	2	1	1	2	3	3	1	2	2	3	3	1	2	1	2	1	1	2	2	2	1	1	1	3	2	2	
3월	3	1	3	2	3	1	1	3	2	2	2	1	1	1	3	3	1	2	1	3	3	3	3	1	1	2	1	1	1	2
4월	2	1	1	3	2	3	3	1	1	2	3	1	1	1	3	3	2	3	2	3	3	3	2	2	2	1	3	3	1	3
5월	3	1	3	2	3	1	1	3	2	3	1	1	1	3	3	1	2	2	3	3	1	1	2	1	1	1	1	1	1	3
6월	3	3	2	2	1	1	3	3	1	2	2	3	1	1	2	2	2	1	3	1	3	3	1	1	1	3	3	3	2	
7월	1	1	2	1	3	1	2	2	1	3	3	3	2	2	2	1	1	3	2	1	1	1	1	2	2	3	2	2	1	
8월	3	1	1	3	2	3	1	2	3	1	2	3	1	3	3	3	1	2	1	2	1	1	2	2	2	1	1	1		
9월	3	2	2	3	2	1	2	3	3	2	1	1	1	3	3	3	2	2	3	1	3	2	2	2	2	3	3	1	3	3
10월	1	1	2	2	1	3	2	2	3	3	2	1	3	3	2	3	2	3	3	2	2	3	3	3	2	2	3	3		
11월	2	1	3	3	1	3	2	3	1	2	3	1	2	2	2	1	1	1	3	3	1	2	1	3	3	3	3	1	1	2
12월	2	2	2	3	3	2	2	1	1	3	3	3	1	2	2	3	1	1	2	2	2	2	1	3	1	3	3	1	1	3

2014년 (단기 4347년) - 갑오년(甲午年)

태어난 해(상수, 태세수)

나이	갑오 1	계사 2	임진 3	신묘 4	경인 5	기축 6	무자 7	정해 8	병술 9	을유 10	갑신 11	계미 12	임오 13	신사 14	경진 15	기묘 16	무인 17	정축 18	병자 19	을해 20
태세수	3	4	5	6	7	8	1	2	3	4	5	6	7	8	1	2	3	4	5	6
나이	갑술 21	계유 22	임신 23	신미 24	경오 25	기사 26	무진 27	정묘 28	병인 29	을축 30	갑자 31	계해 32	임술 33	신유 34	경신 35	기미 36	무오 37	정사 38	병진 39	을묘 40
태세수	7	8	1	2	3	4	5	6	7	8	1	2	3	4	5	6	7	8	1	2
나이	갑인 41	계축 42	임자 43	신해 44	경술 45	기유 46	무신 47	정미 48	병오 49	을사 50	갑진 51	계묘 52	임인 53	신축 54	경자 55	기해 56	무술 57	정유 58	병신 59	을미 60
태세수	3	4	5	6	7	8	1	2	3	4	5	6	7	8	1	2	3	4	5	6
나이	갑오 61	계사 62	임진 63	신묘 64	경인 65	기축 66	무자 67	정해 68	병술 69	을유 70	갑신 71	계미 72	임오 73	신사 74	경진 75	기묘 76	무인 77	정축 78	병자 79	을해 80
태세수	7	8	1	2	3	4	5	6	7	8	1	2	3	4	5	6	7	8	1	2
나이	갑술 81	계유 82	임신 83	신미 84	경오 85	기사 86	무진 87	정묘 88	병인 89	을축 90	갑자 91	계해 92	임술 93	신유 94	경신 95	기미 96	무오 97	정사 98	병진 99	을묘 100
태세수	3	4	5	6	7	8	1	2	3	4	5	6	7	8	1	2	3	4	5	6

태어난 달	1월	2월	3월	4월	5월	6월	7월	8월	9월	9월윤	10월	11월	12월
	병인小	정묘大	무진小	기사大	경오小	신미大	임신小	계유大	갑술大	갑술小	을해大	병자小	정축大
	1	6	3	1	4	3	6	5	2	1	6	3	2

날짜	1	2	3	4	5	6	7	8	9	10	11	12	13	14	15	16	17	18	19	20	21	22	23	24	25	26	27	28	29	30
1월	3	3	2	1	1	2	1	3	1	2	2	1	3	3	3	2	2	2	1	1	2	3	2	1	1	1	1	2	2	3
2월	1	3	3	3	1	1	3	3	2	2	2	1	2	2	3	3	3	2	1	2	1	1	2	2	2	2				
3월	1	1	1	3	2	2	3	2	1	2	3	3	2	1	1	1	3	3	3	2	3	1	3	2	2	2	2	3	1	
4월	1	2	1	1	1	2	2	1	1	3	3	2	2	3	1	1	2	3	3	1	1	1	1	3	2	3	2	3	3	3
5월	3	2	2	2	1	3	3	1	3	2	1	3	2	2	2	1	1	2	3	2	2	1	1	1	2	1	3	3	3	2
6월	2	2	3	2	2	2	3	3	2	2	1	1	3	3	1	2	2	3	1	2	2	2	1	3	3	1				
7월	1	1	3	3	3	2	1	1	2	1	3	1	2	2	1	3	3	3	2	2	1	1	1	2	3	2	1	1	1	3
8월	2	3	3	1	3	3	1	1	3	2	3	2	1	1	2	1	3	3	3	2	1	1	2	2	3	2	1	2	1	1
9월	2	2	2	1	1	1	3	2	2	3	2	1	2	3	3	2	1	1	1	3	3	3	2	2	1	3	2	2	2	
9월윤	2	3	3	1	2	2	3	3	1	2	1	2	1	3	2	3	2	2	1	1	2	3	3	2	2	2	1	1	3	
10월	2	3	3	3	2	2	2	1	3	3	1	3	2	3	1	1	3	2	2	2	1	1	1	3	3	1	2	1	3	3
11월	3	3	1	1	2	1	1	1	2	2	1	1	3	3	2	2	3	1	1	2	3	3	1	1	1	1	3	2	3	1
12월	3	3	1	1	1	3	3	3	2	1	1	2	1	2	1	2	2	1	3	3	3	2	2	2	1	1	2	3	2	1

2015년 (단기 4348년) - 을미년(乙未年)

태어난 해(상수, 태세수)

나이	을미1	갑오2	계사3	임진4	신묘5	경인6	기축7	무자8	정해9	병술10	을유11	갑신12	계미13	임오14	신사15	경진16	기묘17	무인18	정축19	병자20
태세수	6	7	8	1	2	3	4	5	6	7	8	1	2	3	4	5	6	7	8	1
나이	을해21	갑술22	계유23	임신24	신미25	경오26	기사27	무진28	정묘29	병인30	을축31	갑자32	계해33	임술34	신유35	경신36	기미37	무오38	정사39	병진40
태세수	2	3	4	5	6	7	8	1	2	3	4	5	6	7	8	1	2	3	4	5
나이	을묘41	갑인42	계축43	임자44	신해45	경술46	기유47	무신48	정미49	병오50	을사51	갑진52	계묘53	임인54	신축55	경자56	기해57	무술58	정유59	병신60
태세수	6	7	8	1	2	3	4	5	6	7	8	1	2	3	4	5	6	7	8	1
나이	을미61	갑오62	계사63	임진64	신묘65	경인66	기축67	무자68	정해69	병술70	을유71	갑신72	계미73	임오74	신사75	경진76	기묘77	무인78	정축79	병자80
태세수	2	3	4	5	6	7	8	1	2	3	4	5	6	7	8	1	2	3	4	5
나이	을해81	갑술82	계유83	임신84	신미85	경오86	기사87	무진88	정묘89	병인90	을축91	갑자92	계해93	임술94	신유95	경신96	기미97	무오98	정사99	병진100
태세수	6	7	8	1	2	3	4	5	6	7	8	1	2	3	4	5	6	7	8	1

태어난 달 (중수)

	1월	2월	3월	4월	5월	6월	7월	8월	9월	10월	11월	12월
	무인小	기묘大	경진小	신사小	임오大	계미小	갑신大	을유大	병술大	정해小	무자大	기축小
	5	3	6	4	3	6	4	2	3	3	2	4

날짜	1	2	3	4	5	6	7	8	9	10	11	12	13	14	15	16	17	18	19	20	21	22	23	24	25	26	27	28	29	30
1월	1	1	1	2	2	3	2	2	2	3	3	2	2	1	1	3	3	1	2	2	3	1	1	2	2	2	2	1	3	1
2월	2	1	1	2	2	2	1	1	1	3	2	2	3	2	1	2	3	3	2	1	1	1	3	3	3	2	2	3	1	3
3월	2	2	2	2	3	3	1	3	3	3	1	1	3	3	2	2	1	1	2	3	3	1	2	2	3	3	3	3	2	1
4월	2	3	2	2	3	3	3	2	2	3	1	3	3	2	3	1	3	3	2	2	1	1	1	3	3	1	2	3	1	2
5월	3	2	1	1	1	1	2	1	3	3	2	3	3	2	2	1	1	3	3	1	2	2	3	1	1	2	2	2	2	2
6월	1	3	1	3	3	1	1	1	3	3	2	3	1	1	2	1	3	1	2	1	2	1	3	3	2	2	1	1	1	3
7월	3	1	3	2	2	2	2	2	3	3	1	3	1	3	2	1	3	2	3	2	1	2	3	2	3	1	1	3	3	2
8월	3	1	3	2	3	2	2	1	1	3	2	2	3	2	1	2	3	2	1	1	1	3	3	2	1	1	1	3	3	2
9월	3	1	3	2	2	2	3	2	3	3	1	1	2	3	2	2	1	1	3	3	1	2	3	1	2	2	3	3	3	3
10월	3	2	1	2	1	1	2	2	3	3	1	3	2	3	1	2	1	2	2	3	1	1	3	3	2	1	1	3	3	3
11월	3	1	2	1	3	3	3	3	1	1	2	1	1	1	2	2	1	1	3	3	2	2	3	1	1	2	3	3	1	1
12월	1	1	3	2	3	2	2	2	3	3	3	2	2	2	1	3	3	1	3	2	3	1	1	3	2	2	2	1	1	1

2016년 (단기 4349년) - 병신년(丙申年)

태어난 해(상수, 태세수)

나이	병신 1	을미 2	갑오 3	계사 4	임진 5	신묘 6	경인 7	기축 8	무자 9	정해 10	병술 11	을유 12	갑신 13	계미 14	임오 15	신사 16	경진 17	기묘 18	무인 19	정축 20
태세수	4	5	6	7	8	1	2	3	4	5	6	7	8	1	2	3	4	5	6	7
나이	병자 21	을해 22	갑술 23	계유 24	임신 25	신미 26	경오 27	기사 28	무진 29	정묘 30	병인 31	을축 32	갑자 33	계해 34	임술 35	신유 36	경신 37	기미 38	무오 39	정사 40
태세수	8	1	2	3	4	5	6	7	8	1	2	3	4	5	6	7	8	1	2	3
나이	병진 41	을묘 42	갑인 43	계축 44	임자 45	신해 46	경술 47	기유 48	무신 49	정미 50	병오 51	을사 52	갑진 53	계묘 54	임인 55	신축 56	경자 57	기해 58	무술 59	정유 60
태세수	4	5	6	7	8	1	2	3	4	5	6	7	8	1	2	3	4	5	6	7
나이	병신 61	을미 62	갑오 63	계사 64	임진 65	신묘 66	경인 67	기축 68	무자 69	정해 70	병술 71	을유 72	갑신 73	계미 74	임오 75	신사 76	경진 77	기묘 78	무인 79	정축 80
태세수	8	1	2	3	4	5	6	7	8	1	2	3	4	5	6	7	8	1	2	3
나이	병자 81	을해 82	갑술 83	계유 84	임신 85	신미 86	경오 87	기사 88	무진 89	정묘 90	병인 91	을축 92	갑자 93	계해 94	임신 95	신유 96	경신 97	기미 98	무오 99	정사 100
태세수	4	5	6	7	8	1	2	3	4	5	6	7	8	1	2	3	4	5	6	7

태어난 달(중수)

	1월	2월	3월	4월	5월	6월	7월	8월	9월	10월	11월	12월
태어난 달 (중수)	경인大	신묘小	임진大	계사小	갑오小	을미大	병신小	정유大	무술大	기해小	경자大	신축大
	3	6	5	2	5	4	1	6	4	6	5	3

날짜	1	2	3	4	5	6	7	8	9	10	11	12	13	14	15	16	17	18	19	20	21	22	23	24	25	26	27	28	29	30
1월	3	1	2	1	3	3	3	3	1	1	2	1	1	1	2	2	1	1	3	3	2	2	3	1	1	2	3	3	1	2
2월	2	2	2	1	3	1	3	3	1	1	1	3	3	3	2	1	1	3	1	2	2	1	3	3	3	2	2	1		
3월	3	2	2	3	1	3	2	2	2	2	3	3	1	3	3	3	1	1	3	2	2	1	1	2	3	3	1	2	2	
4월	3	3	3	3	2	1	2	1	1	2	2	1	1	1	3	2	2	3	2	1	2	3	3	2	1	1	1	3	1	
5월	1	1	3	3	1	2	1	3	3	3	3	1	1	2	1	1	1	2	1	1	2	3	2	3	1	1	2	2		
6월	1	1	2	2	2	2	1	3	1	3	3	1	1	3	3	3	1	1	2	1	2	1	3	1	2	2	1	3	3	3
7월	2	2	2	1	1	2	3	2	1	1	1	1	2	2	3	2	2	2	3	2	2	1	1	3	3	1	2	2	1	
8월	1	2	2	3	3	3	3	2	1	2	1	1	2	3	2	2	1	1	1	3	2	2	3	2	2	1	1	2	1	1
9월	1	3	3	3	2	2	3	1	3	2	2	2	2	3	3	1	3	3	3	1	1	3	3	2	2	1	1	2	3	3
10월	1	2	2	3	3	3	3	3	1	2	1	1	2	3	2	2	3	2	2	1	1	2	3	3	2	2	3	2	1	1
11월	2	2	1	1	1	3	3	1	2	1	3	3	3	3	1	1	1	2	1	1	2	2	1	3	3	2	2	1		
12월	1	2	3	3	1	1	1	1	3	2	3	2	2	3	3	3	2	2	2	1	3	3	1	3	2	3	1	1	3	2

2017년 (단기 4350년) - 정유년(丁酉年)

태어난 해(상수, 태세수)

나이	정유 1	병신 2	을미 3	갑오 4	계사 5	임진 6	신묘 7	경인 8	기축 9	무자 10	정해 11	병술 12	을유 13	갑신 14	계미 15	임오 16	신사 17	경진 18	기묘 19	무인 20
태세수	3	4	5	6	7	8	1	2	3	4	5	6	7	8	1	2	3	4	5	6
나이	정축 21	병자 22	을해 23	갑술 24	계유 25	임신 26	신미 27	경오 28	기사 29	무진 30	정묘 31	병인 32	을축 33	갑자 34	계해 35	임술 36	신유 37	경신 38	기미 39	무오 40
태세수	7	8	1	2	3	4	5	6	7	8	1	2	3	4	5	6	7	8	1	2
나이	정사 41	병진 42	을묘 43	갑인 44	계축 45	임자 46	신해 47	경술 48	기유 49	무신 50	정미 51	병오 52	을사 53	갑진 54	계묘 55	임인 56	신축 57	경자 58	기해 59	무술 60
태세수	3	4	5	6	7	8	1	2	3	4	5	6	7	8	1	2	3	4	5	6
나이	정유 61	병신 62	을미 63	갑오 64	계사 65	임진 66	신묘 67	경인 68	기축 69	무자 70	정해 71	병술 72	을유 73	갑신 74	계미 75	임오 76	신사 77	경진 78	기묘 79	무인 80
태세수	7	8	1	2	3	4	5	6	7	8	1	2	3	4	5	6	7	8	1	2
나이	정축 81	병자 82	을해 83	갑술 84	계유 85	임신 86	신미 87	경오 88	기사 89	무진 90	정묘 91	병인 92	을축 93	갑자 94	계해 95	임술 96	신유 97	경신 98	기미 99	무오 100
태세수	3	4	5	6	7	8	1	2	3	4	5	6	7	8	1	2	3	4	5	6

태어난 달

	1월	2월	3월	4월	5월	5월윤	6월	7월	8월	9월	10월	11월	12월
태어난 달	임인小	계묘大	갑진小	을사大	병오小	병오小	정미大	무신小	기유大	경술小	신해大	임자大	계축大
	6	5	1	6	3	3	2	3	6	3	5	3	1

날짜

날짜	1	2	3	4	5	6	7	8	9	10	11	12	13	14	15	16	17	18	19	20	21	22	23	24	25	26	27	28	29	30
1월	2	2	1	1	1	3	3	1	2	1	3	3	3	3	1	1	2	1	1	1	2	2	1	1	3	3	2	2	3	1
2월	1	2	3	3	1	1	1	1	3	2	3	2	2	3	3	3	2	2	1	3	3	1	3	2	3	1	2	3	2	
3월	3	3	3	2	2	2	1	1	2	3	2	1	1	1	1	2	3	2	2	2	3	3	2	2	1	1	3	3	1	
4월	2	3	3	1	2	2	3	3	3	3	3	2	1	2	1	1	2	2	1	1	1	3	2	2	3	2	1	2	3	3
5월	2	1	1	3	3	3	2	2	3	1	3	3	3	1	3	3	3	1	1	3	3	2	2	1	3	3	2	2	1	2
5월윤	2	3	1	1	2	3	3	1	1	1	1	3	2	3	2	2	3	3	3	2	2	2	1	3	3	1	3	2	3	3
6월	2	2	1	3	3	3	2	2	2	1	1	2	3	2	1	1	1	1	2	2	3	2	2	2	3	3	2	2	1	1
7월	3	3	1	2	2	3	1	1	2	2	2	2	1	3	1	3	3	1	1	1	3	3	3	2	1	1	2	1	3	2
8월	2	3	3	2	1	1	1	3	3	3	2	2	3	1	3	2	2	2	3	3	1	3	3	3	1	1	3	3	3	2
9월	2	1	1	2	3	3	3	2	2	3	1	1	1	3	3	2	1	1	3	3	2	2	1	1	1	3	2	3	2	1
10월	2	3	1	1	3	2	2	2	1	1	1	3	3	1	2	1	3	3	3	3	1	1	2	1	1	2	1	2	2	1
11월	3	3	2	2	3	1	1	2	3	3	1	1	1	1	3	2	3	2	2	3	3	3	2	2	2	1	3	3	1	3
12월	2	3	1	1	3	2	2	2	1	1	1	3	3	1	2	1	1	1	2	1	1	1	2	2	1	1	1	2	2	1

2018년 (단기 4351년) - 무술년(戊戌年)

태어난 해(상수, 태세수)

나이	무술 1	정유 2	병신 3	을미 4	갑오 5	계사 6	임진 7	신묘 8	경인 9	기축 10	무자 11	정해 12	병술 13	을유 14	갑신 15	계미 16	임오 17	신사 18	경진 19	기묘 20
태세수	3	4	5	6	7	8	1	2	3	4	5	6	7	8	1	2	3	4	5	6
나이	무인 21	정축 22	병자 23	을해 24	갑술 25	계유 26	임신 27	신미 28	경오 29	기사 30	무진 31	정묘 32	병인 33	을축 34	갑자 35	계해 36	임술 37	신유 38	경신 39	기미 40
태세수	7	8	1	2	3	4	5	6	7	8	1	2	3	4	5	6	7	8	1	2
나이	무오 41	정사 42	병진 43	을묘 44	갑인 45	계축 46	임자 47	신해 48	경술 49	기유 50	무신 51	정미 52	병오 53	을사 54	갑진 55	계묘 56	임인 57	신축 58	경자 59	기해 60
태세수	3	4	5	6	7	8	1	2	3	4	5	6	7	8	1	2	3	4	5	6
나이	무술 61	정유 62	병신 63	을미 64	갑오 65	계사 66	임진 67	신묘 68	경인 69	기축 70	무자 71	정해 72	병술 73	을유 74	갑신 75	계미 76	임오 77	신사 78	경진 79	기묘 80
태세수	7	8	1	2	3	4	5	6	7	8	1	2	3	4	5	6	7	8	1	2
나이	무인 81	정축 82	병자 83	을해 84	갑술 85	계유 86	임신 87	신미 88	경오 89	기사 90	무진 91	정묘 92	병인 93	을축 94	갑자 95	계해 96	임술 97	신유 98	경신 99	기미 100
태세수	3	4	5	6	7	8	1	2	3	4	5	6	7	8	1	2	3	4	5	6

태어난 달 (중수)	1월 갑인小	2월 을묘大	3월 병진小	4월 정사大	5월 무오小	6월 기미小	7월 경신大	8월 신유小	9월 임술大	10월 계해小	11월 갑자大	12월 을축大
	3	2	5	4	1	4	3	6	5	2	6	4

날짜	1	2	3	4	5	6	7	8	9	10	11	12	13	14	15	16	17	18	19	20	21	22	23	24	25	26	27	28	29	30
1월	3	2	1	2	3	3	2	1	1	3	3	3	2	2	3	1	3	2	2	2	2	3	3	1	3	3	3	1	1	1
2월	3	3	2	2	1	1	2	3	3	1	2	2	3	3	3	2	1	2	1	1	2	2	2	1	1	1	3	2	2	
3월	3	1	3	2	3	1	1	3	2	2	2	1	1	1	3	3	1	2	1	3	3	3	3	1	1	2	1	1	1	2
4월	2	1	3	3	2	3	3	1	2	3	2	2	1	1	1	1	3	3	1	2	1	3	3	2	3	2	2	2	1	
5월	3	1	3	2	3	1	1	3	2	2	2	1	1	1	3	3	1	2	1	3	3	3	3	1	1	2	1	1	1	3
6월	3	3	2	2	1	1	3	3	1	2	2	2	2	1	3	3	1	1	1	3	3	3	1	1	1	3	3	3	2	
7월	1	1	2	1	3	1	2	2	1	3	3	1	2	2	3	2	2	1	1	2	1	1	1	1	3	2	2	3	2	1
8월	3	1	1	3	3	2	2	1	1	2	3	1	3	3	3	3	2	1	2	1	1	2	2	2	1	1	1			
9월	3	2	2	3	2	1	2	3	2	1	1	1	3	3	2	2	3	2	3	2	2	2	3	3	1	3	3	1	3	3
10월	1	1	2	2	1	1	2	3	3	1	1	2	2	3	3	3	2	1	2	1	1	2	2	3	3	2	2	3	1	3
11월	2	1	3	3	1	3	2	3	1	1	3	2	2	2	1	1	1	3	3	1	2	1	3	3	3	3	1	1	2	2
12월	2	2	2	3	3	2	2	1	1	3	3	1	2	2	3	1	1	2	2	2	2	1	3	1	3	3	1	1	1	3

2019년 (단기 4352년) - 기해년(己亥年)

태어난 해(상수, 태세수)

나이	기해 1	무술 2	정유 3	병신 4	을미 5	갑오 6	계사 7	임진 8	신묘 9	경인 10	기축 11	무자 12	정해 13	병술 14	을유 15	갑신 16	계미 17	임오 18	신사 19	경진 20
태세수	5	6	7	8	1	2	3	4	5	6	7	8	1	2	3	4	5	6	7	8
나이	기묘 21	무인 22	정축 23	병자 24	을해 25	갑술 26	계유 27	임신 28	신미 29	경오 30	기사 31	무진 32	정묘 33	병인 34	을축 35	갑자 36	계해 37	임술 38	신유 39	경신 40
태세수	1	2	3	4	5	6	7	8	1	2	3	4	5	6	7	8	1	2	3	4
나이	기미 41	무오 42	정사 43	병진 44	을묘 45	갑인 46	계축 47	임자 48	신해 49	경술 50	기유 51	무신 52	정미 53	병오 54	을사 55	갑진 56	계묘 57	임인 58	신축 59	경자 60
태세수	5	6	7	8	1	2	3	4	5	6	7	8	1	2	3	4	5	6	7	8
나이	기해 61	무술 62	정유 63	병신 64	을미 65	갑오 66	계사 67	임진 68	신묘 69	경인 70	기축 71	무자 72	정해 73	병술 74	을유 75	갑신 76	계미 77	임오 78	신사 79	경진 80
태세수	1	2	3	4	5	6	7	8	1	2	3	4	5	6	7	8	1	2	3	4
나이	기묘 81	무인 82	정축 83	병자 84	을해 85	갑술 86	계유 87	임신 88	신미 89	경오 90	기사 91	무진 92	정묘 93	병인 94	을축 95	갑자 96	계해 97	임술 98	신유 99	경신 100
태세수	5	6	7	8	1	2	3	4	5	6	7	8	1	2	3	4	5	6	7	8

태어난 달 (중수)

	1월	2월	3월	4월	5월	6월	7월	8월	9월	10월	11월	12월
	병인大	정묘小	무진大	기사小	경오大	신미小	임신小	계유大	갑술小	을해大	병자小	정축大
	2	5	4	6	5	2	6	5	1	6	3	2

날짜	1	2	3	4	5	6	7	8	9	10	11	12	13	14	15	16	17	18	19	20	21	22	23	24	25	26	27	28	29	30
1월	1	1	2	2	1	1	3	3	2	2	3	1	1	2	3	3	1	1	1	3	2	3	2	2	3	3	3	2	2	
2월	2	1	3	3	1	3	2	3	1	1	3	2	2	2	1	1	1	3	3	1	2	1	3	3	3	3	1	1	2	2
3월	2	2	2	3	3	2	2	1	1	3	3	1	2	2	3	1	1	2	2	2	1	3	1	3	3	1	1	1	3	
4월	3	3	2	1	1	3	2	1	3	3	1	1	2	3	2	1	1	1	1	2	2	1								
5월	1	3	3	3	1	1	3	3	2	2	1	1	3	3	2	1	2	2	3	2	1	2	1	1	2	2	2			
6월	1	1	1	3	2	2	3	2	1	2	3	3	1	1	3	3	2	2	3	1	3	2	2	2	2	3	3			
7월	1	2	1	1	1	2	2	1	3	2	3	2	2	3	1	2	3	3	1	1	1	3	2	3	2	2	3	1		
8월	1	1	3	3	3	2	1	1	2	1	3	1	3	3	2	3	2	2	1	1	2	3	2	1	1	1	1			
9월	2	2	3	2	2	3	3	2	2	1	1	3	3	1	2	2	2	2	1	3	1	3	3	3						
10월	2	2	2	1	1	1	3	3	2	1	1	2	3	3	3	1	2	3	2	2	2									
11월	2	3	3	1	3	3	3	1	1	3	2	2	1	1	2	3	3	1	2	2	3	3	3	3	2	1	2	1	3	
12월	2	3	3	3	2	2	2	1	3	3	1	3	2	3	1	1	3	2	2	2	1	1	1	3	3	1	2	1	3	3

2020년 (단기 4353년) - 경자년(庚子年)

태어난 해(상수, 태세수)

나이	경자 1	기해 2	무술 3	정유 4	병신 5	을미 6	갑오 7	계사 8	임진 9	신묘 10	경인 11	기축 12	무자 13	정해 14	병술 15	을유 16	갑신 17	계미 18	임오 19	신사 20
태세수	4	5	6	7	8	1	2	3	4	5	6	7	8	1	2	3	4	5	6	7
나이	경진 21	기묘 22	무인 23	정축 24	병자 25	을해 26	갑술 27	계유 28	임신 29	신미 30	경오 31	기사 32	무진 33	정묘 34	병인 35	을축 36	갑자 37	계해 38	임술 39	신유 40
태세수	8	1	2	3	4	5	6	7	8	1	2	3	4	5	6	7	8	1	2	3
나이	경신 41	기미 42	무오 43	정사 44	병진 45	을묘 46	갑인 47	계축 48	임자 49	신해 50	경술 51	기유 52	무신 53	정미 54	병오 55	을사 56	갑진 57	계묘 58	임인 59	신축 60
태세수	4	5	6	7	8	1	2	3	4	5	6	7	8	1	2	3	4	5	6	7
나이	경자 61	기해 62	무술 63	정유 64	병신 65	을미 66	갑오 67	계사 68	임진 69	신묘 70	경인 71	기축 72	무자 73	정해 74	병술 75	을유 76	갑신 77	계미 78	임오 79	신사 80
태세수	8	1	2	3	4	5	6	7	8	1	2	3	4	5	6	7	8	1	2	3
나이	경진 81	기묘 82	무인 83	정축 84	병자 85	을해 86	갑술 87	계유 88	임신 89	신미 90	경오 91	기사 92	무진 93	정묘 94	병인 95	을축 96	갑자 97	계해 98	임술 99	신유 100
태세수	4	5	6	7	8	1	2	3	4	5	6	7	8	1	2	3	4	5	6	7

태어난 달	1월	2월	3월	4월	4월윤	5월	6월	7월	8월	9월	10월	11월	12월
	무인大	기묘小	경진大	신사大	신사小	임오大	계미小	갑신小	을유大	병술小	정해大	무자小	기축大
	6	2	1	5	4	3	6	3	2	5	4	1	5

날짜	1	2	3	4	5	6	7	8	9	10	11	12	13	14	15	16	17	18	19	20	21	22	23	24	25	26	27	28	29	30
1월	3	3	1	1	2	1	1	1	2	2	1	1	3	3	2	2	3	1	1	2	3	3	1	1	1	3	2	3	2	
2월	2	3	3	3	2	2	2	1	3	3	1	3	2	3	1	1	3	2	2	2	1	1	1	3	3	1	2	1	3	1
3월	1	1	1	2	2	3	2	2	2	3	3	2	2	1	1	3	3	1	2	3	1	1	2	2	2	2	1	3	1	
4월	3	3	1	1	1	3	3	3	2	1	1	3	1	3	2	3	1	2	2	2	1	1	2	2	1	2	2	1	3	2
4월윤	1	1	1	2	2	3	2	2	2	3	3	2	2	1	1	3	3	1	2	3	1	1	2	2	2	2	1	3	2	
5월	2	1	1	2	2	2	1	1	1	3	2	3	3	2	3	2	1	3	2	3	2	1	1	1	3	3	2	2	3	1
6월	2	2	2	2	3	3	1	3	3	3	1	1	3	3	2	2	1	3	2	2	1	3	3	3	3	3	2	1		
7월	2	3	2	2	3	3	3	2	2	2	1	3	1	3	2	3	1	1	2	2	2	2	1	1	1	3	1	2	1	
8월	3	2	1	1	1	1	2	2	3	2	2	2	3	3	2	2	1	3	1	2	2	3	1	1	2	2	2	2		
9월	1	3	1	3	3	1	3	3	2	3	1	1	1	2	2	3	1	1	3	3	1	1	2	3	3	1	2	3	1	
10월	3	1	3	2	2	2	2	3	3	1	3	3	3	1	1	3	3	2	2	1	1	1	2	3	3	1	2	2	3	3
11월	3	2	1	2	1	1	2	2	2	1	1	1	3	2	2	3	2	1	2	3	3	2	1	1	3	3	3	1		
12월	3	1	2	1	3	3	3	3	1	1	2	1	1	1	2	2	1	1	3	3	2	2	3	1	1	2	3	3	1	1

2021년 (단기 4354년) - 신축년(辛丑年)

태어난 해(상수, 태세수)

나이	신축 1	경자 2	기해 3	무술 4	정유 5	병신 6	을미 7	갑오 8	계사 9	임진 10	신묘 11	경인 12	기축 13	무자 14	정해 15	병술 16	을유 17	갑신 18	계미 19	임오 20
태세수	5	6	7	8	1	2	3	4	5	6	7	8	1	2	3	4	5	6	7	8
나이	신사 21	경진 22	기묘 23	무인 24	정축 25	병자 26	을해 27	갑술 28	계유 29	임신 30	신미 31	경오 32	기사 33	무진 34	정묘 35	병인 36	을축 37	갑자 38	계해 39	임술 40
태세수	1	2	3	4	5	6	7	8	1	2	3	4	5	6	7	8	1	2	3	4
나이	신유 41	경신 42	기미 43	무오 44	정사 45	병진 46	을묘 47	갑인 48	계축 49	임자 50	신해 51	경술 52	기유 53	무신 54	정미 55	병오 56	을사 57	갑진 58	계묘 59	임인 60
태세수	5	6	7	8	1	2	3	4	5	6	7	8	1	2	3	4	5	6	7	8
나이	신축 61	경자 62	기해 63	무술 64	정유 65	병신 66	을미 67	갑오 68	계사 69	임진 70	신묘 71	경인 72	기축 73	무자 74	정해 75	병술 76	을유 77	갑신 78	계미 79	임오 80
태세수	1	2	3	4	5	6	7	8	1	2	3	4	5	6	7	8	1	2	3	4
나이	신사 81	경진 82	기묘 83	무인 84	정축 85	병자 86	을해 87	갑술 88	계유 89	임신 90	신미 91	경오 92	기사 93	무진 94	정묘 95	병인 96	을축 97	갑자 98	계해 99	임술 100
태세수	5	6	7	8	1	2	3	4	5	6	7	8	1	2	3	4	5	6	7	8

태어난 달 (중수)

	1월	2월	3월	4월	5월	6월	7월	8월	9월	10월	11월	12월
	경인小	신묘大	임진大	계사小	갑오大	을미小	병신大	정유小	무술大	기해小	경자大	신축小
	2	1	5	2	6	3	2	5	4	6	5	2

날짜

날짜	1	2	3	4	5	6	7	8	9	10	11	12	13	14	15	16	17	18	19	20	21	22	23	24	25	26	27	28	29	30
1월	1	1	3	2	3	2	2	3	3	3	2	2	2	1	3	3	1	3	2	3	1	1	3	2	2	2	1	1	1	2
2월	1	1	2	3	2	1	1	1	1	2	2	2	3	3	2	1	1	3	3	1	2	2	3	1	1	2	2	3	1	2
3월	2	2	2	1	3	1	3	3	1	1	1	3	3	3	2	1	1	2	1	3	1	2	2	1	3	3	3	2	2	2
4월	1	1	2	3	2	1	1	1	1	2	2	2	3	3	1	1	1	2	1	3	3	1	2	2	3	1	1	2	3	3
5월	3	3	3	2	1	2	1	2	1	3	3	1	3	2	3	2	1	2	1	3	3	2	1	1	1	3	3	2	3	3
6월	3	2	2	3	1	3	2	2	2	2	3	3	1	3	3	3	1	1	3	3	2	2	1	1	2	3	3	1	2	2
7월	3	1	1	1	1	3	2	3	2	2	3	3	2	2	3	2	1	3	3	1	2	3	1	1	3	2	2	2	1	1
8월	1	1	3	3	1	2	1	3	3	1	1	1	2	1	1	1	2	2	1	1	3	3	2	2	3	1	1	2	2	2
9월	1	1	2	2	2	2	1	3	1	3	1	3	1	1	3	2	1	1	2	1	3	1	2	2	1	3	3	3	3	3
10월	2	2	2	1	1	2	3	2	1	2	1	3	3	3	2	1	1	2	3	2	2	1	1	3	2	1	1	2	3	3
11월	1	2	2	3	3	3	3	3	2	1	2	1	2	2	2	1	1	1	3	2	2	3	2	1	2	3	3	2	1	1
12월	1	3	3	3	2	2	3	3	1	3	2	2	2	2	3	3	1	3	3	3	1	1	3	3	2	2	1	1	2	2

2022년 (단기 4355년) - 임인년(壬寅年)

태어난 해(상수, 태세수)

나이	임인 1	신축 2	경자 3	기해 4	무술 5	정유 6	병신 7	을미 8	갑오 9	계사 10	임진 11	신묘 12	경인 13	기축 14	무자 15	정해 16	병술 17	을유 18	갑신 19	계미 20
태세수	1	2	3	4	5	6	7	8	1	2	3	4	5	6	7	8	1	2	3	4
나이	임오 21	신사 22	경진 23	기묘 24	무인 25	정축 26	병자 27	을해 28	갑술 29	계유 30	임신 31	신미 32	경오 33	기사 34	무진 35	정묘 36	병인 37	을축 38	갑자 39	계해 40
태세수	5	6	7	8	1	2	3	4	5	6	7	8	1	2	3	4	5	6	7	8
나이	임술 41	신유 42	경신 43	기미 44	무오 45	정사 46	병진 47	을묘 48	갑인 49	계축 50	임자 51	신해 52	경술 53	기유 54	무신 55	정미 56	병오 57	을사 58	갑진 59	계묘 60
태세수	1	2	3	4	5	6	7	8	1	2	3	4	5	6	7	8	1	2	3	4
나이	임인 61	신축 62	경자 63	기해 64	무술 65	정유 66	병신 67	을미 68	갑오 69	계사 70	임진 71	신묘 72	경인 73	기축 74	무자 75	정해 76	병술 77	을유 78	갑신 79	계미 80
태세수	5	6	7	8	1	2	3	4	5	6	7	8	1	2	3	4	5	6	7	8
나이	임오 81	신사 82	경진 83	기묘 84	무인 85	정축 86	병자 87	을해 88	갑술 89	계유 90	임신 91	신미 92	경오 93	기사 94	무진 95	정묘 96	병인 97	을축 98	갑자 99	계해 100
태세수	1	2	3	4	5	6	7	8	1	2	3	4	5	6	7	8	1	2	3	4

태어난 달(중수)

	1월	2월	3월	4월	5월	6월	7월	8월	9월	10월	11월	12월
태어난 달 (중수)	임인大	계묘小	갑진大	을사小	병오大	정미大	무신小	기유大	경술小	신해大	임자小	계축大
	1	4	2	5	4	2	5	3	6	5	2	1

날짜

날짜	1	2	3	4	5	6	7	8	9	10	11	12	13	14	15	16	17	18	19	20	21	22	23	24	25	26	27	28	29	30
1월	1	2	3	3	1	1	1	1	3	2	3	2	2	3	3	3	2	2	1	3	3	1	3	2	3	1	1	3	2	
2월	2	2	1	1	1	3	3	1	2	1	3	3	3	1	1	2	1	1	2	2	1	1	3	3	2	2	3	1		
3월	2	2	3	1	1	2	2	2	2	1	3	1	3	3	1	1	1	3	3	3	2	1	1	2	1	3	1	2	2	1
4월	3	3	3	2	2	1	1	2	3	2	1	2	3	2	2	3	3	2	2	1	1	3	3	2	1	1	3	3	2	
5월	2	3	3	1	2	2	3	3	3	3	2	1	2	1	1	2	1	1	1	3	2	3	2	1	2	3	3	2	3	3
6월	2	1	1	1	3	3	3	2	2	3	1	3	2	2	2	3	3	3	1	1	3	3	3	1	1	3	3	2	1	1
7월	2	3	3	1	2	2	3	3	3	2	1	2	1	1	1	1	2	2	3	2	3	2	1	2	3	1	1	2	3	1
8월	1	3	2	2	2	1	1	1	3	3	1	2	1	3	3	3	3	1	1	2	1	1	1	2	2	1	3	3	2	
9월	2	3	1	1	2	3	3	1	1	1	1	3	2	3	2	3	3	2	2	1	3	3	1	3	2	3	1			
10월	2	2	3	3	2	1	1	1	1	3	3	2	2	3	1	2	2	3	2	2	3	3	2	2	3	2	2	1	1	
11월	3	3	1	2	2	3	1	1	2	2	2	2	1	3	1	3	3	1	1	1	3	3	3	2	1	1	2	1	3	2
12월	2	3	3	2	1	1	1	3	3	3	2	2	3	1	3	2	2	2	2	3	3	1	3	3	3	1	1	3	3	2

제3장

토정비결의 해설 144가지

111

괘

동풍해동(東風解凍)
고목봉춘(枯木逢春)

乾之姤 상

동풍에 얼음이 풀리니
마른 나무가봄을 만난 형상이다.

해설	가정에 경사가 있거나 문서로 인한 횡재수가 따르는 운세이다. 또한, 시험운·승진운·취직운·결혼운 등이 대길한 해이다. 금년의 운수는 당신이 소망하는 일 중에서 한 가지는 반드시 이룰 수 있는 운세이다. 금년은 이사를 하면 좋으리라. 다만 관재, 구설수가 있으니 각별히 조심하라.

금년의 운세	건강은 특별한 질병은 없으며 정신적 또는 육체적 과로를 주의해야 할 것이다. 시험은 아는 문제도 놓칠 우려가 있으니 시간 안배에 각별히 신경을 써야 하며 직장은 원하는 곳에 취직이 되며 승진운도 있다. 재물은 분수에 맞게 생활하면 어려움은 없다.
1월	추첨운이 대길하니, 주택청약예금을 들었다면 신청해 보시라. 좋은 일이 있을 징조이다. 또한 가정에 경사가 있거나 기다리던 곳에서 반가운 소식이 올 운세이다. 다만 충돌수가 있으니 술냄새만 맡았어도 차 운전하지 말라. 그 동안의 노력이 물거품이 된다.
2월	친척이나 친구 또는 주변에 잘 아는 사람이 거시기에 투자하면 떼돈을 벌수 있다는 달콤한 유혹을 하거나, 돈 좀 빌려 달라는 요청을 받게 될 징조이다. 만일 투자를 하거나 금전거래를 하게 되면 결과가 좋지 않을 운세이니 자중자애하라. 이 달은 시험운, 취직운이 대길하다.
3월	큰 재물은 어려워도 작은 재물은 들어올 운세이다. 다만 생각지 않은 지출이 많을 징조이며, 친척이나 친구 또는 형제지간에 다툼이 일어날 징조이니 조금씩 양보하고 자존심 상하게 하는 말을 자제해야 할 것이다. 이달 운은 싸우지 않고 이기는 법은 상대방을 설득하는 것이다.
4월	매사가 힘들고 어려워도 실망하지 말고 끈기 있게 밀고 나간다면 중순에서 하순 사이에 막혔던 일들이 풀리고 재물도 얻게 되리라. 또한 이사운이 대길하니 이사를 하려고 마음을 먹었으면 하시라. 좋은 일이 있을 징조이다. 길일은 9·10·20·29일 이다(음력).

36

5월	ㅌ꿈자리도 뒤숭숭하고 매사가 잘 풀리는 듯하다가도 꼬일 징조이니 계획을 크게 잡지 말고 축소하는 것이 좋으리라. 이 달 운은 행복한 삶을 원한다면 분수에 맞게 살아야 한다. 행복은 누군가가 만들어서 나눠 주는 것이 아니라 내가 만드는 것이다.
6월	관재, 구설수가 있으니 눈에 거슬리고 화가 나는 일이 있어도 보고 도 못 본 척, 알고도 모르는 척 매사에 중립을 지키는 것이 좋으리라. 또한 망신수가 있으니 이성문제에 각별히 조심을 해야 할 것이다. 이 달의 운은 분수를 지켜야 작은 행운이라도 얻을 수 있다.
7월	재물을 잃거나 송사수가 있으니 고수익·이자·배당금을 준다는 말에 현혹되지 말라. 재산만 날린다. 또한 도둑을 맞을 징조이니 평소 아끼던 물건을 잘 관리해야 할 것이다. 재물은 들어온다 해도 곧 나가는 운세이며 지출이 많은 달이다.
8월	남쪽 방향의 먼 여행은 사고가 날 징조이니 떠나지 않는 것이 좋으며, 각별히 차조심하라. 큰 재물은 어려워도 작은 재물은 들어올 운세이다. 다만 당신이 믿고 의지하던 사람 또는 가장 가까이 지내던 사람이 당신 곁을 떠나게 될 징조이다.
9월	당신을 위해서라면 간도 빼 줄 것처럼 행동하던 사람이 하루 아침에 배신을 할 징조이니 당신의 약점 또는 비밀에 부쳤던 속마음을 흉허물 없는 사이라도 함부로 말하지 말라. 또한 송사수가 있으니 돈 빌려 주지 말라. 빌려 주면 100% 돈 떼인다.
10월	가족 중에 누군가 건강에 이상이 생기거나 당신이 병원을 출입할 징조이니 과음, 과식을 삼가고 각별히 건강관리에 신경을 써야 할 것이다. 또한 재물을 잃을 징조이니, 고수익, 이자, 배당금을 준다는 말에 현혹되지 말라. 재산만 날린다.
11월	망신수가 있으니 이성문제에 각별히 조심을 해야 할 것이다. 이 달 운은 사람 사는 곳은 어디를 가나 장애물이 있기 마련이다. 장애물을 두려워하지 말고 뛰어넘어야 한다. 인간사 불화가 생기는 원인은 대화부족, 칭찬부족이다.
12월	매사가 잘 되어 가는 듯하다가도 막히는 현상이 자주 일어날 징조이니 계획을 크게 잡지 말고 축소하는 것이 좋으리라. 이 달 운은 생각이 환경을 바꾸고 환경이 운명을 만드는 것이니 좋은 생각을 많이 하시라. 다만 아무리 좋은 생각도 실천에 옮기지 않는다면 생각에 지나지 않는다.

112

괘	망월원만(望月圓滿) 갱유휴시(更有虧時)
乾之同人 상	둥근 보름달은 다시 이지러지기 시작하는 형상이다.

해설	큰 재물은 어려워도 작은 재물은 얻으리라. 다만, 생각지 않은 지출이 많을 징조이며, 재물을 잃거나 송사수가 있으니 고수익·이자·배당금을 준다는 말에 현혹되지 말라. 재산만 날린다. 또한 실물수가 있으니 도둑을 조심하고 각별히 건강관리에 신경을 써야 할 것이다.

금년의 운세	특히 위장병으로 고생할 징조이니 과음, 과식을 삼가해야 할 것이다. 시험은 좀 더 실력을 쌓아 다음 기회를 노려야 하며 직장은 눈 높이를 좀 더 낮춰야 될 것이다. 재물운은 횡재는 바라지 말라. 노력한 만큼의 수입은 보장된다.
1월	몸과 마음이 바쁘고 하는 일은 많으나 수입은 쥐꼬리만큼 들어오니 마음이 심란하고, 초조할 징조이다. 또한 흉허물 없는 사람과 사소한 일로 다툼이 일어나 결별할 징조이니 조금씩 양보하고 자존심 상하게 하는 말을 자제하라. 특히 화성(火姓)을 조심하라.
2월	매사가 힘들고 애로사항이 많을지라도 실망하지 말고 끈기 있게 밀고 나간다면, 중순에서 하순 사이에 막혔던 일들이 풀리고 재물도 얻게 되리라. 또한 기다리던 곳에서 반가운 소식이 올 운세이다. 다만 돈 약속은 하지 말라. 지켜지기가 어려울 것이다.
3월	재물을 잃거나 사기를 당할 징조이니, 동업·보증·주식투자 금전거래·낙찰계·어음할인·확장·직업 변동 등을 하지 말라. 이 달 운은 자존심을 내세우지 말고 다수의 의견을 존중하면 좋은 일이 있으리라. 또한 뛰는 만큼 성과도 얻으니 즐겁다.
4월	운수가 대통하니 매사가 순조롭게 진행되고 안 될 것이라고 생각한 일들도 풀려 나갈 징조이다. 또한 이사운이 대길하니 이사를 하려고 마음을 먹었으면 하시라. 좋은 일이 있을 징조이다. 길일은 9·19·29일 또는 용·뱀·닭·돼지·범날이다.

5 월	현재 하고 있는 일에 만족을 느껴야 하며, 혹여 다른 업종으로 변동을 하거나 투기성 있는 업종(주식투자, 어음할인) 또는 동업을 하게 되면 이익은 커녕 본전마저도 다 날릴 운세이니 자중자애하는 것이 좋으리라. 이 달 운은 술 냄새만 맡았어도 차 운전하지 말라.
6 월	남쪽이나, 서쪽 방향의 먼 여행은 사고가 날 징조이니 떠나지 않는 것이 좋으리라. 이 달 운은 고수익·이자·배당금을 준다는 말에 현혹되지 말라. 재산만 날린다. 또한 술 냄새만 맡았어도 차 운전하지 말라. 그 동안의 노력이 물거품이 된다.
7 월	초순경에는 매사가 힘들고, 어려운 상황이 일어날 징조이다. 그러나 끈기 있게 밀고 나간다면 중순에서 하순 사이에 막혔던 일들이 풀리고 재물도 얻게 되리라. 또한, 기다리던 곳에서 반가운 소식이 올 운세이다. 다만 대박을 노리지 말라. 재산만 날린다.
8 월	얽히고 설켰던 일들이 하나씩 풀리면서 심신의 안정을 찾게 될 징조이며, 기다리던 곳에서 반가운 소식이 오거나 재물이 들어올 운세이다. 이 달 운은 내 것이 소중하면 남의 것도 소중한 줄 알고 생활해야 할것이다. 또한 모든 일은 시간을 정해 놓고 하면 효과적이다.
9 월	배신을 당하거나 사기를 당할 징조이니, 당신의 약점 또는 비밀에 부쳤던 속 마음을 흉허물 없는 사이라도 함부로 말하지 말라. 이 달 운은 평소 소홀했던 일에 다시 한번 신경을 써 보시라. 좋은 일이 생기리라. 다만, 생색을 내지 말라.
10 월	큰 재물은 어려워도 작은 재물은 들어올 운세이다. 다만 생각지 않은 지출이 많을 징조이며 망신수가 있으니 이성문제에 각별히 조심을 해야 할 것이다. 또한, 먼 여행은 사고가 날 징조이니 떠나지 않는 것이 좋으리라. 이 달은 한 번은 울고 한 번은 웃으리라.
11 월	동쪽과 북쪽 방향의 먼 여행은 사고가 날 징조이니 떠나지 않는 것이 좋으리라. 또한 도둑을 맞을 징조이니 지갑이나 귀중품 단속에 각별히 신경을 써야 할 것이다. 이 달 운은 행복한 삶을 원한다면 분수에 맞게 살아야 한다. 또한 돈을 좇지 말고 꿈을 좇아라.
12 월	금전문제는 어려울 때마다 융통은 되겠으나 매사 하는 일에 어려움과 변화가 따를 징조이다. 이 달 운은 마음으로 헤아리면 이해가 되고 물질로 헤아리면 오해가 된다. 어쨌든 시간이 지나야 당신에게 유리한 상황이 될 것이다.

113

	괘	앵상유지 (鶯上柳枝)
		편편황금 (片片黃金)

乾之履 | 상 |

꾀꼬리가 버들가지에 깃드니
조각조각이 황금이다.

해설	가정에 경사가 있거나 문서로 인한 횡재수가 따르는 운세이다. 또한 시험운·승진운·취직운·결혼운 등이 대길한 해이다. 금년은 이사를 하면 좋으리라. 다만, 망신수와 질병수가 있으니 이성문제에 각별히 조심을 해야 하며 특히 먼 여행을 삼가하고 건강관리에 신경을 써야 할 것이다.

금년의 운세	건강은 가벼운 질환에 걸리더라도 합병증이 생길 우려가 있으니 약간의 이상이 있더라도 서둘러 병원을 찾아라. 재물운은 기대 이상의 수입을 올리게 될 것이며 불필요한 지출을 자제한다면 호주머니가 두둑해질 것이다.
1월	운수가 대통하니 매사가 순조롭게 진행되고 안 될 것이라고 생각한 일들도 풀려 나갈 징조이며, 기다리던 곳에서 반가운 소식이 오거나 재물이 들어올 운세이다. 이 달 운은 적당히 굽힐 줄 아는 융통성이 필요하다. 길일은 10·16·21일이다(음력).
2월	망신수가 있으니 이성문제에 각별히 조심을 해야 할 것이다. 또한 재물을 잃거나 송사수가 있으니, 동업·확장·낙찰계·주식투자·어음할인·금전거래·직업 변동 등을 하지 말라. 이 점만 주의한다면 금전운은 양호한 편이다. 이 달은 시험운, 취직운이 대길하다.
3월	가정에 경사가 있거나 문서로 인한 횡재수가 따르는 운세이다. 또한 기다리던 곳에서 반가운 소식이 오거나 재물이 들어올 운세이다. 다만 도둑을 맞을 징조이니 평소 아끼던 물건을 잘 관리해야 할 것이다. 이 달은 북방으로 이사 가지 말라.
4월	재물은 애써 구하지 않아도 저절로 들어올 운세이다. 다만 생각지 않은 지출이 많을 징조이며, 매사에 자존심을 내세우거나 지나치게 욕심을 부리면 기회를 놓쳐 버릴 징조이니, 조금씩 양보하라. 특히 차조심하라. 이 달은 옷차림에 신경을 써 보시라. 좋은 일이 생기리라.

40

5 월	큰 재물은 어려워도, 작은 재물은 들어올 운세이다. 다만 도둑을 맞을 징조이니, 지갑이나 귀중품 단속에 각별히 신경을 써야 할 것이다. 특히 당신이 믿고 의지하던 사람 또는 가장 가까이 지내던 사람이 당신 곁을 떠나게 될 징조이다.
6 월	추첨운이 대길하니 주택청약예금을 들어 놓았다면 신청 접수를 해 보시라. 좋은 일이 있을 징조이다. 또한 기다리던 곳에서 반가운 소식이 오거나, 재물이 들어올 운세이다. 이 달 운은 혼인의 경사가 아니면 득남득녀의 경사가 있다.
7 월	사람을 잘 못 사귀면 재물을 잃거나 관재수에 휘말릴 징조이니, 각별히 조심을 해야 할 것이다. 또한 망신수가 있으니 이성문제에 조심을 하라. 큰 재물은 어려워도 작은 재물은 들어 올 운세이다. 이 달 운은 싸우지 않고 이기는 법은 상대방을 설득하는 것이다.
8 월	매사가 힘들고 어려워도 실망하지 말고 끈기 있게 밀고 나간다면 중순에서 하순 사이에 막혔던 일들이 풀리고 재물도 얻게 되리라. 이 달 운은 자신 외에는 할 수 없다는 자만심을 버리면 좋은 일이 생기리라. 또한 긴 안목을 갖고 바라보는 마음이 필요하다.
9 월	당신을 위해서라면, 간도 빼 줄 것처럼 행동하던 사람이 하루 아침에 배신을 할 징조이니, 당신의 약점이나 비밀에 부쳤던 속마음을 함부로 말하지 말라. 또한 보증을 서거나 금전거래를 하지 말라. 이 달 운은 열 번의 말보다 한 번의 행동이 더 효과적이다.
10 월	관재, 구설수가 있으니 눈에 거슬리고 화가 나는 일이 있어도, 보고도 못본 척, 알고도 모르는 척, 매사에 중립을 지키는 것이 좋으리라. 또한 당신이 병원을 출입할 징조이니, 과음 과식을 삼가하고, 각별히 건강관리에 신경을 써야 할 것이다.
11 월	재물을 잃거나, 송사수가 있으니 동업 · 보증 · 확장 · 금전거래 · 주식투자 · 낙찰계 · 어음할인 · 직업 변동 등을 하지 말라. 또한 망신수가 있으니 이성문제에 각별히 조심을 해야 할 것이다. 이 달의 운은 마음의 갈등을 잘 다스려야 하는 달이다.
12 월	얽히고, 설켰던 일들이 하나씩 풀리고, 그 동안 당신이 해 놓은 일들이 많은 사람들에게 인정을 받게 될 징조이며, 기다리던 곳에서 반가운 소식이 올 운세이다. 다만, 횡액수가 있으니 술 냄새만 맡았어도 차 운전하지 말라. 그 동안의 노력이 물거품이 된다.

121

괘

履之訟 **상**

위기소일(圍棋消日)
낙자정정(落子丁丁)

한가로이 바둑을 두며 소일을
하니, 바둑알 놓는 소리가
쟁쟁한 형상이다.

해설 사기를 당하거나, 송사수가 있으니 고수익 · 이자 · 배당금을 준다는 말에 현혹되지 말라. 재산만 날린다. 또한 망신수가 있으니 이성문제에 각별히 조심을 하라. 이 점만 주의한다면 큰 재물은 어려워도 작은 재물은 얻으리라.

금년의 운세
건강은 위궤양 · 만성위염 · 치질 · 만성변비 등으로 고생할 우려가 있으니 지나치게 맵고 짠 음식을 피하고 빈속에 커피나 술을 많이 마시지 않도록 각별히 노력해야 할 것이다. 시험운은 아는 문제가 많아 좋은 성적을 올리게 되며 직장운은 승진 또는 이동수가 있다.

1월
적으면 적은 대로, 많으면 많은 대로, 현실에 만족해야 할 운세이다. 또한 보증을 서거나, 금전거래, 직업 변동 등을 하게 되면 결과가 좋지 않을 운세이니, 자중자애 하는 것이 좋으리라. 특히 실물수가 있으니 도둑을 조심하라. 이달은 시험운, 취직운이 좋으리라.

2월
매사가 힘들고, 애로 사항이 많아도 끈기있게 밀고 나간다면 중순에서 하순 사이에 막혔던 일들이 풀리고 기다리던 곳에서 반가운 소식이 오거나 재물이 들어올 운세이다. 다만 횡액수가 있으니 술 냄새만 맡았어도 차 운전하지 말라. 그 동안의 노력이 물거품이 된다.

3월
사람을 잘 못 사귀면 재물을 잃거나 관재수에 휘말릴 징조이니, 각별히 조심을 해야 할 것이다. 또한 흠허물 없는 사람과 다툼이 일어나 결별할 징조이니, 조금씩 양보하고 자존심 상하게 하는 말을 자제하라. 이 달 운은 현실에 감사하고 살면 천국이요 불평하고 살면 지옥이다.

4월
큰 재물은 어려워도 작은 재물은 들어올 운세이다. 다만 생각지 않은 지출이 많을 징조이며 목성(木姓)을 가까이 하면 관재수에 휘말리거나 구설수가 있으니 멀리하라. 이 달의 운은 문제를 겪어 보지도 못한 상태에서 포기를 하지 말라.

5월	재물을 잃을 징조이니 새로운 일을 시작하거나 동업·주식투자·낙찰계·어음할인·보증·확장 직업 변동 등을 하지 말라. 또한 망신수가 있으니 이성문제에 각별히 조심을 해야 할 것이다. 이 달 운은 직장 또는 집을 옮기는 문제로 고민하게 될 징조이다.
6월	먼 여행은 사고가 날 징조이니 떠나지 않는 것이 좋으리라. 또한 도둑을 맞을 징조이니 지갑이나 귀중품 단속에 각별히 신경을 써야 할 것이다. 특히 횡액수가 있으니 차조심하라. 이 달 운은 돈 약속은 하지 말라. 지켜지기가 어려울 것이다.
7월	사기를 당하거나 배신을 당할 징조이니, 당신의 약점, 또는 비밀에 부쳤던 속 마음을 흉허물 없는 사이라도 함부로 말하지 말라. 또한 보증을 서거나 금전거래를 하지 말라. 특히, 평소 아끼던 물건을 잃어버리기쉬우니 잘 관리해야 할 것이다.
8월	망신수가 있으니 이성문제에 각별히 조심을 해야 할 것이다. 또한 친척이나 친구, 형제지간 또는 흉허물 없는 사람과 다툼이 일어나, 결별할 징조이니 조금씩 양보하고 자존심 상하게 하는 말을 자제하라. 이 달 운은 져주는 것이 이기는 것이다.
9월	정신적으로나 물질적으로 어려움을 겪을 징조이며, 관재수가 있으니 눈에 거슬리고 화가 나는 일이 있어도, 보고도 못 본 척, 알고도 모르는 척 매사에 중립을 지키는 것이 좋으리라. 이 달 운은 돈 빌려 주지 말라. 빌려주면 돈 떼인다.
10월	가족 중에 누군가 건강에 이상이 생기거나 당신이 병원을 출입할 징조이니 과음, 과식을 삼가하고, 각별히 건강관리에 신경써야 할 것이다. 또한 망신수가 있으니 이성문제에 조심을 하라. 이 점만 주의한다면 금전운은 양호한 편이다.
11월	가정에 경사가 있거나 문서로 인한 횡재수가 따르는 운세이다. 또한 기다리던 곳에서 반가운 소식이 오거나, 재물이 들어올 징조이다. 다만 친한 사람에게 사기를 당할 징조이니, 고수익·이자·배당금을 준다는 말에 현혹되지 말라. 재산만 날린다.
12월	운수가 대통하니, 매사가 순조롭게 진행되고, 안 될 것이라고 생각한 일들도 풀려 나갈 징조이다. 또한 당신이 해 놓은 일들이 많은 사람들에게 인정을 받게 될 징조이며 기다리던 곳에서 반가운 소식이 올 운세이다. 이 달 운은 재물·명예·시험·취직·결혼운 등이 대길하다.

122

괘

履之无妄 상

화호불성(畵虎不成)
반위구자(反爲狗子)

호랑이를 그리다가 이루지 못하고,
도리어 개그림이 되고 말았도다.

해설	큰 재물은 어려워도 작은 재물은 얻으리라. 다만 생각지 않은 지출이 많을 징조이며, 재물을 잃거나 송사수가 있으니, 고수익·이자··배당금을 준다는 말에 현혹되지 말라. 재산만 날린다. 또한 술 냄새만 맡았어도 차 운전하지 말라.

금년의 운세	건강은 혈압 계통에서 이상이 생길 징조이니 과음, 과식을 삼가하고 음식 조절에 신경을 써야 할 것이다. 시험은 정신이 산만하여 아는 문제도 놓칠 우려가 있으니 집중력을 키워야 한다. 직장운은 현재의 위치에 만족해야 하며 승진은 다음 기회를 노려야 할 것이다.

1월	몸과 마음이 바쁘고 하는 일은 많으나 수입은 쥐꼬리만큼 들어오니, 은근히 짜증이 나는 달이다. 또한 흥허물없는 사람과 다툼이 일어나 결별할 징조이니, 각별히 오해를 받는 일을 삼가하고 각별히 말조심을 해야 할 것이다. 특히 관재수가 있으니 수성(水姓)을 조심하라.
2월	초순경에는 매사가 막히는 일이 많을 징조이다. 그러나 중순에서 하순 사이에는 막혔던 일들이 풀리고, 재물도 얻게 되리라. 또한 기다리던 곳에서 반가운 소식이 올 운세이다. 이 달 운은 동업은 깨어지기 쉽고, 가까운 사람과는 다툼수가 있으니 조심하라.
3월	추첨운이 대길하니 주택청약예금을 들었다면 신청해 보시라. 좋은 일이 있을 징조이다. 또한 이사운이 대길하니, 이사를 하려고 마음을 먹었으면 하시라. 재물은 애써 구하지 않아도 저절로 들어올 운세이다. 이 달의 길일은 9·19·20·29일이다(음력).
4월	잘 되어 가던 일들이 꼬일 징조이니, 계획을 크게 잡지 말고 축소하는 것이 좋으리라. 또한 흥허물 없는 사람과 사소한 일로 다툼이 일어나 결별할 징조이니 조금씩 양보하고 자존심 상하게 하는 말을 자제하라. 이 달 운은 분수에 맞게 생활하면 어려움은 없으며, 여행은 대길하다.

5 월	목성(木姓)을 가까이하면 재물을 잃거나 관재수에 휘말릴 징조이니 멀리하라. 큰 재물은 어려워도 작은 재물은 들어올 운세이다. 다만, 당신이 믿고 의지하던 사람 또는 가장 가까이 지내는 사람이 당신 곁을 떠나게 될 징조이다.
6 월	망신수가 있으니 이성문제에 각별히 조심을 해야 할 것이다. 또한 구설수가 있으니 당신의 가정일이나 신상에 관한 일들을 흉허물없는 사이라도 함부로 말하지 말라. 특히 남의 험담을 하지 말라. 이 달 운은 조금은 손해 볼 줄도 알아야 지금의 자리를 지킬 수 있을 것이다.
7 월	큰 재물은 어려워도 작은 재물은 들어올 운세이다. 다만 생각지 않은 지출이 많을 징조이며 도둑을 맞을 징조이니 지갑이나 귀중품 단속에 각별히 신경을 써야 할 것이다. 일 달 운은 강·안·정·홍·현·박·조·유·최·성·장씨를 조심해야 할 것이다.
8 월	친한 사람이나 소개로 만난 사람이 당신을 배신하거나 금전적으로 피해를 입힐 징조이니, 각별히 조심을 해야 할 것이다. 또한 수액수와, 화액수가 있으니 물조심, 불조심하라. 이 달 운은 돈 약속은 하지 말라. 지켜지기가 어려울 것이다.
9 월	재물은 애써 구하지 않아도 저절로 들어올 운세이다. 다만, 사기를 당하거나, 송사수가 있으니, 동업·확장·금전거래·보증·주식투자·낙찰계·어음할인·직업 변동 등을 하지 말라. 이 달 운은 그 동안 쌓았던 인맥을 적극 활용하면 좋은 결과를 얻으리라.
10 월	한 가지 문제가 해결되면, 또 한 가지 문제가 터져나와, 마음이 심란하고, 초조할 징조이다. 또한 당신이 가장 가까이 지내는 사람이 당신 곁을 떠나게 될 징조이다. 이 달 운은 남을 믿고 진행하는 일이라면 절대로 확신하지 말라.
11 월	얽히고, 설켰던 일들이 하나씩 풀릴 징조이며, 기다리던 곳에서 반가운 소식이 오거나, 재물이 들어올 운세이다. 다만 도둑을 맞을 징조이니, 지갑이나 귀중품 단속에 각별히 신경을 써야 할 것이다. 이 달 운은 매매·계약·면접 애정운이 대길하다.
12 월	먼 여행은 사고가 날 징조이니 떠나지 않는 것이 좋으리라. 또한 당신이 병원을 출입할 징조이니 과음, 과식을 삼가하고 각별히 건강관리에 신경을 써야 할 것이다. 이 점만 주의한다면 재물운은 좋은 편이며, 가다리던 곳에서 반가운 소식이 올 운세이다.

123

履之乾

괘 상

수왈기추(雖曰箕輜)
구주상존(舊主尙存)

비록 새로운 영역을 확보했다 할지라도 옛주인이 있어 자리를 지키고 있는 형상이다.

해설	사기를 당하거나 송사수가 있으니 고수익·이자·배당금을 준다는 말에 현혹되지 말라. 재산만 날린다. 또한 망신수가 있으니 이성문제에 각별히 조심을 해야 할 것이다. 금년은 이사를 하면 좋으리라. 특히 먼 여행은 사고가 날 징조이니 떠나지 말라.
금년의 운세	건강은 심장 계통에서 이상이 생길 징조이니 기름진 음식을 되도록 피하고 야채 종류를 많이 섭취하면서 적당한 운동을 해야 할 것이다. 시험운은 취직·입학·운전면허 등이라면 가능하나 국가고시라면 어렵겠다. 직장운은 이동수가 있다. 재물운은 좋은 편이나 생각지 않은 지출이 많으리라.
1월	꿈자리도 뒤숭숭하고, 매사가 잘 되어 가는 듯하다가도 막히는 현상이 자주 일어날 징조이니, 계획을 크게 잡지 말고 축소하는 것이 좋으리라. 이 달 운은 당신의 능력을 인정받게 될 것이다. 또한 금전적으로 고민하던 문제가 해결될 징조이다.
2월	큰 재물은 어려워도 작은 재물은 들어올 운세이다. 다만 생각지 않은 지출이 많을 징조이며, 당신이 믿고 의지하던 사람 또는 가장 가까이 지내는 사람이 당신 곁을 떠나게 될 징조이다. 이 달 운은 부담되는 일이라면 처음부터 거절하는 것이 좋으리라.
3월	가정에 경사가 있거나 문서로 인한 횡재수가 따르는 운세이다. 또한 이사운이 대길하니, 이사를 하려고 마음을 먹었으면 하시라. 좋은 일이 있을 징조이다. 다만 해서는 안 될 말을 해서 곤경에 처하게 될 징조이다. 이 달의 길일은 9·20·29일 이다(음력).
4월	사기를 당하거나, 송사수가 있으니, 동업·보증·금전거래·낙찰계·어음할인 주식투자·직업 변동 등을 하지 말라. 또한 도둑을 맞을 징조이니 지갑이나 귀중품 단속에 각별히 신경을 써야 할 것이다. 이 달은 분수를 지키면 작은행운이라도 얻을 수 있다.

46

5월	당신을 위해서라면 간도 빼 줄 것처럼 행동하던 사람이 하루 아침에 배신을 할 징조이니, 당신의 약점 또는 비밀에 부쳤던 속마음을 함부로 말하지 말라. 이 달 운은 자신 외에는 할 수 없다는 자만심을 버리면 좋은 일이 생기리라.
6월	남의 말을 듣고 무작정 일을 벌이면 큰 낭패가 따를 징조이니, 매사를 심사숙고해야 하며, 남쪽이나 서쪽 방향의 먼 여행은 사고가 날 징조이니 떠나지 않는 것이 좋으리라. 또한 망신수가 있으니 이성문제에 각별히 조심을 해야 할 것이다.
7월	운수가 대통하니, 매사가 순조롭게 진행되고, 안 될 것이라고 생각한 일들도 풀려 나갈 징조이며, 가다리던 곳에서 반가운 소식이 오거나 재물이 들어올 운세이다. 다만 사람을 만나는 날은 1 · 13 · 16 · 21일이 대길하며 의지와 끈기가 필요한 달이다.
8월	사람을 잘못 사귀면, 재물을 잃거나 관재수에 휘말릴 징조이니, 각별히 조심을 해야 할 것이다. 또한 송사수가 있으니 고수익 · 이자 · 배당금을 준다는 말에 현혹되지 말라. 재산만 날린다. 특히, 술 냄새만 맡았어도 차 운전하지 말라.
9월	가족 중에 누군가 건강에 이상이 생기거나, 당신이 병원을 출입할 징조이니, 과음, 과식을 삼가하고, 각별히 건강관리에 신경을 써야 할 것이다. 특히 실물수가 있으니, 도둑을 조심하라. 이 달 운은 박 · 정 · 현 · 강 · 최 · 장 · 조씨를 조심하라.
10월	수성(水姓)을 가까이 하면 재물을 잃거나 관재수에 휘말릴 징조이니, 멀리하라. 또한 자존심을 내세우면 잘 되어 가던 일들이 복잡하게 꼬일 징조이니 조금씩 양보하고 이해하는 미덕을 발휘해야 할 것이다. 이 달 운은 이사 · 여행 · 계약 · 맞선 · 시험 등 대길하다.
11월	매사가 힘들고 어려워도 실망하지 말고 끈기 있게 밀고 나간다면 중순에서 하순 사이에 막혔던 일들이 풀리고, 재물도 얻게 되리라. 또한, 기다리던 곳에서 반가운 소식이 올 운세이다. 이 달 운은 친구를 너무 믿지 말라. 배은망덕을 당할 수 있으므로.
12월	얽히고, 설켰던 일들이 하나씩 풀릴 징조이며 당신이 한 일들이 많은 사람들에게 인정을 받게 될 운세이며 기다리던 곳에서 반가운 소식이 오거나 재물이 들어올 운세이다. 다만 세상의 변화에 따라서 당신도 변해야 한다.

131

同人之遯 | 상

괘

노인대작(老人對酌)
취수혼혼(醉睡昏昏)

노인이 서로 술잔을 나누니,
취해 졸음이 몰려와 정신이
혼미한 형상이다.

해설	큰 재물은 어려워도 작은 재물은 얻으리라. 다만 생각지 않은 지출이 많을 징조이며 매사가 노력 부족으로 안 되거나 늦어질 징조이니 적극적으로 행동하여야 할 것이다. 금년은 이사를 하면 좋으리라. 다만 이성문제에 각별히 조심해야 하며 특히 도둑을 조심하라.
금년의 운세	건강은 나쁘지 않으나 간장 기능이 저하될 징조이니, 원기 회복에 신경을 써야 할 것이다. 시험운은 좀 더 실력을 쌓은 다음 도전하는 것이 좋으며 직장은 입맛에 맞는 곳은 얻기 어려우며 승진은 경쟁자가 많아 어렵겠다. 재물운은 최대한 지출을 줄여야 할 것이다.
1월	먼 여행은 사고가 날 징조이니 떠나지 않는 것이 좋으리라. 또한, 남의 말을 무작정 믿고, 일을 도모하면 실패할 징조이니, 자중자애하라. 이 달 운은 행복은 좋은 일을 하는 게 아니라 자기가 하는 일을 좋아하는 것이다. 성공의 절반은 인내심이다.
2월	재물을 잃거나 송사수가 있으니 동업 · 보증 · 금전거래 · 확장 · 주식투자 · 낙찰계 · 어음할인 · 직업 변동 등을 하지 말라. 또한 흠허물없는 사람과 다툼이 일어나 결별할 징조이니 자존심 상하게 하는 말을 자제하라. 이 달 운은 분수를 지켜야 작은 행운이라도 얻을 수 있다.
3월	목성(木姓)을 가까이 하면 재물을 잃거나, 관재수에 휘말릴 징조이니 멀리하라. 이 달은 시험운, 취직운이 좋은 달이며, 특히 이사운이 대길하니, 이사를 하려고 마음을 먹었으면 하시라. 좋은 일이 있을 징조이다. 이 달은 평소 아끼던 물건을 잃어버리기 쉬우니 조심하라.
4월	당신을 위해서라면 간도 빼 줄 것처럼 행동하던 사람이 하루 아침에 배신을 할 징조이니, 당신의 약점 또는 비밀에 부쳤던 속마음을 함부로 말하지 말라. 이 달 운은 고수익 · 이자 · 배당금을 준다는 말에 현혹되지 말라. 재산만 날린다.

5 월	좋은 일과 나쁜 일이 반반씩 섞여 있는 운세이다. 즉 당신이 가장 가까이 지내던 사람이 당신 곁을 떠나게 될 징조이다. 또한 도둑을 맞을 징조이니 평소 아끼던 물건을 잘 관리해야 할 것이다. 이 달은 나갔던 재물이 들어올 운세이다.
6 월	꿈자리도 뒤숭숭하고 매사가 잘 되어 가는 듯하다가도 막히는 현상이 자주 일어날 징조이니, 계획을 크게 잡지 말고, 축소하는 것이 좋으리라. 이 달 운은 술 냄새만 맡았어도 차 운전하지 말라. 그 동안의 노력이 물거품이 된다. 또한 돈 빌려주지 말라. 빌려 주면 100% 돈 떼인다.
7 월	친척이나 친구, 또는, 주변에 잘 아는 사람의 달콤한 유혹에 넘어가 재물을 잃을 징조이니, 동업·어음할인·낙찰계·주식투자·보증·금전거래·직업변동 등을 하지 말라. 이 달 운은 절약하는 것이 최선이며, 분수를 지켜야 해가 없다.
8 월	당신의 감정을 누구에게 표현하기도 싫고, 왠지 모르게 초조하거나 울적한 일이 자주 일어날 징조이다. 또한 친한 사람과 사소한 일로 우애가 갈라지거나 결별할 징조이니 각별히, 말조심하고 조금씩 양보하는 아량이 필요한 달이다.
9 월	몸과 마음이 바쁘고 하는 일은 많으나, 알아주는 사람이 없고 또한 실속이 없으니 마음이 심란하고 초조할 징조이다. 이 달 운은 처음엔 손해를 보지만 나중에는 이익이 돌아온다. 긍정적으로 극복하려는 마음가짐이 중요하다.
10 월	한 가지 문제가 해결되면 또 한 가지 문제가 터져나와 마음이 심란하고 초조할 징조이다. 또한 도둑을 맞을 징조이니, 지갑이나 귀중품 단속에 각별히 신경을 써야 할 것이다. 이 달 운은 술 냄새만 맡았어도 차 운전하지 말라. 그 동안의 노력이 물거품이 된다.
11 월	재물운은 있으나 얻는 것보다 잃는 것이 많으며, 동분서주 바쁘게 뛰어 보지만 몸과 마음이 피곤하고 실속이 없으니 마음이 심란하고 초조할 징조이다. 다만 중순에서 하순 사이에 귀인이 나타나 당신의 어려움을 도와주게 될 운세이다.
12 월	말과 행동이 일치하지 않을 운세이니 누구에게나 중요한 약속 또는 계획을 호언장담하지 않는 것이 좋으리라. 또한 망신수가 있으니 이성문제에 각별히 조심을 해야하며 실물수가 있으니 도둑을 조심하라. 이 달 운은 자존심을 버리면 재물이 따른다.

132

同人之乾 [상]

초록강변(草綠江邊)
욱욱청청(郁郁靑靑)

풀이 강변에 푸르르니 욱욱청청 하도다.

해설	매사가 힘들고 어려워도 실망하지 말고 끈기 있게 밀고 나간다면 좋은 결과를 얻게 될 운세이다. 금년의 운수는 당신이 소망하는 일 중에서 한 가지는 반드시 이룰 수 있는 운세이다. 또한 가정에 경사가 있거나 문서로 인한 횡재수가 따르는 운세이다. 다만 사기를 당하거나 송사수가 있으니 각별히 조심하라.

금년의 운세	건강운은 좋은 편이다. 다만 과음, 과식을 삼가하라. 특히 폭탄주나 짬뽕술을 피하라 실언을 하여 관재, 구설수가 따를 징조이므로…시험운은 매우 좋은 편이니 좀 더 노력하라. 결과가 좋으리라. 취직운도 좋으며 승진운도 따른다. 재물운도 좋으니 좀 더 열심히 노력하라.
1월	얽히고 설켰던 일들이 하나씩 풀리고 당신이 해 놓은 일들이 많은 사람들에게 인정을 받게 될 징조이며, 기다리던 곳에서 반가운 소식이 오거나 재물이 들어올 운세이다. 다만 횡액수가 있으니 술 냄새만 맡았어도 차 운전하지 말라. 그 동안의 노력이 물거품이 된다.
2월	추첨운이 대길하니 주택청약예금을 들었다면 신청 접수해 보시라. 앞으로 좋은 일이 있을 징조이다. 또한 시험운·취직운·승진운이 대길한 달이다. 재물은 애써 구하지 않아도 저절로 들어올 운세이다. 다만 돈을 빌려 주지 말라. 빌려 주면 돈 떼인다.
3월	운수가 대통하니 매사가 순조롭게 진행되고, 안 될 것이라고 생각한 일들도 풀려 나갈 징조이다. 또한 가정에 경사가 있거나 문서를 잡을 운이다. 이 달 운은 뛰는 만큼 성과도 얻으니 즐겁다. 시간이 금이란 사실을 체험하게 된다.
4월	친척이나, 친구 또는 주변에 잘 아는 사람이 거시기에 투자하면 떼돈을 벌 수 있다는 유혹을 하거나 돈 좀 빌려 달라는 요청을 받게 될 징조이다. 만일 투자를 하거나 금전거래를 하게 되면 결과가 좋지 않을 운세이니 자중 자애하는 것이 좋으리라.

5 월	사람을 잘 못 사귀면 재물을 잃거나, 관재수에 휘말릴 징조이니 각별히 조심을 해야 할 것이다. 또한 망신수가 있으니 이성문제에 각별히 조심하라. 큰 재물은 어려워도 작은 재물은 들어올 운세이다. 이 달 운은 말 못할 고민이 있지만 서서히 해결될 징조이다.
6 월	먼 여행은 사고가 날 징조이니 떠나지 않는 것이 좋으며, 횡액수가 있으니 각별히 차조심을 해야 할 것이다. 또한 병원을 출입할 징조이니 과음, 과식을 삼가하고 각별히 건강관리에 신경을 써야 할 것이다. 이 달 운은 사람 소개를 하지 말라. 말썽이 생길 운세 이므로.
7 월	몸과 마음이 바쁘고 하는 일은 많으나 실속이 없으니 마음이 심란하고 초조할 징조이다. 또한 친척이나 친구, 형제지간 또는 흉허물 없는 사람과 다툼이 일어날 징조이니 조금씩 양보하고 자존심 상하게 하는 말을 자제해야 할 것이다.
8 월	매사가 힘들고 어려워도 실망하지 말고, 끈기 있게 밀고 나간다면 중순에서 하순 사이에 막혔던 일들이 풀리고 재물도 얻게 되리라. 또한, 문서를 잡게 되거나, 머무는 곳에서 이동, 변동할 운세이다. 이 달 운은 고수익 · 이자 · 배당금을 준다는 말에 현혹되지 말라. 재산만 날린다.
9 월	가족 중에 누군가 건강에 이상이 생기거나 당신이 병원을 출입할 징조이니 과음, 과식을 삼가하고 각별히 건강관리에 신경을 써야 할 것이다. 또한 충돌수가 있으니 먼 여행을 삼가하고, 차조심을 해야 할 것이다. 이 달 운은 식구가 한 사람 늘거나 줄거나 둘 중의 하나다.
10 월	재물은 애써 구하지 않아도 저절로 들어올 운세이다. 다만 생각지 않은 지출이 많을 징조이며 가정에 우환이 생기거나 도둑을 맞을 징조이니 지갑이나, 귀중품 단속에 각별히 신경을 써야 할 것이다. 이 달 운은 인연은 가까운 곳에 있다. 멀리서 찾지 말라.
11 월	재물을 잃거나 송사수가 있으니 주식투자 · 동업 · 확장 · 낙찰계 · 어음할인 · 보증 · 금전거래 · 직업 변동 등을 하지 말라. 또한 망신수가 있으니 이성문제에 각별히 조심을 해야하며 횡액수가 있으니 차조심하라. 이 달 운은 과거를 자랑하지 말라. 현재가 중요하다.
12 월	당신이 해 놓은 일들이 많은 사람들에게 인정을 받게 될 징조이며, 기다리던 곳에서 반가운 소식이 오거나, 재물이 들어올 운세이다. 다만 관재수가 있으니, 눈에 거슬리고 화가 나는 일이 있어도 참고 또 참아야 할 것이다. 이 달은 평소 아끼던 물건을 잃어버리기 쉬우니 조심하라. .

133

괘

同人之无妄 상

설만궁항(雪滿窮巷)
고송특립(孤松特立)

눈이 궁항에 가득하니 외로운
소나무가 홀로 서 있는
형상이다.

| 해설 | 매사가 잘되어 가는 듯하다가도 꼬일 징조이니 계획을 크게 잡지 말고 축소하는 것이 좋으리라. 또한 재물을 잃거나 송사수가 있으니 고수익·이자·배당금을 준다는 말에 현혹되지 말라. 재산만 날린다. 특히 망신수와 관재수가 있으니 바람을 피우지 말라. |

| 금년의 운세 | 건강은 신경성 질환이 생길 우려가 있으니 매사를 낙천적이고 긍정적인 생각을 하면서 생활을 해야 할 것이다. 시험운은 어려운 문제가 많이 출제되어 다음 기회를 노려야 할 것이며 직장운은 이동수가 있다. 재물운은 좋은 편이 아니니, 많은 노력을 하면서 지출을 최대한 줄여야 할 것이다. |

| 1월 | 재물은 애써 구하지 않아도 저절로 들어올 운세이다. 다만 생각지 않은 지출이 많을 징조이며, 도둑을 맞을 징조이니 지갑이나 귀중품 단속에 각별히 신경을 써야 할 것이다. 이 달은 시험운, 취직운은 대길한 달이며, 가정에 경사가 있을 징조이다. |

| 2월 | 매사가 힘들고 어려워도 실망하지 말고 끈기 있게 밀고 나간다면 중순에서 하순 사이에 막혔던 일들이 풀리고, 재물도 얻게 되리라. 또한 기다리던 곳에서 반가운 소식이 올 운세이다. 이 달은 식구가 한 사람 늘거나 줄거나 둘 중의 하나다. |

| 3월 | 큰 재물은 어려워도 작은 재물은 얻으리라. 다만 생각지 않은 지출이 많을 징조이며 친척이나, 친구, 형제지간 또는 흉허물 없는 사람과 다툼이 일어나 결별할 징조이니 조금씩 양보하고, 자존심 상하게 하는 말을 자제하라. 이 달 운은 돈 빌려 주지 말라. 빌려 주면 돈 떼인다. |

| 4월 | 재물을 잃거나, 송사수가 있으니 고수익·이자·배당금을 준다는 말에 현혹되지 말라. 재산만 날린다. 또한 실물수가 있으니 도둑을 조심하고, 다툼수가 있으니 각별히 입을 무겁게 하라. 이 달 운은 열 번의 말보다는 한 번의 행동이 더 효과적이다. |

5 월	금전 융통에 다소 여유가 있으며 매사가 순조롭게 진행될 운세이다. 또한 문서로 인한 횡재수가 있으며, 기다리던 곳에서 반가운 소식이 올 운세이다. 이 달 운은 거래로 주고 받는 모든 것을 문서로 남겨야 한다. 특히 돌다리도 두들겨 보고 아는 길도 물어서 가라.
6 월	이성문제 또는 사랑 때문에 고민할 운세이다. 이 달은 무르익어 가던 사랑이 사소한 일로 말다툼이 일어나 결별까지 갈 징조이니 참고 견디는 인내와 아량이 필요한 달이다. 이 점만 주의한다면 큰 액운은 없으리라. 특히 횡액수가 있으니 술 냄새만 맡았어도 차 운전하지 말라.
7 월	재물운은 있으나 얻는 것보다 잃는 것이 많으며 동분서주 바쁘게 뛰어 보지만 몸과 마음이 피곤하고 알아주는 사람이 없으니 안타까운 달이다. 또한 손재수가 있으니 지갑이나 귀중품 단속에 신경을 써야 할 것이다. 이달의 운수는 겉은 화려한데 실속이 없는 달이다.
8 월	운수가 대통하니 매사가 술술 풀려 나갈 운세이다. 그 동안 얽히고 설켰던 일들이 하나씩 풀려 나갈 징조이다. 다만 망신수가 있으니 이성문제에 각별히 조심하라. 이 달 운은 행복은 좋은 일을 하는게 아니라 자기가 하는 일을 좋아하는 것이다.
9 월	기쁨과 근심이 서로 반반씩 섞여 있는 운세이다. 당신과 가장 친하게 지내던 사람과 이별할 운세이며 몸과 마음이 산란하고 일손이 잘 잡히지 않는 달이다. 그런 가운데서도 조그마한 경사가 있을 운세이다. 이 달의 운은 마음의 갈등을 잘 다스려야 하는 달이다.
10 월	친척 또는 친구에게 배신을 당하거나 사기를 당할 징조이니, 보증·금전거래·어음할인·동업 등을 하지 말라. 또한 먼 여행은 사고가 날 징조이니 떠나지 않는 것이 좋으리라. 이 점만 주의한다면 평탄할 운세이다. 이달의 운은 좋은 생각은 많은데 실천이 어려운 달이다.
11 월	재물은 동쪽이나 북쪽 방향에서 들어오게 되며 뜻밖에 당신을 도와주는 협력자를 만나 막혔던 일이 풀려 나갈 운세이다. 다만 이 달에는 내가 하기 싫은 일은 남도 하기 싫은 법이니 매사 솔선수법하면 좋은 결과를 얻으리라. 또한 술 냄새만 맡았어도 차 운전하지 말라.
12 월	당신의 주장을 관철하려는 고집 때문에 친한 사람과 다툼이 예상되니 상대방의 충고나 조언에 귀를 기울이는 아량을 베풀어야 후환이 없으며, 화재수와 낙상수가 있으니 불조심, 길조심해야 할 것이다. 이 달 운은 망설이다가 기회를 놓치지 말고 자신 있게 도전하는 것이 좋으리라.

141

무망지부(无妄之否) [상]

[괘]

만경창파(萬頃滄波)
일엽편주(一葉片舟)

아득한 바다에 이는 풍랑 위에
한 조각의 배가 뜬 격이다.

| 해설 | 이사를 하거나 먼 여행을 떠나 한동안 머무를 운세이다. 큰 재물은 어려워도 작은 재물은 들어올 운세이다. 다만 지출이 많을 징조이며 관재, 구설수가 있으니 차 조심 · 운전 조심 · 말조심하고 분수에 넘치는 일은 큰 손해가 따를 징조이니 자중자애해야 할 것이다. |

| 금년의 운세 | 건강은 순환기 계통에 이상이 생길 우려가 있으니 수면 부족이 되지 않도록 노력하면서 목욕을 자주 하여 원기 회복에 신경을 써야 할 것이다. 시험운은 원하는 만큼의 성적을 올리기는 어려우며 직장운은 윗사람, 동료, 아랫사람들과 대인관계가 원만하도록 최대한 노력을 해야 한다. |

| 1월 | 부모 · 형제 · 친구 또는 친척지간에 사소한 일로 다툼이 일어나 우애가 갈라질 징조이니, 조금씩 양보하고 이해하는 아량을 베풀어야 액운을 면하리라. 또한 하고자 하는 일에 어려움이 많을 징조이니 끈기와 인내가 필요한 달이다. |

| 2월 | 몸과 마음이 바쁘고, 하는 일은 많으나 소득이 적으니 은근히 짜증이 나는 달이다. 또한 흉허물 없는 사이에 사소한 일로 다툼이 일어날 징조이니 각별히 말조심에 신경을 써야 할 것이다. 이 달 운은 직장이나 집문제로 고민을 하게 된다. |

| 3월 | 당신과 가장 친하게 지내던 사람과 이별할 운세이며, 재물의 손실이 있을 징조이니 모든 일을 서두르지 말고, 심사숙고해야 하며 동쪽이나 남쪽 방향에 있는 사람을 각별히 조심해야 할 것이다. 이 달 운은 남을 믿고 진행하는 일이라면 절대로 확신하지 말라. |

| 4월 | 당신을 위해서라면 간도 빼 줄 것같이 행동하던 사람이 하루 아침에 배신을 하게 될 징조이며 관재, 구설수가 있으니 차조심 · 말조심 · 이성문제에 조심을 해야 할 것이다. 금전 면에서는 어려운 고비를 넘기게 될 운세이다. 이 달 운은 분수를 지켜야 작은 행운이라도 얻을 수 있다. |

54

5월	당신이 해 놓은 일이 주변 사람들한테 인정을 받게 되니 그 동안의 노력한 보람을 찾게 될 운세이다. 또한 추첨에 당첨되거나 횡재수가 있어 생각지 않은 재물이 들어올 운세이다. 이 달 운은 이사·여행·맞선·약혼·결혼·시험·취직 등 대길하다
6월	재물은 애써 구하지 않아도 저절로 들어올 운세이며 매사가 순조롭게 풀려 나갈 운세이다. 이 달은 친척이나 친구로부터 돈 좀 빌려 달라는 부탁을 받게 될 징조이다. 만일 돈을 빌려 주면 결과가 좋지 않으므로 기분 상하지 않게 거절하는 것이 좋으리라.
7월	운세가 막혀 있으니 허황된 욕심을 버리고 분수에 맞는 생활을 해야 탈이 없을 운세이다. 또한 망신수가 있으니 이성문제에 뒤처리를 잘 해야 할 것이다. 이 달 운은 생활필수품은 돈이요 삶의 필수품은 신뢰라는 생각으로 생활해야 할 것이다.
8월	어떤 업종이든 간에 새로운 투자를 하게 되면 큰 손해를 보게 될 운세이니 각별히 조심을 해야 하며 설사병이나 위장병으로 고생할 징조이니 음식 조절에 신경을 쓰고 술을 많이 마시지 않도록 노력을 해야 할 것이다. 이 달 운은 현실에 감사하고 살면 천국이요, 불평하고 살면 지옥이다.
9월	좋은 일과 나쁜 일이 교차되는 운세이니 성공과 실패가 반복되어 갈등이 많으며 당신의 근심과 고민을 누구에게 하소연조차 할 수 없으니 참으로 안타까운 달이다. 대박을 노리지 말라. 손해만 따른다. 이 달 운은 마무리를 잘 해야 탈이 없는 달이다.
10월	직업 변동을 하거나 새로운 사업을 하게 될 징조이다. 그러나 운세가 막혀 있으니 좀 더 관망하면서 때를 기다려야 좋을 것이다. 특히 친한 사람의 달콤한 유혹에 넘어가 사기를 당할 징조이니 각별히 조심을 해야 할 것이다. 이 달의 운은 마음의 갈등을 잘 극복해야 된다.
11월	한순간의 실수로 평생 깊은 상처를 안고 살아갈 징조이니 눈에 거슬리고 화가 나는 일이 있어도 보고도 못 본 척해야 하며 각별히 몸가짐에 주의를 해야 액운을 면하게 되리라. 이 달 운은 노력해서도 안 되는 일이라 판단되면 빠르게 포기하는 것이 좋으리라.
12월	마음이 불안하고 더 많은 것을 가지기 위해 밤잠을 설치며 고민할 징조이다. 그러나 운세가 막혀 있으니 새로운 일을 시작하거나 동업을 하지 말라. 큰 손해가 따르리라. 특히 다툼수가 있으니 각별히 말조심해야 할 것이다. 이 달 운은 돈을 빌려 주지 말라. 빌려 주면 돈 떼인다.

142

□ **괘**

无妄之履 □ **상**

백인작지(百人作之)
연록장구(年祿長久)

백 사람이 함께 농사를 지으니
올해의 농사는 힘도 덜 들고
가물 때마다 단비가 오니
풍년이 든 형상이다.

해설	가슴 설레이는 일들이 많이 일어날 징조이며 힘들었던 일들이 차츰 정리되는 운세이다. 또한 안 될 것이라고 체념한 일도 쉽게 풀려 나갈 운세이다. 다만 간간이 구설수가 따를 징조이니 각별히 조심을 해야 할 것이다. 특히 망신수가 있으니 바람피우지 말라.

금년의 운세	건강은 양호한 운세이며, 혹여 질병이 있더라도 좋은 의사와 성분이 우수한 약을 얻게 되어 치료가 가능하다. 시험운은 입학·취직·자격 시험 등에 무난히 합격된다. 직장운은 승진 또는 이동수가 있다. 재물운은 몸과 마음이 바쁘면 바쁜만큼 수입도 짭짤하다.

1월	운수가 대통하니 매사가 술술 풀려 나갈 운세이다. 생각지 않은 곳에서 선물이 들어올 징조이며 몸과 마음이 바쁜만큼 수입도 짭짤하고 심신이 편안할 운세이다. 다만 구설수가 있으니 각별히 말조심해야 할 것이다. 특히 횡액수가 있으니 술 냄새만 맡았어도 차 운전하지 말라.

2월	친한 사람과 사소한 일로 다툼이 일어난 후 인덕이 없다고 푸념할 징조이다. 인덕은 베풀고 지는 일은 인내에 대한 보상이지 무조건 이겨서 얻어내는 금메달이 결코 아니다. 이 달은 구설 관재가 있으니 말조심, 차조심해야 할 것이다. 특히 보증을 서거나 금전거래를 하지 말라.

3월	직업 변동을 하거나 새로운 일을 시작하면 큰 손해가 따를 징조이니 심사숙고해야 하며 관재, 구설수가 있으니 흉허물 없는 사이라도 지나친 농담을 삼가하고 각별히 말조심해야 할 것이다. 이 점만 주의한다면 금전운은 좋은 편이다.

4월	몸과 마음이 바쁜만큼 수입도 짭짤하며 현재 머무는 곳에서 이동, 변동수가 있으리라. 또한 가정에 경사가 있거나, 기다리던 곳에서 반가운 소식이 올 운세이다. 다만 고수익·이자·배당금을 준다는 말에 현혹되지 말라. 재산만 날린다.

5월	분수 밖의 재물을 탐하면 반드시 손해를 볼 징조이니 새로운 일을 벌이거나 동업 등을 하지 말라. 이익은커녕 본전마저 날릴 운세이다. 또한 병원을 출입할 징조이니 각별히 건강관리에 신경 써야 할 것이다. 이 달의 운은 능력의 한계를 인정하면 편해진다.
6월	매사가 될 듯 될 듯하면서 막히는 현상이 자주 일어날 징조이다. 당신의 소극적인 행동 때문에 뚫리지 않는 것이니 포기하지 말고 아니꼬운 일이 있어도 투지를 불태워 끈기 있게 밀고 나간다면 좋은 결과를 얻게 될 운세이다. 이 달의 운은 갈등을 잘 극복해야 하는 달이다.
7월	막혔던 일들이 서서히 풀려 나갈 징조이다. 다만 맺고 끊는 일을 분명히 하지 않으면 공연히 오해를 받거나 구설수에 오르게 되니 상대방에 대해 섭섭한 마음이 들지라도 결단력을 발휘해야 하며 실물수가 있으니 평소 아끼던 물건을 잘 관리해야 할 것이다.
8월	재물은 애써 구하지 않아도 저절로 들어올 운세이며 당신이 땀 흘려 해 놓은 일이 주변 사람들에게 인정을 받게 되니 그 동안 노력한 보람을 찾게 될 운세이다. 이 달 운은 사람들을 많이 만날수록 좋은 일을 만들 수 있다. 길일은 6·11·18·21일 이다(음력).
9월	귀중한 선물이나 재물이 들어오게 되며 매사가 순조롭게 진행될 운세이다. 다만 관재수가 있으니 눈에 거슬리고 화가 나는 일이 있어도 보고도 못 본 척, 알고도 모르는 척 중립을 지키는 것이 좋다. 이 달 운은 사람들을 많이 만날수록 좋은 일을 만들 수 있다.
10월	친한 사람에게 사기를 당하거나 배신을 당할 징조이니 당신의 속마음을 함부로 털어놓지 말라. 또한 보증·동업·금전거래·어음할인·주식투자 등에 손대지 말라. 특히 돈지갑이나 귀중품 단속에 신경 써야 할 운세이다. 이 달 운은 한 번은 울고, 한 번은 웃으리라.
11월	새로운 일을 시작하면 이익은커녕 본전마저도 날릴 징조이니 심사숙고해야 하며 망신수가 있으니 이성문제에 맺고 끊는 일을 분명히 해야 할 것이다. 또한 충돌수가 있으니 차조심해야 할 것이다. 이 달 운은 자존심을 내세우지 말고 다수의 의견을 존중하면 좋은 일이 있으리라.
12월	서로 돕고 의지하면서 공허한 마음을 달래 주던 사람이 당신 곁을 떠나게 될 운세이며, 몸과 마음이 산란하고 일손이 잘 잡히지 않는 달이다. 이 달은 생각지 않는 지출이 많은 달이 될 것이다. 이 달의 운수는 의자와 끈기가 매우 필요한 달이다.

143

无妄之同人 [상]

[괘]

야우행인(夜雨行人)
진퇴고고(進退苦苦)

밤에 비가 쏟아지는데 길 가는
사람이 갈 수도 물러설 수도
없으니 괴로운 형상이다.

해설	새로운 사업을 하거나 확장 또는 직업 변동 등을 하게 되면 손해를 많이 보게 될 운세이니 자중자애해야 할 것이다. 또한 병원을 출입할 징조이니 각별히 건강관리에 신경 써야 할 운세이다. 큰 재물은 어려워도 작은 재물은 들어올 운세이다. 다만 생각지 않은 지출이 많을 징조이다.
금년의 운세	건강은 가벼운 질환에 걸리더라도, 증세가 악화될 우려가 있으니 억지로 참지 말고 서둘러 병원을 찾는 것이 좋으리라. 시험운은 정신이 산만하고 집중력이 떨어져서 실력 발휘가 제대로 안 될 징조이며, 취직은 가능하나 직장운은 현재 위치에 만족해야 할 것이다.
1 월	어느 방향이든 먼 여행을 하게 되면 사고가 날 징조이니 떠나지 않는 것이 좋으리라. 이 달은 매사가 잘 풀리는 듯하다가도 막히는 현상이 자주 일어나게 되니 그 어느 때보다도 끈기와 인내가 필요한 달이 될 것이다. 특히 목성(木姓)을 조심하라.
2 월	친구 또는 친척의 달콤한 유혹에 넘어가 손해를 많이 보게 될 징조이니 동업·보증·금전거래·주식투자·어음할인 등에 손대지 말라. 또한 관재 구설수가 있으니 말조심, 술조심해야 할 것이다. 이 달 운은 말 못할 고민이 있지만 서서히 해결된다.
3 월	친척이나 친구 또는 흉허물 없는 사이에 사소한 일로 다툼이 일어날 징조이니 조금씩 양보하고 인내하는 아량을 베풀어야 액운을 면하게 될 운세이다. 또한 사기를 당할 징조이니 각별히 조심을 해야 할 것이다. 이 달 운은 급할수록 돌아서 갈 줄 아는 신중함이 필요하다.
4 월	사귀던 사람이나 가까운 사람과 교제가 끊길 운세이며 좋은 일과, 나쁜 일 희비가 엇갈린 가운데 성공과 실패가 반복되어 갈등이 많으며 당신의 근심과 고민을 누구에게 하소연조차 할 수 없으니 참으로 안타까운 달이다. 다만 시험·취직·이사운은 대길하다.

5월	하는 일이 힘들고 괴롭더라도 좀 더 적극성을 가지고 열심히 노력한다면 좋은 결과를 얻게 될 운세이다. 또한 안 될 것이라고 체념한 일도 서서히 풀려 나갈 징조이다. 다만 부모나 형제지간에 우환이 생겨 신경 쓰게 될 운세이다. 이 달 운은 자존심을 버리면 재물이 따른다,
6월	동쪽과 남쪽 방향은 사고가 날 징조이니 먼 여행을 떠나지 않는 것이 좋으리라. 또한, 눈에 거슬리고 화가 나는 일이 생겨도 보고도 못 본 척해야 하며 각별히 몸가짐에 주의를 해야 액운을 면하게 될 것이다. 이 달 운은 고수익·이자·배당금을 준다는 말에 현혹되지 말라. 재산만 날린다.
7월	친한 사람 또는 소개받은 사람에게 사기를 당할 징조이니 투기·보증·금전거래·동업·어음할인·주식투자 등에 손대지 말라. 또한 건강에 이상이 생길 징조이니 각별히 건강관리에 신경을 써야 할 것이다. 이 달의 운은 이·윤·정·강·최·전씨등을 조심하라.
8월	서쪽과 북쪽 방향은 사고가 날 징조이니 먼 여행을 떠나지 않는 것이 좋으리라. 또한 친한 사람과 의견 충돌로 인하여 다툼이 일어날 징조이니 조금씩 양보하고 이해하는 아량을 베풀어야 할 것이다. 이 달의 운은 하순경에 반가운 소식이 있는 달이다.
9월	운수가 대통하니 매사가 막힘 없이 술술 풀려 나갈 운세이다. 또한 당신이 해 놓은 일이 많은 사람들로부터 칭찬을 받게 되고 문서로 인한 횡재수도 있으리라. 다만 새로운 업을 시작하거나 확장을 하지 말라. 큰 손해를 보게 될 운세이므로.
10월	친한 사람의 말을 듣고 일을 벌이면 큰 손해를 보게 될 징조이니 매사를 심사숙고해야 하며 절대 모르는 분야는 손대지 말라. 또한 이사를 하지 말라. 이사를 하게 되면 큰 재앙이 따르는 운세이므로. 특히 횡액수가 있으니, 먼 여행을 삼가하고 과음하지 말라.
11월	서로 의지하면서 공허한 마음을 달래 주던 사람이 당신 곁을 떠나게 될 운세이며 몸과 마음이 산란하고 일손이 잘 잡히지 않는 달이다. 특히 친한 사람과 다툼이 있을 징조이니 각별히 말조심을 해야 할 것이다. 이 달 운은 고수익·이자·배당금을 준다는 말에 현혹되지 말라. 재산만 날린다.
12월	일을 뼈 빠지게 하는데 들어오는 소득이 적으니, 마음이 심란하여 언제나 호강 한번 할 수 있을는지 돈벼락이나 맞았으면 좋겠다는 생각이 간절한 달이다. 그러나 건강이 재산이라고 위안하라. 이 달 운은 평소 소홀했던 일에 다시 한번 신경 써 보시라. 좋은 일이 생기리라.

151

姤之乾 　상

연목구어(緣木求魚)
사사다체(事事多滯)

나무에서 물고기를 구하고자
하니 일일이 막혀서 얻지 못하는
형상이다.

해설	마음이 산란하고 하는 일마다 막힘이 많으니 얻는 것보다 잃는 것이 많으며 능력은 있으나 때를 만나지 못했으니 알아주는 사람이 없다. 특히 송사수가 있으니 고수익 · 이자 · 배당금을 준다는 말에 현혹되지 말라. 재산만 날린다. 이 점만 주의한다면 작은 재물은 얻으리라.

금년의 운세	건강은 당신이 느끼지 못하는 질환이 있을 우려가 있으니, 자주 병원의 진찰을 받아 볼 필요가 있다. 시험운은 경쟁자가 많아 턱걸이 운세이며, 취직은 눈높이를 낮추면 가능하며, 직장운은 현재의 위치가 불안하다. 재물운은 좋은 편이 아니니, 허리띠를 졸라매야 할 것 같다.
1월	하고 있는 일에 만족을 느껴야 하며 혹여 허욕을 부려 투기성 있는 업종에 손을 대거나 다른 일을 도모하면 큰 손해를 보게 될 징조이니 자중자애해야 할 것이다. 또한 술 냄새만 맡았어도 차 운전하지 말라. 그 동안의 노력이 물거품이 된다.
2월	티끌 모아 태산이니 작은 것도 귀하게 여기고 소중히 아끼면 금전은 다소 여유가 있으며 생각지 않은 곳에서 선물 또는 재물이 들어올 운세이다. 특히 충돌수가 있으니 각별히 차조심, 말조심해야 할 것이다. 이 달 운은 한 번은 울고, 한 번은 웃으리라.
3월	자존심을 내세우면 잘 되어 가던 일이 복잡하게 꼬일 징조이니 조금씩 양보하고 이해한다면 의외로 쉽게 풀려 나갈 운세이다. 또한 금전문제는 맺고 끊는 걸 확실히 해야 후환이 없게 될 운세이다. 특히 송사수가 있으니 도장 찍는 일은 신중해야 할 것이다.
4월	수입은 쥐꼬리만큼 들어오고 쓸 곳은 많으니 은근히 짜증이 나는 달이다. 또한 친한 사람과 사소한 일로 다툼이 일어날 징조이니 각별히 말조심, 관재수가 있으니 차조심해야 할 것이다. 이 달 운은 분수를 지키면 작은 행운이라도 얻을 수 있다.

5 월	운수가 대통하니 매사가 순조롭게 진행되고, 안 될 것이라고 생각한 일도 서서히 풀려 나갈 징조이다. 또한 당신이 해 놓은 일이 주변 사람들로부터 칭찬을 받게 되고 문서로 인한 횡재수도 있으리라. 다만 술 냄새만 맡았어도 차운전하지 말라. 그 동안의 노력이 물거품이 된다.
6 월	먼 여행은 사고가 날 징조이니 떠나지 않는 것이 좋으리라. 또한 구설수가 있으니 입을 무겁게 해야 후환이 없으며 충돌수가 있으니, 각별히 차조심을 해야 할 것이다. 이 점만 주의한다면 금전운은 대체로 좋은 편이다. 이 달 운은 열 번의 말보다는 한 번의 행동이 더 효과적이다.
7 월	이 달은 꿈자리도 뒤숭숭하고 매사가 잘 풀리는 듯하다가도 막히는 현상이 자주 일어날 징조이다. 또한 친척, 친구 또는 형제지간에 사소한 일로 우애가 갈라지거나 가까운 이웃과 결별할 징조이니 조금씩 양보하고 이해하는 아량이 필요하다.
8 월	큰 재물은 어려워도 작은 재물은 들어오게 되며 사귀던 사람이나 가까운 사람과 이별할 징조이다. 또한 오해를 받는 일을 하거나, 대수롭지 않게 던진 말 한 마디가 큰 화를 불러들일 징조이니 각별히 말조심, 행동에 조심을 해야 할 것이다.
9 월	안 되는 일이나 어려움이 있더라도 맡은 바 일을 좀더 열심히 노력한다면 중순에서 하순 사이에 운세가 열려 있으니 막혔던 일이 풀려 나갈 운세이다. 또한 기다리던 곳에서 반가운 소식이 올 운세이다. 이 달의 운은 끈기와 인내가 필요한 달이다.
10 월	새로운 일을 시작하거나 투기성 있는 업종에 손을 대면 큰 손해를 보게 될 문제이니 자중자애하면서 때를 기다리는 것이 좋으리라. 또한 먼 여행은 사고가 날 징조이니 떠나지 않는 것이 좋으리라. 이 달 운은 상대가 진정 원하는 것이 무엇인지 귀를 기울여라.
11 월	어렵던 일들이 술술 풀리고 동쪽이나 남쪽 방향에 있는 귀인이 당신에게 도움을 주게 될 운세이다. 또한 당신이 그 동안 해 놓은 일이 인정을 받게 되니 노력한 보람을 찾게 될 운세이다. 이 달 운은 혼인의 경사가 아니면 득남·득녀의 경사가 있다.
12 월	이익을 추구하려다 오히려 본전까지 날릴 징조이니 투기성 있는 업종이나 새로운 일을 도모하지 말라. 이 점만 주의한다면 금전운은 좋은 편이 될 것이다. 또한 기다리던 곳에서 반가운 소식이 오거나 가정에 경사가 있을 운세이다. 이 달은 가정사로 부모나 배우자와 의견 충돌이 있겠다.

괘	화급동량(火及棟樑)

螆之遯 | 상 |

화급동량(火及棟樑)
연작하지(燕雀何知)

불길이 대들보까지 미치고 있으나
집을 짓고 사는 제비와 참새들이
어찌 그 위급함을 알겠는가.

해설

큰 재물은 어려워도 작은 재물은 들어올 운세이다. 다만 생각지 않은 지출이 많을 징조이며 당신이 가장 가까이 지내는 사람이 당신 곁을 떠나게 될 징조이다. 또한 관재, 구설수가 있으니 입을 무겁게 해야 하며 특히 차조심하라. 금년은 이사를 하게 되거나, 머무는 곳에서 이동, 변동할 운세이다.

금년의 운세

건강은 당신이 모르는 질환이 있을 우려가 있으니 정기적으로 의사의 진찰을 받아 보는 것이 좋으리라 시험운은 입학·취직·운전면허 등이라면 합격이 가능하나. 사법고시·행정고시·외무고시·공인회계사 등이라면 좀 더 실력을 쌓은 다음 도전해야 할 것이다. 직장운은 다른 곳을 알아봐야 할 것 같다.

1월

하고 있는 일에 만족을 느껴야 하며 혹여 허욕을 부려 투기성 있는 업종(주식투자) 또는 동업을 하거나, 보증을 서게 되면 큰 손해를 보게 될 징조이니 자중자애해야 할 것이다. 특히 관재수가 있으니 박·조·최·유·윤·강·신씨 등을 조심하라.

2월

남의 말을 듣고 무작정 일을 벌이면 큰 손해가 따를 징조이니 각별히 주의해야 할 것이다. 또한 남쪽과 서쪽 방향은 사고가 날 징조이니 먼 여행을 떠나지 말라. 이 점만 주의한다면 금전운은 대체로 좋은 편이다. 다만, 돈을 빌려 주지 말라. 빌려 주면 돈 떼인다.

3월

중요한 약속이나 계획은 실행하기 어려울 징조이니 호언장담하지 않는 것이 좋으며, 형제 간 또는 친한 사람과 사소한 일로 큰 다툼이 일어날 징조이니 각별히 말조심해야 한다. 이 달 운은 자신의 능력을 확실히 점검하고 일을 진행하라.

4월

당신에게 친척이나 친구가 거시기에 투자하면 떼돈을 벌 수 있다는 유혹을 하거나 돈 좀 빌려 달라는 요청을 받게 될 징조이다. 그러나 결과가 좋지 않을 운세이니 기분 상하지 않게 거절하는 것이 좋으리라. 특히 횡액수가 있으니 동방으로 이사 가지 말라.

5월	큰 재물은 어려워도 작은 재물은 들어올 운세이다. 또한 당신이 하는 일에 귀인이 나타나 도와줄 운세이다. 다만 먼 곳으로 부터 기쁜 소식과 슬픈 소식을 듣게 될 징조이다. 이 달은 거래로 주고 받는 모든것을 문서로 남겨야 한다.
6월	재물운이 왕성하여 금전융통에 다소 여유가 있으며 호주머니가 두둑하게 되니 씀씀이가 헤픈 당신에게는 고기가 물을 만난 격이다. 다만 가는 곳마다 먹을 복이 있어 과음, 과식을 하여 위장병으로 고생할 징조이니 음식 조절에 신경을 써야 할 것이다.
7월	운수가 대통하니 매사가 막힘 없이 술술 풀려 나갈 운세이다. 또한 당신이 해 놓은 일이 주변 사람들로부터 칭찬을 받게 되고 문서로 인한 횡재 또는 가정에 경사가 있을 운세이다. 다만 가정사로 부모나 배우자와 의견충돌이 있겠다.
8월	맺고 끊는 일을 분명히 하지 않으면 공연히 오해를 받거나 구설수에 오르게 되니 상대방에 대해 섭섭한 마음이 들지라도 결단력을 발휘해야 뒤끝이 개운하게 될 운세이다. 이 달의 운수는 생활 필수품은 돈이요 삶의 필수품은 신뢰라는 생각으로 생활해야 할 것이다.
9월	하고 있는 일에 만족을 느껴야 하며 혹여 허욕을 부려 투기성 있는 업종(주식투자·어음할인·금전거래) 등에 손을 대거나 다른 일을 도모하면 큰 손해가 따를 징조이니 각별히 주의해야 할 운세이다. 이 달의 운은 이사를 하면 좋으리라.
10월	동서남북 열심히 뛰다 보면 반드시 노력 이상의 대가를 얻게 될 징조이니 힘들고 괴롭더라도 하고야 말겠다는 굳은 의지와 끈기가 필요한 달이다. 다만 망신수가 있으니 이성문제에 각별히 조심을 해야 할 것이다. 이 달 운은 배짱을 부리면 낭패를 보게 된다.
11월	몸과 마음이 바쁘고 하는 일은 많으나 수입은 쥐꼬리만큼 들어오니 은근히 짜증이 나는 달이다. 또한 흉허물 없는 사이에 사소한 일로 다툼이 있을 징조이니 각별히 오해를 받는 일을 하거나 말조심에 신경을 써야 할 것이다. 이 달의 운은 대박을 노리지 말라. 재산만 날린다.
12월	당신을 위해서라면 간도 빼 줄 것같이 행동하던 사람이 하루 아침에 배신을 하게 될 징조이니, 누구에게나 당신의 약점이나 비밀에 부쳤던 속마음을 함부로 말하지 말라. 또한 관재, 구설수가 있으니 각별히 조심을 해야 할 것이다. 특히 조·정·최·이·박·장·강씨 등을 조심하라.

153

嚅之訟 상

연수치흉(年雖值凶)
기자봉풍(飢者逢豊)

때는 비록 흉년이나 굶주린 자는
풍년을 만난 형상이다.

해설	매사를 서두르지 말고 하나하나 쌓아 간다는 생각으로 일처리를 해야 탈이 없을 징조이다. 시작하는 일은 반드시 좋은 일과 나쁜 일이 반반이다. 금년의 운수는 재물을 얻게 될 운세이나 망신수와 구설수가 있으니 각별히 조심하라. 특히 먼 여행을 삼가고 각별히 차조심을 해야 할 것이다.

금년의 운세	건강운은 매우 좋은 편이나 피부에 화상을 입을 징조이니 뜨거운 물이나 불을 각별히 조심해야 할 것이다. 시험운은 당신이 아는 실력을 유감 없이 발휘하여 좋은 성적을 올리게 된다. 취직도 순조로우며 직장인은 승진이 예상된다. 재물운은 좋으며 횡재수가 있으리라.
1 월	운수가 대통하니 원하는 소망 한 가지는 반드시 이루어지게 될 운세이다. 재물을 원하면 재물이, 직장을 원하면 직장이 시험을 치르면 합격을, 애인을 원하면 애인을, 이 달은 매사가 순조롭게 진행될 운세이다. 다만 평소 아끼던 물건을 잃어 버리기 쉬우니 조심하라.
2 월	매사가 순조롭게 진행되고 재물이 들어오게 되며 당신이 해 놓은 일이 주변 사람들에게 인정을 받게 되어 그 동안의 노력한 보람을 찾게 되며 가정에 경사가 있을 운세이다. 다만 술 냄새만 맡았어도 차 운전하지 말라. 그 동안의 노력이 물거품이 된다.
3 월	행운의 방향은 서쪽과 북쪽이니 이 방향에 힘을 쓴다면 재물과 명예를 얻게 될 운세이다. 또한 오랫동안 만나지 못했던 친척이나 친구를 만나게 될 징조이며 추첨에 당첨될 운세이다. 이 달 운은 재산이 늘고 식구가 느는 달이라 기쁨이 집 안에 가득하다.
4 월	안 되는 일이나 어려움이 있더라도 실망하지 말고 끈기 있게 계속 밀고 나가면 중순경에서 하순경 사이에 운세가 열려 있으니 막혔던 일이 풀려 나갈 징조이다. 또한 남쪽이나 서쪽 방향에서 반가운 소식이 올 운세이다. 이 달 운은 혼인의 경사가 아니면 득남,득녀의 경사가 있다.

5월	친한 사람과 사소한 일로 큰 다툼이 일어나 절교 선언을 하게 될 징조이니 각별히 오해를 받는 일을 하거나 말조심을 해야 할 운세이다. 또한 관재수가 있으니 각별히 술조심을 해야 할 것이다. 이 달 운은 말 못할 고민이 있지만 서서히 해결된다.
6월	작은 것을 주고 큰 것을 얻는 운세이니 매사가 순조롭게 진행되고 추첨에 당첨되거나 생각지 않은 재물이 들어올 횡재수가 있는 달이다. 다만 다툼수가 있으니 조금씩 양보하고 이해하는 아량을 베풀어야 할 것이다. 이 달의 운은 시험 · 취직 · 맞선 등이 대길하다.
7월	친한 사람이나 소개받은 사람에게 사기를 당할 징조이니 금전거래 · 주식투자 · 보증 · 동업 · 어음할인 등을 하지 말라. 큰 손해를 보게 될 운세이다. 이 달 운은 눈 앞의 이익만 추구하지 말라. 한결같은 마음으로 상대를 대하면 좋은 결과를 얻으리라.
8월	하고 있는 일에 만족을 느껴야 하며 혹여 허욕을 부려 투기성 있는 업종에 손을 대거나 다른 일을 도모하면 큰 손해를 보게 될 징조이니 각별히 주의해야 할 것이다. 이 달의 운은 좋은 생각은 많은데 실천이 어려운 달이다.
9월	재운이 왕성하여 금전은 다소 여유가 있으며 매사가 순조롭게 진행될 운세이다. 다만 배신을 당하거나 사기를 당할 징조이니 각별히 조심을 해야 할 것이다. 또한 충돌수가 있으니 차조심을 해야 할 것이다. 특히 이달의 운은 마음의 갈등을 잘 다스려야 하는 달이다.
10월	하는 일이 힘들고 괴롭더라도 끈기와 인내로 밀고 나간다면 중순경에서 하순 사이에 조금씩 풀려 나갈 운세이다. 다만 망신수와 구설수가 있으니 이성문제에 맺고 끊는 일을 분명히 하고 말조심을 해야 할 것이다. 이 달의 운은 마무리를 잘 해야 탈이 없다.
11월	남쪽 방향의 먼 여행은 사고가 날 징조이니 떠나지 않는 것이 좋으며, 구설수와 관재수가 있으니 각별히 말조심, 차조심을 해야 할 것이다. 이 점만 주의한다면, 재물운은 양호한 편이다. 다만 고수익 · 이자 · 배당금을 준다는 말에 현혹되지 말라. 재산만 날린다.
12월	이 달의 운세는 좋은 일과 나쁜 일이 반반씩 섞여 있는 운세이다. 하는 일에 재물이 따르기는 하나 들어온 만큼 지출이 많은 운세이다. 또한 관재수가 있으니 이성문제에 맺고 끊는 일을 분명히 하고 술조심을 해야 할 것이다.

161

괘

訟之履 상

춘우비비(春雨霏霏)
일지매화(一枝梅花)

봄비가 촉촉하게 내리는데
한 가지에 매화가 피어 있는
형상이다.

해설	매사가 순조롭게 진행될 운세이기는 하나 사람을 잘못 사귀면 큰 손해가 따를 징조이니, 각별히 조심을 해야 할 것이다. 금년은 머무는 곳에서 이동, 변동할 운세이다. 특히 문서로 인하여 다투는 일이 생길 것이니 송사수를 조심하라. 또한 망신수가 있으니 이성문제에 각별히 조심을 해야 할 것이다.
금년의 운세	건강은 신체상의 특별한 질병은 없으나 자고 일어나면 몸이 천근만근처럼 무겁고 매사에 의욕이 떨어질 징조이니 목욕을 자주 하여 원기 회복에 신경을 써야 할 것이다. 시험운은 대단히 좋다. 취직도 가능하며 승진운도 따른다. 다만, 월급은 기대에 못 미칠 것이다. 재물은 생각지 않은 수입이 많이 따른다. 다만 지출이 많을 운세이다.
1 월	몸과 마음이 바쁘고 하는 일은 많으나 들어오는 소득이 적으니 마음이 심란하여 언제나 호강 한번 할 수 있는지 돈벼락이나 맞았으면 좋겠다는 생각이 간절한 달이다. 이 달은 말못할 고민이 있지만 서서히 해결된다.
2 월	매사가 될 듯 될 듯하면서 막히는 현상이 자주 일어날 징조이다. 당신의 소극적인 행동 때문에 뚫리지 않는 것이니 포기하지 말고 끈기 있게 밀고나간다면 중순경에서 하순 사이에 좋은 결과를 얻게 될 운세이다. 이 달은 솔직한 모습을 보여 주는 것이 좋은 결과를 가져온다.
3 월	흉운이 길운으로 바뀌니 막혔던 일들이 술술 풀려 나갈 운세이다. 몸과 마음이 바쁜만큼 수입도 짭짤하며 가정에 경사가 있거나 문서로 인하여 횡재수가 따르는 달이다. 이동수가 대길하니 이사를 하려고 마음을 먹었으면 지체하지 말고 하라.
4 월	친한 사람을 너무 가까이 하고 믿으면 도리어 피해를 입을 징조이니 적당한 간격을 두는 것이 좋으며 이 달은 서쪽이나 북쪽에서 재물이 들어올 운세이다. 다만 송사수가 있으니 계약서에 도장을 찍는 일은 가급적 피해야 할 것이다.

5 월	당신에게 친척 또는 친구가 거시기에 투자하면 떼돈을 벌 수 있다는 달콤한 말을 하더라도 한 귀로 듣고, 한 귀로 흘려 버려야 할 것이다. 만일 투자를 하게 되면 큰 손해를 보게 될 운세이다. 이 달의 운은 마음의 갈등을 잘 다스려야 하는 달이다.
6 월	작은 것이 가고 큰 것이 오는 운세이니 귀중한 선물이나 재물이 들어오게 되고 매사가 순조롭게 진행될 징조이며 남쪽이나 서쪽 방향에서 반가운 소식이 올 운세이다. 이 달 운은 자존심을 내세우지 말고 다수의 의견을 존중하면 좋은 일이 많이 생길 것이다.
7 월	먼 여행은 사고가 날 징조이니 떠나지 않는 것이 좋으며 분수에 벗어나지 않는 일을 한다면 재물은 다소 여유가 있을 운세이다. 다만 수액수와 질병수가 있으니 각별히 물조심하라. 또한 건강관리에 신경 써야 할 것이다. 이 달의 운은 자존심을 버리면 재물이 따른다.
8 월	운세가 열려 있으니 막혔던 일들이 풀려 나갈 징조이며, 재물은 애써 구하지 않아도 저절로 들어올 운세이다. 또한 오랫동안 만나지 못했던 친척이나 친구를 만나게 될 운세이다. 이 달 운은 문제를 겪어 보지도 못한 상태에서 포기를 하지 말라.
9 월	맺고 끊는 일을 분명히 하지 않으면 공연히 오해를 받거나 구설수에 오르게 되니, 상대방에 대해 섭섭한 마음이 들지라도 결단력을 발휘해야 뒤가 개운하게 될 운세이다. 이 달의 운수는 좋은 일과 나쁜일이 반반이다. 다만 이사 · 여행 · 시험운은 대길하다.
10 월	당신의 주장을 관철하려는 고집 때문에 친한 사람과 다툼이 있을 징조이니 상대방의 충고나 조언에 귀를 기울이는 아량을 베풀어야 후환이 없으며 실물수가 있으니 지갑이나 귀중품 단속에 신경을 써야 할 것이다. 특히 고수익 · 이자 · 배당금을 준다는 말에 현혹되지 말라. 재산만 날린다.
11 월	남쪽이나 북쪽 방향에서 재물이 들어올 운세이며 꾀하는 일은 힘들고 괴롭더라도 하고야 말겠다는 굳은 의지와 끈기가 필요한 달이다. 이 달의 운수는 좋은 일과 나쁜 일이 반반이니 분수를 지켜야 하며 특히 대박을 노리지 말라. 재산만 날린다.
12 월	맡은 바 일을 좀 더 열심히 끈기 있게 밀고 나간다면 중순에서 하순 사이에 막혔던 일들이 풀려 나갈 운세이다. 또한 기다리던 곳에서 반가운 소식이 오거나 가정에 경사가 있을 운세이다. 다만 과음하지 말라. 그 동안의 노력이 물거품이 된다.

162

訟之否 상

괘

하운기처(夏雲起處)
어룡욕수(魚龍浴水)

여름철 뭉게구름이 이는 곳에서
고기와 용이 목욕을 하는 형상
이다.

해설	생활하는 데 어려움이 없고 무슨 일을 하든 뜻과 같이 될 징조이며 어디를 가든 이름을 떨치게 될 운세이다. 다만 비리를 탐하거나, 비리와 결탁을 한다면 송사가 생길 운세이다. 또한 망신수가 있으니 이성문제에 각별히 조심을 해야 할 것이다. 특히 횡액수가 있으니 북방으로 이사 가지 말라..
금년의 운세	건강은 정신적 스트레스를 많이 받아 소화 불량이 있을 징조이다. 시험운은 매우 좋아 그 동안 노력한 결과를 얻게 되며 취직시험도 결과가 좋으며 직장운은 승진이 있을 징조이다. 재물운도 좋다. 다만 동업·금전거래·주식투자·보증 등에 손대지 말라. 손재수가 있으므로.
1월	운수가 대통하니 매사가 순조롭게 진행될 징조이다. 또한 오랫동안 만나지 못했던 친척이나 친구를 만나게 될 징조이며, 추첨에 당첨되거나 재물이 들어올 운세이다. 다만 화재수가 있으니 불조심을 해야 할 것이다. 특히 고수익·이자·배당금을 준다는 말에 현혹되지 말라. 재산만 날린다.
2월	친한사람에게 사기를 당하거나 배신을 당할 징조이니 금전거래·동업·주식투자·보증·어음할인 등을 하지 말라. 큰 손해를 보게 될 운세이며 이로 인하여 송사수가 생기리라. 이 달은 그저 자중자애를 해야 액운을 면하리라. 다만, 시험·취직·맞선·여행은 대길하다.
3월	매사가 될 듯 될 듯하면서도 막히는 현상이 자주 일어날 징조이다. 또한 구설수가 있으니 지나친 농담을 삼가하고 오해받는 행동은 하지 말라. 이 달은 수입보다 지출이 많은 달이며 이동수가 있는 달이다. 이 달의 우우 남을 믿고 진행하는 일이리면 절대로 확신하지 말라.
4월	재물은 애써 구하지 않아도 저절로 들어올 운세이며 당신이 해 놓은 일이 주변 사람들에게 인정을 받게 되니 그 동안 노력한 보람을 찾게 될 운세이다. 이 달 운은 거래로 주고받는 모든 것을 문서로 남겨야 한다. 돌다리도 두들겨 보고 아는 길도 물어서 가라.

5월	당신이 살고 있는 곳에서 동쪽과 남쪽 방향에 있는 사람과 다툼이 있을 징조이니 각별히 조심을 해야 할 것이다. 또한 먼 여행은 사고가 날 징조이니 떠나지 않는 것이 좋으리라. 이 점만 주의 한다면 금전운은 양호한 편이다.
6월	한 가지 목표를 분명하게 정해서 끈기 있게 밀고 나가는 자세가 필요한 달이다. 혹여 욕심을 부려 다른 일을 시도하게 되면 큰 손해가 따르게 될 것이다. 특히 문서계약서에 도장을 찍는 일을 삼가하라. 이 달 운은 경쟁을 피하지 말고 과감하게 경쟁해야 좋은 결과를 얻을 것이다.
7월	재물은 동쪽이나 북쪽 방향에서 들어오게 되며 뜻밖에 당신을 도와주는 협력자를 만나 막혔던 일들이 풀려 나갈 운세이다. 이 달 운은 그 동안 쌓았던 인맥을 적극 활용하면 좋은 결과를 얻으리라. 특히 금전적으로 고민하던 문제가 해결된다.
8월	귀인이 찾아와 당신의 마음 깊은 곳의 시름과 고민을 해결해 줄 징조이다. 또한 문서가 이동을 하는 형상이니 아파트 추첨에 당첨되거나 부동산 매매가 이루어질 운세이다. 이 달은 금전운이 양호한 운세이다. 다만 과음하지 말라. 그 동안의 노력이 물거품이 된다.
9월	동쪽과 남쪽 방향의 먼 여행은 사고가 날 징조이니 떠나지 않는 것이 좋으리라. 또한 건강에 이상이 있을 징조이니 각별히 건강관리에 신경을 써야 할 것이다. 이 점만 주의한다면 금전운은 좋은 편이다. 이 달 운은 실망은 이르니 희망을 접지 말고 기다리시라.
10월	흉운이 길운으로 바뀌니 매사가 술술 풀려 나갈 징조이다. 몸과 마음이 바쁜만큼 수입도 짭짤하고 가정에 경사가 있을 운세이다. 다만 새로운 일을 시작하면 손해가 따를 징조이니 하던 업종을 변경하지 말라. 특히 이사·여행·시험·취직운은 대길하다.
11월	운세가 막혀 있으니 새로운 일의 시작이나 직업 변동은 좀 더 관망하면서 때를 기다리는 것이 좋으며 몸살을 앓거나 질병을 얻게 될 징조이니 각별히 건강관리에 신경을 써야 할 것이다. 이 달 운은 남을 믿고 진행하는 일이라면 절대로 확신하지 말라.
12월	고기가 물을 만난 형상이니 금전융통에 다소 여유가 있으며 매사가 순조롭게 진행될 운세이다. 또한 오랫동안 만나지 못했던 친척이나 친구를 만나게 될 운세이다. 다만 충돌수가 있으니 말조심, 차조심을 해야 할 것이다. 이 달 운은 식구가 한 사람 늘거나 줄거나 둘 중의 하나이다.

163

괘

訟 之 姤 | 상

백로기강(白露旣降)
추선정지(秋扇停止)

흰 이슬이 이미 내리니 가을엔
부채를 접어야 하는 형상이다.

해설	하는 일이 힘들고 어려워도 끈기 있게 밀고 나간다면 의외로 좋은 결과를 얻게 될 운세이다. 또한 생각지 않은 곳에서 재물이 들어오거나 가정에 경사가 있을 운세이다. 다만 사기를 당하거나 배신을 당할 징조이니 각별히 조심을 해야 할 것이다. 특히 술 냄새만 맡았어도 차 운전하지 말라.
금년의 운세	건강은 가벼운 질환이라도 증세가 악화될 우려가 있으니, 서둘러 병원을 찾아야 할 것이다. 시험은 좀 더 실력을 쌓아 다음 기회를 노려야 할 운이다. 취직은 눈높이를 낮추면 가능하며 직장운은 현재 위치가 불안하다. 재물운은 상반기보다는 하반기를 기대해야 할 것이다.
1월	재물운은 있으나 얻는 것보다 잃는 것이 많으며 잘 되어 가던 일들이 꼬일 징조이니 계획을 크게 잡지 말고 축소하는 것이 좋으리라. 또한 배신을 당할 징조이니 당신의 속마음을 누구에게나 함부로 말하지 말라. 이 달의 운은 말보다 실천이 중요하다.
2월	매사가 힘들고 어려워도 실망하지 말고 끈기 있게 밀고 나가면 중순에서 하순 사이에 운세가 열려 있으니 막혔던 일들이 풀려 나갈 징조이다. 다만 고수익·이자·배당금을 준다는 말에 현혹되지 말라. 재산만 날린다. 또한 술 냄새만 맡았어도 차 운전하지 말라.
3월	매듭을 짓는 형상이니 당신이 해 놓은 일을 조속히 마무리를 지어야 좋을 운세이며 동쪽이나 북쪽에서 귀인이 나타나 당신을 도와줄 징조이다. 또한 가정에 경사가 있거나 문서로 인한 횡재수가 있을 운세이다. 다만 돈 빌려 주지 말라. 빌려 주면 100% 돈 떼인다.
4월	지나치게 욕심을 내거나 자존심을 내세우면 기회를 놓쳐 버릴 징조이니 당신의 지식이 전부라고 생각하지 말고 경험이 풍부한 사람에게 상의를 하면서 일처리를 한다면 좋은 결과를 얻게 될 운세이다. 이 달 운은 어려움을 피하지 말고 정면 돌파하면 성공한다.

70

5 **월**	추진 중인 일은 머리만 있고 꼬리가 없는 형상이니 현재의 계획을 수정, 보완 또는 새로운 계획을 세워야 할 징조이다. 이 달 운은 마음으로 헤아리면 이해가 되고 물질로 헤아리면 오해가 된다. 특히 돈 약속은 하지 말라. 지켜지기가 어려울 것이다.
6 **월**	먼 여행은 사고가 날 징조이니 떠나지 않는 것이 좋으며 망신수가 있으니 이성문제에 각별히 조심을 해야 할 것이다. 또한 흉허물 없는 사이에 다툼이 일어날 징조이니 각별히 말조심, 행동에 조심을 하라. 이 달 운은 도랑 치고 가재 잡는 운세이니 매사 솔선수범하라. 반드시 좋은 일이 생기리라.
7 **월**	노력 이상의 대가를 얻게 될 운세이니 좀 더 적극적으로 행동하면 이곳 저곳에서 이익을 챙기느라 바쁠 징조이다. 다만 망신수와 관재수가 있으니 이성문제를 조심하고 차조심을 해야 할 것이다. 특히 이사 가지 말라. 액운이 있으므로.
8 **월**	친한 사람의 달콤한 유혹에 넘어가 사기를 당할 징조이니 금전거래·보증·동업·주식투자·어음할인 등을 하지 말라. 큰 손해를 보게 될 운세이다. 이 달 운은 말 한 마디에 천 냥 빚을 갚는 운세이니 칭찬을 많이 하라. 반드시 좋은 일이 생기리라.
9 **월**	친척이나 형제 간 또는 친구 사이에 큰 다툼이 일어나 결별을 할 징조이니 각별히 말조심하고 조금씩 양보하는 아량을 베풀어야 할 것이다. 또한 실물수가 있으니 지갑이나 귀중품 단속에 신경 써야 할 것이다. 이 달 운은 매사 배운다는 자세로 임하면 좋은 결과를 얻으리라.
10 **월**	심신이 피곤하고 괴로울지라도 하는 일은 비교적 수월하게 풀려 나갈 운세이다. 또한 역마살이 발동하니 이사를 하려고 마음을 먹었으면 해도 좋으리라. 또한 남쪽이나 동쪽 방향에서 반가운 소식이 올 운세이다. 다만 친구를 너무 믿지 마라. 배신당할 운세이니 ….
11 **월**	당신과 가장 친하게 지내던 사람과 이별할 징조이며 몸과 마음이 산란하고 일손이 잘 잡히지 않는 달이다. 또한 병원을 출입할 징조이니 각별히 건강관리에 신경써야 할 것이다. 재물은 들어온다 해도 곧 나가는 운세이다. 이 달의 운은 조건을 찾아 직장을 옮기면 손해를 본다.
12 **월**	분수를 지키면서 하는 일에 열중한다면 매사가 순조롭게 풀려 나갈 운세이다. 또한 기다리던 곳에서 반가운 소식이 올 징조이며 가정에 경사가 있을 운세이다. 이 달의 운은 소문을 듣고 보지 않은 일을 본 듯이 옮기지 말라. 반드시 화근이 생기리라.

211

| 괘 | 夬之大過 | 상 |

주경야독(晝耕夜讀)
금의환향(錦衣還鄉)

낮에는 밭 갈고 밤에는 책을 읽어
드디어 비단옷을 입고 고향에
돌아가는 형상이다.

| 해설 | 근검절약하고 분수를 지키면서 하는 일에 열중한다면 의외로 좋은 결과를 얻게 될 운세이다. 다만 허황된 욕심을 부려 새로운 일을 시작한다면 큰 손해가 따르리라. 특히 망신수가 있으니 이성문제에 각별히 조심하라. 금년은 이사를 하거나 머무는 곳에서 이동, 변동할 운이다. |

| 금년의 운세 | 건강은 대체적으로 좋은 편이다. 다만 환절기 때마다 감기 몸살로 고생할 징조이니 몸을 청결하게 하고 원기회복에 신경 써야 할 것이다. 시험은 평소에 노력한 만큼 결과를 얻게 되며 직장운은 승진을 하거나 부서를 옮기게 될 징조이다. 재물운은 좋은 편이다. |

| 1월 | 안 될 것이라고 체념한 일들도 귀인을 만나 풀려 나갈 징조이며 생각지 않은 곳에서 선물 또는 재물이 들어올 운세이다. 또한 오랫동안 만나지 못했던 친척이나 친구가 찾아오거나 전화 연락이 올 운세이다. 이 달은 시험운, 취직운이 대길하다. |

| 2월 | 포기할 것은 포기하고 거둘 수 있는 것은 거둬야 할 운세이다. 즉 안 되는 것을 붙들고 애타게 고민하지 말고 과감하게 결단력을 발휘하라. 재물은 노력한 만큼만 얻게 될 것이다. 이 달의 운은 뜬구름 잡을 생각 말고 현실에 충실해야 좋으리라. |

| 3월 | 동서남북 어디를 가나 이익이 따르니 재물이 늘어날 운세이며 하고 있는 일도 순조롭게 진행될 징조이다. 또한 머무는 곳에서 이동, 변동할 운세이다. 이 달은 중순에서 하순 사이에 좋은 일이 많으리라. 다만 적당히 굽힐 줄 아는 융통성이 필요하다. |

| 4월 | 친한 사람 또는 소개받은 사람한테 사기를 당하거나 배신을 당할 징조이니, 금전거래·보증·주식투자·동업·어음할인, 직업 변동 등을 하지 말라. 큰 손해를 보게 될 징조이다. 이 달 운은 평소 소홀했던 일에 다시 한번 신경을 써 보시라. 좋은 일이 생기리라. |

5월	금전 융통에 다소 여유가 있으며 풍족하지는 못 해도 어려운 사람을 위해 약간의 도움을 줄 정도는 될 운세이다. 또한 문서로 인한 횡재수가 있으며 추첨운이 대길한 달이니 주택청약예금을 들어 놓았다면 아파트 신청 접수를 해 보시라. 좋은 일이 있을 징조이다.
6월	생활에 큰 어려움은 없으나 지출이 많은 달이며 구설수가 있으니 각별히 말조심해야 할 것이다. 또한 친한 사람에게 배신을 당할 징조이니, 당신의 속마음을 함부로 말하지 마라. 막혔던 일들은 중순에서 하순경에 풀려나가게 될 운세이다.
7월	먼 여행은 사고가 날 징조이니 떠나지 않는 것이 좋으며 망신수와 관재수가 있으니 이성문제에 각별히 조심을 해야 하며, 보증을 서거나 동업을 하지 말라. 이 달 운은 우연히 찾아와 도와주는 사람이 있어 어려운 일이 성취된다.
8월	큰 재물은 기대하기 어려우나 작은 재물은 들어오게 될 운세이다. 또한 당신 스스로 판단하고 추진하고 있는 일이 실패할 징조이니 실행 시기를 좀 더 늦추는 것이 좋으리라. 특히 이달 운은 일을 벌이지 말고 수습하는 방향으로 신경 써야 한다.
9월	운수가 대통하니 매사가 순조롭게 진행되고 동쪽과 북쪽 방향에서 재물이 들어올 운세이다. 이 달은 귀인이 당신을 돕는 운세이므로 안 될 것이라고 체념한 일들도 풀려 나갈 징조이다. 또한 기다리던 곳에서 반가운 소식이 올 운세이다.
10월	꾀하는 일마다 막힘 없이 이루어지게 되고 막혔던 일들도 술술 풀려 나갈 징조이며 가정에 경사가 있거나 문서로 인한 횡재수가 따르는 운세이다. 다만 사람을 잘못 사귀면 관재수가 따르니 각별히 조심을 해야 할 것이다. 특히 쥐띠·소띠·범띠를 조심하라.
11월	이 달의 운수는 당신이 열 가지를 원한다면 한두 가지는 반드시 이루게 될 징조이다. 다만 재물은 들어온 만큼의 절반은 생각지 않은 곳으로 지출될 운세이다. 또한 실물수가 있으니 지갑이나 귀중품 단속에 신경 써야 할 것이다. 특히 이 달의 운은 한 번은 울고 한 번은 웃으리라.
12월	분수에 맞지 않게 너무 욕심을 내지 말라. 이 달의 운수는 재물을 잃을 징조이니 주식투자·동업·어음할인·보증·금전거래 등을 하지 말라. 반드시 손해가 따르리라. 또한 충돌수가 있으니 각별히 차조심, 길조심해야 할 것이다. 이 달 운은 자존심을 버리면 재물이 따른다.

212

괘

夬之革 | 상

금입연로(金入鍊爐)
종성대기(終成大器)

쇠가 화로불에 들어가 단련되어
마침내 큰 그릇을 이루는
형상이다.

해설	일이 꼬인다고 하던 일을 중단하고 쉬거나, 새로운 일을 도모하면 도리어 큰 피해를 보게 될 징조이니, 하는 일에 어려움과 변화가 따르더라도 해 내고야 말겠다는 의지가 필요한 해이다. 다만 관재, 구설수가 있으니 각별히 조심을 해야 할 것이다. 특
금년의 운세	건강은 간장 기능이 저하될 징조이니 과음, 과식을 삼가고 커피를 많이 마시지 않도록 노력을 해야 할 것이다. 시험운은 기대 이상의 성적을 올리게 되며 취직운은 오라는 곳이 너무 많아 즐거운 비명을 지르게 된다. 직장운은 승진이 있을 징조이다. 재물운은 노력 이상의 대가를 얻으리라.
1월	몸과 마음이 바쁘고 하는 일은 많으나 수입은 쥐꼬리만큼 들어오니 은근히 짜증이 나는 달이다. 또한 해서는 안 될 말을 잘못 전하여 큰 다툼이 일어날 징조이니 각별히 말조심을 해야 할 것이다. 이 달 운은 대박을 노리지 말라. 손해만 따른다.
2월	초순경에는 매사가 힘들고 어려움을 겪게 되지만 중순에서 하순 사이에는 운세가 열려 있으므로 뜻밖에 당신을 도와주는 귀인을 만나 막혔던 일들이 풀려 나갈 징조이다. 또한 기다리던 곳에서 반가운 소식이 올 운세이다. 이 달 운은 돼지띠·토끼띠·양띠를 조심하라.
3월	금전융통에 다소 여유가 있으며 매사가 순조롭게 진행될 징조이다. 또한 문서로 인한 횡재수가 있으며 추첨운이 대길한 달이니 주택청약예금을 들었다면 아파트를 신청해 보시라. 좋은 결과가 있을 운세이다. 이 달 운은 열 번의 말보다는 한 번의 실천이 더 효과적이다.
4월	주변에 얽히고 설켰던 일들이 하나씩 정리되면서 심신의 안정을 찾게 되며 모든 일이 술술 풀려 나갈 운세이다. 또한 기다리던 곳에서 반가운 소식이 올 징조이다. 이 달 운은 직접 일을 주도하는 것보다는 뒤에서 도와주는 게 좋으리라.

5월	운수가 대통하니 매사가 술술 풀려 나갈 징조이며 안 될 것이라고, 체념한 일들도 귀인이 나타나 도움을 주게 될 운세이다. 또한 오랫동안 만나지 못했던 친척 또는 친구가 찾아오거나 전화 연락이 올 운세이다. 이 달 운은 할 말이 많아도 참는 것이 약이 될 것이다.
6월	주변 사람들의 달콤한 유혹에 넘어가 새로운 사업을 시작하거나 확장 또는 업종 변경을 구상할 징조이다. 떼돈을 벌 수 있는 운세가 아니니 좀 더 신중하게 심사숙고해야 하며 병원을 출입할 징조이니 각별히 건강관리에 신경 써야 할 것이다.
7월	새로운 일을 시작하거나 업종 변경은 뜻밖의 어려움과 큰 손해가 따를 징조이니 매사를 심사숙고하면서 때를 기다려야 할 것이다. 또한 망신수가 있으니 각별히 이성문제에 조심을 하라. 이 달 운은 희망은 노력하는 사람의 몫이다.
8월	당신이 하는 일이 겉보기에만 화려해 보이고 실속이 없으니 마음이 답답하고 짜증이 날 징조이다. 재물은 들어온다 해도 곧 나가는 운세이다. 이 달 운은 늦게 자고 늦게 일어나는 것이 이익보다 일찍 자고 일찍 일어나는 이익이 더 크다.
9월	기쁜 일이 생겨 모처럼 얼굴에 웃음꽃이 필 징조이다. 재물은 북쪽이나 서쪽 방향에서 들어오게 되며, 뜻밖에 당신을 도와주는 협력자를 만나 막혔던 일이 풀려 나가게 될 운세이다. 다만 평소 아끼던 물건을 잃어 버리기 쉬우니 조심하라.
10월	세워 놓은 계획은 많아도 실천에 옮기는 데는 어려움이 많이 따르고 금전적으로 뒷받침이 안 될 징조이다. 특히 친한 사람에게 배신을 당할 징조이니, 당신의 속마음을 함부로 털어놓지 말라. 이 달 운은 돈 약속을 하지 말라. 지켜지기가 어려울 것이다.
11월	당신이 하고 있는 일에 색다른 변화가 있을 징조이며 그로 인해 몸과 마음이 바쁘게 될 운세이다. 또한 재물운이 왕성하여 금전 융통에 큰 어려움은 없으며 하는 일이 순조롭게 진행될 운세이다. 다만 망신수가 있으니 바람을 피우지 말라.
12월	운수가 대통하니 매사가 순조롭게 진행되고 막혔던 일들도 술술 풀려 나갈 징조이다. 재물은 남쪽이나 서쪽 방향에서 들어올 징조이다. 다만 고수익·이자·배당금을 준다는 말에 현혹되지 말라. 재산만 날린다. 또한 술 냄새만 맡았어도 차 운전하지 말라. 그 동안의 노력이 물거품이 된다.

213

괘

夬之兌 **상**

평지풍파(平地風波)
경인손재(驚人損財)

평지에 풍파가 일어 사람들을
놀라게 하고 재산 피해를
입히는 형상이다.

해설	고수익 · 이자 · 배당금을 준다는 말에 현혹되지 말라. 재산만 날린다. 특히, 술 냄새만 맡았어도 차 운전하지 말라. 또한 새로운 일을 시작하거나 확장을 하지 말라. 금년의 운수는 좋은 일보다는 나쁜 일이 많으니 매사 조심하라. 특히 수액수와 화액수가 있으니 물조심, 불조심하라.
금년의 운세	건강은 좋은 편이 아니니 정기적으로 의사의 진찰을 받는 것이 좋으리라. 시험은 턱걸이 운세이니. 남들보다 두 곱은 노력을 해야 결과를 얻으리라. 취직은 눈높이를 낮춰야 가능하며 직장운은 현재의 위치도 불안하니 승진은 기대하지 말라. 재물운은 보통이다. 다만 생각지 않은 곳에 목돈 지출이 있을 징조이다.
1 월	하는 일이 힘들고 애로가 많아 당장 때려치우고 다른 것을 해 보려는 마음이 굴뚝 같은 생각이다. 그러나 운세가 막혀 손해가 많이 따를 운세이니 자중자애해야 할 것이다. 이 달 운은 문제를 겪어 보지도 못한 상태에서 포기를 하지 말라.
2 월	꿈자리도 뒤숭숭하고 매사가 될 듯 될 듯하면서도 막히는 현상이 자주 일어나게 될 징조이다. 또한 당신의 속마음을 누구에게 하소연조차 할 수 없으니 답답한 운세이다. 이 달 운은 마음으로 헤아리면 이해가 되고 물질로 헤아리면 오해가 된다.
3 월	당신이 하는 일이 겉보기에만 화려해 보이고 실속이 없으니 마음이 답답할 징조이다. 재물은 들어온다 해도 곧 나가는 운세이다. 이 달은 좋은 일보다 나쁜 일이 많으니 매사를 조심해야 할 것이다. 이 달 운은 기다리지 말고 적극적으로 다가가야 성공한다.
4 월	당신이 노력한 만큼의 수입과 이익을 올릴 수 있는 운세이다. 그러나 지출이 많은 달이 될 것이며 친한 사람이 돈 좀 빌려 달라는 요청을 하게 될 징조이다. 이 달 운은 사람 사는 곳은 어디를 가나 장애물이 있기 마련이다. 장애물을 두려워하지 말고 뛰어넘어야 한다.

5월	먼 여행은 사고가 날 징조이니 떠나지 않는 것이 좋으며 특히 차조심을 해야 할 것이다. 또한 구설수가 있으니 남의 일 또는 친한 사람의 일이라도 절대 간섭하지 말라. 이 점만 주의한다면 금전운은 양호한 편이 될 것이다. 이 달은 정·한·조·박·최·안·홍·장씨를 조심하라.
6월	적극적으로 나아갈 시기가 아니다. 모든 일에 차질이 생길 징조이니, 업종 변경을 하거나 확장은 자중자애해야 할 것이다. 또한 망신수가 있으니 이성문제에 각별히 조심을 하고 실물수가 있으니 도둑을 조심해야 할 것이다. 이 달의 운은 한 번은 울고, 한 번은 웃으리라.
7월	비밀로 해야 할 일이 생기게 되니 각별히 입을 무겁게 해야 하며 친척이나 친구, 또는 형제 간에 사소한 일로 다툼이 일어날 징조이니, 조금씩 양보하고 이해하는 아량을 베풀어야 할 것이다. 이 달의 운은 식구가 한 사람 늘거나 줄거나 둘 중의 하나다.
8월	주변 사람들의 눈을 의식해서 욕심을 부리기보다는 한 가지 목표를 분명하게 정해서 끈기 있게 밀고 나가는 자세가 필요한 달이다. 또한 고수익·이자·배당금을 준다는 말에 현혹되지 말라. 재산만 날린다.이 달은 각별히 범띠·말띠·개띠를 조심하라.
9월	당신의 목표에 장애나 곤란한 점이 다소 있기는 하나, 모든 일에 끈기 있게 노력을 하면 막혔던 일들이 서서히 풀려 나갈 징조이다. 또한 금전융통에 다소 여유가 있게 될 운세이다. 이 달 운은 돌다리도 두들겨 보고 아는 길도 물어서 가라.
10월	모든 일에 차질이 생길 징조이니 새로운 일을 시작하거나 확장은 자중자애해야 할 것이다. 왜냐하면 큰 손해가 따를 운세이므로…. 또한 병원을 출입할 징조이니, 각별히 건강관리에 신경을 써야 한다. 이 달 운은 거래로 주고받는 모든 것을 문서로 남겨야 한다.
11월	어렵던 일들이 술술 풀리고 동쪽이나 남쪽 방향에 있는 귀인이 도움을 주게 되니 생활에 활기를 띠게 되겠으며 금전운도 양호하여 여유가 생기게 될 징조이다. 또한 문서로 인한 횡재 또는 가정에 경사가 있을 운세이다. 다만 소띠·범띠·말띠를 조심하라.
12월	친목회, 동창회 또는 어떤 모임에 참석하여 생각지도 않은 애인을 소개받을 징조이다. 관재수가 있으니 각별히 몸가짐에 주의해야 할 것이다. 또한 먼 여행은 사고가 날 징조이니 떠나지 말라. 이 달 운은 망설이다가 기회를 놓치지 말고 자신 있게 도전하라.

221

괘

兌之困 상

초목봉상(草木逢霜)
하망생계(何望生計)

초목이 서리를 만났으니
어찌 살기를 바라겠는가.

해설	새로운 일을 시작하거나 고수익·이자·배당금을 준다는 말에 현혹되지 말라. 재산만 날린다. 금년의 운수는 머무는 곳에서 이동, 변동을 하거나 이사를 하게 될 운세이다. 특히 사람을 잘못 사귀면 큰 손해가 따를 징조이니 각별히 조심을 해야 할 것이다.

금년의 운세	건강은 호흡기 계통의 질환에 주의를 해야 할 것이다. 입학 시험은 학교를 낮추어야 하며 자격시험은 다음 기회를 노려야 할 운세이다. 취직운은 원하는 곳에는 경쟁자가 많아 어려우며 직장운은 이동수 또는 감봉이 있을 징조이다. 재물운은 좋지 않으니 절약하는 것만이 최선이다.
1월	금전적으로 다소 어려움이 예상되며 도와주는 사람 없이 당신 혼자만 바삐 움직이는 운세이다. 그동안 무엇 하나 제대로 해 놓은 것 없이 세월만 보냈구나 하는 공허한 마음이 가슴을 때리는 달이다. 이 달 운은 동업하지 말라. 반드시 이용만 당한다.
2월	적으면 적은 대로, 많으면 많은 대로 현실에 만족을 느껴야 하며 공연한 욕심을 부려 주식투자를 하거나 동업·확장·도박·어음 할인 등에 손을 대면 큰 손해를 보게 될 징조이니 자중자애해야 할 것이다. 이 달 운은 분수를 지켜야 작은 행운이라도 얻을 수 있다.
3월	사귄 사람은 많아도 당신이 어려울 때 도움을 주는 사람이 없으니 심신이 피곤하고 괴로운 운세이다. 큰 재물은 어려워도 작은 재물은 들어올 운세이다. 이 달 운은 수입은 나쁘지 않으니 분수에 맞추어 살면 작은 행운이라도 얻을 수 있다.
4월	운수가 대통하니 매사가 순조롭게 진행되고 막혔던 일들도 서서히 풀려나갈 징조이며 재물은 동쪽이나 남쪽 방향에서 들어올 운세이다. 또한 문서로 인한 횡재수가 있으며 가정에 조그마한 경사가 있을 운세이다. 이 달 운은 결혼·이사·맞선·이직 등이 대길하다.

5월	일을 추진해 나가는 과정에서 큰 손해를 보게 될 징조이니 서두르지 말고 신중해야 하며 보증을 서는 일이나 도장 찍는 일을 삼가하고 특히 이성문제에 각별히 조심을 해야 할 것이다. 또한 먼 여행을 떠나지 말라. 특히 박·정·황·최·장씨 등을 조심하라.
6월	고생 끝에 낙이 온 형상이다. 막혔던 일들이 술술 풀리고 남쪽이나 서쪽방향에서 재물이 들어올 운세이다. 또한 안 될 것이라고 체념한 일들도 풀려나갈 징조이다. 이 달 운은 내것이 소중하면 남의 것도 소중한 줄 알고 생활해야 할 것이다.
7월	마음이 안정되지 못하고 하찮은 일에도 짜증이 날 징조이다. 운세가 막혀 있으니 적극적인 행동보다는 한 발 물러서서 다음 기회를 노려야 할 운세이다. 이 달 운은 일이 복잡해질 우려가 있으니 다른 경영을 도모하지 말라. 이익은 고사하고 말썽이 생겨 어려움을 당한다.
8월	들어오는 재물보다 나가는 재물이 많으며 당신의 능력과 인격을 알아주는 사람이 없으니 마음이 심란하고 초조한 달이다. 이 달 운은 구슬이 서 말이라도 꿰어야 보배가 된다. 즉, 아무리 좋은 생각도 실천에 옮기지 않는다면 소용없는 일이니까.
9월	매사가 힘들고 어려워도 용기를 잃지 말고 계속 밀고 나가면 중순에서 하순 사이에 막혔던 일들이 풀려 나갈 운세이다. 또한 남쪽이나 동쪽 방향에서 재물이 들어올 운세이다. 다만 실물수가 있으니 도둑을 조심해야 할 것이다. 이 달의 운은 마음의 갈등을 잘 극복해야 한다.
10월	친한 사람 또는 소개받은 사람한테 사기를 당하거나 배신을 당할 징조이니 당신의 속마음을 함부로 말하지 말고, 금전거래를 삼가하라. 큰 재물은 어려워도 작은 재물은 들어올 운세이다. 또한 기다리던 곳에서 반가운 소식이 올 운세이다.
11월	처음에는 얻고, 뒤에 가서는 잃는 형상이다. 말하자면 문서상의 하자가 발생하여 소송이 일어나거나 금전적인 피해를 보게 될 징조이니 도장 찍는 일은 자중자애해야 할 것이다. 특히 과음하지 말라. 공든 탑이 무너진다. 이 달 운은 뜬구름 잡을 생각 말고 현실에 충실해야 좋으리라
12월	재물의 손실이 있을 징조이니 보증을 서거나 주식투자·동업·확장·금전거래 등에 손대지 말라. 큰 손해가 따르게 될 운세이다. 또한 흥허물 없는 사이에 다툼이 있을 징조이니 지나친 농담을 삼가하고 각별히 말조심해야 할 것이다. 다만 시험·취직·맞선은 좋은 달이다.

222

兌之隨 | 상 |

청천백일(靑天白日)
음우몽몽(陰雨夢夢)

대낮의 푸른 하늘에 궂은 비가
주룩주룩 쏟아지는 형상이다.

해설	하고자 하는 일은 많아도 이루기가 쉽지 않은 운세이다. 분수를 지킨다면 재물은 그럭저럭 큰 어려움은 없으리라. 다만 흠허물 없는 사이에 사소한 일로 결별할 징조이니 조금씩 양보하고 이해하는 아량을 베풀어야 할 것이다. 특히 망신수와 관재수가 있으니 이성문제에 조심을 해야 하며 각별히 술조심
금년의 운세	건강은 위장병으로 고생할 징조이니 과음, 과식을 삼가고 각별히 음식 조절에 신경을 써야 할 것이다. 시험운은 정신이 산만하여 평소에 아는 문제도 놓칠 징조이다. 취직은 가능하나 입맛에 맞는 직장은 인연이 없으며 승진은 기대하지 말라 재물운은 지출을 줄이고 절약하는 것만이 최선이다.
1월	차곡차곡 쌓아 놓은 신용과 사랑이 순간의 실수로 무너질 징조이니 오해를 받는 일을 삼가하고 각별히 자존심을 내세우는 말을 자제해야 할 것이다. 이 달 운은 처음은 어렵고 뒤에는 풀려 나간다. 열심히 노력하면 가는 곳마다 좋은 일이 있으리라.
2월	서쪽이나 남쪽 방향은 사고가 날 징조이니 떠나지 않는 것이 좋으리라. 또한 병원을 출입할 징조이니 각별히 건강관리에 신경 써야 할 것이다. 이 점만 주의한다면 금전운은 양호한 편이 될 운세이다. 이 달 운은 대박을 노리지 말라. 재산만 날린다.
3월	매사가 힘들고 어려워도 용기를 잃지 말고 끈기 있게 밀고 나간다면 중순에서 하순 사이에 운세가 열려 있으니 만사가 형통히리라. 또한 기다리던 곳에서 반가운 소식이 올 징조이며 가정에 경사가 있을 운세이다. 이 달 운은 친구를 너무 믿지 말라. 배신당할 운이므로.
4월	흠허물 없는 사이에 사소한 일로 다툼이 일어나 결별할 징조이니 지나친 농담을 삼가하고 오해를 받는 일을 피해야 할 것이다. 재물은 들어온다 해도 곧 나가는 운세이다. 이 달 운은 평소 소홀했던 일에 다시 한번 신경을 써 보시라. 좋은 일이 생기리라.

5 월	운수가 대통하니 매사가 순조롭게 진행되고 안 될 것이라고 체념한 일도 서서히 풀려 나갈 징조이다. 또한 기다리던 곳에서 반가운 소식이 오거나 가정에 경사가 있을 운세이다. 다만 사람을 잘못 사귀면 관재수가 생기니 조심하라.
6 월	친한 사람의 말만 듣고 무작정 일을 벌이지 말라. 큰 손해가 따를 징조이다. 또한 금전거래 · 주식투자 · 보증 · 어음할인 등에 손대지 말라. 송사수가 끼어 있으므로. 이 점만 주의한다면 가정이 편안하게 될 운세이다. 이달의 운은 능력의 한계를 인정하면 편해진다.
7 월	생활에 어려움은 없으나 지출이 많은 달이며 매사가 될 듯 될 듯하면서 막히는 현상이 자주 일어날 징조이다. 또한 친한 사람이 당신에게 돈 좀 빌려 달라는 요청을 하게 될 징조이다. 그러나 결과가 좋지 않을 운세이니 기분 상하지 않게 거절하라.
8 월	당신이 하는 일이 겉보기에는 화려하고 바빠 보이지만 내용상으로는 실속이 없는 운세이다. 또한 하는 일에 실수가 따를 징조이니 서두르지 말고 심사숙고하면서 일처리를 해야 탈이 없을 운세이다. 특히 실물수가 있으니, 귀중품 단속에 신경을 써야 할 것이다.
9 월	친한 사람 또는 소개받은 사람의 달콤한 유혹에 넘어가 사기를 당할 징조이니, 동업 · 금전거래 · 보증 · 어음할인 · 주식투자 등에 손대지 말라. 이 점만 주의한다면 금전운은 양호한 편이 될 운세이다. 이 달 운은 직장 또는 집문제로 고민하게 된다.
10 월	몸과 마음이 바쁘고 하는 일은 많으나 수입은 쥐꼬리만큼 들어오게 되니 마음이 심란하고 초조한 운세이다. 또한 관재수 또는 송사건이 발생할 징조이니 각별히 도장 간수에 신경을 써야 할 것이다. 이 달 운은 돈을 빌려 주지 말라. 빌려 주면 돈 떼인다.
11 월	고생 끝에 낙이 왔으니 어렵던 일들이 술술 풀리고 남쪽이나 서쪽 방향에서 재물이 들어올 운세이다. 또한 기다리던 곳에서 반가운 소식이 오거나 가정에 경사가 있을 운세이다. 다만 고수익 · 이자 · 배당금을 준다는 말에 현혹되지 말라. 재산만 날린다.
12 월	남쪽이나 북쪽 방향에 있는 사람이 당신을 모함을 하거나 배신을 할 징조이니 당신의 속마음을 함부로 말하지 말라. 재물은 들어온다 해도 곧 나가는 운세이며, 망신수가 있으니 각별히 이성문제에 조심을 해야 할 것이다. 이 달의 운은 마음의 갈등을 잘 다스려야 하는 달이다.

223

兌之夬 [상]

괘

일지화조(一枝花凋)
일지화개(一枝花開)

한 가지엔 꽃이 시들고
또 한 가지엔 꽃이 핀
형상이다.

해설	먼 여행은 사고가 날 징조이니 떠나지 않는 것이 좋으며 친한 사람과 다툼이 있을 징조이니 오해를 받는 일은 삼가하고 자존심을 내세우는 말은 자제해야 할 것이다. 재물은 들어온다 해도 곧 나가는 운세이다. 특히 충돌수가 있으니 차조심하라. 또한 초상집에 가지 말라. 액운이 있으므로.
금년의 운세	건강은 좋은 편이다. 다만 골절상을 입을 징조이니 각별히 조심하라. 시험운은 쉬운 문제부터 풀어 나가면서 시간 안배에 신경을 써야 하며 직장은 옮겨도 좋고, 그대로 있어도 좋다. 취직은 눈높이를 낮추면 가능하다.
1월	매사가 순조롭게 진행되고 막혔던 일들도 서서히 풀려 나갈 징조이다. 또한 문서로 인한 횡재 또는 생각지 않은 곳에서 재물이 들어올 운세이다. 다만 당신이 믿고 의지하던 사람 또는 가장 가까이 지내는 사람과 이별을 하게 될 징조이다.
2월	이익을 추구하려다 오히려 본전까지 날릴 징조가 있으니, 투기성 있는 업종(주식투자·어음할인)에 손대지 않는 것이 좋으며 새로운 일을 시작하거나 직업 변동은 낭패만 따르게 되니 자중자애하면서 때를 기다리는 것이 좋으리라.
3월	매사가 잘 될 듯하면서 막히는 현상이 자주 일어날 징조이며 동료, 친구·친척 또는 형제지간에 사소한 일로 우애가 갈라지거나 결별할 징조이니 조금씩 양보하고 이해하는 아량을 베풀어야 할 것이다. 이달 운은 매사 배운다는 자세로 임하면 좋은 결과를 얻으리라.
4월	매사가 힘들고 애로가 많아 당장 때려치우고 다른 업종을 선택해 보려는 마음이 굴뚝 같은 징조이다. 그러나 운세가 막혀 큰 손해를 볼 징조이니 자중자애해야 할 것이다. 이 달 운은 형제처럼 친하게 지내는 사람을 조심해야 한다. 그의 말을 믿고 실행에 옮기면 큰 손해를 당한다.

82

5 월	당신이 하는 일에 다소 어려움이 예상되며 도와주는 사람 없이 당신 혼자만 바삐 움직이는 운세이다. 재물은 들어온다 해도 곧 나가는 운세이다. 이 달 운은 바람을 피우지 말라. 생각지 않게 큰돈을 쓸 일이 생긴다. 또한 평소아끼던 물건을 잃어버리기 쉬우니 조심하라.
6 월	먼 여행은 사고가 날 징조이니 떠나지 않는 것이 좋으며 실물수가 있으니, 지갑이나, 귀중품 단속에 신경을 써야 할 것이다. 이 달은 아니꼬운 일이 있어도 보고도 못 본 척해야 액운을 면하게 되리라. 관재수가 있으므로… .
7 월	적으면, 적은 대로, 많으면 많은 대로, 현실에 만족을 느껴야 하며 공연히 욕심을 부려 투기성 있는 업종(주식투자 · 어음할인)에 손을 대면 큰 손해를 보게 될 징조이니 자중자애해야 할 것이다. 이 달 운은 일에 어려움이 있어도 열심히 노력하면 성공한다.
8 월	당신의 힘으로 목표에 다가설 수 있는 운세이니 아니꼬운 일이 있어도 매사를 참고 견디며 분발한다면 기대 이상의 좋은 결과를 얻게 될 징조이다. 다만 고수익 · 이자 · 배당금을 준다는 말에 현혹되지 말라. 재산만 날린다.
9 월	운수가 대통하니 매사가 순조롭게 진행되고 안 될 것이라고 체념한 일들도 서서히 풀려 나갈 징조이다. 이 달은 금전융통에 다소 여유가 있으며 심신이 편안할 운세이다. 다만, 과음, 과식을 하며 위장병이 생길 징조이니, 음식 조절에 신경을 써야 할 것이다.
10 월	초순경에는 매사가 잘 될 듯하면서 막히는 현상이 자주 일어날 징조이다. 그러나 끈기 있게 열심히 하노라면 중순에서 하순 사이에 막혔던 일들이 술술 풀려 나갈 운세이다. 이 달 운은 실력을 알아주는 사람이 없다. 적은 것으로 만족하면서 마음을 달래야 한다.
11 월	주변에 얽히고 설켰던 일들이 차츰 정리되면서 심신의 안정을 찾게 될 운세이다. 또한 문서로 인한 횡재수가 있으며 추첨운이 대길하니 주택청약예금을 들어 놓았다면 아파트 신청 접수를 해 보시라. 좋은 결과가 있을 운세이다.
12 월	당신이 능력은 있으나 혼자 하기보다는 남의 힘을 빌려야만 이루어질 징조이니 서로가 마음을 터놓고 진심으로 협력하는 일이 무엇보다 중요할 것이다. 다만 충돌수와 구설수가 있으니 차조심, 말조심해야 할 것이다. 이 달 운은 좋은 생각은 많은데 실천이 어려운 달이다.

231

괘

革之咸 | 상

봉시불위(逢時不爲)
갱대하시(更待何時)

때를 만났는 데도 시행하지
않는다면 언제 다시 때를
기다릴 수 있겠는가.

해설	매사가 순조롭게 진행되고 안 될 것이라고 체념한 일들도 서서히 풀려 나갈 징조이다. 큰 재물은 어려워도 작은 재물은 얻게 될 운세이다. 금년의 운수는 분수에 벗어나는 일을 하지 않는다면 금전융통에 다소 여유가 있을 운세이다. 특히 송사수가 있으니 조심하라.
금년의 운세	건강은 하찮은 질환에 걸리더라도, 합병증이 생길 우려가 있으니, 조금만 이상이 있더라도 서둘러 치료를 해야 할 것이다. 시험운은 입학시험이라면 가능하나, 자격고시라면 실력을 좀 더 쌓아 다음 기회를 노려야 하며 취직은 친한 사람에게 부탁하면 된다. 승진은 경쟁자가 많아 어렵다.
1 월	운수가 대통하니 매사가 순조롭게 진행되고 안 될 것이라고 체념한 일도 서서히 풀려 나갈 운세이다. 또한 생각지 않은 곳에서 선물 또는 재물이 들어올 징조이며 기다리던 곳에서 반가운 소식이 찾아올 운세이다. 다만 조·오·유·강·현·최·정·신 씨를 조심하라.
2 월	벼르고 벼르던 일을 시작하게 될 징조이며 엉켰던 실타래가 풀리듯이 매사가 순조롭게 진행될 운세이다. 또한 횡재수가 있으며 가정에 경사가 있을 운세이다. 이 달 운은 평소에 아끼던 물건을 잃어버리기 쉬우니 조심하라.
3 월	당신이 능력은 있으나 혼자 하기보다는 남의 힘을 빌려야만 이루어질 징조이니 서로가 마음을 터놓고 진심으로 협력하는 일이 무엇보다 중요할 것이다. 이 달 운은 상대빙에 나라 내가 변하고 내가변하는 것에 따라 상대방이 변한다.
4 월	친구 또는 친척, 소개받은 사람에게 사기를 당하거나 재물을 잃을 징조이니, 금전거래·보증·주식투자·어음할인·동업 등을 하지 말라. 또한 충돌수가 있으니 각별히 차조심하라. 이 달 운은 말 못 할 고민이 있지만 서서히 해결될 징조이다.

5 월	계획했던 일들이 연기 또는 취소될 징조이니 끈기와 인내가 필요하며 먼 여행은 사고가 날 징조이니 떠나지 않는 것이 좋으리라. 또한 새로운 일을 시작하지 말라. 손해가 따르므로 특히 사람을 잘 못 사귀면 관재수가 따르니 조심하라.
6 월	오랫동안 만나지 못했던 친척이나 친구가 찾아오거나, 전화 연락이 올 징조이다. 또한 생각지 않은 곳에서 선물이 들어올 운세이며, 가정에 조그마한 경사가 있을 징조이다. 다만 증권에 손대지 말라. 깡통계좌가 될 것이다.
7 월	매사가 순조롭게 진행되니 현재의 상황을 소중히 생각하고 좀 더 적극적으로 노력을 아끼지 말고 분발한다면 행운을 잡을 수 있는 운세이다. 다만 위장병이 생길 징조이니, 음식 조절에 신경을 써야 할 것이다. 이 달 운은 양보하는 마음이 필요한 달이다.
8 월	너무 큰 것을 기대하지 말고 작은 것에 만족을 해야 할 운세이다. 또한 금전적으로 어려움이 있을 징조이니, 허리띠를 졸라매고 지출을 줄여야 할 운세이다. 이 달 운은 평소 소홀했던 일에 다시 한번 신경을 써 보시라. 좋은일이 생기리라.
9 월	당신을 위해서라면 간도 빼 줄 것같이 행동하던 사람이 하루 아침에 배신을 하게 될 징조이니 당신의 속마음을 함부로 말하지 말라. 또한 고수익·이자·배당금을 준다는 말에 현혹되지 말라. 재산만 날린다. 특히 술 냄새만 맡았어도 차 운전하지 말라. 그 동안의 노력이 물거품이 된다.
10 월	기대했던 사람이 당신의 부탁을 거절하고, 도움을 주지 않을 것이라고 생각했던 사람이 의외로 당신의 어려움을 해결해 줄 운세이다. 이 달은 문서계약으로 인하여 횡재수가 따르는 운세이며, 가정은 조그마한 경사가 있을 운세이다.
11 월	사람을 잘 못 사귀면 관재수가 따를 징조이니, 각별히 조심하라. 또한 주식투자·어음할인·금전거래·보증·동업 등을 하지 말라. 이 점만 주의한다면, 재물운은 양호한 운세이다. 다만 해서는 안 될 말을 해서 곤경에 처하게 될 징조이다.
12 월	운수가 대통하니 매사가 순조롭게 진행되고, 안 될 것이라고 체념한 일들도 서서히 풀려 나갈 징조이다. 또한 기다리던 곳에서 반가운 소식이 올 운세이다. 다만 두 가지 중에 하나를 선택해야 할 상황이 생기겠다. 이 달 운은 평소 아끼던 물건을 잃어버리기 쉬우니 조심하라.

232

革之夬 [괘] [상]

야봉산거(夜逢山居)
진퇴양난(進退兩難)

한밤중에 호랑이를 만났으니
나아가고 물러감이 어려운
형상이다.

| 해설 | 새로운 일을 시작하거나 동업 · 주식투자 · 금전거래 · 보증 · 어음할인 · 확장 · 직업 변동을 하게 되면 큰 손해가 따를 징조이니, 자중자애해야 할 것이다. 큰 재물은 어려워도 작은 재물은 얻을 수 있는 운세이다. 특히 친한 사람에게 배신을 당할 징조이니 조심하라. |

| 금년의 운세 | 건강은 소화 불량이나 고혈압 · 저혈압 등으로 고생할 우려가 있으니, 음식 조절에 각별히 신경을 써야 할 것이다. 시험은 함정이 많은 문제가 출제될 징조이니 꼼꼼하게 분석을 해야 좋은 결과를 얻게 되며 취직은 어렵지 않게 될 것이다. 직장은 이동수가 있다. |

| 1월 | 매사가 힘들고 어려워도 끈기 있게 밀고 나가면 중순에서 하순 사이에 운세가 열려 있으니 막혔던 일들이 술술 풀려 나가게 되리라. 다만 재물은 들어온다 해도 곧 나가는 운세이다. 이 달 운은 시험, 취직, 맞선, 여행 등이 대길하다. 특히, 열심히 움직이는 만큼 행운이 따른다. |

| 2월 | 일을 추진해 나가는 과정에서 큰 손해를 보게 될 징조이니 서두르지 말고 신중해야 하며, 보증을 서는 일이나 도장 찍는 일을 삼가고, 이성문제에 각별히 조심을 해야 액운을 면하게 되리라. 이 달 운은 돌다리도 두들겨 보고 아는 길도 물어서 가라. |

| 3월 | 어렵던 일들이 술술 풀리고 남쪽이나 서쪽 방향에서 재물이 들어올 운세이며 꾀하는 일마다 순조롭게 진행될 운세이다. 또한 문서가 이동을 하는 형상이니 이사를 하려고 마음을 먹었으면 하시라. 좋은 일이 있을 징조이다. 다만 서방으로 이사 가지 말라. |

| 4월 | 한 가지 문제가 해결되면 또 한 가지 문제가 터져나와 마음이 심란하고 초조할 징조이니 끈기와 인내가 필요하며 침착하게 대비하는 마음의 준비가 요구되는 달이다. 이 달 운은 차분하고 신중하게 대응하면 좋은 결실을 이룰 것이다. |

5월	운수가 대통하니 매사가 순조롭게 진행되고 안 될 것이라고 체념한 일들도 서서히 풀려 나갈 운세이다. 금전운도 양호하니 다소 여유가 있으리라. 다만 병원을 출입할 징조이니 각별히 건강관리에 신경을 써야 할 것이다. 이 달 운은 자존심을 버리면 재물이 따른다.
6월	남쪽 방향의 먼 여행은 사고가 날 징조이니 떠나지 않는 것이 좋으며, 충돌수와 관재수가 있으니 각별히 차조심하고 보증을 서는 일을 삼가하라. 이 달 운은 술 냄새만 맡았어도 차 운전하지 말라. 그 동안의 노력이 물거품이 된다.
7월	새로운 세계에서 보고 듣고 좀 더 많은 지식과 경험을 쌓아 갈 운세이다. 또한 그 동안 미루어 오던 일을 결정짓게 되며 새로운 일을 시작하게 될 운세이다. 금전운도 양호하여 다소 여유가 있을 징조이다. 이 달 운은 평소 아끼던 물건을 잃어 버리기 쉬우니 조심하라.
8월	오랫동안 만나지 못했던 친척이나 친구, 형제들을 만나게 될 운세이다. 또한 계획한 일들이 순조롭게 진행되고 막혔던 일들도 술술 풀려 나갈 징조이며 가정에 경사가 있거나 문서로 인한 횡재수가 있을 운세이다. 또한 시험운, 추첨운도 대길한 달이다.
9월	친척 또는 친구, 형제 간에 사소한 일로 큰 다툼이 일어날 징조이니 조금씩 양보하고 이해하는 아량을 베풀어야 할 것이다. 또한 충돌수가 있으니 각별히 차조심을 하라. 이 점만 주의한다면 금전운이 양호하니 다소 여유가 있는 달이 될 것이다.
10월	해외여행이나 남쪽 방향의 먼 여행은 사고가 날 징조이니 떠나지 않는 것이 좋으며, 병원을 출입할 징조이니 각별히 건강관리에 신경써야 할 것이다. 또한 새로운 일을 시작하거나 확장을 하지 말라. 특히, 현·장·오·이·강·안·정씨를 조심하라.
11월	몸과 마음이 바쁘고 하는 일은 많으나 실속이 없으며 친한 사람이 당신을 배신할 징조이니 각별히 조심을 해야 할 것이다. 또한 병원을 출입할 징조이니 과음, 과식을 피하고 건강관리에 신경을 써야 할 것이다. 이 달 운은 의지와 끈기가 필요하다.
12월	매사가 힘들고 어려워도 끈기 있게 밀고 나간다면 뜻밖에 당신을 도와주는 협력자를 만나 막혔던 일들이 술술 풀려 나갈 운세이다. 또한 기다리던 곳에서 반가운 소식이 올 운세이다. 다만 고수익·이자·배당금을 준다는 말에 현혹되지 말라. 재산만 날린다.

233

革之隨

잠룡득주(潛龍得珠)
변화무궁(變化無窮)

깊은 물에 잠긴 용이 여의주를
얻었으니 변화가 무궁한 형상이다.

해설	매사가 순조롭게 진행되고 안 될 것이라고 체념한 일도 술술 풀려 나갈 운세이다. 금년의 운수는 이사를 하거나 새로운 일을 시작하게 될 징조이며 문서로 인한 횡재 또는 가정에 경사가 있을 운세이다. 다만 관재, 구설을 조심하라. 특히 송사수가 있으니 보증을 서거나 금전거래를 하지 말라.
금년의 운세	건강은 좋은 편이며 혹여 질환이 있더라도 좋은 의사를 만나 완치될 운세이다. 시험은 기대 이상의 성적을 올리게 될 징조이며, 직장은 원하는 곳에 취직이 되며 승진운도 따른다. 재물운은 어려운 상황에서 벗어날 운세이다.
1월	고생 끝에 낙이 왔으니 어렵던 일들이 술술 풀리고 남쪽이나 서쪽 방향에서 재물이 들어올 운세이며 꾀하는 일마다 순조롭게 진행되고 주변에 얽히고 설켰던 일들이 하나씩 정리되면서 심신의 안정을 찾게 될 운세이다. 다만 가정사로 부모나 배우자와의 의견 충돌이 있겠다.
2월	당신이 하고 있는 일에 색다른 변화가 있을 징조이며 그로 인하여 몸과 마음이 바쁘게 될 운세이다. 또한 재물운이 왕성하여 금전 융통에 큰 어려움이 없으며 매사가 순조롭게 진행될 징조이다. 다만 망신수가 있으니 바람피우지 말라.
3월	운수가 대통하니 매사가 순조롭게 진행되고 안 될 것이라고 체념한 일들도 서서히 풀려 나갈 징조이다. 또한 문서로 인한 횡재수가 있으며 가정에 경사가 있을 운세이다. 추첨운도 좋으니 주택청약예금을 들었다면 신청해 보시라.
4월	남쪽이나 북쪽 방향의 먼 여행은 사고가 날 징조이니 떠나지 않는 것이 좋으며 실물수가 있으니 지갑이나 귀중품 단속에 신경 써야 할 것이다. 이 달은 잘 되어 가던 일들이 꼬일 징조이니 끈기와 인내가 필요하다. 특히 박·정·강·황·주·최·전·조씨를 조심하라.

5월	노력한 만큼의 대가는 얻을 수 있으나 지출이 많을 징조이며 하는 일마다 어려움이 따르고 애로 사항이 많을 운세이다. 또한 사람을 잘 못 사귀면 관재수가 따르게 되니 각별히 조심을 해야 할 것이다. 이 달 운은 옷차림에 신경을 써 보시라. 좋은 일이 생기리라.
6월	주변에 얽히고 설켰던 일들이 하나씩 정리되면서 심신의 안정을 찾게 되며 매사가 술술 풀려 나갈 징조이다. 또한 기다리던 곳에서 반가운 소식이 올 운세이다. 다만 손재수가 있으니 동업 · 보증 · 금전거래 · 주식투자 · 어음할인 · 낙찰계 · 직업 변동 등을 하지 말라.
7월	관재, 구설수가 있으니 남의 말은 하지도 말고 믿지도 말라. 또한 흉허물 없는 사이라도 지나친 농담을 삼가하고 자존심을 내세우는 말을 자제해야 액운을 면하게 되리라. 이 달 운은 한 우물을 파야 길이 보이며 바라는 만큼 얻으리라.
8월	한 가지 문제가 해결되면 또 한 가지가 터져나와 마음이 심란하고 초조할 징조이니 끈기와 인내가 필요하며 침착하게 대비하는 마음의 준비가 요구되는 달이다. 또한 다툼수가 있으니 각별히 말조심을 해야 할 것이다. 이 달 운은 한 번은 울고, 한 번은 웃으리라.
9월	정신적으로나 물질적으로 어려움을 겪을 징조이며 매사가 잘 풀리는 듯 하다가도 막히는 현상이 자주 일어날 운세이다. 그러나 끈기 있게 밀고 나간다면 하순경에는 막혔던 일들이 서서히 풀려 나가게 될 징조이다. 이 달 운은 여행 · 이사 · 맞선 등이 대길하다.
10월	매사가 힘들고 어려워도 용기를 잃지 말고 계속 밀고 나간다면 안 될 것이 없으며 체념한 일들이 의외로 쉽게 풀려 나갈 징조이다. 또한 남쪽이나 북쪽 방향에서 재물이 들어올 운세이며 가정에 경사가 있을 운세이다. 다만 친구를 너무 믿지 말라. 배은망덕을 당할 징조이므로.
11월	매사가 순조롭게 진행되고 재물이 당신을 따르는 운세이니 애써 구하지 않아도 얻어지고 당신의 뜻을 전하지 않았는 데도 상대방이 당신의 마음을 알아주는 운세이다. 다만 망신수가 있으니 이성문제에 각별히 조심을 하라. 이 달 운은 약속을 꼭 지켜야 탈이 없다.
12월	친한 사람 또는 소개받은 사람에게 사기를 당하거나 배신을 당할 징조이니 당신의 속마음을 함부로 말하지 말고 금전거래를 삼가하라. 또한 실물수가 있으니 귀중품 단속에 각별히 신경을 써야 할 것이다. 이 달 운은 뜬구름 잡을 생각 말고 현실에 충실해야 좋으리라.

241

괘

거가불안(居家不安)
출타심한(出他心閑)

隨之萃 **상**

집에 있으면 편안하지가 않고 밖으로 나가면 마음이 편안한 형상이다.

해설	포기할 것은 포기하고 거둘 수 있는 것만 손을 대야 할 운세이다. 즉 안 되는 것을 붙들고 애타게 고민하지 말고 과감하게 결단력을 발휘해야 할 것이다. 또한 친한 사람과 사소한 일로 다툼이 일어나 결별할 징조이니 조금씩 양보하고 말조심하라.

금년의 운세	건강은 좋은 편이다. 다만 변비로 고생할 징조이다. 시험은 좀 더 실력을 쌓아야 할 것이며 직장운은 원하는 곳에 취직하기는 어려운 운세이다. 승진은 경쟁자가 많아 어렵다. 재물운은 횡재는 바라지 말라 노력한 만큼의 수입은 들어온다.
1 월	서쪽과 북쪽 방향의 먼 여행은 사고가 날 징조이니 떠나지 않는 것이 좋으며 친한 사람 또는 소개받은 사람에게 사기를 당할 징조이니 보증을 서거나 금전거래를 하지 말라. 이 점만 주의한다면 금전운은 양호한 편이다. 특히 남의 일에 관여하지 말라.
2 월	친한 사람 또는 형제지간에 사소한 일로 다툼이 일어나 우애가 상할 징조이니 조금씩 양보하고 이해하는 아량을 베풀어야 할 것이다. 또한 충돌수가 있으니 차조심을 하라. 이 달 운은 사람 사는 곳은 어디를 가나 장애물이 있기 마련이다.
3 월	당신의 감정을 누구에게 표현하기도 싫고 왠지 모르게 초조하거나 울적한 일이 자주 일어날 징조이다. 재물은 들어온다 해도 곧 나가는 운세이다. 이 달은 자존심을 내세우지 말고 다수의 의견을 존중하면 좋은 일이 있으리라.
4 월	운수가 대통하니 매사가 순조롭게 진행되고 막혔던 일도 서서히 풀릴 징조이다. 재물은 남쪽이나 서쪽 방향에서 들어올 운세이며 기다리던 곳에서 반가운 소식이 올 운세이다. 다만 고수익 · 이자 · 배당금을 준다는 말에 현혹되지 말라. 재산만 날린다.

5월	힘들었던 시간이 지나고 휴식을 취하며 다음 일을 계획하는 운세이다. 또한 귀인이 당신을 돕는 운세이니 매사가 순조롭게 진행되고 막혔던 일들도 서서히 풀릴 징조이다. 이 달 운은 생각이 환경을 바꾸고 환경이 운명을 만든다.
6월	실물수가 있으니 지갑이나 귀중품 단속에 신경을 써야 할 것이다. 또한 병원을 출입할 징조이니 과음, 과식을 삼가고 각별히 건강관리에 신경을 써야 할 것이다. 이 점만 주의한다면 재물운은 양호한 운세이다. 이 달 운은 과거를 잊어버리고 현재에 충실해야 하는 달이다.
7월	매사가 잘 될 듯하면서도 막히는 현상이 자주 일어날 징조이다. 재물은 들어온다 해도 곧 나가는 운세이며 친척 또는 친구, 형제지간에 사소한 일로 다툼이 얼어나 결별할 징조이니 조금씩 양보하고 이해하는 아량을 베풀어야 할 것이다.
8월	금전문제는 어려울 때마다 융통은 되겠으나 매사 하는 일에 어려움과 변화가 따르므로 돌다리도 두들기고 건너듯이 매사를 신중하게 처리해야 하며 친한 사람에게 배신을 당할 징조이니 당신의 속마음을 함부로 말하지 마라. 특히 가정의 화목을 위해서 노력해야 하는 달이다.
9월	오랫동안 만나지 못했던 친척이나 친구가 찾아오거나 전화 연락이 올 운세이다. 이 달은 구설수가 있으니 남의 말을 하지도 말고 믿지도 말라. 또한 충돌수가 있으니 각별히 차조심해야 할 것이다. 이 달은 말 못할 고민이 있지만 서서히 해결된다.
10월	친한 사람의 유혹에 넘어가 큰 손해를 보게 될 징조이니 달콤한 말을 하더라도 한 귀로 듣고, 한 귀로 흘려 버려야 할 것이다. 특히 투기성 있는 업종에 손대지 말라. 이를 테면 도박이나 주식투자 · 어음할인 등 이 달은 생각지 않은 지출이 많은 달이다.
11월	새로운 일을 시작하거나 확장 등을 하지 말라. 큰 손해가 따를 징조이니 또한 사람을 잘 못 사귀면 관재수에 휘말릴 징조이니 각별히 조심을 하라. 재물은 들어온다 해도 곧 나가는 운세이다. 특히 부담되는 일이라면 처음부터 거절하는 것이 좋으리라.
12월	운수가 대통하니 매사가 순조롭게 진행되고 막혔던 일들도 서서히 풀릴 징조이다. 또한 문서로 인하여 횡재를 하거나 기다리던 곳에서 반가운 소식이 올 운세이다. 다만 낙상수가 있으니 길조심하라. 특히 사람 소개를 하지 말라. 말썽이 생길 운세이므로 ···· .

242

괘

고인총상(古人塚上)
금인장지(今人葬之)

隨之兌 상

옛사람의 무덤 위에다가 다시
현재 사람이 장사를 지내는
형상이다.

해설	매사가 힘들고 애로 사항이 많아도 끈기 있게 밀고 나간다면 좋은 결과를 얻게 될 운세이다. 다만 분수에 벗어나는 일을 삼가하고 돈거래를 하지 말라. 금년의 운수는 큰 재물은 어려워도 작은 재물은 얻게 될 것이다. 또한 이사를 하거나 머무는 곳에서 이동, 변동할 운세이다.

금년의 운세	건강은 정신적 스트레스를 많이 받을 징조이니, 매사를 긍정적이고 낙천적으로 생각하는 노력을 해야 할 것이다. 입학시험은 학과를 바꾸지 말라. 직장은 옮기지 않는 것이 좋으며 승진은 기대하지 않는 것이 좋으리라. 재물운은 상반기는 어려움이 예상되나 하반기는 좋은 편이다.
1월	초순과 중순 사이에는 매사가 잘 될 듯하면서도 막히는 현상이 자주 일어날 징조이니 끈기와 인내가 필요하다. 중순에서 하순 사이에 막혔던 일들이 풀릴 징조이다. 이 달 운은 고수익·이자·배당금을 준다는 말에 현혹되지 말라. 재산만 날린다. 또한 술 냄새만 맡았어도 차 운전하지 말라.
2월	운수가 대통하니 매사가 순조롭게 진행되고 안 될 것이라고 생각한 일도 서서히 풀릴 징조이며 금전 융통에 다소 여유가 있을 운세이다. 다만 가정에 환자가 생겨 근심이 있을 징조이다. 이 달 운은 만족을 알고 살아가야 행복이 찾아온다.
3월	꿈자리도 뒤숭숭하고 자고 일어나면 몸이 천근만근처럼 무거울 징조이다. 병원을 출입할 징조이니 각별히 건강관리에 신경을 써야 할 것이다. 하지만 금전운이 양호하여 하는 일은 순조롭게 진행될 운세이다. 이 달 운은 줄 것은 주고, 받을 것은 받고 깔끔한 마무리가 필요하다.
4월	매사가 노력 부족으로 막히는 일이 많을 징조이니 좀 더 적극적으로 열과 성의를 다해야 할 것이다. 초순에는 막히는 일이 많으나 중순부터는 매사가 술술 풀리게 될 운세이다. 다만 충돌수가 있으니 술조심하라. 특히 남을 믿고 진행하는 일이라면 절대로 확신하지 말라.

5 월	새로운 일을 시작하거나 확장 또는 직업 변동을 하게 되면 큰 손해를 보게 될 징조이니 자중자애해야 할 것이다. 다만 이동을 하는 것은 대길운이니 이사를 하려고 마음을 먹었으면 해 보시라. 좋은 일이 있을 징조이니. 길일 은 9 · 10 · 20 · 29일이다(음력).
6 월	친한 사람 또는 소개받은 사람에게 사기를 당하거나 배신을 당할 징조이 니 당신의 속마음을 함부로 말하지 말 것이며 돈거래를 하지 말라. 또한 도장이나 귀중품 단속에 신경을 써야 할 것이다. 이 달 운은 강 · 박 · 정 · 유 · 신 · 현 · 홍 · 장 · 최씨를 조심하라.
7 월	매사가 힘들고 애로 사항이 많아 정신적으로 피곤할 징조이다. 돈벼락이 나 맞았으면 좋겠다는 생각이 굴뚝 같은 달이다. 특히 사람을 잘 못 사귀 면 관재수에 휘말릴 징조이니 각별히 조심을 해야 할 것이다. 행운의 방향 은 남쪽 방향이다. 이사를 가야 할 경우.
8 월	매사가 순조롭게 진행되고 안 될 것이라고 생각한 일도 서서히 풀려 나갈 운세이며 재물은 동쪽이나 서쪽 방향에서 들어올 징조이다. 이 달은 막혔 던 일들이 중순에서 하순 사이에 풀릴 운세이다. 다만 식구나 늘거나, 줄거 나 둘 중의 하나이다.
9 월	어렵던 일들이 술술 풀리고, 동쪽이나 남쪽 방향에 있는 귀인이 도움을 주 게 되니 생활에 활기를 띠게 될 것이며 그 동안의 땀 흘리며 노력한 보람 을 찾게 될 운세이다. 다만 **고수익 · 이자 · 배당금을 준다는 말에 현혹되지 말라. 재산만 날린다.**
10 월	꾀하는 일마다 힘이 들고 진전이 없으며 도와주는 사람이 없으니 외롭고 고독한 운세이다. 또한 말과 행동이 일치하지 않을 징조이니 누구에게나 중요한 약속이나 계획은 호언장담하지 않는 것이 좋으리라. 이 달 운은 한 번은 울고, 한 번은 웃으리라.
11 월	재물을 잃을 징조이니 매사를 서두르지 말고 신중해야 하며 보증을 서는 일이나 도장을 찍는 일을 삼가고 망신수가 있으니 이성문제에 각별히 신경을 써야 할 것이다. 이 달 운은 웃으면 웃을 일이 생기고 찡그리면 찡 그리는 일이 생기며 화내면 화낼 일이 생긴다.
12 월	오랫동안 만나지 못했던 친구 또는 친척 형제가 찾아오거나 전화 연락이 올 운세이다. 그러나 사소한 일로 다툼이 일어나 결별을 선언 할 징조이니 자존심을 내세우는 말을 삼가라. 특히 증권에 손대지 말라. 손대면 깡통 계좌가 될 것이다.

243

릴릴 ⌈괘⌉

隨之革 ⌈상⌉

월은서창(月隱西窓)
괴몽빈빈(怪夢頻頻)

달이 서쪽 창 밖으로 숨어드니
괴이한 꿈만 꾸는 형상이다.

해설	매사가 잘 될 듯하면서도 막히는 현상이 자주 일어날 징조이며 수입보다 지출이 많을 운세이다. 또한 화액수와 수액수가 있으니 물조심, 불조심하라. 특히 고수익·이자·배당금을 준다는 말에 현혹되지 말라. 재산만 날린다. 또한 술 냄새만 맡았어도 차 운전하지 말라.

금년의 운세	건강은 좋은 편이다. 다만 환절기에 감기 몸살로 고생할 우려가 있다. 시험 운은 턱걸이 운세이니 좀 더 열심히 노력하라. 직장은 이동수가 있으며 취직은 무난하다. 재물운은 횡재를 바라지 말라.
1월	친척이나 친구 또는 형제지간에 사소한 일로 다툼이 일어나 결별할 징조 이니 지나친 농담을 삼가고 각별히 말조심을 해야 할 것이다. 또한 병원을 출입할 징조이니 각별히 과음, 과식을 삼가고 건강관리에 신경을 써야 할 것이다.
2월	잘 되어 가던 일들이 뜻밖에 어려움을 당하게 되어 고민과 갈등이 많이 생길 징조이다. 또한 맺고 끊는 일을 분명히 하지 않으면 공연히 오해를 받거나 구설수에 오르게 되니 결단력을 발휘하라. 이 달 운은 사람들을 많이 만날수록 좋은 일을 만들 수 있다.
3월	새로운 사업을 시작하거나 확장 또는 직업 전환을 구상할 징조이다. 그러나 떼돈을 벌 수 있는 운세가 막혀 있으니 좀 더 신중하게 심사숙고하면서 때를 기다려야 할 것이다. 이 달 운은 사신 외에는 할 수 없다는 자만심을 버리면 좋은 일이 생긴다.
4월	남쪽이나 북쪽 방향의 먼 여행은 사고가 날 징조이니 떠나지 않는 것이 좋으며 사람을 잘 못 사귀면 관재수에 휘말릴 징조이니 각별히 조심을 해야 할 것이다. 이 점만 주의한다면 어려움 속에서도 좋은 일이 있으리라. 이 달은 머무는 곳에서 이동, 변동이 생길 징조이다.

5월	친한 사람 또는 소개받은 사람에게 사기를 당하거나 배신을 당할 징조이니 당신의 속마음을 함부로 말하지 말고 금전거래나 보증을 서지 말라. 이 점만 주의한다면 금전 융통에 다소 여유가 있으리라. 이사는 흉하니 하지 말라.
6월	운수가 대통하니 매사가 순조롭게 진행되고 안 될 것이라고 생각한 일도 서서히 풀릴 징조이다. 또한 생각지 않은 곳에서 선물이나 재물이 들어올 징조이며 기다리던 곳에서 반가운 소식이 올 운세이다. 이 달 운은 각별히 박·정·최·황·강·조씨 등을 조심하라.
7월	먼 여행은 사고가 날 징조이니 떠나지 않는 것이 좋으리라. 이 달은 잘 되어 가던 일들이 꼬일 징조이니 끈기와 인내가 필요하며 구설수가 있으니 각별히 말조심을 해야 할 것이다. 특히 도둑을 조심하라. 또한 보증을 서거나 금전거래, 주식투자 등을 하지 말라.
8월	재물운이 왕성하여 금전 융통에 큰 어려움은 없으며 계획한 일들이 순조롭게 진행될 징조이다. 다만 구설수가 있으니 남의 말을 하지도 말고 믿지도 말라. 또한 수액수와 화액수가 있으니 물조심·불조심하라. 이 달 운은 새로운 인연이 찾아온다. 다가오는 인연을 놓치지 말라.
9월	사람을 잘 못 사귀면 관재수에 휘말릴 징조이니 각별히 조심을 해야 할 것이다. 또한 머무는 곳에서 이동, 변동이 있을 징조이다. 이 달은 매사가 힘들고 애로 사항이 많을 징조이니 끈기와 인내가 필요하다. 이 달 운은 힘들다고 자신의 일을 남에게 맡기지 말라.
10월	재물은 들어온다 해도 곧 나가는 운세이며 당신과 가장 가까운 사람과 이별을 하게 될 징조이며 그로 인해 마음이 심란하고 일손이 잘 잡히지 않는 달이다. 특히 병원을 출입할 징조이니 각별히 건강관리에 신경을 써야 할 것이다.
11월	송사수가 있으니 문서계약이나 금전거래 어음할인·보증·주식투자 등에 손대지 말라. 또한 망신수가 있으니 이성문제에 각별히 조심을 해야 할 것이다. 이 점만 주의한다면 금전운은 양호한 편이다. 이 달 운은 혼자 결정하기 어려운 일은 친구나 윗사람에게 조언을 구하라.
12월	운수가 대통하니 매사가 순조롭게 진행되고 안 될 것이라고 생각한 일도 서서히 풀릴 징조이다. 또한 가정에 경사가 있거나 기다리던 곳에서 반가운 소식이 올 운세이다. 다만 중순에서 하순 사이에 과음하지 말라. 그 동안의 노력이 물거품이 된다.

251

괘

봉래구선(蓬萊求仙)
반사허망(反似虛妄)

大過之夬 상

봉래산에 올라가서 신선을
만나고자 했으나 도리어 허망하게
돌아온 형상이다.

해설	남의 말을 믿고 무작정 일을 벌이면 큰 손해가 따를 징조이니 자중자애해야 할 것이다. 금년 운수는 분수에 벗어나는 일을 삼가하고 금전거래 · 어음할인 · 동업 · 보증 · 주식투자 · 낙찰계 · 확장 · 직업 변동 등을 하지 말라. 큰 손해를 보게 될 운세이므로 특히 먼 여행을 삼가하고 각별히 차조심하라.

금년의 운세	건강은 위장병으로 고생할 징조이니 과음, 과식을 삼가하고 지나치게 커피를 많이 마시지 않도록 노력해야 할 것이다. 시험이나 입학은 좀 더 실력을 쌓아 다음 기회를 노리거나 눈높이를 낮춰야 가능하며, 직장운은 이동수 또는 구설수가 따른다.

1 월	마음이 안정되지 못하고 하찮은 일에도 짜증이 날 징조이다. 운세가 막혀 있으니 적극적인 행동보다는 한 발 물러서서 다음 기회를 노려야 할 것이다. 열심히 노력한다면 큰 재물은 어려워도 작은 재물은 얻게 될 것이다. 이 달 운은 직장이나 집문제로 고민하게 된다.

2 월	친구 또는 소개받은 사람에게 사기를 당하거나 배신을 당할 징조이니 당신의 속마음을 함부로 말하지 말고 금전거래나 보증 서는 일을 삼가해야 할 것이다. 또한 충돌수가 있으니 각별히 말조심하라. 특히 병원을 출입할 징조이니 각별히 건강관리에 신경을 써야 할 것이다.

3 월	남쪽이나 북쪽 방향의 먼 여행은 질병을 얻게 되거나 사고가 날 징조이니 떠나지 않는 것이 좋으며 관재수가 있으니 사람 사귀는 일에 각별히 조심을 해야 할 것이다. 이 달은 좋은 일이 없으니 매사 조심을 하라. 이 달 운은 소문을 듣고 보지 않은 일을 본 듯이 실행에 옮기면 화근이 생기리라.

4 월	운수가 대통하니 매사가 순조롭게 진행되고 안될 것이라고 생각한 일도 술술 풀려 나갈 징조이다. 금전 융통에도 큰 어려움이 없으며 가정에 경사가 있거나 생각지 않은 곳에서 재물이 들어올 운세이다. 다만 금성(金姓)을 조심하라. 특히 돈을 빌려 주면 돈 떼인다.

5월	먼 여행은 사고가 날 징조이니 떠나지 않는 것이 좋으며 구설수가 있으니 남의 말을 하지도 말고 믿지도 말라. 다만 이동, 변동수가 있으니 이사를 하려고 마음을 먹었으면 하시라. 대길운이니 금전운은 좋은 편이다. 이 달은 현실에 감사하고 살면 천국이요, 불평하고 살면 지옥이다.
6월	흉허물 없는 사이에 사소한 일로 다툼이 일거나 결별할 징조이니 조금씩 양보하고 이해하는 아량을 베풀어야 할 것이다. 또한 병원을 출입할 징조이니 과음, 과식을 삼가하고 건강관리에 신경을 써야 할 것이다. 이 달 운은 남을 믿고 진행하는 일이라면 절대로 확신하지 말라.
7월	당신을 위해서라면 간도 빼 줄 것같이 행동하던 사람이 하루 아침에 배신을 할 징조니이 당신의 속 마음을 함부로 말하지 말라. 또한 실물수가 있으니 귀중품 단속에 각별히 조심을 해야 할 것이다. 이 달 운은 분수를 지켜야 작은 행운이라도 얻을 수 있다.
8월	운수가 대통하니 매사가 순조롭게 진행되고 문서로 인한 횡재수가 있으며 추첨운이 대길하니 주택청약예금을 들어 놓았다면 아파트 신청 접수를 해 보시라. 좋은 결과가 있을 징조이다. 다만 조심하라. 조 · 강 · 이 · 김 · 최 · 정 · 백씨 등을 조심하라.
9월	당신과 가장 가깝게 지내던 사람과 이별 또는 사별을 할 징조이다. 이 달은 좋은 일과 나쁜 일이 반반씩 섞여 있는 운세이다. 당신의 능력과 인격을 알아주는 사람이 없으니 마음이 심란하고 초조하여 일손이 잘 잡히지 않는 달이다.
10월	사람을 잘 못 사귀면 관재수에 휘말릴 징조이니 각별히 조심을 해야 할 것이다. 또한 손재수가 있으니 문서계약이나 보증을 서는 일을 삼가하고 분수에 벗어나는 일을 하지 말라. 이 점만 주의한다면 금전운은 양호한 편이다.
11월	친한 사람의 달콤한 유혹에 넘어가 새로운 일을 시작할 징조이다. 그러나 운세가 막혀 있어 꾀하는 일마다 손해를 보게 될 징조이니 자중자애해야 할 것이다. 또한 망신수가 있으니 각별히 이성문제에 조심을 해야 할 것이다. 이 달의 운은 열 번의 말보다는 한 번의 행동이 더 효과적이다.
12월	매사가 잘 풀리는 듯하다가도 막히는 현상이 자주 일어날 징조이다. 또한 당신의 마음속에 두 가지 목적이 있어서 그 어느 쪽을 선택할 것인가에 고민할 징조이다. 이 달은 생각지 않은 지출이 많을 징조이다. 이 달 운은 이럴까, 저럴까 망설이다 세월을 보낸다.

252 ䷡ ䷿ 괘

大過之咸 상

미실미가(靡室靡家)
궁거무료(窮居無聊)

집도 없고 떠돌아다니며 생을
누리고 있으니 별로 취미도 없는
형상이다.

해설	적으면 적은 대로 많으면 많은 대로 만족을 느껴야 할 운세이다. 노력한 만큼의 대가는 얻을 수 있으나 생각지 않은 지출이 많을 징조이며 관재 · 구설수가 있으니, 분수에 벗어나는 일을 삼가하고 각별히 차조심, 말조심을 해야 할 것이다. 특히 과음, 과식을 삼가하라.

금년의 운세	건강은 몸에 화상을 입을 징조이니 각별히 물조심, 불조심하라. 시험은 쉬운 듯하지만 함정이 많아 기대 이하의 성적이 나올 우려가 있으니 각별히 주의하라. 취직은 원하는 직장을 얻기는 어려우며 승진운은 다음 기회를 기다려야 할 징조이다.
1월	들어오는 재물보다 나가는 재물이 많으며 당신의 능력이나 인격을 알아 주는 사람이 없으니 마음이 심란하고 초조할 징조이다. 또한 계획했던 일들이 연기되거나 취소될 징조이니 끈기와 인내가 필요하다. 이 달 운은 싸우지 않고 이기는 방법은 상대방을 설득하는 것이다.
2월	매사가 힘들고 어려워도 용기를 잃지 말고 끈기 있게 계속 밀고 나간다면 중순에서 하순 사이에 막혔던 일들이 풀려 나갈 운세이다. 금전 융통에 큰 어려움은 없으며 기다리던 곳에서 반가운 소식이 오거나 가정에 경사가 있을 운세이다.
3월	몸과 마음이 바쁘고 하는 일은 많으나 수입은 쥐꼬리만큼 들어오니 마음이 심란하고 초조한 운세이며 관재, 구설수가 있으니 차조심 · 말조심 · 도장을 조심해야 할 것이다. 이 달 운은 경세석으로 문제가 있으나 마무리는 잘 될 징조이다.
4월	금전문제는 어려울 때마다 융통은 되겠으나 매사 하는 일에 어려움과 변화가 따르므로 모든 일에 있어서 신중하게 처리해야 하며 친한 사람에게 배신을 당할 징조이니 당신의 속마음을 함부로 말하지 말라. 이 달 운은 식구가 한 사람 늘거나 줄거나 둘 중의 하나이다.

5월	당신이 하는 일이 겉보기에 화려해 보이고 실속이 없으니 마음이 답답할 징조이며 재물은 들어온다 해도 곧 나가는 운세이다. 또한 실물수가 있으니 지갑이나 귀중품 단속에 신경을 써야 할 것이다. 이 달의 운은 좋은 생각은 많은데 실천이 어려운 달이다.
6월	매사가 잘 될 것 같으면서도 평지풍파가 일어나 막히는 현상이 자주 일어날 징조이니 끈기와 인내가 필요한 달이다. 또한 새로운 일을 시작하거나 고수익·이자·배당금을 준다는 말에 현혹되지 말라. 재산만 날린다. 특히 증권에 손대지 말라. 손대면 빚쟁이가 될 것이다.
7월	금전적으로 다소 어려움이 예상되며 도와주는 사람없이 당신 혼자만 바삐 움직이는 운세이다. 관재수 또는 송사수가 있으니 각별히 이성문제에 조심을 하고 남의 일에 관여하지 말라. 특히 북동쪽 방향을 조심해야 하며 중순에서 하순 사이에 여행을 떠나지 말라.
8월	사귄 사람은 많아도 당신이 어려울 때 도움을 주는 사람이 없으니 심신이 피곤하고 괴로운 운세이다. 분수에 벗어나는 일을 삼가하고 열심히 노력하면 하순경에는 막혔던 일이 풀려 나갈 운세이다. 이 달의 운은 마음의 갈등을 잘 다스려야 하는 달이다.
9월	매사가 힘들고 어려워도 끈기 있게 밀고 나간다면 막혔던 일들이 풀려 나갈 운세이다. 또한 문서로 인한 횡재수가 있으며 추첨운이 대길하니 주택 청약예금을 들어 놓았다면 아파트 신청 접수를 해 보시라. 좋은 결과가 있을 운세이다.
10월	매사가 순조롭게 진행되고 안 될 것이라고 생각한 일도 예상을 뒤엎고 크게 성공할 징조이니 좀 더 적극적으로 행동하라. 또한 빌려 준 돈이 있다면 이 달에 일부가 들어오게 될 운세이다. 다만 구설수가 있으니 말조심하라. 이 달은 이사운이 대길하다.
11월	운수가 대통하니 매사가 순조롭게 진행되고 남쪽이나 북쪽 방향에서 재물이 들어올 운세이다. 또한 가정에 경사가 있거나 기다리던 곳에서 반가운 소식이 올 운세이다. 다만 먼 여행은 사고가 날 징조이니 떠나지 말라. 이 달 운은 자존심을 버리면 재물이 따른다.
12월	당신이 하는 일들이 순조롭게 진행될 징조이며, 재물도 다소 여유가 있을 운세이다. 또한 귀인이 찾아와 당신의 마음 깊은 곳의 시름과 고민을 해결해 줄 징조이다. 이 달 운은 잘못을 인정하면 회복이 빨라지고 도움을 받는다.

253

괘

大過之困 | 상

화란춘성(花爛春城)
만화방창(萬花方暢)

꽃이 봄동산에 성을 쌓아 피어올랐고 만 가지마다 바야흐로 화창하게 어울리는 형상이다.

해설	매사가 순조롭게 진행되고, 안 될 것이라고 생각한 일도 풀려나갈 운세이다. 또한 문서로 인한 횡재수가 있거나 가정에 경사가 있을 운세이다. 다만 망신수가 있으니 이성문제에 각별히 조심을 해야 할 것이다. 특히 송사수가 있으니 조심하라.

금년의 운세	건강은 좋은 편이다. 다만 간장 질환이 있을 징조이니, 되도록 기름진 음식을 피하고 지나치게 술을 많이 마시지 않도록 노력을 해야 할 것이다. 시험운은 기대 이상의 성적을 얻게 되며 직장은 원하는 곳에 취직된다. 또한 승진운도 따른다. 재물운도 좋은 편이다.
1월	운수가 대통하니 매사가 순조롭게 진행되고 안 될 것이라고 체념한 일들도 풀려 나갈 운세이다. 또한 당신이 해 놓은 일이 주변 사람들에게 인정을 받게 되어 그 동안 노력한 보람을 찾게 되며 가정에 경사가 있을 운세이다. 이 달 운은 자존심을 버리면 모든 일이 순조롭다.
2월	매사가 막힘 없이 술술 풀려 나갈 징조이다. 생각지 않은 곳에서 선물 또는 재물이 들어올 운세이며 몸과 마음이 바쁜만큼 수입도 짭짤하다. 다만 충돌수가 있으니 각별히 술조심, 말조심해야 할 것이다. 이달 운은 고수익, 이자, 배당금을 준다는 말에 현혹되지 말라. 재산만 날린다.
3월	현재의 상황을 소중히 생각하고 좀 더 적극적으로 노력을 아끼지 말고 분발한다면 행운을 잡을 수 있는 운세이다. 금전 융통에 큰 어려움은 없으며 추첨운이 대길하니 주택청약예금을 들었다면 아파트 신청을 해 보시라. 좋은 결과가 있을 징조이다.
4월	먼 여행은 사고가 날 징조이니 떠나지 않는 것이 좋으며 친한 사람과 사소한 일로 다툼이 일어나 결별할 징조이니 지나친 농담을 삼가고 자존심을 상하게 하는 말을 자제해야 할 것이다. 이 달 운은 인연은 가까운 곳에 있다. 멀리서 찾지말라.

5 월	금전운은 양호한 편이다. 다만 친구 또는 형제지간이나 부부 간에 사소한 일로 다툼이 일어나 결별할 징조이니 조금씩 양보하고 이해하는 아량을 베풀어야 액운을 면하게 될 운세이며 실물수가 있으니 귀중품 단속에 신경 써야 할 것이다.
6 월	매사가 힘들고 어려워도 끈기 있게 밀고 나간다면 뜻밖에 당신을 도와주는 협력자를 만나 막혔던 일들이 풀려 나갈 징조이다. 다만 지출이 많을 징조이며 충돌수가 있으니 각별히 차조심을 해야 할 것이다. 이 달 운은 쥐띠·소띠·말띠를 조심하라.
7 월	오랫동안 만나지 못했던 친척이나 친구가 찾아오거나 전화 연락이 올 징조이다. 그러나 용건은 돈 좀 빌려 달라는 부탁을 하게 될 것이다. 하지만 결과가 좋지 않으니 기분 상하지 않게 거절하는 것이 좋으리라. 이 달 운은 직장 또는 금전문제로 고민하게 된다.
8 월	친한 사람 또는 소개받은 사람에게 사기를 당하거나 배신을 당할 징조이니 당신의 속마음을 함부로 말하지 말고 보증을 서거나 금전거래를 하지 말라. 큰 손해가 따르므로. 이 달 운은 누군가의 일을 대신 떠맡고 책임을 질 수 있으니 조심하라.
9 월	친척이나 친구 또는 주변에 잘 아는 사람이 거시기에 투자하면 떼돈을 벌 수 있다는 달콤한 유혹을 하더라도 한 귀로 듣고, 한 귀로 흘려 버리시라. 왜냐하면 큰 손해를 보게 될 운세이므로···. 이 달 운은 횡재수를 기대하기보다 하나씩 쌓아 올린다는 계획을 세워라.
10 월	이 달은 꿈자리도 뒤숭숭하고 잘 되어 가던 일들도 꼬일 징조이니 끈기와 인내가 필요하다. 또한 예상외로 지출이 많을 징조이며 관재수와 실물수가 있으니 귀중품 단속에 신경 쓰고 차조심, 도장을 조심해야 할 것이다. 이 달 운은 한 번은 울고, 한 번은 웃으리라.
11 월	남모르는 괴로움이 있어 심신이 피곤하고 도와주는 사람이 없으니 외롭고 고독한 운세이다. 분수에 벗어 나는 일을 하지 않는다면 큰 재물은 어려워도 작은 재물은 얻게 될 것이다. 이 달은 돈 약속을 하지 말라. 지켜지기가 어려울 것이다.
12 월	친목회, 동창회, 어떤 모임에 참석하여 사소한 일로 다툼이 일어나 친한 사람과 결별할 징조이니 자존심 상하게 하는 말을 자제하라. 이 달은 예상외로 지출이 많을 징조이며 관재수가 있으니 금전 대여·보증·사람 소개·동업 등은 하지 말라.

261

괘

困之兌 **상**

천리타향(千里他鄕)
희봉고인(喜逢故人)

천리타향에서 옛사람을 만난
형상이다.

해설	매사가 소극적인 행동 때문에 뚫리지 않을 징조이니 좀 더 적극적으로 아니꼬운 일이 있더라도 투지를 불태워 끈기 있게 밀고 나간다면 좋은 결과를 얻게 될 운세이다. 다만 먼 여행은 사고가 날 징조이니 떠나지 말라. 또한 도둑을 조심하라. 특히 보증을 서거나 금전거래를 하지 말라.

금년의 운세	건강은 몸에 화상을 입거나 부상을 당할 우려가 있으니 각별히 조심해야 할 것이다. 시험은 평소에 공부를 많이 하였다면 합격한다. 취직운은 원하는 직장을 얻게 되며 승진운도 따른다. 재물운은 금전 융통에 어려움이 없다.

1월	초순경에는 매사가 잘 될 듯하면서 막히는 현상이 자주 일어날 징조이다. 그러나 중순에서 하순 사이에는 애써 구하지 않아도 재물이 저절로 들어올 운세이며 당신이 해 놓은 일이 주변 사람들에게 인정을 받을 징조이다. 다만 돈거래하지 말라. 주면 받기 어렵다.

2월	운수가 대통하니 매사가 순조롭게 진행되고 안 될 것이라고 생각한 일도 술술 풀려 나갈 징조이며 가정에 경사가 있거나 문서로 인한 횡재수가 따르는 운세이다. 이 달 운은 술 냄새만 맡았어도 차 운전하지 말라. 그 동안의 노력이 물거품이 된다.

3월	재물운은 있으나 얻는 것보다 잃는 것이 많으며 잘 되어 가던 일들이 꼬일 징조이니 계획을 크게 잡지 말고 축소하는 것이 좋으리라. 또한 흉허물 없는 사이에 사소한 일로 다툼이 일어날 징조이니 조금씩 양보하고 이해하는 아량을 베풀어라.

4월	먼 여행은 사고가 날 징조이니 떠나지 않는 것이 좋으며 설사병이나 위장병으로 고생할 징조이니 과음, 과식을 삼가고 각별히 건강관리에 신경을 써야 할 것이다. 이 달은 매사를 배운다는 자세로 임하면 좋은 결과를 얻으리라.

5 월	새로운 일을 시작하거나 확장 또는 직업 변동을 하게 되면 얻는 것보다 잃는 것이 많으니 자중자애해야 할 것이다. 또한 친한 사람으로부터 돈 좀 빌려 달라는 요청을 받게 될 징조이다. 그러나 결과가 좋지 않을 운세이니 기분 상하지 않게 거절하는 것이 좋으리라.
6 월	사람을 잘 못 사귀면 관재수에 휘말릴 징조이니 각별히 조심을 해야 할 것이다. 또한 남의 말을 하지도 말고 믿지도 말라. 특히 망신수가 있으니 이성문제에 각별히 조심을 하라. 이 달은 말 못할 고민이 있지만 서서히 해결될 징조이다.
7 월	관재수와 송사수가 있으니 보증을 서거나 동업·금전거래·어음할인·주식투자 등에 손대지 말라. 큰 손해가 따르리라. 이 달은 적으면 적은대로 많으면 많은 대로 만족을 느껴야 액운을 면하리라. 이 달 운은 마음의 갈등을 잘 다스려야 하는 달이다.
8 월	운수가 대통하니 매사가 순조롭게 진행되고 동쪽이나 남쪽 방향에서 재물이 들어올 운세이다. 또한 문서로 인한 횡재수가 있으며 추첨운이 대길하니 주택청약예금을 들어 놓았다면 신청 접수를 해 보시라. 좋은 결과가 있으리라.
9 월	백사가 순성하니 당신이 원하는 것 중에서 한 가지는 반드시 이루어질 운세이다. 또한 꾀하는 일마다 술술 풀려 나갈 징조이며 당신의 이름이 널리 알려지게 될 징조이다. 다만 망신수가 있으니 이성문제에 각별히 조심을 하라. 이 달 운은 식구가 늘거나, 줄거나 둘 중의 하나다.
10 월	초순경에는 꿈자리도 뒤숭숭하고 잘 되어 가던 일들이 꼬이는 현상이 자주 일어날 징조이다. 그러나 중순에서 하순 사이에 막혔던 일들이 풀려 나갈 운세이다. 다만 사기를 당할 징조이니 남의 말을 믿지 말라. 또한 보증을 서거나 주식투자·어음할인·금전거래 등을 하지 말라.
11 월	매사가 순조롭게 진행되고 안 될 것이라고 생각한 일도 술술 풀려 나갈 징조이다. 또한 재물이 남쪽이나 북쪽 방향에서 들어올 운세이다. 다만, 송사수가 있으니 고수익·이자·배당금을 준다는 말에 현혹되지 말라. 재산만 날린다.
12 월	서쪽이나 북쪽 방향은 사고가 나거나 질병을 얻게 될 징조이니 여행을 떠나지 않는 것이 좋으며 구설수가 있으니 남의 말을 하지도 말고 믿지도 말라. 이 점만 주의한다면 금전운은 양호한 편이다. 이 달 운은 조금은 손해 볼 줄도 알아야 지금의 자리도 지킬 수 있을 것이다.

262

困之萃 | 상 |

| 괘 |

삼년불우(三年不雨)
연사가지(年事可知)

삼 년을 가물었으니 올해 농사는
풍년을 기약할 수 없는 형상이다.

| 해설 | 재물운은 있으나 얻는 것보다 잃는 것이 많으며 잘 되어 가던 일들도 꼬일 징조이니 계획을 크게 잡지 말고 축소하는 것이 좋으리라. 금년의 운수는 이동수가 있으니 이사를 하는 것도 좋으리라. 다만 관재수와 망신수가 있으니 보증을 서거나 금전거래를 삼가하고 이성문제에 조심하라. |

금년의 운세

건강은 사소한 질환이라도 합병증이 생길 우려가 있으니 조금만 이상이 있더라도 서둘러 병원을 찾아라. 시험운은 상반기보다는 하반기가 좋다. 직장은 눈높이를 낮춰야 가능하며 승진은 어려울 징조이다.

1월

매사가 힘들고 애로사항이 많아 정신적으로 피곤할 징조이다. 돈벼락이나 맞았으면 좋겠다는 생각이 굴뚝 같은 달이다. 그러나 건강이 재산이라고 위안하시라. 이 달은 문제를 겪어 보지도 못한 상태에서 포기를 하지 말라.

2월

사람을 잘 못 사귀면 관재수에 휘말릴 징조이니 각별히 조심해야 할 것이다. 또한 병원을 출입할 징조이니 건강관리에 각별히 신경을 써야 할 것이다. 재물은 들어온다 해도 곧 나가는 운세이다. 특히 도둑을 조심하라. 이 달은 이사를 하면 좋으리라.

3월

큰 재물은 어려워도 작은 재물은 얻게 될 운세이다. 다만 흉허물 없는 사이에 사소한 일로 다툼이 일어나 결별할 징조이니 조금씩 양보하고 이해하는 아량을 베풀어야 할 것이다. 특히 차조심, 불조심하라. 이 달 운은 마음이 내키지 않는 일은 후일을 기약하여야 손해가 없다.

4월

정신적으로나 물질적으로 어려움을 겪을 운세이다. 또한 당신이 세워놓은 계획이 완벽하더라도 실행하는 데 많은 어려움이 따를 징조이니 일보 후퇴하는 것이 좋으리라. 이 달 운은 사람 사는 곳은 어디를 가나 장애물이 있기 마련이다.

5월	먼 여행은 사고가 날 징조이니 떠나지 않는 것이 좋으며 망신수가 있으니 이성문제에 각별히 조심을 해야 할 것이다. 분수에 벗어나는 일을 하지 않는다면 작은 재물은 얻으리라. 특히 송사수가 있으니 보증을 서는 일을 삼가하라.
6월	친척이나 친구, 또는 친한 사람에게 배신을 당할 징조이니 당신의 속마음을 함부로 말하지 말라. 또한 남쪽이나 북쪽 방향은 사고가 날 징조이니 떠나지 않는 것이 좋으리라. 이 달 운은 가정에 불화가 생기는 원인은 대화 부족·칭찬 부족이다.
7월	노력한 만큼의 대가는 얻을 수 있으나 지출이 많을 징조이며 하는 일마다 어려움이 따르고 애로 사항이 많을 운세이다. 또한 흉허물 없는 사이에 사소한 일로 다툼이 일어나 결별할 징조이니 조금씩 양보하고 이해하는 아량을 베풀어야 할 것이다.
8월	재물운이 왕성하여 금전 융통에 큰 어려움은 없으며 계획한 일이나 현재 하고 있는 일이 순조롭게 진행될 운세이다. 다만 구설수와 망신수가 있으니 남의 말을 하지도 말고 믿지도 말라. 또한 이성문제에 각별히 조심을 하라. 이 달 운은 구직이나, 이동에 좋은 일이 생기는 달이다.
9월	새로운 일을 시작하거나 확장 또는 직업 전환을 하게 되면 큰 손해가 따를 징조이니 자중자애해야 할 것이다. 현재 하는 일 끈기 있게 밀고 나간다면 중순경에서 하순 사이에 풀려 나갈 운세이다. 이 달 운은 모든 병은 입으로 들어오고 모든 화근은 입에서 나오는 것이니 입을 무겁게 하라.
10월	친한 사람에게 사기를 당할 징조이니 금전거래·보증·동업·어음할인 등을 하지 말라. 또한 운세가 막혀 있으니 하고자 하는 일의 계획을 크게 잡지 말고 축소하는 것이 좋으리라. 이 달 운은 마음이 실리지 않으면 보고 있어도 보이지 않고 들어도 들리지 않는다.
11월	매사가 힘들고 어려워도 용기를 잃지 말고 계속 밀고 나간다면 막혔던 일들이 풀려 나갈 운세이다. 이 달은 크게 잘 되는 일도 없고 안 되는 일도 없는 운세이다. 재물 또한 넉넉하지도 모자라지도 않는 운세이다. 동방, 남방은 행운의 방향이다.
12월	운수가 대통하니 매사가 순조롭게 진행되고 막혔던 일도 술술 풀려 나갈 징조이다. 다만 과음, 과식을 하여 위장병이 생길 징조이니 음식 조절에 신경을 써야 할 것이다. 이 달 운은 취직·맞선·결혼·여행·재물 등이 대길하다.

263

困之大過 [상]

괘

청풍명월(淸風明月)
독좌고분(獨坐叩盆)

맑은 바람 밝은 달빛 아래
홀로 앉아 물동이를 두들기는
형상이다.

해설	새로운 일을 시작하거나 확장 또는 직업 전환을 하게 되면 얻는 것보다 잃는 것이 많으니 자중자애해야 할 것이다. 금년의 운수는 병원을 출입할 징조이니 각별히 건강관리에 신경을 써야 할 것이다. 또한 보증을 서는 일이나 금전거래를 삼가라. 특히, 횡액수가 있으니 차조심을 해야 할 것이다.
금년의 운세	시험운은 턱걸이 운세이니, 남들보다 두 배는 노력을 해야 할 것이다. 취직은 입맛에 맞는 직장을 구하기는 어려우며, 승진운은 다음 기회를 노려야 할 것이다. 재물운은 횡재는 바라지 말라. 노력한 만큼의 수입은 보장된다.
1월	한 가지 문제가 해결되면 또 한 가지 문제가 터져나와 마음이 심란하고 초조할 징조이니 끈기와 인내가 필요하며 침착하게 대비하는 마음의 준비가 요구되는 달이다. 특히 건강관리에 신경을 써야 할 것이다. 이 달은 시간이 지나야 당신에게 유리한 상황이 될 것이다.
2월	남쪽 방향의 먼 여행은 사고가 날 징조이니 떠나지 않는 것이 좋으며 맺고 끊는 일을 분명히 해야 구설수를 면하리라. 이 점만 주의한다면 금전운이 양호하여 재물은 다소 여유가 있으며 가정에 경사가 있을 운세이다. 특히 토성(土姓)을 조심해야 할 것이다.
3월	사람을 잘 못 사귀면 관재수에 휘말릴 징조이니 각별히 조심을 해야 할 것이다. 또한 흉허물 없는 사이에 사소한 일로 다툼이 일어나 결별할 징조이니 지나친 농담을 삼가하고 자존심 상하게 하는 말을 자제하라. 이 달은 분수를 지키면 작은 행운이라도 얻으리라.
4월	새로운 일을 시작하거나 확장 또는 직업 전환을 하게 되면 얻는 것보다 잃는 것이 많으니 자중자애해야 할 것이다. 또한 병원을 출입할 징조이니 각별히 건강관리에 신경을 써야 할 것이다. 이 달은 현실에 감사하고 살면 천국이요, 불평하고 살면 지옥이다.

106

5월	남쪽이나 북쪽 방향의 먼 여행은 사고가 날 징조이니 떠나지 않는 것이 좋으며 친한 사람의 달콤한 유혹에 넘어가 사기를 당할 징조이니 금전거래·보증·어음할인·동업 등을 하지 말라. 이 달은 그 어느 때보다도 끈기와 인내가 필요하다.
6월	서쪽 방향은 사고가 날 징조이니 떠나지 않는 것이 좋으며 흉허물 없는 사이에 사소한 일로 다툼이 일어나 결별할 징조이니 지나친 농담을 삼가하고 자존심 상하게 하는 말을 자제해야 할 것이다. 이 달 운은 적당히 굽힐 줄도 아는 융통성이 필요하다.
7월	몸과 마음이 바쁘고 하는 일은 많으나 실속이 없으며 지출이 많을 징조이다. 또한 병원을 출입할 징조이니 과음, 과식을 삼가하고 각별히 건강관리에 신경을 써야 할 것이다. 이 달 운은 식구가 늘거나, 줄거나 둘 중의 하나다.
8월	새로운 일을 시작하게 되면 많은 어려움이 따를 징조이니 자중자애해야 할 것이다. 또한 실물수가 있으니 지갑이나 귀중품 단속에 각별히 신경을 써야 할 것이다. 이 달 운은 행복은 누군가가 만들어서 나누어 주는 것이 아니라 내가 만드는 것이다.
9월	매사가 잘 되어 가는 듯하다가도 막히는 일이 많아 마음이 초조하고 심란할 징조이다. 무엇보다도 운세가 막혀 있으니 단기적으로 승부를 거는 계획을 세웠다면 실패할 징조이니 좀더 심사숙고하면서 때를 기다려야 할 것이다.
10월	사람을 잘 못 사귀면 사기를 당하거나 배신을 당할 징조이니 당신의 속마음을 함부로 말하지 말고 보증 서는 일을 삼가라. 이 달은 생각지 않은 지출이 많을 징조이며 특히 계획한 일은 경험 많은 사람들의 의견을 충분히 수렴한 후에 결정하는 것이 좋으리라.
11월	매사가 힘들고 어려워도 용기를 잃지 말고 끈기 있게 밀고 나간다면 막혔던 일들이 풀려 나갈 징조이며 재물도, 명예도 얻게 될 운세이다. 또한 오랫동안 만나지 못했던 친척이나 친구가 찾아오거나 전화 연락이 올 징조이다. 이달의 행운의 날은 3·8·16·21일이다.
12월	자존심을 내세우면 잘 되어 가던 일들이 복잡하게 꼬일 징조이니 조금씩 양보하고 이해하는 아량을 베풀어야 할 것이다. 큰 재물은 어려워도 작은 재물은 얻게 될 것이다. 이 달 운은 현실이 중요한 것이다. 실수를 교훈으로 삼아야 한다.

107

311

괘

大有之鼎 상

망망귀객(忙忙歸客)
임진무선(臨津無船)

바삐 돌아가야 할 손님이 강에
도달해 보니 배가 없어 안절부절
하는 형상이다.

해설	세워놓은 계획은 많아도 실천에 옮기는 데에는 어려움이 많이 따르고 훼방을 놓는 사람이 많으리라. 또한 작은 재물은 얻을 수 있으나 지출이 많을 징조이며 망신수가 있으니 몸가짐에 주의해야 한다. 특히 횡액수가 있으니 동방으로 이사 가지 말라.
금년의 운세	건강은 조금만 이상이 있더라도 증세가 악화될 우려가 있으니, 서둘러 병원을 찾아야 할 것이다. 시험은 어려운 문제가 많이 출제될 징조이며 취직은 공채는 어려우며 아는 사람에게 부탁하면 봉급은 적지만 될 것이다. 승진운은 기대하지 말라.
1월	주어진 여건에서 좀 더 적극적으로 노력을 아끼지 말고 분발한다면 좋은 결과를 얻게 될 운세이다. 큰 재물은 어려워도 작은 재물은 얻으리라. 이 달 운은 직접 일을 주도하는 것보다는 뒤에서 도와주는게 좋으리라. 또한 작은 비밀이라도 보안에 철저히 신경 써야 할 것이다.
2월	쓸 곳은 많고 수입은 쥐꼬리만큼 들어오니 마음이 심란하고 초조할 징조이다. 또한 관재, 구설수가 있으니 눈에 거슬리고 화가 나는 일이 있어도 보고도 못 본 척, 알고도 모르는 척 매사에 중립을 지키는 것이 좋으리라. 이 달 운은 겸손한 자세로 모든 사람을 대하면 좋은 결과를 얻으리라.
3월	운수가 대통하니 매사가 순조롭게 진행되고 안 될 것이라고 생각한 일도 풀려 나갈 징조이다. 또한 생각지 않은 곳에서 선물이나 재물이 들어올 운세이며 가정에 경사가 있을 징조이다. 다만 망신수가 있으니 바람을 피우지 말라.
4월	먼 여행은 사고가 날 징조이니 떠나지 않는 것이 좋으며 친한 사람에게 배신을 당하거나 사기를 당할 징조이니 당신의 속마음을 함부로 말하지 말고 보증을 서거나 금전거래를 삼가해야 할 것이다. 이 달은 구직이나 이동에 좋은 일이 생기는 달이다.

108

5월	당신의 능력이나 인격을 알아주는 사람이 없으니 마음이 심란하고 초조할 징조이다. 또한 들어오는 재물보다 나가는 재물이 많으며 계획했던 일들이 연기 또는 취소될 징조이니 끈기와 인내가 필요하다. 특히 충돌수가 있으니 술 냄새만 맡았어도 차 운전하지 말라.
6월	친한 사람을 너무 가까이 하고 믿으면 도리어 피해를 입게 되니 적당한 간격을 두는 것이 좋으며 행동에 옮기지 않아 안 되는 일들이 많을 징조이니 좀 더 적극적인 행동을 해야 할 것이다. 이 달 운은 안 하는 것과 못 하는 것의 차이를 착각하지 말라.
7월	매사가 힘들고 어려워도 하고야 말겠다는 굳은 의지와 인내가 필요하며 큰 재물은 어려워도 작은 재물은 얻을 수 있는 운세이다. 다만 수액수와 관재수가 있으니 눈에 거슬리는 일이 있어도 보고도 못 본 척해야 하며 차조심, 물조심을 해야 할 것이다.
8월	친척이나 친구 또는 주변에 잘 아는 사람이 거시기에 투자하면 떼돈을 벌 수 있다는 달콤한 말을 하더라도 한 귀로 듣고, 한 귀로 흘려 버리시라. 만일 투자를 하게 되면 큰 손해를 보게 될 것이다. 이 달 운은 분수를 지키면 작은 행운이라도 얻을 수 있다.
9월	당신을 위해서라면 간도 빼 줄 것처럼 행동하던 사람이 하루 아침에 배신을 하게 될 징조이니 당신의 약점 또는 비밀에 부쳤던 속마음을 함부로 말하지 말라. 이 달 운은 경쟁을 피하지 말고 과감하게 경쟁해야 좋은 결과를 얻을 것이다.
10월	남쪽 방향의 먼 여행은 사고가 날 징조이니 떠나지 않는 것이 좋으며 구설수가 있으니 남의 말을 하지도 말고 믿지도 말라. 또한 친한 사람과 다툼이 일어나 결별할 징조이다. 이 달 운은 금전적으로 고민하던 문제가 해결될 징조이다.
11월	하는 일이 마음에 맞지 않으니 번민만 늘고 불안하기 이를 데 없으며 비록 노력은 열심히 하고 있지만 수고한 만큼의 대가가 없으니 마음이 심란하고 초조할 징조이다. 이 달은 끈기와 인내가 필요하다. 시간이 지나야 당신에게 유리한 상황이 될 것이다.
12월	운수가 대통하니 매사가 순조롭게 진행되고 안 될 것이라고 생각한 일도 술술 풀려 나갈 징조이다. 다만 손재수가 있으니 보증을 서거나 금전거래 · 주식투자 · 어음할인 등을 하지 말라. 이 달 운은 구직이나 이동에 좋은 일이 생기는 달이다.

312

괘

大有之離 상

청조전신(靑鳥傳信)
환자득배(鰥者得配)

푸른새가 소식을 전하니 홀아비가
짝을 얻는 형상이다.

해설	매사가 순조롭게 진행되고 안 될 것이라고 생각한 일도 풀려나갈 운세이다. 또한 문서로 인한 횡재수가 있거나 가정에 경사가 있을 징조이며 기다리던 곳에서 반가운 소식이 올 운세이다. 다만 병원을 출입할 징조이니 각별히 건강관리에 힘써야 할 것이다. 특히 횡액수가 있으니 각별히 차조심하라.
금년의 운세	시험운은 입학 · 자격시험 · 자격고시 · 취직 등에 무난히 합격될 것이다. 직장운은 승진 또는 이동수가 있다. 재물운은 몸이 바쁘면 바쁜 만큼 수입도 짭짤하며 뜻밖의 횡재수도 따른다.
1월	주변에 얽히고 설켰던 일들이 하나씩 정리되면서 심신의 안정을 찾게 되며 매사가 술술 풀려 나갈 징조이다. 또한 기다리던 곳에서 반가운 소식이 올 운세이다. 이 달 운은 망설이다가 기회를 놓치지 말고 자신 있게 도전하는 것이 좋으리라
2월	재물은 애써 구하지 않아도 저절로 들어올 운세이며 당신이 해 놓은 일이 주변 사람들에게 인정을 받게 되니 그 동안의 노력한 보람을 찾게 될 운세이다. 이 달 운은 매사를 배운다는 자세로 임하면 좋은 결과를 얻으리라.
3월	먼 여행은 사고가 날 징조이니 떠나지 않는 것이 좋으며 병원을 출입할 징조이니 과음, 과식을 삼가고 각별히 건강관리에 신경을 써야 할 것이다. 이 달은 생각지 않은 지출이 많을 징조이다. 이 달 운은 솔직한 모습을 보여 주는 것이 좋은 결과를 가져온다.
4월	사람을 잘 못 사귀면 관재수에 휘말릴 징조이니 각별히 조심을 해야 할 것이다. 또한 충돌수가 있으니 각별히 차조심, 말조심하라. 이 점만 주의한다면 금전운은 양호한 편이며 하는 일은 순조롭게 진행될 징조이다. 이 달은 이사 · 계약 · 맞선 · 시험 · 취직 등이 대길하다.

5 월	한 가지 문제가 해결되면 또 한 가지 문제가 터져나와 마음이 심란하고 초조할 징조이니 끈기와 인내가 필요하며 침착하게 대비하는 마음의 준비가 요구되는 달이다. 이 달 운은 자존심을 버리고 적당히 굽히는 아량이 필요하다.
6 월	흉운이 길운으로 바뀌니 매사가 순조롭게 진행되고 막혔던 일들도 술술 풀려 나갈 징조이다. 몸과 마음이 바쁜만큼 수입도 짭짤하며 가정에 경사가 있거나 문서로 인한 횡재수가 따르는 운세이다. 다만 다툼수가 있으니 말조심하라.
7 월	매사가 힘들고 어려워도 실망하지 말고 끈기 있게 밀고 나간다면 하순경에는 막혔던 일들이 풀려 나갈 징조이다. 이 달 운은 사기는 아는 사람한테 당하는 법. 아는사람이 거시기에 투자하면 떼돈을 벌 수 있다는 말에 현혹되지 말라. 재산만 날린다.
8 월	당신의 주장을 관철하려는 고집 때문에 흉허물 없는 사이에 다툼이 예상되니 상대방의 충고나 조언에 귀를 기울이는 아량을 베풀어야 뒤탈이 없으며 실물수가 있으니 지갑이나 귀중품 단속에 신경을 써야 할 것이다. 이 달 운은 환경 변화에 적응하기 위한 노력이 필요하다.
9 월	처음에는 잃고 나중에는 이익을 얻을 운세이니 초순에서 중순 사이에는 매사가 막히는 일이 많을 것이다. 그러나 끈기 있게 노력하면 하순경에는 귀인을 만나 막혔던 일들이 풀려 나갈 징조이다. 이 달은 옷차림에 신경을 써 보시라. 좋은 일이 생기리라.
10 월	운수가 대통하니 매사가 순조롭게 진행되고 안 될 것이라고 생각한 일도 술술 풀려 나갈 징조이다. 또한 문서로 인한 횡재수가 있으며 이동수가 있으니 이사를 하려고 마음을 먹었으면 하시라. 좋은 일이 있을 징조이다. 다만 돈을 빌려 주지 말라. 빌려 주면 돈 떼인다.
11 월	재운이 대통하니 서쪽과 남쪽 방향에서 재물이 들어올 운세이며 당신이 해 놓은 일이 많은 사람들에게 인정을 받게 되어 그 동안 노력한 보람을 찾게 될 징조이다. 이 달 운은 사람들을 많이 만날수록 좋은 일을 만날 수 있다. 또한 말 못할 고민이 있지만 서서히 해결된다.
12 월	친목회, 동창회 또는 어떤 모임에 참석하여 생각지 않은 애인이나 새로운 친구를 소개받을 징조이다. 다만 소개받은 사람으로 인하여 금전적인 피해를 입거나 망신수가 있을 징조이니 각별히 조심을 해야 할 것이다. 이달 운은 한 번은 울고, 한 번은 웃으리라.

313

大有之睽 [상]

괘

사다황망(事多慌忙)
주출망량(晝出網倆)

매사 하는 일에 황망함이 많으니
마치 낮에 나온 도깨비가 사람을
홀리는 형상이다.

| 해설 | 먼 여행은 사고가 날 징조이니 떠나지 않는 것이 좋으리라. 또한 친한 사람에게 사기를 당할 징조이니 금전거래 · 보증 · 동업 · 주식투자 · 어음할인 등을 하지 말라. 금년의 운수는 좋은 일보다 나쁜 일이 많으니 각별히 조심을 해야 할 것이다. 특히 실물수가 있으니 도둑을 조심하라. |

| 금년의 운세 | 건강은 위장병으로 고생할 징조이니 과음, 과식을 삼가하고 빈속에 커피를 많이 마시지 않도록 각별히 노력을 해야 할 것이다. 시험은 요행을 바라지 말라. 실력을 쌓는 것만이 최선이다. 직장운은 자존심이 상하는 일이 있어도 끈기와 인내심을 발휘하라. |

| 1월 | 흉허물 없는 사이에 사소한 일로 다툼이 일어나 결별할 징조이니 지나친 농담을 삼가하고 자존심이 상하게 하는 말을 자제해야 할 것이다. 재물은 들어온다 해도 곧 나가는 운세이다. 다만 시험 · 취직 · 맞선 · 이사 등은 대길하다. |

| 2월 | 새로운 일을 시작하거나 확장 또는 직업 변동을 하게 되면 얻는 것보다 잃는 것이 많으니 자중자애해야 할 것이다. 또한 친한 사람의 달콤한 유혹에 넘어가 사기를 당할 징조이니 각별히 조심을 해야 할 것이다. 특히 남방으로 이사 가지 말라. |

| 3월 | 중요한 약속이나 계획은 실행하기 어려울 징조이니 호언장담하지 않는 것이 좋으며 병원을 출입할 징조이니 과음, 과식을 삼가하고 각별히 건강관리에 신경을 써야 할 것이다. 재물은 들어온다 해도 곧 나가는 운세이다. 이 달 운은 적당히 굽힐 줄도 아는 융통성이 필요하다. |

| 4월 | 친한 사람에게 배신을 당하거나 사기를 당할 징조이니 당신의 속마음을 함부로 말하지 말고 금전거래 · 보증 · 동업 · 어음할인 · 주식투자 등을 하지 말라. 이 달 운은 자존심을 내세우지 말고 다수의 의견을 존중하면 좋은 일이 있으리라. |

5 월	운수가 대통하니 매사가 순조롭게 진행되고 안 될 것이라고 생각한 일도 잘 풀려 나갈 징조이다. 또한 문서로 인한 횡재수가 있거나 가정에 경사가 있을 운세이다. 이 달 운은 상대가 진정 원하는 것이 무엇인지 귀를 기울여라. 또한 적당히 굽힐 줄도 아는 융통성이 필요하다.
6 월	매사가 힘들고 어려워도 실망하지 말고 끈기 있게 밀고 나간다면 초순경에는 다소 어려움이 있으나 중순경이 지나면서 막혔던 일이 잘 풀려 나갈 운세이다. 다만 분수에 벗어나는 일을 하지 말라. 특히 배짱을 부리면 낭패를 보게된다.
7 월	가정에 우환이 생기거나 흉허물 없는 사이에 의견 충돌로 인하여 다툼이 일거나 결별할 징조이니 조금씩 양보하고 이해하는 아량을 베풀어야 할 것이다. 특히 충돌수와 수액수가 있으니, 차조심, 물조심하라. 또한 도둑을 조심하라.
8 월	하고 있는 일에 만족을 느껴야 하며 혹여, 허욕을 부려 투기성 있는 업종(주식투자, 어음할인)에 손을 대거나 새로운 일을 시작하면 큰 손해를 보게 될 징조이니 자중자애해야 할 것이다. 특히 망신수가 있으니 바람피우지 말라.
9 월	꿈자리도 뒤숭숭하고 매사가 잘 되어 가는 듯하다가도 막히는 현상이 자주 일어날 징조이다. 또한 사람을 잘 못 사귀면 관재수에 휘말릴 징조이니 각별히 조심을 해야 할 것이다. 특히 평소 아끼던 물건을 잃어버리기 쉬우니 조심하라.
10 월	송사수와 관재수가 있으니 문서계약이나 어음할인 · 보증 · 동업 등은 손대지 않는 것이 좋으리라. 또한 충돌수가 있으니 각별히 차조심을 해야 할 것이다. 이 점만 주의한다면 금전운은 양호한 편이다. 특히 이사를 가지 말라. 액운이 있으므로 ….
11 월	먼 여행은 사고가 날 징조이니 떠나지 않는 것이 좋으며 구설수가 있으니 남의 말을 하지도 말고 믿지도 말라. 또한 흉허물 없는 사이에 사소한 일로 다툼이 일어나 결별할 징조이니 자존심 상하게 하는 말을 자제해야 할 것이다. 특히 최 · 정 · 이 · 박 · 조씨 등을 조심하라.
12 월	큰 재물은 어려워도 작은 재물은 얻게 될 것이다. 다만 가정에 우환이 생기거나 본인의 질병수가 있으니 각별히 건강관리에 신경을 써야 할 것이다. 또한 구설수가 있으니 당신의 가정일이나 신상에 관한 일을 남에게 경솔하게 말하지 말라. 이 달 운은 절약하는 것이 최선이다.

321

睽之未濟 상

방병대종(方病大腫)
편작난의(扁鵲難醫)

큰 종기를 앓으니 천하의
명의 편작이라도 고치기
어려운 형상이다.

| 해설 | 큰 재물은 어려워도 작은 재물은 얻으리라. 다만 병원을 출입할 징조이니 각별히 건강관리에 신경을 써야 할 것이다. 또한 사기를 당할 징조이니 고수익·이자·배당금을 준다는 말에 현혹되지 말라. 재산만 날린다. 금년 운수는 이사를 하면 좋으리라. 또한 추첨운이 대길하니 주택청약예금을 들었다면 신청 접수해 보시라. 좋은 일이 있을 징조이다. |

| 금년의 운세 | 시험운은 좀 더 실력을 쌓아 다음 기회를 노려야 할 징조이다. 취직은 눈높이를 낮추면 가능하며, 직장운은 이동수가 있다. 승진은 경쟁자가 많아 어렵다. 재물운은 허리띠를 졸라매고 최대한 지출을 줄여야 할 것이다. |

| 1월 | 매사가 잘 되어 가는 듯하다가도 뜻밖에 어려움과 큰 손해가 따를 징조이니 새로운 일을 시작하거나 확장, 직업 변동 등을 하지 말라. 또한 구설수가 있으니 남의 말을 하지도 말고 믿지도 말라. 이 달 운은 긍정적으로 극복하려는 마음가짐이 중요하다. |

| 2월 | 금전문제는 어려울 때마다 융통은 되겠으나 매사 하는 일에 어려움과 변화가 따르므로 계획을 크게 잡지 말고 축소하는 것이 좋으리라. 또한 병원을 출입할 징조이니 각별히 건강관리에 신경 써야 할 것이다. 특히 서방으로 이사 가지 말라. |

| 3월 | 당신이 노력한 만큼의 수입과 이익을 올릴 수 있는 운세이다. 다만 생각지 않은 지출이 많을 징조이며 친한 사람으로부터 돈 좀 빌려 달라는 요청을 받게 될 징조이다. 그러나 결과가 좋지 않으니 기분 상하지 않게 거절하는 것이 좋으리라. |

| 4월 | 당신이 하는 일이 겉보기에만 화려해 보이고 실속이 없으니 마음이 답답할 징조이며 재물은 들어온다 해도 곧 나가는 운세이다. 특히 망신수가 있으니 바람피우지 말라. 이 달 운은 일이 잘 풀리지 않을 때는 접근 방법이나 방식을 바꿔 보시라. |

5월	운수가 대통하니 매사가 순조롭게 진행되고 안 될 것이라고 생각한 일도 풀려 나갈 징조이다. 금전 융통에도 다소 여유가 있으며 기다리던 곳에서 반가운 소식이 올 운세이다. 다만 가정에 우환이 생기거나 구설수가 있을 징조이다.
6월	큰 재물은 어려워도 작은 재물은 얻으리라. 다만 사람을 잘 못 사귀면 관재수에 휘말릴 징조이니 각별히 조심을 해야 할 것이다. 또한 실물수가 있으니 지갑이나 귀중품 단속에 신경을 써야 할 것이다. 이 달 운은 친구를 너무 믿지 말라. 배신당할 운이므로.
7월	남쪽이나 북쪽 방향의 먼 여행은 사고가 날 징조이니 떠나지 않는 것이 좋으며 병원을 출입할 징조이니 과음, 과식을 삼가하고 각별히 건강관리에 신경을 써야 할 것이다. 특히 보증 서는 일을 삼가하고 말조심을 해야 할 것이다. 또한 초상집에 가지 말라. 액운이 있으므로....
8월	들어오는 재물보다 나가는 재물이 많으며 당신의 능력이나 인격을 알아 주는 사람이 없으니 마음이 심란하고 초조할 징조이다. 또한 계획했던 일들이 취소 또는 연기될 징조이니 호언장담하지 않는 것이 좋으리라. 이 달 운은 마음의 갈등을 잘 다스려야 하는 달이다.
9월	서쪽과 북쪽 방향의 먼 여행은 사고가 날 징조이니 떠나지 않는 것이 좋으며 사람을 잘못 사귀면 관재수에 휘말릴 징조이니 각별히 조심을 해야 할 것이다. 이 달은 이사운이 대길하니 이사를 하려고 마음을 먹었으면 하시라.
10월	한 가지 문제가 해결되면 또 한 가지 문제가 터져나와 마음이 심란하고 초조할 징조이니 끈기와 인내가 필요하며 침착하게 대비하는 마음의 준비가 요구되는 달이다. 또한 당신의 지식이 전부라고 생각하지 말고 윗사람들과 상의를 해 보시라.
11월	당신에게 친척이나 친구가 거시기에 투자하면 떼돈을 벌 수 있다는 유혹을 하거나 돈 좀 빌려 달라는 요청을 받게 될 징조이다. 그러나 투자를 하게 되면 큰 손해를 보게 되며 금전거래를 해도 결과가 좋지 않은 운세이니 거절하는 것이 좋으리라.
12월	운수가 대통하니 매사가 순조롭게 진행되고 남쪽이나 북쪽 방향에서 재물이 들어올 운세이다. 또한 당신이 해 놓은 일이 주변 사람들에게 인정을 받게 되어 그 동안 노력한 보람을 찾게 될 운세이다. 다만 과음하지 말라. 그 동안의 노력이 물거품이 된다.

322

[괘]

睽之噬嗑 [상]

모춘삼월(暮春三月)
화락결실(花落結實)

늦은 봄 삼월에 꽃이 떨어지고
열매를 맺는 형상이다.

해설	매사가 순조롭게 진행되고 안 될 것이라고 생각한 일도 풀려 나갈 운세이다. 또한 가정에 경사가 있거나 문서로 인한 횡재수가 있을 징조이다. 다만 관재, 구설수가 있으니 차조심, 말조심을 해야 할 것이다. 특히 술 냄새만 맡았어도 차 운전하지 말라. 그 동안의 노력이 물거품이 된다.
금년의 운세	건강은 좋은 편이며 혹여 질병이 있더라도 완치된다. 시험운은 기대 이상의 성적을 얻게 되며 취직운은 원하는 직장을 얻게 된다. 직장인은 승진을 하게 된다. 재물운도 양호하다.
1월	매사가 힘들고 어려워도 용기를 잃지 말고 끈 기있게 밀고 나간다면 중순에서 하순 사이에 막혔던 일들이 풀려 나갈 운세이다. 금전 융통에 큰 어려움은 없으며 기다리던 곳에서 반가운 소식이 오거나 가정에 경사가 있을 운세이다.
2월	벼르고 벼르던 일을 시작하게 될 징조이며 엉켰던 실타래가 풀리듯 매사가 순조롭게 진행될 운세이다. 재물은 서쪽이나 남쪽 방향에서 들어올 징조이며 문서로 인한 횡재수가 따르는 운세이다. 다만 송사수가 있으니 수성(水姓)을 조심하라.
3월	사람을 잘 못 사귀면 관재수에 휘말릴 징조이니 각별히 조심을 해야 할 것이다. 또한 병원을 출입할 징조이니 과음, 과식을 삼가하고 건강관리에 신경 써야 할 것이다. 이 점만 주의한다면 금전운은 양호한 편이다. 이 달은 직장 또는 집을 옮기게 될 징조이다.
4월	친한 사람이 당신을 배신할 징조이니 당신의 속마음을 함부로 말하지 말고 금전거래를 하거나 보증을 서지 말라. 또한 주식투자를 하거나 동업을 하지 말라. 이 달 운은 일을 벌이지 말고 수습하는 방향으로 신경 써야 좋으리라.

5 월	운수가 대통하니 매사가 잘 풀려 나갈 징조이다. 생각지 않은 곳에서 선물 또는 재물이 들어올 징조이며 몸과 마음이 바쁜만큼 수입도 짭짤하다. 이 달 운은 두 가지 중에 하나를 선택해야 할 상황이 생기겠다. 또한 줄 것은 주고 받을 것은 받고 깔끔한 마무리가 필요하다.
6 월	행동에 옮기지 않아서 안 되는 일들이 많을 징조이니 좀 더 과감하게 실천을 한다면 좋은 결과를 얻게 될 운세이다. 초순경에는 구설수가 있어 당신의 심기가 편안하지 않으리라. 중순에서 하순 사이에 매사가 순조롭게 진행될 징조이다.
7 월	당신의 가정일을 남들에게 말하지 말라. 말하는 것마다 구설이 되어 당신의 심기를 불편하게 할 운세이다. 또한 수액수와 화액수가 있으니 물조심, 불조심하라. 이 점만 주의한다면 금전운은 양호한 편이 될 것이다. 이 달 운은 누군가의 일을 대신 떠맡고 책임을 질 수도 있다.
8 월	오랫동안 만나지 못했던 친척이나 친구를 만나게 되며 당신이 해 놓은 일이 주변 사람들에게 인정을 받게 되어 그 동안의 노력한 보람을 찾게 될 운세이다. 다만 관재수 또는 망신수가 있으니 뜬구름 잡을 생각 말고 현실에 충실해야 좋으리라.
9 월	남의 말을 듣고 무작정 일을 벌이면 큰 낭패가 따를 징조이니 매사를 심사숙고해야 하며 남쪽이나 북쪽 방향의 먼여행은 사고가 날 징조이니 떠나지 않는 것이 좋으며 실물수가 있으니 지갑이나 귀중품 단속에 각별히 신경을 써야 할 것이다.
10 월	서로 돕고 의지하면서 공허한 마음을 달래 주던 사람이 당신 곁을 떠나게 될 운세이며 몸과 마음이 산란하고 일손이 잘 잡히지 않는 달이 될 징조이다. 특히 병원을 출입할 징조이니 각별히 건강관리에 신경을 써야 할 것이다.
11 월	운수가 대통하니 매사가 순조롭게 진행되고 안 될 것이라고 생각한 일도 풀려 나갈 징조이다. 금전 융통에도 다소 여유가 있으며 기다리던 곳에서 반가운 소식이 올 운세이다. 다만 먼 여행은 사고가 날 징조이니 떠나지 말라. 이 달 운은 과음하지 말라. 그 동안의 노력이 물거품 된다.
12 월	사람을 잘 못 사귀면 관재수에 휘말릴 징조이니 각별히 조심을 해야 할 것이다. 또한 망신수가 있으니 이성문제에 각별히 조심하라. 이 점만 주의한다면 금전운은 양호한 편이다. 이 달 운은 고수익 · 이자 · 배당금을 준다는 말에 현혹되지 말라. 재산만 날린다.

323

|괘|
睽之大有 |상|

유궁무시(有弓無矢)
내적하방(來賊何防)

활은 있어도 화살이 없으니 오는
도둑을 막을 수 없는 형상이다.

| 해설 | 새로운 일을 시작하거나 확장 또는 직업 변동을 하게 되면 얻는 것보다 잃는 것이 많으니 자중자애해야 할 것이다. 또한 손재수가 있으니 고수익·이자·배당금을 준다는 말에 현혹되지 말라. 재산만 날린다. 금년의 운수는 좋은 일보다 나쁜 일이 많으니 매사 조심하라. 특히 차조심하라. |

| 금년의 운세 | 건강은 생각지 않은 질병에 걸릴 우려가 있으니 과로하지 않도록 각별히 힘써야 할 것이다. 시험운은 정신이 산만하여 아는 문제도 틀릴 우려가 있으니, 집중력에 신경 써야 한다. 취직은 가능하나 월급이 적어 불만이며, 직장인은 맡은 자리를 지키는 데 힘써야 할 것이다. |

| 1월 | 가정에 우환이 생기거나 친한 사람과 의견 충돌로 인하여 다툼이 일어날 징조이니 조금씩 양보하고 이해하는 아량을 베풀어야 할 것이다. 또한 사람을 잘 못 사귀면 관재수에 휘말릴 징조이니 강·배·박·이·송·서·전·정·장·조·최·황씨 등을 각별히 조심해야 할 것이다. |

| 2월 | 매사가 잘될 듯하면서도 막히는 현상이 자주 일어날 징조이다. 또한 구설수가 있으니 당신의 가정일을 남에게 함부로 말하지 말라. 말하는 것마다 구설이 되어 당신의 심기를 불편하게 할 징조이다. 특히 망신수가 있으니 바람피우지 말라. |

| 3월 | 친한 사람 또는 소개받은 사람에게 사기를 당하거나 배신을 당할 징조이니 당신의 속마음을 함부로 말하지 말고 보증을 서거나 금전거래를 하지 말라. 이 달 운은 소문 듣고 보지 않은 일을 본 듯이 옮기지 말라. 반드시 화근이 생기리라. 또한 실수와 실패를 혼동하지 말라. |

| 4월 | 주변 사람들의 눈을 지나치게 의식해서 욕심을 부리기보다는 한 가지 목표를 분명하게 정해서 끈기 있게 밀고 나가는 자세가 필요하다. 재물은 들어온다 해도 곧 나가는 운세이다. 이 달은 시험·취직·맞선·이사 등은 대길하다. 다만 돈을 빌려주지 말라. 빌려 주면 돈 떼인다. |

5 월	친척이나 친구 또는 친한 사람의 달콤한 유혹에 넘어가 새로운 일을 시작하게 될 징조이다. 큰 손해를 보게 될 운세이니 자중자애해야 할 것이다. 이 달 운은 횡재수를 기대하기보다 하나씩 쌓아 올린다는 계획을 세워라. 또한 어려움을 피하지 말고 정면 돌파하면 성공한다.
6 월	당신의 감정을 누구에게 표현하기도 싫고 왠지 모르게 초조하거나 울적한 일이 자주 일어날 징조이다. 큰 재물은 어려워도 작은 재물은 얻으리라. 이 달 운은 문제를 겪어 보지도 못한 상태에서 포기를 하지 말라. 또한 긴 안목을 갖고 바라보는 마음이 필요하다.
7 월	운수가 대통하니 매사가 순조롭게 진행되고 안 될 것이라고 생각한 일도 풀려 나갈 징조이다. 또한 금전 융통에도 다소 여유가 있으며 기다리던 곳에서 반가운 소식이 올 운세이다. 다만 평소 아끼던 물건을 잃어버리기 쉬우니 조심하라.
8 월	눈에 거슬리고 화가 나는 일이 있어도 보고도 못 본 척 매사에 중립을 지키는 것이 좋으며 해서는 안 될 말을 잘못 전하여 곤궁에 빠질 징조이니 각별히 입을 무겁게 해야 할 것이다. 재물은 들어온다 해도 곧 나가는 운세이다. 이 달 운은 열 번의 말보다는 한 번의 실천이 중요하다.
9 월	말과 행동이 일치하지 않을 징조이니 누구에게나 중요한 약속 또는 계획은 호언장담하지 않는 것이 좋으리라. 큰 재물은 어려워도 작은 재물은 얻으리라. 이 달 운은 내것이 소중하면 남의 것도 소중한 줄 알고 생활해야 할 것이다.
10 월	당신이 하는 일이 겉보기에만 화려해 보이고 실속이 없으니 마음이 심란하고 초조할 징조이다. 매사가 힘들고 어려워도 끈기 있게 밀고 나간다면 중순에서 하순 사이에 막혔던 일들이 풀려 나갈 징조이다. 이 달 운은 대박을 노리지 말라. 재산만 날린다.
11 월	분수에 벗어나는 일을 삼가하고 먼 여행을 떠나지 말라. 재물은 애써 구하지 않아도 저절로 들어올 운세이다. 막혔던 일들도 초순에서 중순 사이에 풀려 나갈 징조이다. 다만 화액수가 있으니 각별히 불조심하라. 특히 고수익 · 이자 · 배당금을 준다는 말에 현혹되지 말라. 재산만 날린다.
12 월	금전문제는 어려울 때마다 융통은 되겠으나 매사 하는 일에 어려움과 변화가 따르게 되리라. 또한 친목회, 동창회 또는 어떤 모임에 참석하여 사소한 일로 큰 다툼이 일어나 절교 선언을 하게 될 징조이니 각별히 말조심을 해야 할 것이다.

331

離之旅

괘

상

소초봉춘(小草逢春)
연화추개(連花秋開)

작은 풀들은 봄철을 만나
피어나고 연꽃은 가을에
들어서야만 피어나는 형상이다.

해설	매사가 순조롭게 진행되고 안 될 것이라고 체념한 일도 잘 풀려 나갈 징조이다. 금년의 운수는 이사를 하거나 새로운 일을 시작하게 될 징조이며 문서로 인한 횡재 또는 가정에 경사가 있을 운세이다. 다만 관재, 구설을 조심하라. 특히 수액수와 화액수가 있으니 물조심, 불조심하라.

금년의 운세	건강은 좋은 편이다. 다만 변비로 고생할 징조이다. 시험운은 당신의 실력을 최대한 발휘하여 좋은 성적을 얻게 되며 취직은 원하는 직장을 얻게 된다. 직장운은 이동수가 있다. 재물운은 가는 곳마다 이익이 따른다.
1월	주변에 얽히고 설켰던 일들이 하나씩 정리되면서 심신의 안정을 찾게 될 징조이다. 재물은 남쪽이나 북쪽 방향에서 들어올 운세이다. 이 달은 생각지 않은 지출이 많을 징조이며 충돌수가 있으니 술 냄새만 맡았어도 차 운전하지 말라. 그 동안의 노력이 물거품이 된다.
2월	당신이 하고 있는 일에 색다른 변화가 있을 것이며 새로운 일로 인해 몸과 마음이 바쁠 운세이다. 또한 계획한 일은 순조롭게 진행될 징조이다. 다만 친한 사람에게 배신을 당할 징조이니 당신의 속마음을 함부로 말하지 말라.
3월	마음이 안정되지 못하고 하찮은 일에도 짜증이 날 징조이다. 운세가 막혀 있으니 적극적인 행동보다는 한 발 물러서서 다음 기회를 노려야 할 징조이다. 특히 망신수가 있으니 이성문제에 각별히 조심을 하라. 또한 먼 여행을 삼가하고 각별히 화성(火姓)을 조심하라.
4월	당신이 능력은 있으나 혼자 하기보다는 남의 힘을 빌려야만 이루어질 징조이니 자존심을 내세우지 말고 서로가 마음을 터놓고 진심으로 협력하는 일이 무엇보다 중요하리라. 금전운은 양호한 편이다. 이 달 운은 그 동안 쌓았던 인맥을 적극 활용하면 좋은 결과를 얻으리라.

5 월	운수가 대통하니 매사가 순조롭게 진행되고 안 될 것이라고 생각한 일도 풀려나갈 징조이다. 또한 문서로 인한 횡재 또는 가정에 경사가 있을 운세이다. 특히 추첨운이 좋으니 주택청약예금을 들어 놓았다면 신청 접수를 해 보시라. 좋은 결과가 있을 징조이다.
6 월	노력한 만큼의 대가는 얻을 수 있으나 지출이 많을 징조이며 하는 일마다 어려움이 따르고 애로사항이 많을 징조이니 끈기와 인내가 필요하리라. 이 달 운은 눈앞에 이익만 추구하지말라. 한결같은 마음으로 상대를 대하면 좋은 결과를 얻으리라.
7 월	사람을 잘 못 사귀면 망신수 또는 관재수에 휘말릴 징조이니 각별히 조심을 해야 할 것이다. 또한 실물수가 있으니 지갑이나 귀중품 단속에 신경써야 할 것이다. 이 점만 주의한다면 금전운은 양호한 편이다. 이 달 운은 스스로 노력하는 수고로움이 있어야 한다.
8 월	적으면 적은 대로 많은 대로 만족을 느껴야 할 징조이다. 혹여 투기성 있는 업종(주식투자, 어음할인)에 손을 대거나 보증을 서게 되면 큰 손해를 보게 될 운세이니 자중자애해야 할 것이다. 이 달 운은 노력해서 안 되는 일이라 판단되면 빠르게 포기하는 것이 이롭다.
9 월	당신이 하는 일이 겉보기에만 화려해 보이고 소문은 크게 났어도 실속이 없으니 마음이 초조할 징조이다. 또한 불필요한 지출이 많을 징조이며 먼 여행을 떠나면 사고가 날 징조이니 떠나지 않는 것이 좋으리라. 특히 건강관리에 힘써야 할 것이다.
10 월	남쪽 방향의 먼 여행은 사고가 날 징조이니 떠나지 않는 것이 좋으며 사람을 잘 못 사귀면 관재수에 휘말릴 징조이니 각별히 조심을 해야 할 것이다 이 점만 주의한다면 금전운은 양호한 편이 될 것이다. 특히 시험 · 면접 · 맞선 · 취직 등이 좋은 달이다.
11 월	당신이 원하는 소망 중에서 한 가지는 반드시 이룰 수 있는 운세이다. 매사가 순조롭게 진행되니 현재의 상황을 소중하게 생각하고 좀 더 적극적으로 노력을 아끼지 말고 분발한다면 행운을 잡을 수 있는 달이다. 다만 술 냄새만 맡았어도 차 운전하지 말라.
12 월	재물의 손실이 있을 징조이니 보증을 서거나 금전거래 · 동업 · 어음할인 · 주식투자 등을 하지 말라. 또한 친목회, 동창회 어떤 모임에 참석하여 친한 사람과 다툼이 있을 징조이니 각별히 말조심을 해야 할 것이다. 이 달 운은 양보하는 마음이 필요한 달이다.

332

괘

離之大有　상

북망산하(北邙山下)
신건모옥(新建茅屋)

북망산 아래에 새로 띠집을
세운 형상이다.

해설	재물운은 있으나 얻는 것보다 잃는 것이 많으니 고수익·이자·배당금을 준다는 말에 현혹되지 말라. 또한 실물수가 있으니 지갑이나 귀중품 단속에 각별히 신경을 써야 할 것이다. 특히 망신수와 관재수가 있으니 이성문제에 각별히 조심해야 하며 먼 여행을 삼가하고 각별히 술조심을 해야 할것이다.
금년의 운세	건강운은 좋은 편이 아니니, 정기적으로 의사의 진찰을 받는 것이 좋으리라. 시험운은 수면 부족 또는 과음, 과식으로 인하여 탈이 생겨 능력 발휘가 안 될 우려가 있으니, 각별히 유의하라. 직장인은 자리를 옮기게 될 운세다. 취직운은 좋은 편이다. 다만, 승진은 기대하지 말라.
1월	사람을 잘못 사귀면 관재수에 휘말릴 징조이니 각별히 조심을 해야 할 것이다. 또한 흉허물 없는 사이에 사소한 일로 다툼이 일어나 결별할 징조이니 지나친 농담을 삼가하고 자존심 상하게 하는 말을 하지 말라. 특히 이 달은 재물운이 좋으며 횡재수도 있다.
2월	친한 사람 또는 소개받은 사람에게 사기를 당하거나 배신을 당할 징조이니 당신의 속마음을 함부로 말하지 말고 보증을 서거나 금전거래를 하지 말라. 재물은 들어온다 해도 곧 나가는 운세이다. 이 달 운은 일을 벌이지 말고 수습하는 방향으로 진행하면 좋으리라.
3월	몸과 마음이 바쁘고 하는 일은 많으나 실속이 없으며 지출이 많을 징조이다. 또한 병원을 출입할 징조이니 과음·과식을 삼가하고 각별히 건강관리에 신경을 써야 할 것이다. 이 달 운은 자존심을 살리기 위해서 과소비를 하면 후유증이 오래 갈 것이다.
4월	매사가 힘들고 어려워도 끈기 있게 밀고 나간다면 뜻밖에 당신을 도와주는 귀인을 만나 막혔던 일들이 풀려 나갈 징조이다. 다만 생각지 않은 지출이 많을 징조이며 특히 충돌수가 있으니 술조심하라. 이 달 운은 솔직한 모습을 보여 주는 것이 좋은 결과를 가져온다.

5 월	당신은 남들보다 노력을 많이 하는 편이지만 운세가 막혀 있어 하고자 하는 일에 상당한 애로와 번민이 따를 징조이다. 또한 가정에 우환이 있거나 본인이 병원을 출입할 징조이니 과음, 과식을 삼가하고 각별히 건강관리에 신경을 써야 할 것이다.
6 월	마무리하지 못한 일들 때문에 근심과 걱정이 많고 초조할 징조이다. 또한 흉허물 없는 사이에 사소한 일로 다툼이 일어나 결별할 징조이니 각별히 말조심을 해야 할 것이다. 이 달 운은 고수익 · 이자 · 배당금을 준다는 말에 현혹되지 말라. 재산만 날린다.
7 월	친한 사람에게 사기를 당할 징조이니 금전거래 보증 · 동업 · 어음할인 · 계조직 등을 하지 말라. 또한 먼 여행은 사고가 날 징조이니 떠나지 않는 것이 좋으리라. 이 달 운은 생활을 절제할 수 없다면 심각한 상황이 올 수도 있다. 의지와 끈기가 매우 필요하다.
8 월	남 모르는 괴로움이 있어 심신이 피곤하고 도와주는 사람이 없으니 외롭고 고독한 운세이다. 또한 친척, 친구 또는 형제지간에 사소한 일로 다툼이 일어나 결별할 징조이니 조금씩 양보하고 이해하는 아량을 베풀어야 할 것이다.
9 월	남쪽이나 북쪽 방향의 먼 여행은 사고가 날 징조이니 떠나지 않는 것이 좋으며 관재수와 충돌수가 있으니 각별히 차조심 말조심을 해야 할 것이다. 이 점만 주의한다면 금전운은 양호한 편이 될 것이다. 특히 이사를 하지 말라. 액운이 있으므로….
10 월	사람을 잘 못 사귀면 관재수에 휘말릴 징조이니 각별히 조심을 해야 할 것이다. 또한 친한 사람이 당신에게 돈 좀 빌려 달라는 요청을 받게 될 징조이다. 결과가 좋지 않을 운세이니 기분 상하지 않게 거절하는 것이 좋으리라. 특히 남쪽이나 북쪽 방향으로 먼 여행을 하지 말라.
11 월	동쪽이나 남쪽 방향의 먼 여행은 사고가 날 징조이니 떠나지 않는 것이 좋으리라. 또한 동업을 하거나 주식투자 · 어음할인 · 보증 · 낙찰계 등에 손대지 말라. 큰 손해를 보게 될 운세이므로…. 이 달 운은 돈약속은 하지 말라. 지켜지기가 어렵다.
12 월	매사가 힘들고 애로 사항이 많아 정신적으로나 육체적으로 피곤할 징조이다. 또한 생각지 않은 지출이 많을 징조이며 가정에 우환이 있거나 본인이 병원을 출입할 징조이나 각별히 건강관리에 신경을 써야 할 것이다. 이 달 운은 과거를 잊어버리고 현실에 충실해야 액운을 면하리라.

333

離之噬嗑 ^상 괘

사호남산(射虎南山)
연관오중(連貫五中)

남산에서 호랑이를 향해 화살을
쏘니 연이어 다섯 번을 맞춘
형상이다.

해설	운수가 대통하니 매사가 순조롭게 진행되고 안 될 것이라고 생각한 일도 풀려 나갈 징조이다. 또한 가정에 경사가 있거나 문서로 인한 횡재수가 있을 운세이다. 다만 망신수와 관재수가 있으니 이성문제를 조심하고 각별히 차조심하라. 특히 먼 여행은 사고가 날 징조이니 떠나지 말라.
금년의 운세	건강운은 좋은 편이다. 다만 환절기에 감기, 몸살로 고생할 징조이다. 시험운은 상반기는 좋지 않다. 그러나 하반기는 매우 좋으며, 취직운은 원하는 직장을 얻게 된다. 직장운은 승진이 있을 운세이다. 재물운은 양호하다.
1 월	노력한 만큼의 대가는 얻을 수 있으나 생각지 않은 지출이 많을 징조이며 하는 일마다 어려움이 따르고 애로 사항이 많을 운세이다. 특히 실물수가 있으니 지갑이나 귀중품 단속에 각별히 신경을 써야 할 것이다. 이 달은 취직운이 좋으리라.
2 월	매사가 힘들고 어려워도 실망하지 말고 끈기 있게 밀고 나간다면 중순에서 하순 사이에 당신을 도와주는 귀인을 만나 막혔던 일들이 풀려 나갈 운세이다. 또한 기다리던 곳에서 반가운 소식이 올 징조이다. 다만 술조심하라. 특히 대박을 노리지 말라. 재산만 날린다.
3 월	당신을 위해서라면 간도 빼 줄 것처럼 행동하던 사람이 하루 아침에 배신을 할 징조이니 당신의 약점이나 속마음을 함부로 말하지 말라. 또한 망신수가 있으니 오해를 받는 일을 삼가고 각별히 몸가짐에 주의하라. 이 달 운은 경제적으로 문제가 있으나 마무리는 잘 될 징조이다.
4 월	먼 여행은 사고가 날 징조이니 떠나지 않는 것이 좋으며 손재수가 있으니 보증을 서거나 금전거래 · 주식투자 · 어음할인 · 낙찰계 등에 손대지 말라. 이 점만 주의한다면 재물운은 양호한 편이 될 것이다. 이 달 운은 동업은 깨어지기 쉽고 가까운 사람과는 다툴 수도 있다.

5월	운수가 대통하니 매사가 순조롭게 진행되고 안 될 것이라고 생각한 일들도 풀려 나갈 징조이다. 또한 가정에 경사가 있거나 문서로 인한 횡재수가 따르는 운세이다. 이 달 운은 자신 외에는 할 수 없다는 자만심을 버리면 만사가 형통하리라.
6월	매사가 순조롭게 진행되고 추첨에 당첨되거나 생각지 않은 곳에서 재물이 들어올 운세이다. 또한 오랫동안 만나지 못했던 친척이나 친구 또는 형제를 만나게 될 징조이다. 이달 운은 현실에 감사하고 살면 천국이요, 불평하고 살면 지옥이다.
7월	당신이 하는 일이 겉보기에는 화려해 보이고 소문은 크게 났어도 실속이 없으며 생각지 않은 지출이 많을 징조이다. 재물은 들어온다 해도 곧 나가는 운세이다. 또한 망신수가 있으니 이성문제에 각별히 조심을 해야 할 것이다. 특히 건강관리에 신경 써야 할 것이다.
8월	기쁨과 슬픔이 반반씩 섞여 있는 운세이다. 당신이 믿고 의지하던 사람이 당신 곁을 떠나게 될 징조이며 몸과 마음이 산란하고 일손이 잘 잡히지 않는 달이다. 이 달 운은 마음의 갈등을 잘 극복해야 한다. 또한 환경 변화에 적응하기 위한 노력이 필요하다.
9월	친한 사람 또는 소개받은 사람에게 사기를 당하거나 배신을 당할 징조이니 당신의 속마음을 함부로 말하지 말고 보증을 서거나 금전거래를 하지 말라. 또한 손재수가 있으니 주식투자나 도박을 하지 말라. 이달 운은 생각은 많은데 실천이 어려운 달이다.
10월	사람을 잘 못 사귀면 관재수에 휘말릴 징조이니 각별히 조심을 해야 할 것이다. 또한 송사수가 있으니 문서 계약에 도장 찍는 일은 다음 기회로 미뤄야 할 것이다. 이 달 운은 사람 각자마다 판단의 기준이 다를 수 있음을 인정해야 할 것이다.
11월	운수가 대통하니 당신이 원하는 소망 중에서 한 가지는 반드시 이룰 수 있는 운세이다. 또한 매사가 순조롭게 진행되고 남쪽이나 북쪽 방향에서 재물이 들어올 운세이다. 다만 다툼수가 있으니 각별히 말조심을 해야 할 것이다. 이 달 운은 약속은 꼭 지켜야 한다.
12월	잘 되어 가던 일들이 꼬일 징조이니 계획을 크게 잡지 말고 축소하는 것이 좋으리라. 또한 가정에 우환이 있거나 본인이 망신수가 있으니 이성문제에 각별히 조심을 해야 할 것이다. 특히 술조심·말조심을 하라. 이 달 운은 양보도 좋지만 관계를 재정비해야 할 때이다.

341

噬嗑 之 晋 [상]

[괘]

만리장정(萬里長程)
거거고산(去去高山)

만 리나 되는 먼 길을 가는데
가면 갈수록 높은 산이 가로막고
서 있는 형상이다.

해설	재물운은 있으나 얻는 것보다 잃는 것이 많으며 잘 되어 가던 일들이 꼬일 징조이니 계획을 크게 잡지 말고 축소하는 것이 좋으리라. 금년의 운수는 이동수가 있으니 이사를 하는 것도 좋으리라. 다만 관재수와 송사수가 있으니 보증을 서거나 금전거래를 하지 말라.
금년의 운세	건강은 위장병이나, 간장 질환으로 고생할 우려가 있으니, 과음, 과식을 삼가하고, 정기적으로 의사의 진찰을 받는 것이 좋으리라. 시험운은 좋은 점수를 기대하기 어려우며, 취직운은 애간장을 녹인 후에 될 것이다. 직장운은 이동수 또는 자리가 불안하다.
1 월	사귄 사람은 많아도 당신이 어려울 때 도움을 주는 사람이 없으니 심신이 피곤하고 괴로운 운세이다. 분수에 벗어나는 일을 삼가하고 열심히 노력하면 하순경에는 막혔던 일이 풀려 나갈 징조이다. 이 달 운은 자존심을 버리고 적당히 굽힐 줄도 아는 융통성이 필요하다.
2 월	자존심을 내세우면 잘 되어 가던 일들이 복잡하게 꼬일 징조이니 조금씩 양보하고 이해하는 아량을 베풀어야 할 것이다. 이 달은 금전 융통에 큰 어려움은 없으며 막혔던 일들이 중순에서 하순 사이에 풀려 나갈 운세이다. 또한 시험·맞선·취직 등이 대길하다.
3 월	서쪽과 남쪽 방향의 먼 여행은 사고가 날 징조이니 떠나지 않는 것이 좋으며 사람을 잘 못 사귀면 관재수에 휘말릴 징조이니 각별히 조심을 해야 할 것이다. 이 달 운은 고수익·이자·배당금을 준다는 말에 현혹되지 말라. 재산만 날린다.
4 월	몸과 마음이 바쁘고 하는 일은 많으나 수입은 쥐꼬리만큼 들어오니 마음이 심란하고 은근히 짜증이 날 징조이다. 또한 생각지 않은 지출이 많을 징조이며 흉허물 없는 사람과 큰 다툼이 있을 징조이니 각별히 말조심하라. 이 달은 이사하면 좋으리라.

5월	남쪽 방향의 먼 여행은 사고가 날 징조이니 떠나지 않는 것이 좋으며 흥허물 없는 사람과 다툼이 일어나 결별할 징조이니 지나친 농담을 삼가하고 자존심 상하게 하는 말을 자제해야 할 것이다. 이 달 운은 긍정적으로 극복하려는 마음가짐이 중요하다.
6월	초순과 중순에는 매사가 순조롭게 진행되고 막혔던 일들도 풀려 나갈 운세이다. 그러나 하순경에는 잘 되어 가던 일들이 꼬일 징조이니 계획을 크게 잡지 말고 축소하는 것이 좋으리라. 이 달 운은 안 하는 것과 못 하는 것의 차이를 착각하지 말라.
7월	적으면 적은 대로 많으면 많은 대로 현실에 만족을 느껴야 하며 혹여 공연한 욕심을 부려 주식투자를 하거나 도박에 손을 대면 큰 손해를 보게 될 운세이니 자중자애해야 할 것이다. 이 달은 가정사로 부모나 배우자와 의견 충돌이 있겠다.
8월	하고 싶은 일은 많은데 주변 여건이 허락치 않아 매사에 막히는 일이 많을 징조이다. 재물도 얻는 것보다 잃는 것이 많으며 당신이 믿고 의지하던 사람이 당신 곁을 떠나게 될 징조이다. 특히 질병수가 있으니 각별히 건강관리에 신경을 써야 할 것이다.
9월	매사가 잘 될 것 같으면서도 평지풍파가 일어 막히는 현상이 자주 일어날 징조이니 끈기와 인내가 필요하리라. 또한 흥허물 없는 사람과 사소한 일로 다툼이 일어나 결별할 징조이니 각별히 말조심하라. 이 달 운은 술 냄새만 맡았어도 차 운전하지 말라.
10월	매사가 힘들고 어려워도 실망하지 말고 끈기 있게 밀고 나간다면 중순 사이에서 하순 사이에 막혔던 일들이 풀려 나갈 운세이다. 다만 손재수가 있으니 주식투자·낙찰계·보증·동업·금전 거래, 어음할인 등을 하지 말라. 특히 강·조·유·이·최·정·안씨 등을 조심하라.
11월	사람을 잘 못 사귀면 관재수에 휘말릴 징조이니 각별히 조심을 해야 할 것이다. 또한 망신수가 있으니 이성문제에 각별히 조심을 하라. 이 점만 주의한다면 금전운은 좋은 편이며, 매사가 순조롭게 진행될 운세이다. 특히 중순에서 하순 사이에 각별히 차조심, 도둑을 조심하라.
12월	친목회, 동창회, 어떤 모임에 참석하여 사소한 일로 시비가 일어 다툴 징조이니 각별히 입을 무겁게 하라. 큰 재물은 어려워도 작은 재물은 얻으리라. 특히 망신수와 충돌수가 있으니 이성문제에 조심하고 차조심을 해야 할 것이다. 이 달은 한 번은 울고, 한 번은 웃으리라.

342

噬嗑之睽 | 상

괘

연소청춘(年少靑春)
족답홍진(足踏紅塵)

아직 나이 어린 청춘인데 벌써
붉은 것을 밟아 흔적을 남긴
형상이다.

| 해설 | 매사가 순조롭게 진행될 운세이기는 하나 사람을 잘 못 사귀면 큰 손해가 따를 징조이니 각별히 조심을 해야 할 것이다. 금년은 이사를 하거나 직장 또는 사업장을 옮기게 될 운세이다. 특히 송사수와 실물수가 있으니 각별히 조심하라. |

| 금년의 운세 | 건강운은 좋은 편이다. 다만, 몸에 화상을 입을 징조이니. 각별히 주의하라. 시험은 입학·고시·자격시험·취직시험 모두 다 좋다. 직장운은 부수입이 있는 자리로 가게 되거나, 승진이 예상된다. 재물운은 좋으며, 횡재수도 따른다. |

| 1월 | 벼르고 벼르던 일을 시작하게 될 징조이며 엉켰던 실타래가 풀리듯 매사가 순조롭게 진행될 운세이다. 재물은 동쪽이나 남쪽 방향에서 들어올 징조이며 기다리던 곳에서 반가운 소식이 올 징조이다. 이 달 운은 횡재수를 기대하기보다 하나씩 쌓아올린다는 계획을 세워라. |

| 2월 | 당신의 힘으로 목표에 다가설 수 있는 운세이니 아니꼬운 일이 있어도 매사를 참고 견디며 분발한다면 기대 이상의 좋은 결과를 얻게 될 징조이다. 또한 가정에 경사가 있거나 재물이 들어올 운세이다. 이 달 운은 자존심을 버리면 재물이 따른다. |

| 3월 | 서쪽 방향의 먼 여행은 사고가 날 징조이니 떠나지 않는 것이 좋으며 흉허물 없는 사람과 다툼이 있을 징조이니 지나친 농담을 삼가하고 자존심 상하게 하는 말을 자제해야 할 것이다. 이 달 운은 맡겨지는 일이 어렵고 힘들어도 보람은 있다. |

| 4월 | 매사가 순조롭게 진행되고 안 될 것이라고 생각한 일들도 풀려 나갈 징조이다. 다만 손재수가 있으니 보증을 서거나 금전거래·주식투자·낙찰계·어음할인 등을 하지 말라. 이 점만 주의한다면 생각지 않은 곳에서 선물 또는 재물이 들어오리라. |

5 월	당신이 믿고 의지하던 사람이 당신 곁을 떠나게 될 징조이며 송사수가 있으니 사람을 소개해 주거나 보증을 서지 말라. 또한 눈에 거슬리고 아니꼬운 일이 있어도 참고 또 참아야 하느니라. 이 달 운은 능력의 한계를 인정하면 마음이 편해지리라.
6 월	남의 말을 듣고 무작정 일을 벌이거나 투자를 하게 되면 큰 손해가 따를 징조이니 자중자애해야 할 것이다. 말하자면 수입을 늘리려고 애쓰지 말고 불필요한 지출을 줄여야 할 것이다. 이 달 운은 직접 일을 주도하는 것보다는 뒤에서 도와주는 게 좋으리라.
7 월	남쪽 방향의 먼 여행은 사고가 날 징조이니 떠나지 않는 것이 좋으리라. 또한 사람을 잘 못 사귀면 관재수에 휘말릴 징조이니 각별히 조심을 해야 할 것이다. 재물은 들어온다 해도 곧 나가는 운세이다. 특히 과음하지 말라. 그 동안의 노력이 물거품이 된다.
8 월	오랫동안 만나지 못했던 친척이나 친구 또는 형제, 자매를 만나게 될 운세이다. 다만 사소한 일로 다툼이 일어날 징조이니 지나친 농담을 삼가고 상대방에게 자존심을 상하게 하는 말을 자제해야 할 것이다. 이 달은 생각지 않은 지출이 많으리라.
9 월	운수가 대통하니 매사가 순조롭게 진행되고 안될 것이라고 생각한 일들도 풀려 나갈 징조이다. 다만 하순경에는 잘 되어 가던 일들이 꼬일 징조이니 계획을 크게 잡지 말고 축소하는 것이 좋으리라. 특히 구설수가 있으니 남의 말을 하지도 말고 믿지도 말라.
10 월	친한 사람의 달콤한 유혹에 넘어가 사기를 당하거나 배신을 당할 징조이니 당신의 속마음을 함부로 말하지 말고 금전거래 또는 보증을 서지 말라. 이 점만 주의한다면 매사가 순조롭게 진행되고 막혔던 일들도 풀려 나갈 운세이다.
11 월	친척이나 친구 또는 주변에 잘 아는 사람이 당신에게 거시기에 투자하면 떼돈을 벌 수 있다는 유혹을 하거나 돈 좀 빌려 달라는 요청을 하게 될 징조이다. 그러나 투자를 하게 되면 큰 손해를 보게 되며 금전거래를 해도 결과가 좋지 않으리라.
12 월	이익을 추구하려다 오히려 본전까지 날릴 징조이니 투기성 있는 업종(주식투자, 도박) 등에 절대 손대지 말라. 또한 충돌수가 있으니 차조심, 화액수가 있으니 불조심하라. 이 달은 좋은 일보다 나쁜 일이 많으니 매사 조심을 하라.

343

‖ ‖ ‖ ‖ [괘]

噬嗑之離 [상]

갈룡득수(渴龍得水)
재수형통(財數亨通)

목마른 용이 물을 얻어 마셨으니
무궁한 조화를 부리는 형상이다.

해설	매사가 힘들고 어려워도 실망하지 말고 끈기 있게 밀고 나간다면 좋은 결과를 얻게 될 운세이다. 다만 분수에 벗어나는 일을 삼가하고 보증을 서지 말라. 금년의 운수는 재물은 얻을 수 있으나 관재수가 있으니 각별히 조심을 하라. 특히 이성문제에 각별히 조심을 해야 할 것이다.
금년의 운세	건강은 과로로 인하여 질병을 얻게 될 우려가 있으니, 원기 회복에 힘써야 할 것이다. 시험운은 좋은 결과를 얻게 될 징조이며 취직운은 원하는 직장을 얻게 된다. 직장운은 이동수 또는 승진이 예상된다. 재물운은 기대 이상의 수입이 생긴다.
1월	사람을 잘 못 사귀면 관재수에 휘말릴 징조이니 각별히 조심을 해야 할 것이다. 또한 흉허물 없는 사람과 사소한 일로 다툼이 일어나 결별할 징조이니 지나친 농담을 삼가하고 상대방에게 자존심을 상하게 하는 말을 자제하라. 이 달은 시험운이 좋은 달이다.
2월	당신이 믿고 의지하던 사람이 당신 곁을 떠나게 될 징조이며 병원을 출입할 징조이니 과음, 과식을 삼가하고 각별히 건강관리에 신경을 써야 할 것이다. 이 달은 초순 중순에는 막히는 일이 많으며 하순경에 매사가 순조롭게 진행될 운세이다.
3월	당신이 하는 일이 겉보기에만 화려해 보이고 실속이 없으니 마음이 초조하고 답답할 징조이다. 재물은 들어온다 해도 곧 나가는 운세이며 생각지 않은 지출이 많을 징조이다. 특히 망신수가 있으니 바람피우지 말라. 이 달은 취직운, 이사운이 좋은 달이다.
4월	매사가 힘들고 어려워도 실망하지 말고 계속 밀고 나간다면 중순에서 하순 사이에 막혔던 일이 풀려 나갈 징조이다. 또한 남쪽이나 동쪽 방향에서 재물이 들어올 운세이다. 이 달 운은 인연은 가까운 곳에 있다. 멀리서 찾지 말라.

5 월	당신을 위해서라면 간도 빼 줄 것처럼 행동하던 사람이 하루 아침에 배신을 할 징조이니 당신의 속마음을 함부로 말하지 말라. 또한 충돌수가 있으니 각별히 차조심을 해야 할 것이다. 이 달 운은 식구가 한 사람 늘거나 줄거나 둘 중의 하나다.
6 월	먼 여행은 사고가 날 징조이니 떠나지 않는 것이 좋으리라. 또한 병원을 출입할 징조이니 과음, 과식을 삼가하고 각별히 건강관리에 힘써야 할 것이다. 이 달 운은 사랑한다면 당당하게 사랑한다고 말하는 것이 좋으리라. 특히 한 번은 울고, 한 번은 웃으리라.
7 월	친한 사람 또는 소개받은 사람의 달콤한 유혹에 넘어가 사기를 당할 징조이니 금전거래를 하거나 보증을 서지 말라. 또한 손재수가 있으니 주식투자 또는 도박에 손대지 말라. 이 점만 주의한다면 금전운은 양호한 편이다.
8 월	하고 싶은 일은 많은데 주변 여건이 허락치 않아 매사에 막히는 일이 많으며 자금 문제로 어려움을 겪게 될 운세이다. 또한 머무는 곳에서 이동 변수가 있을 징조이다. 이 달 운은 시간이 지나야 당신에게 유리한 상황이 될 것이다.
9 월	얻는 것보다 잃는 것이 많으며 동분서주 바쁘게 뛰어 보지만 몸과 마음이 피곤하고 알아주는 사람이 없는 운세이다. 하지만 조금만 더 끈기 있게 열심히 밀고 나간다면 하순경에는 막혔던 일들이 풀려 나갈 징조이다. 금전운도 좋으리라.
10 월	말과 행동이 일치하지 않을 징조이니 누구에게나 중요한 약속 또는 계획을 호언장담하지 않는 것이 좋으리라. 또한 송사수가 있으니 보증을 서는 일이나 문서에 도장 찍는 일은 자중자애해야 할 것이다. 다만, 이사 또는 여행은 대길하다.
11 월	매사가 순조롭게 진행되고 안 될 것이라고 생각했던 일들도 풀려 나갈 징조이다. 다만 구설수가 있으니 당신의 가정일이나 본인의 애로 사항을 남들에게 함부로 말하지 말라. 말하는 것마다 구설이 되어 당신의 심기를 불편하게 할 징조이다.
12 월	남쪽이나 서쪽 방향에서 재물이 들어올 운세이며 꾀하는 일들이 순조롭게 진행될 운세이다. 또한 얽히고 설켰던 일들이 하나씩 정리되면서 심신의 안정을 찾게 될 징조이다. 이 달은 세상의 변화에 따라서 당신도 현실에 맞게 변해야 한다.

131

351

괘

鼎之大有 **상**

미가규녀(未嫁閨女)
농주부당(弄珠不當)

아직 결혼을 하지 않은 처녀가
구슬을 희롱하는 형상이다.

해설	새로운 일을 시작하거나 확장 또는 직업 변동을 하게 되면 얻는 것보다 잃는 것이 많으니 자중자애해야 할 것이다. 또한 손재수가 있으니 고수익·이자·배당금을 준다는 말에 현혹되지 말라. 재산만 날린다. 금년의 운수는 좋은 일보다 나쁜 일이 많으니 매사 조심해야 할 것이다.

금년의 운세	건강운은 정신적 스트레스를 많이 받게 될 징조이다. 특히 환절기에 무리하지 말라. 시험운은 좋은 편이 아니니 많은 노력이 필요하며, 입학은 눈높이를 조금 낮춰야 하며, 취직운은 어려움이 없다. 직장운은 자리를 옮길 징조이며 승진은 아직 때가 아니다. 재물운은 사기를 당할 징조이니 각별히 조심하라.

1 월	당신의 능력이나 인격을 알아주는 사람이 없으니 마음이 심란하고 초조할 징조이다. 또한 들어오는 재물보다 나가는 재물이 많으며 계획했던 일들이 연기 또는 취소될 징조이니 끈기와 인내가 필요하다. 다만 취직운이 좋은 달이다.

2 월	매사가 힘들고 애로 사항이 많아 정신적으로 피곤할 징조이다. 돈벼락이나 맞았으면 좋겠다는 생각이 간절한 달이다. 특히 사람을 잘 못 사귀면 관재수에 휘말릴 징조이니 각별히 조심해야 할 것이다. 특히 금성(金姓)을 조심하라.

3 월	흉허물 없는 사람과 사소한 일로 다툼이 일어나 결별할 징조이니 지나친 농담이나 자존심 상하게 하는 말을 삼가해야 할 것이다. 재물은 들어온다 해도 곧 나가는 운세이다. 이 달 운은 생활필수품은 돈이요 삶의 필수품은 신뢰라는 생각으로 생활해야 할 것이다.

4 월	재물의 손실이 있을 징조이니 보증을 서거나 금전거래·동업·어음할인·주식투자·낙찰계 등에 손대지 말라. 또한 친목회, 동창회 또는 어떤 모임에 참석하여 친한 사람과 다툼이 있을 징조이니 각별히 말조심하라. 이 달 운은 적당히 굽힐 줄도 아는 융통성이 필요하다.

5 월	매사가 잘 되어 가는 듯하다가도 막히는 현상이 자주 일어날 징조이다. 또한 당신의 마음속에 두 가지 목적이 있어서 그 어느 쪽을 택할 것인가에 고민할 징조이다. 이 달 운은 상대의 변덕이 마음에 들지 않더라도 끈기 있게 기다리면 좋은 결과를 얻게 된다.
6 월	하는 일이 힘들고 어려워도 실망하지 말고 끈기 있게 밀고 나간다면 중순에서 하순 사이에 막혔던 일들이 잘 풀려 나갈 운세이다. 재물은 애써 구하지 않아도 저절로 들어오게 될 것이다. 다만 소문 듣고 자신이 보지 않은 일을 본 듯이 행동에 옮기지 말라. 반드시 화근이 생기리라.
7 월	가정에 우환이 생기거나 본인이 병원을 출입할 징조이니 과음, 과식을 삼가하고 각별히 건강관리에 신경을 써야 할 것이다. 또한 흉허물 없는 사람과 사소한 일로 다툼이 일어나 결별할 징조이니 조금씩 양보하고 이해하며 말조심하라.
8 월	사람을 잘 못 사귀면 관재수에 휘말릴 징조이니 각별히 조심을 해야 할 것이다. 또한 망신수가 있으니 이성문제에 각별히 조심을 하라. 특히 실물수가 있으니 지갑이나 귀중품 단속에 신경을 써야 할 것이다. 이 달 운은 일을 벌이지 말고 수습하는 방향으로 신경 써야 한다.
9 월	몸과 마음이 바쁘고 하는 일은 많으나 실속이 없으니 마음이 심란하고 초조할 징조이다. 또한 가정에 우환이 생기거나 머무는 곳에서 이동, 변동이 있을 운세이다. 특히 병원을 출입할 징조이니 각별히 건강관리에 신경을 써야 할 것이다.
10 월	당신이 믿고 의지하던 사람이 당신 곁을 떠나게 될 징조이다. 또한 충돌수가 있으니 각별히 차조심을 해야 할 것이다. 재물은 애써 구하지 않아도 저절로 들어올 운세이다. 이 달 운은 힘들어도 인내하고 참아 내면 좋은 결실을 얻는다.
11 월	친척이나 친구 또는 주변에 잘 아는 사람이 당신에게 거시기에 투자하면 떼돈을 벌 수 있다는 달콤한 유혹을 하거나 돈 좀 빌려 달라는 요청을 받게 될 징조이다. 그러나 투자를 하게되면 큰 손해를 보게 되며 돈을 빌려 준다 해도 결과가 좋지 않다.
12 월	운수가 대통하니 매사가 순조롭게 진행되고 재물은 애써 구하지 않아도 저절로 들어올 운세이다. 또한 기다리던 곳에서 반가운 소식이 올 징조이다. 다만 동쪽이나 남쪽 방향은 사고가 날 징조이니 떠나지 말라. 이 달은 어려움을 피하지 말고 정면 돌파해야 한다.

352

≡≡ ≡≡ 괘

鼎之旅 상

청룡조천(靑龍朝天)
운행우시(雲行雨施)

청룡이 하늘에 오르니 구름이
요동하고 비가 오는 형상이다.

해설	운수가 대통하니 매사가 순조롭게 진행되고 안 될 것이라고 생각한 일도 풀려나갈 징조이다. 또한 가정에 경사가 있거나 문서로 인한 횡재수가 있을 운세이다. 다만 구설수가 따를 징조이며 병원을 출입할 징조이니 각별히 건강관리에 신경을 써야 할 것이다.

금년의 운세	시험운은 노력한 결과를 얻게 되며 취직운은 원하는 직장을 얻게 된다. 직장운은 부수입이 따르는 부서로 가게 되거나, 승진이 있을 징조이다. 재물운은 좋은 편이니 기대 이상의 수입이 따른다.
1월	매사가 힘들고 어려워도 용기를 잃지 말고 끈기 있게 밀고 나간다면 막혔던 일들이 풀려 나갈 징조이며 재물도, 명예도 얻게 될 운세이다. 또한 오랫동안 만나지 못했던 친척이나 친구가 찾아오거나 전화 연락이 올 징조이다. 다만 대박을 노리지 말라. 재산 만 날린다.
2월	꿈자리도 뒤숭숭하고 잘 되어 가던 일들이 꼬일 징조이니 계획을 크게 잡지 말고 축소하는 것이 좋으리라. 또한 예상 외로 지출이 많을 징조이며 실물수와 충돌수가 있으니 귀중품 단속에 신경 쓰고 돈 약속은 하지 말라. 지켜지기가 어렵다.
3월	당신이 하는 일이 겉보기에만 화려해 보이고 실속이 없으니 마음이 심란하고 초조할 징조이다. 재물은 들어온다 해도 곧 나가는 운세이다. 특히 남을 믿고 진행하는 일이라면 절대로 확신하지 말라. 이 달 운은 긁어 부스럼 만들지 말고 내일을 도모하라.
4월	운수가 대통하니 매사가 순조롭게 진행되고 안 될 것이라고 생각한 일도 풀려 나갈 징조이며 가정에 경사가 있거나 문서로 인한 횡재수가 있을 운세이다. 이사를 하려고 마음을 먹었으면 하시라. 좋은 일이 있을 징조이다.

5 월	친척이나 친구 또는 주변에 잘 아는 사람이 당신에게 거시기에 투자하면 떼돈을 벌 수 있다는 유혹을 하거나 돈 좀 빌려 달라는 요청을 받게 될 징조이다. 손재수가 있으니 투자하지 말라. 또한 금전거래를 하면 결과가 좋지 않으니 거절하라.
6 월	매사가 힘들고 애로 사항이 많아 정신적으로 피곤할 징조이다. 돈벼락이나 맞았으면 좋겠다는 생각이 간절한 달이다. 또한 사람을 잘 못 사귀면 관재수에 휘말릴 징조이니 각별히 조심을 해야 할 것이다. 이 달 운은 분수를 지켜야 작은 행운이라도 얻을 수 있다.
7 월	초순 중순에는 매사에 막히는 일이 많겠으나 하순경에는 막혔던 일들이 풀려 나갈 운세이다. 또한 문서로 인한 횡재수가 있을 징조이며 추첨운이 대길하니 주택청약예금을 들어 놓았다면 신청 접수를 해 보시라. 좋은 결과가 있을 운이다.
8 월	친목회, 동창회 또는 어떤 모임에 참석여 생각지 않은 애인을 소개받을 징조이다. 그러나 망신수와 관재수가 있으니 각별히 몸가짐에 주의해야 할 것이다. 또한 수액수와 화액수가 있으니 물조심, 불조심하라. 이 달은 책임지겠다는 무책임한 말로 일을 저지를 수 있으니 신중하라.
9 월	주어진 여건에서 좀 더 적극적으로 노력을 아끼지 말고 분발한다면 막혔던 일들이 잘 풀려 나갈 징조이다. 재물은 애써 구하지 않아도 저절로 들어올 운세이다. 이 달 운은 횡재수를 기대하기보다 하나씩 쌓아올린다는 계획을 세워라.
10 월	당신이 하고 있는 일에 색다른 변화가 있을 징조이며 그 변화로 인해 몸과 마음이 바쁠 징조이다. 금전 융통에 큰 어려움은 없으나 사람을 잘 못 사귀면 관재수에 휘말릴 징조이니 각별히 조심을 해야 할 것이다. 다만 이사 · 여행 · 시험 · 취직 · 맞선 등은 대길하다.
11 월	재물이 늘어날 운세이며 하고 있는 일도 순조롭게 진행될 징조이다. 또한 머무는 곳에서 이동, 변동할 징조이다. 다만 병원을 출입할 징조이니 과음, 과식을 삼가하고 각별히 건강관리에 신경 써야 할 운세이다. 이 달 운은 평소 아끼던 물건을 잃어버리기 쉬우나 조심하라.
12 월	손재수가 있으니 투기성 있는 업종(주식투자 · 낙찰계)에 손대지 말라. 또한 구설수가 있으니 남의 말을 하지도 말고 믿지도 말라. 이 점만 주의한다면 재물운은 양호한 편이다. 이 달 운은 잘못을 인정하면 회복이 빨라지고 도움을 받는다.

353

괘

鼎之末濟 상

심야유몽(深夜有夢)
여인입회(女人入懷)

깊은 밤 꿈 속에서 여인의 품에
안겨 있는 형상이다.

해설	사람을 잘 못 사귀면 관재수에 휘말릴 징조이니 각별히 조심해야 할 것이다. 또한 병원을 출입할 징조이니 건강관리에 신경 써야 한다. 이 점만 주의한다면 큰 재물은 어려워도 작은 재물은 얻으리라. 금년의 운수는 머무는 곳에서 이동, 변동할 운세이다.
금년의 운세	건강은 가벼운 질환이라도 합병증이 생길 우려가 있으니, 조금만 이상이 있더라도 서둘러 병원을 찾아야 할 것이다. 시험운은 경쟁률이 낮은 곳에 응시하라. 취직은 실력에 맞는 곳이면 가능하다. 직장운은 있는 자리가 불안하다. 승진은 아직 때가 이르다.
1월	주변 사람들의 눈을 지나치게 의식해서 욕심을 부리기보다는 한 가지 목표를 분명하게 정해서 끈기 있게 밀고 나가는 자세가 필요하리라. 이 달 운은 사기는 아는 사람한테 당하는 법. 아는 사람이 거시기에 투자하면 떼돈을 벌 수 있다는 말에 현혹되지 말라. 재산만 날린다.
2월	쓸 곳은 많은데 수입은 쥐꼬리만큼 들어오니 마음이 심란하고 초조할 징조이다. 또한 관재, 구설수가 있으니 눈에 거슬리고 화가 나는 일이 있어도 참고 또 참아야 하느니라. 그러다 보면 하순경에 좋은 일이 있으리라. 이 달은 직장 또는 집을 옮기게 될 징조이다.
3월	사람을 잘 못 사귀면 관재수에 휘말릴 징조이니 각별히 조심을 해야 할 것이다. 또한 당신의 가정일을 남들에게 함부로 말하지 말라. 말하는 것마다 구설이 되어 당신의 심기를 불편하게 할 징조이다. 이 달 운은 안 하는 것과 못 하는 것의 차이를 착각하지 말라.
4월	운수가 대통하니 매사가 순조롭게 진행되고 안 될 것이라고 생각한 일도 풀려 나갈 징조이다. 재물은 애써 구하지 않아도 저절로 들어올 운세다. 다만 고수익 · 이자 · 배당금을 준다는 말에 현혹되지 말라. 재산만 날린다.

5월	친척이나 친구 또는 주변에 잘 아는 사람이 당신에게 거시기에 투자하면 떼돈을 벌 수 있다는 유혹을 하거나 돈 좀 빌려 달라는 요청을 받게 될 징조이다. 큰 손해를 보게 될 징조이니 투자하지 말라. 이 달 운은 해서는 안 될 말을 해서 곤경에 처하게 될 징조이다.
6월	가정에 우환이 있거나 당신이 병원을 출입할 징조이니 과음, 과식을 삼가하고 각별히 건강관리에 신경을 써야 할 것이다. 또한 재물을 잃을 징조이니 동업 · 금전거래 · 보증 · 주식투자 · 어음 할인 · 낙찰계 등에 손대지 말라. 특히 문서계약 또는 이사를 하지 말라.
7월	구설수가 있으니 당신의 가정일을 남들에게 함부로 말하지 말라. 말하는 것마다 구설이 되어 당신의 심기를 불편하게 할 징조이다. 또한 잘 되어 가던 일들이 막힐 징조이니 계획을 크게 잡지 말고 축소하는 것이 좋으리라. 이 달 운은 실수와 실패를 혼동하지 말라.
8월	운수가 대통하니 매사가 순조롭게 진행되고 안 될 것이라고 생각한 일들도 풀려 나갈 징조이다. 또한 문서로 인한 횡재수가 있거나 가정에 경사가 있을 징조이다. 다만 충돌수가 있으니 각별히 차조심을 해야 할 것이다. 이 달은 시작이 반. 매사를 적극적으로 하라.
9월	매사가 힘들고 어려워도 실망하지 말고 끈기 있게 밀고 나간다면 중순에서 하순 사이에 막혔던 일들이 풀려 나갈 징조이다. 재물은 남쪽이나 북쪽 방향에서 들어올 운세이다. 이 달 운은 가정사로 배우자 또는 부모님과 의견 충돌이 있겠다.
10월	한 가지 문제가 해결되면 또 한 가지 문제가 터져나와 마음이 심란하고 초조할 징조이다. 이 달은 매사가 막히는 일이 많으니 끈기와 인내가 필요하며 침착하게 대비하는 마음의 준비가 필요하다. 이 달 운은 평소 아끼던 물건을 잃어버리기 쉬우니 조심하라.
11월	좋은 일과 나쁜 일이 희비가 엇갈린 가운데 성공과 실패가 반복되어 갈등이 많으며 당신의 남 모를 근심과 고민을 누구에게 하소연조차 할 수 없으니 참으로 안타까운 달이다. 그런 가운데서도 중순에서 하순 사이에 좋은 일이 있을 징조이다.
12월	남쪽이나 북쪽 방향에서 재물이 들어올 운세이다. 또한 매사가 순조롭게 진행되고 안 될 것이라고 생각한 일들도 풀려 나갈 운세이다. 다만 손재수와 관재수가 있으니 주식투자, 금전거래를 하지 말라. 이 달 운은 자기 전문 분야에 최선을 다하는 것이 좋으리라.

361

괘

未濟之睽 상

교토기사(狡兎既死)
주구하팽(走狗何烹)

간사한 토끼가 이미 죽었는데
어찌 달리는 개를 삶을 것인가.

해설	세워 놓은 계획은 많아도 실천에 옮기는 데에는 어려움이 많이 따르고 훼방을 놓는 사람이 많으리라. 또한 작은 재물은 얻을 수 있으나 지출이 많을 징조이며 망신수가 있으니 이성문제에 각별히 조심을 해야 할 것이다. 특히 횡액수가 있으니 먼 여행을 삼가고 각별히 차조심을 해야 할 것이다.
금년의 운세	건강은 교통사고를 주의하라. 시험운은 좀 더 실력을 쌓은 다음 기회를 노리는 것이 좋으며, 취직운은 사기를 당할 징조가 있으니 각별히 조심하라. 직장운은 대인관계에 좀 더 신경을 써야 할 것이다. 승진은 경쟁자가 많아 어렵다.
1 월	쓸 곳은 많은데 수입은 쥐꼬리만큼 들어오니 마음이 심란하고 초조할 징조이다. 또한 흉허물 없는 사람과 사소한 일로 다툼이 일어나 결별할 징조이니 지나친 농담을 삼가고 자존심 상하게 하는 말을 자제해야 할 것이다. 돈을 빌려 주지 말라. 빌려 주면 돈 떼인다.
2 월	새로운 일을 시작하거나 확장 또는 직업 전환을 하게 되면 얻는 것보다 잃는 것이 많으니 자중자애해야 할 것이다. 또한 구설수가 있으니 당신의 가정일을 남들에게 함부로 말하지 말라. 이 달 운은 대충 하겠다는 생각은 버려라. 전문가 수준의 실력이 필요하다.
3 월	매사가 잘 풀리는 듯하다가도 막히는 현상이 자주 일어날 징조이니 끈기와 인내가 필요하리라. 또한 손재수와 송사수가 있으니 주식투자 · 동업 · 금전거래 · 보증 · 어음할인 · 낙찰계 등에 손대지 말라. 이 달 운은 뜬구름 잡을 생각 말고 현실에 충실해야 좋으리라.
4 월	서쪽이나 남쪽 방향의 먼 여행은 사고가 날 징조이니 떠나지 않는 것이 좋으리라. 또한 흉허물 없는 사람과 사소한 일로 큰 다툼이 일어날 징조이니 각별히 말조심하라. 이 달 운은 눈앞의 이익만 추구하지 말라. 한결같은 마음으로 상대를 대하면 좋은 결과를 얻으리라.

5 월	사귄 사람은 많아도 당신이 어려울 때 도움을 주는 사람이 없으니 마음이 심란하고 초조할 징조이다. 그러나 너무 걱정하지 말라. 중순에서 하순 사이에 막혔던 일이 풀리게 되며 재물도 들어오게 될 것이다. 이 달 운은 평소 아끼던 물건을 잃어버리기 쉬우니 조심하라.
6 월	너무 큰 것을 기대하지 말고 작은 것에 만족해야 할 운세이다. 이 달은 망신수가 있으니 이성문제에 각별히 조심을 해야 할 것이다. 또한 초상집을 문상하게 되면 돌아온 후 액운이 있으니 부조금만 보내는 것이 좋으리라. 특히 고수익·이자·배당금을 준다는 말에 현혹되지 말라. 재산만 날린다.
7 월	마무리하지 못한 일을 때문에 근심 걱정이 많고 초조할 징조이다. 또한 흉허물 없는 사람과 사소한 일로 다툼이 일어나 결별할 징조이니 조금씩 양보하고 이해하는 아량을 베풀어야 할 것이다. 이 달 운은 술 냄새만 맡았어도 차 운전하지 말라. 그 동안의 노력이 물거품이 된다.
8 월	기쁨과 슬픔이 반반씩 섞여 있는 운세이다. 즉 당신과 가장 친하게 지내던 사람이 당신 곁을 떠나게 될 징조이며 몸과 마음이 산란하고 일손이 잘 잡히지 않는 달이다. 그런 가운데서도 조그마한 경사가 있을 운세이다. 이 달은 마음의 갈등을 잘 극복해야 결과가 좋으리라.
9 월	사람을 잘 못 사귀면 관재수에 휘말릴 징조이니 각별히 조심을 해야 할 것이다. 또한 당신의 주장을 관철하려는 고집 때문에 흉허물 없는 사람과 다툼이 예상되니 조금씩 양보하고 이해하는 아량을 베풀어야 할 것이다. 이 달 운은 직장 또는 집문제로 고민하게 된다.
10 월	매사가 힘들고 어려워도, 실망하지 말고 끈기 있게 밀고 나간다면 중순에서 하순 사이에 막혔던 일들이 풀려 나갈 운세이다. 다만 손재수가 있으니 동업을 하거나 보증을 서지 말라. 또한 주식투자·낙찰계·어음할인 등에 손대지 말라.
11 월	북쪽 방향의 먼 여행은 사고가 날 징조이니 떠나지 않는 것이 좋으리라. 또한 망신수가 있으니 이성문제에 각별히 조심을 해야 할 것이다. 재물은 들어온다 해도 곧 나가는 운세이다. 이 달 운은 성공과 실패를 모두 경험하게 된다.
12 월	동창회, 친목회 또는 어떤 모임에 참석하여 사소한 일로 다툼이 일어날 징조이니 각별히 말조심을 해야 할 것이다. 또한 실물수가 있으니 도둑을 조심하라. 이 점만 주의한다면 금전운은 양호한 편이 될 것이다. 특히 중순에서 하순 사이에 오·정·강·장·최·박씨 등을 조심하라.

362

未濟之晋 ^괘 ^상

태평연석(太平宴席)
군신회좌(君臣會坐)

태평한 잔칫자리에 임금과 신하가
함께 자리에 앉아 먹고 마시는
형상이다.

해설	매사가 순조롭게 진행되고 안 될 것이라고 생각한 일도 풀려 나갈 운세이다. 또한 가정에 경사가 있거나 문서로 인한 횡재수가 있으며 기다리던 곳에서 반가운 소식이 올 운세이다. 다만 관재수가 있으니 각별히 조심하라. 특히 이성문제에 각별히 조심해야 하며 보증을 서거나 금전거래하지 말라.

금년의 운세	건강운은 위산과다·위궤양·소화 불량 등으로 고생할 우려가 있으니 과음, 과식을 삼가하고 음식 조절에 각별히 신경을 써야 할 것이다. 시험운은 좋은 성적은 아니더라도 합격할 운세이며 취직운은 실력에 맞는 곳에 일자리를 얻게 된다. 직장운은 승진의 기쁨을 맛보게 되리라.
1월	오랫동안 만나지 못했던 친구나 친척을 만나게 될 징조이며 기다리던 곳에서 반가운 소식이 올 운세이다. 재물은 애써 구하지 않아도 저절로 들어올 징조이다. 이 달 운은 내가 하기 싫은 일은 남도 하기 싫은 법. 솔선수범하라.
2월	당신이 해 놓은 일이 주변 사람들에게 인정을 받게 되니 그 동안의 노력한 보람을 찾게 될 운세이다. 또한 생각지 않은 곳에서 선물 또는 재물이 들어올 징조이다. 다만 충돌수가 있으니 각별히 차조심을 해야 할 것이다. 이 달은 대박을 노리지 말라. 재산만 날린다.
3월	가정에 경사가 있거나 기다리던 곳에서 반가운 소식이 올 운세이다. 다만 건강에 이상이 생길 징조이니 피곤하다 싶으면 억지로 참지 말고 편히 쉬면서 건강관리에 신경을 써야 할 것이다. 이 달 운은 돈 약속은 하지 말라. 지켜지기가 어려울 것이다.
4월	꿈자리도 뒤숭숭하고 매사가 잘 되어 가는 듯하다가도 막히는 현상이 자주 일어날 징조이니 끈기와 인내가 무엇보다 필요한 달이다. 또한 사람을 잘 못 사귀면 관재수에 휘말릴 징조이니 각별히 목성(木姓)을 조심하라. 이 달은 한 번은 울고, 한 번은 웃으리라.

5월	당신이 믿고 의지하며 공허한 마음을 달래 주던 사람이 당신 곁을 떠나게 될 징조이며 몸과 마음이 바쁘고 하는 일은 많으나 실속이 없을 운세이다. 이 달 운은 육체적으로나 정신적으로 불안정한 시기이니 건강관리에 신경을 써야 할 것이다.
6월	운수가 대통하니 매사가 순조롭게 진행되고 안 될 것이라고 생각한 일도 풀려 나갈 징조이다. 또한 문서로 인한 횡재수가 있을 운세이며 추첨운이 대길하니 주택청약예금을 들어 놓았다면 신청 접수를 해 보시라. 좋은 결과가 있을 징조이다.
7월	중요한 약속이나 계획은 실행하기 어려울 징조이니 호언장담하지 않는 것이 좋으리라. 또한 흠허물 없는 사람과 사소한 일로 다툼이 일어나 결별할 징조이니 지나친 농담을 삼가고 자존심 상하게 하는 말을 자제하라. 이 달은 서두르면 병이요, 늦추면 약이 된다.
8월	하고자 하는 일이 노력 부족으로 늦어질 징조이니 적극성을 가지고 열심히 뛰면 좋은 결과를 얻게 될 운세이다. 다만 초상집을 문상하면 액운이 있을 징조이니 부조금만 보내는 것이 좋으리라. 이 달 운은 성공과 실패를 모두 경험하게 된다.
9월	친척이나 친구 또는 주변에 잘 아는 사람이 당신에게 거시기에 투자하면 떼돈을 벌 수 있다는 달콤한 유혹을 하거나 돈 좀 빌려 달라는 요청을 받게 될 징조이다. 만일 투자를 하게 되면 큰 손해를 보게 되며 금전거래를 해도 결과가 좋지 않을 운이다.
10월	몸과 마음이 바쁘고 하는 일은 많으나 실속이 없으며 동쪽이나 남쪽 방향에 있는 사람이 당신을 배신하거나 금전적으로 피해를 입힐 징조이니 각별히 조심을 해야 할 것이다. 이 달 운은 긁어 부스럼 만들지 말고 그대로 놔 두면 당신에게 유리한 상황이 될 것이다.
11월	사람을 잘 못 사귀면 관재수에 휘말릴 징조이니 각별히 조심을 해야 할 것이다. 이 달은 생각지 않은 지출이 많을 징조이며 잘 되어 가던 일들이 막힐 징조이니 끈기와 인내가 필요하다. 이 달 운은 긍정적으로 극복하려는 마음가짐이 중요하다.
12월	당신을 위해서라면 간도 빼 줄 것처럼 행동하던 사람이 하루 아침에 배신을 하게 될 징조이니 당신의 약점이나 비밀에 부쳤던 속마음을 함부로 말하지 말라. 이 달 운은 직접 일을 주도하는 것보다는 뒤에서 도와주는 게 좋으리라.

363

괘

未濟之鼎 **상**

호방안탑(虎榜雁塔)
혹명혹자(或名或字)

호랑이같이 거센 방(榜)과 기러기
같은 탑에 명성을 혹은 이름자를
새기게 될 형상이다.

해설	매사가 순조롭게 진행될 운세이기는 하나 사람을 잘 못 사귀면 큰 손해가 따를 징조이니 각별히 조심해야 할 것이다. 금년은 이사를 하거나 직장 또는 사업장을 옮기게 될 운세이다. 특히 송사수와 수액수가 있으니 보증을 서거나 금전거래를 삼가하고 각별히 물조심을 해야 할 것이다.

금년의 운세	건강운은 좋은 편이다. 다만, 식중독에 걸려 고생을 하거나, 피부 질환으로 신경 쓸 일이 있을 징조이니 청결에 힘써야 할 것이다. 시험운은 열심히 노력하였다면 합격한다. 취직운도 좋으며 직장운은 승진이 예상된다. 재물운은 그 동안의 손해를 만회한다.
1월	매사가 힘들고 어려워도 실망하지 말고 끈기 있게 밀고 나간다면 중순에서 하순 사이에 막혔던 일들이 풀려 나갈 운세이다. 다만 감기 몸살을 앓거나 위장병으로 고생할 징조이니 건강관리에 신경을 써야 할 것이다. 특히 취직운이 좋은 달이다.
2월	당신의 주장을 관철하려는 고집 때문에 흉허물 없는 사람과 다툼이 있을 징조이니 상대방의 충고나 조언에 귀를 기울이는 아량을 베풀어야 뒤탈이 없으며 실물수가 있으니 귀중품 단속에 신경을 써야 할 것이다. 이 점만 주의하면 기쁜 일이 있으리라.
3월	한 가지 문제가 해결되면 또 한 가지 문제가 터져나와 마음이 심란하고 초조할 징조이니 끈기와 인내가 필요하며 침착하게 대비하는 마음의 자세가 필요한 달이다. 또한 충돌수가 있으니 각별히 차조심하라. 이 달은 급할수록 돌아서 갈 줄 아는 신중함이 필요하다.
4월	몸과 마음이 바쁘고 하는 일은 많으나 실속이 없으며 생각지 않은 지출이 많을 징조이다. 또한 재물을 잃을 징조이니 주식투자를 하거나 보증을 서지 말라. 특히 병원을 출입할 징조이니 건강관리에 신경을 써야 할 것이다.

5 월	서쪽이나 북쪽 방향은 사고가 날 징조이니 떠나지 않는 것이 좋으리라. 또한 흠허물 없는 사람과 사소한 일로 다툼이 일어나 결별할 징조이니 지나친 농담을 삼가하고 자존심 상하게 하는 말을 삼가하라. 이 달 운은 배짱을 부리면 낭패를 보게 된다.
6 월	몸살을 앓거나 질병을 얻게 될 징조이니 각별히 건강관리에 신경을 써야 하며 친척이나 친구 또는 주변에 잘 아는 사람이 당신에게 돈 좀 빌려 달라는 요청을 받게 될 징조이다. 결과가 좋지 않을 운세이므로 기분 상하지 않게 거절하는 것이 좋으리라.
7 월	관재, 구설수가 있으니 눈에 거슬리고 화가 나는 일이 있어도 보고도 못본척, 알고도 모르는 척 매사에 중립을 지키는 것이 좋으리라. 큰 재물은 어려워도 작은 재물은 들어올 운세이다. 이 달 운은 분수를 지켜야 작은 행운이라도 얻을 수 있다.
8 월	지나치게 욕심을 내거나 목표를 잘못 세워 기회를 놓쳐 버릴 징조이니 당신의 지식이 전부라고 생각하지 말고 윗사람, 아랫사람 또는 경험이 많은 사람들과 상의를 한 다음 결정을 한다면 좋은 결과가 있으리라. 이 달 운은 한 번은 울고, 한 번은 웃으리라.
9 월	운수가 대통하니 매사가 순조롭게 진행되고 안 될 것이라고 생각한 일도 풀려 나갈 징조이다. 또한 가정에 경사가 있거나 문서로 인한 횡재수가 있을 운세이다. 이사운이 대길하니 이사를 하려고 마음을 먹었으면 하시라. 좋은 일이 있을 징조이다.
10 월	매사가 잘 될 듯하면서도 막히는 현상이 자주 일어날 징조이다. 당신의 소극적인 행동 때문에 뚫리지 않는 것이니 좀 더 적극적으로 행동한다면 중순에서 하순 사이에 막혔던 일들이 풀릴 것이다. 이 달 운은 말 못할 고민이 있지만 서서히 해결된다.
11 월	매사가 힘들고 어려워도 실망하지 말고 끈기 있게 밀고 나간다면 막혔던 일들이 풀려 나갈 징조이다. 또한 기다리던 곳에서 반가운 소식이 올 운세이다. 다만 고수익 · 이자 · 배당금을 준다는 말에 현혹되지 말라. 재산만 날린다.
12 월	매사가 순조롭게 진행되고 재물은 애써 구하지 않아도 저절로 들어올 운세이다. 또한 당신이 해 놓은 일이 주변 사람들에게 인정을 받게 되어 그동안 노력한 보람을 찾게 될 징조이다. 이 달 운은 인연은 가까운 곳에 있다. 멀리서 찾지 말라.

411

대

大壯之恒 상

낙목여혼(落木餘魂)
생사미판(生死未判)

나무에서 떨어져 정신이 혼미하니
살았는지, 죽었는지를 판단하기
어려운 형상이다.

해설	큰 재물은 어려워도 작은 재물은 얻으리라. 다만 사기를 당할 징조이니 고수익 · 이자 · 배당금을 준다는 말에 현혹되지 말라. 재산만 날린다. 특히 차조심을 해야 할 것이다. 또한 실물수가 있으니 귀중품 단속에 신경을 써야 할 것이다.
금년의 운세	건강운은 교통사고 또는 낙상수의 위험이 있으니 각별히 주의하라. 시험운은 모르는 문제가 많이 출제될 징조이며, 취직운은 눈 높이를 낮춰야 될 것이며 직장운은 자리가 불안하다 재물운은 현상유지도 급급하다.
1월	꿈자리도 뒤숭숭하고 매사가 잘 풀리는 듯하다가도 막히는 현상이 자주 일어날 징조이다. 또한 흉허물 없는 사람과 사소한 일로 다툼이 일어나 결별할 징조이니 자존심 상하게 하는 말은 자제하라. 이 달 운은 환경 변화에 적응하기 위한 노력이 필요하다.
2월	감기, 몸살을 앓거나 위장병으로 고생할 징조이니 과음 · 과식을 삼가하고 각별히 건강관리에 신경을 써야 할 것이다. 재물은 들어온다 해도 곧 나가는 운세이다. 이 달 운은 생활 필수품은 돈이요 삶의 필수품은 신뢰라는 생각으로 생활해야 할 것이다.
3월	친척이나 친구 또는 주변에 잘 아는 사람에게 사기를 당할 징조이니 동업 · 금전거래 · 보증 · 주식투자 · 낙찰계 · 어음할인 등에 손대지 말라. 이 점만 주의한다면 금전운은 양호한 편이 될 것이다. 이달 운은 자존심을 버리면 재물이 따른다.
4월	서쪽 방향의 먼 여행은 사고가 날 징조이니 떠나지 않는 것이 좋으리라. 또한 병원을 출입할 징조이니 각별히 건강관리에 신경을 써야 할 것이다. 이 달 운은 남을 믿고 일을 진행하는 것이라면 절대로 확신하지 말라. 또한 술 냄새만 맡았어도 차 운전하지 말라.

5 월	당신이 믿고 의지하던 사람이 당신 곁을 떠나게 될 징조이다. 또한 가정에 우환이 있거나 실물수가 있으니 귀중품 단속에 각별히 신경을 써야 할 것이다. 이 달 운은 경쟁을 피하지 말고 과감하게 경쟁해야 좋은 결과를 얻을 것이다.
6 월	사람을 잘 못 사귀면 관재수에 휘말릴 징조이니 각별히 조심을 해야 할 것이다. 재물은 들어온다 해도 곧 나가는 운세이다. 특히 병원을 출입할 징조이니 과음, 과식을 삼가고 건강관리에 신경을 써야 할 것이다. 이달은 이럴까 저럴까 망설이다 세월을 보낸다.
7 월	몸과 마음이 바쁘고 하는 일은 많으나 수입은 쥐꼬리만큼 들어오니 마음이 초조하고 은근히 짜증이 날 징조이다. 또한 친한 사람과 사소한 일로 다툼이 있을 징조이다. 이 달 운은 현재의 자리가 위태롭게 느껴지는 시기이니 본분을 다하라.
8 월	큰 재물은 어려워도 작은 재물은 들어오게 되며 친척이나 친구 또는 형제지간에 사소한 일로 다툼이 일어나 결별할 징조이니 조금씩 양보하고 이해하는 아량을 베풀어야 할 것이다. 이 달 운은 일을 벌이지 말고 수습하는 방향으로 신경 써야 좋으리라.
9 월	매사가 힘들고 어려워도 실망하지 말고 끈기 있게 밀고 나간다면 중순에서 하순 사이에 막혔던 일들이 풀려 나갈 운세이다. 재물은 남쪽이나 북쪽 방향에서 들어올 징조이다. 이 달 운은 자존심을 내세우지 말고 다수의 의견을 존중하면 좋은 일이 있으리라.
10 월	재물을 잃을 징조이니 새로운 일을 시작하거나 확장 또는 직업 변동 등을 하지 말라. 또한 주식투자를 하거나 금전거래를 하지 말라. 특히 망신수가 있으니 이성문제에 각별히 조심을 해야 할 것이다. 특히 술조심하라. 또한 이사를 가지 말라. 액운이 있으므로….
11 월	맺고 끊는 일을 분명히 하지 않으면 공연히 오해를 받거나 구설수에 시달릴 징조이니 상대방이 섭섭한 마음이 들지라도 결단력을 발휘해야 할 것이다. 큰 재물은 어려워도 작은 재물은 얻으리라. 이 달 운은 친구를 너무 믿지 말라. 배신을 당할 징조이므로.
12 월	심신이 피곤하고 괴로울지라도 하는 일은 비교적 수월하게 풀려 나갈 운세이다. 다만 당신을 위해서라면 간도 빼 줄 것처럼 행동하던 사람이 하루아침에 배신을 할 징조이니 당신의 약점 또는 속마음을 함부로 말하지 말라. 이 달은 식구가 늘거나 줄거나 둘 중의 하나다.

412

䷡ 괘

大壯之豊 상

치마장안(馳馬長安)
득의춘풍(得意春風)

말을 달려 장안을 지나니 봄바람을 휩쓸고 지나는 의기가 양양한 형상이다.

해설	세워놓은 계획들이 소극적인 행동 때문에 막힐 징조이니 좀 더 적극적 끈기 있게 밀고 나간다면 좋은 결과를 얻게 될 운세이다. 다만 먼 여행은 사고가 날 징조이니 떠나지 않는 것이 좋으리라. 금년의 운수는 머무는 곳에서 이동, 변동할 징조이다. 특히 관재수를 조심하라.

금년의 운세

건강운은 간간이 감기 몸살 정도는 자주 걸릴 징조이다. 시험운은 좋은 성적으로 합격한다. 취직운은 원하는 계통으로 직장을 얻게 되며 직장운은 승진이 예상된다. 재물운은 기대 이상의 수입이 따른다.

1월

감기, 몸살을 앓거나 병원을 출입할 징조이니 과음 과식을 삼가하고 각별히 건강관리에 신경을 써야 할 것이다. 큰 재물은 어려워도 작은 재물은 들어올 운세이다. 특히 충돌수가 있으니 각별히 술조심을 해야 할 것이다. 이 달은 시험·취직·맞선·약혼 등이 대길하다.

2월

당신을 위해서라면 간도 빼 줄 것처럼 행동하는 사람이 하루 아침에 배신을 할 징조이니 당신의 약점 또는 비밀에 부쳤던 속마음을 함부로 말하지 말라. 이 달 운은 육체적으로나 정신적으로 불안정한 시기이니 건강관리에 신경 써야 할 것이다.

3월

오랫동안 만나지 못했던 친척이나 친구가 찾아오거나 전화 연락이 올 징조이다. 그러나 반갑게 만난 상대방이 돈 좀 빌려 달라는 요청을 받게 될 징조이다. 결과가 좋지 않으니 기분 상하지 않게 거절하는 것이 좋으리라. 이 달은 시험·취직·애정·소원 등은 모두 이루리라.

4월

큰 재물은 어려워도 작은 재물은 들어올 운세이다. 다만 손재수가 있으니 보증을 서거나 금전거래·낙찰계·어음할인·동업 등을 하지 말라. 또한 망신수가 있으니 이성문제에 각별히 조심을 해야 할 것이다. 이 달 운은 남을 믿고 진행하는 일이라면 절대로 확신하지 말라.

146

5월	사람을 잘 못 사귀면 관재수에 휘말릴 징조이니 각별히 조심을 해야 할 것이다. 또한 충돌수가 있으니 차조심하라. 이 달은 이사운이 대길하니 이사를 하려고 마음을 먹었으면 하시라. 좋은 일이 있을 징조이다. 다만 평소 아끼던 물건을 잃어버리기 쉬우니 조심하라.
6월	관재, 구설수가 있으니 실속 없는 남의 일에 관여하지 않는 것이 좋으며 흉허물 없는 사람과도 사소한 일로 다툼이 일어나 결별할 징조이니 지나친 농담을 삼가고 자존심 상하게 하는 말을 자제하라. 이 달 운은 기다리지 말고 적극적으로 다가가야 성공한다.
7월	가정에 우환이 있거나 당신이 병원을 출입할 징조이니 과음, 과식을 삼가고 각별히 건강관리에 신경 써야 할 것이다. 큰 재물은 어려워도 작은 재물은 얻으리라. 이 달 운은 주위의 의견을 충분히 수렴한 후에 결정하는 것이 좋으리라.
8월	매사가 순조롭게 진행되고 안 될 것이라고 생각한 일들도 풀려 나갈 징조이다. 다만 당신이 믿고 의지하던 사람이 당신 곁을 떠나게 될 운세이다. 이 달은 좋은 일과 나쁜 일이 반반이다. 특히 소띠·말띠·범띠·잔나비띠를 조심하라.
9월	먼 여행은 사고가 날 징조이니 떠나지 않는 것이 좋으리라. 또한 손재수가 있으니 주식투자에 손대지 말고 귀중품 단속에 신경을 써야 할 것이다. 막혔던 일들은 중순에서 하순 사이에 풀릴 운세이다. 이 달 운은 인연은 가까운 곳에 있다. 멀리서 찾지 말라.
10월	몸과 마음이 바쁘고 하는 일은 많으나 실속이 없으며 남쪽 방향에 있는 사람이 당신을 배신할 징조이니 각별히 조심을 해야 할 것이다. 또한 망신수가 있으니 이성문제에 각별히 조심하라. 이 달 운은 마음이 내키지 않는 일은 후일을 기약하여야 손해가 없다.
11월	당신이 해 놓은 일이 많은 사람들에게 인정을 받게 되니 그 동안의 노력한 보람을 찾게 될 징조이다. 또한 막혔던 일들도 잘 풀려 나갈 운세이다. 이 달 운은 자신 외에는 할 수 없다는 자만심을 버리면 좋은 결과를 얻으리라. 다만 과음하지 말라. 그동안의 노력이 물거품이 된다.
12월	큰 재물은 어려워도 작은 재물은 얻으리라. 다만 손재수가 있으니 도둑을 조심하고 주식투자를 하지 말라. 또한 친목회, 동창회 또는 어떤 모임에 참석하여 다툼이 있을 징조이니 각별히 입을 무겁게 하고 말조심하라. 이달은 현실의 변화에 따라서 당신도 변해야 한다.

413

괘

大壯之歸妹 상

갈룡득수(渴龍得水)
구제창생(救濟蒼生)

목마른 용이 물을 얻었으니 여러
생명을 보살펴 주는 형상이다.

해설	매사가 순조롭게 진행되고 안 될 것이라고 생각한 일들도 풀려나갈 징조이다. 또한 가정에 경사가 있거나 문서로 인한 횡재수가 있을 운세이다. 다만 망신수와 관재수가 있으니 이성문제에 각별히 조심해야 하며 보증을 서거나 금전거래를 삼가하고 차조심하라.
금년의 운세	건강운은 좋은 편이며, 혹여 질병이 있더라도 몸조리만 잘 하면 완치된다. 시험은 기대 이상의 결과를 얻게 되며, 취직운은 아는 사람의 추천을 통해 이루어지게 된다. 직장운은 이동수 또는 승진이 예상된다.
1월	당신의 목표에 장애나 곤란한 점이 있기는 하지만 실망하지 말고 끈기 있게 밀고 나간다면 중순에서 하순 사이에 막혔던 일들이 풀려 나갈 운세이다. 이 달 운은 그 동안 쌓았던 인맥을 적극 활용하면 좋은 결과를 얻으리라. 특히, 말보다 실천이 중요하다.
2월	중요한 약속이나 계획은 실행하기 어려울 징조이니 호언장담하지 않는 것이 좋으며 흉허물 없는 사람과 사소한 일로 다툼이 일어나 결별할 징조이니 조금씩 양보하고 이해하는 아량을 베풀어야 할 것이다. 다만 이 달은 가정에 경사가 있으리라.
3월	관재, 구설수가 있으니 눈에 거슬리고 화가 나는 일이 있어도 보고도 못 본 척, 알고도 모르는 척 매사에 중립을 지키는 것이 좋으리라. 또한 망신수가 있으니 이성문제에 각별히 조심을 하라. 이 달 운은 한 번은 울고 한 번은 웃으리라.
4월	운수가 대통하니 매사가 순조롭게 진행되고 안 될 것이라고 생각한 일들도 풀려 나갈 징조이다. 다만 큰 손해를 보게 될 징조이니 동업·주식투자·낙찰계·어음할인·사채놀이 등을 하지 말라. 이 달 운은 일을 벌이지 말고 수습하는 방향으로 신경 써야 좋으리라.

5 월	사람을 잘 못 사귀면 관재수에 휘말릴 징조이니 각별히 조심을 해야 할 것이다. 또한 친척이나 친구 또는 주변에 잘 아는 사람과 다툼이 있을 징조이니 지나친 농담을 삼가하라. 이 달 운은 돈 약속은 하지 말라. 지켜지기가 어려울 것이다.
6 월	매사가 힘들고 어려워도 실망하지 말고 끈기 있게 밀고 나간다면 중순에서 하순 사이에 막혔던 일들이 풀려 나갈 운세이다. 또한 남쪽이나 동쪽 방향에서 재물이 들어올 징조이다. 이 달 운은 매사를 배운다는 자세로 임하면 좋은 결과를 얻으리라.
7 월	당신의 감정을 누구에게 표현하기도 싫고 왠지 모르게 초조하거나 울적한 일이 자주 일어날 징조이다. 또한 친한 사람과 다툼이 일어나 결별할 징조이니 각별히 말조심을 해야 할 것이다. 이 달 운은 경제적으로 문제가 있으나 마무리가 잘 될 징조이다.
8 월	주변 사람들의 눈을 지나치게 의식해서 욕심을 부리기보다는 한 가지 목표를 분명하게 정해서 끈기 있게 밀고 나가는 자세가 필요하다. 큰 재물은 어려워도 작은 재물은 들어올 운세이다. 이 달은 소문 듣고 직접 보지 않은 일을 본 듯이 행동에 옮기지 말라. 반드시 화근이 생긴다.
9 월	남쪽이나 북쪽 방향의 먼 여행은 사고가 날 징조이니 떠나지 않는 것이 좋으리라. 또한 망신수가 있으니 이성문제에 각별히 조심을 해야 할 것이다. 이 점만 주의한다면 금전운은 양호한 편이다. 이 달은 힘들다고 자신의 일을 남에게 맡기지 말라.
10 월	가정에 우환이 있거나 당신이 병원을 출입할 징조이니 과음·과식을 삼가하고 각별히 건강관리에 신경을 써야 할 것이다. 막혔던 일들은 중순에서 하순 사이에 풀려 나갈 운세이다. 이 달 운은 겸손한 자세로 모든 사람을 대하면 좋은 일이 생기리라.
11 월	몸과 마음이 바쁘고 하는 일은 많으나 실속이 없으니 마음이 심란하고 초조할 징조이다. 이 달은 초상집을 문상하게 되면 돌아온 후 액운이 있으니 부조금만 보내는 것이 좋으리라. 특히 증권에 손대지 말라. 손대면 빚쟁이가 될 것이다.
12 월	큰 재물은 어려워도 작은 재물은 들어올 운세이다. 다만 친목회, 동창회 또는 어떤 모임에 참석하여 사소한 일로 다툼이 일어나 친한 사람과 결별할 징조이니 각별히 입을 무겁게 하고 말조심하라. 이 달 운은 생각은 많은데 실천이 어려운 달이다.

421

근피호리(僅避狐狸)
갱답호미(更踏虎尾)

歸妹之解 상

여우와 살쾡이를 피했는데 다시
호랑이 꼬리를 밟은 형상이다.

해설	몸과 마음이 바쁘고 하는 일은 많으나 실속이 없으며 생각지 않은 지출이 많을 징조이다. 또한 재물을 잃을 징조이니 주식투자를 하거나 보증 또는 금전거래를 하지 말라. 특히 병원을 출입할 징조이니 각별히 건강관리에 신경써야 할 것이다.

금년의 운세	시험운은 좀 더 실력을 쌓은 다음 기회를 노려야 할 것이다. 취직은 여러 번 떨어진 후에 될 것이며, 직장운은 이동수가 있다. 승진은 기대하지 말라.

1월	큰 재물은 어려워도 작은 재물은 얻으리라. 다만 가정에 우환이 생기거나 흠허물 없는 사람과 사소한 일로 다툼이 일어나 결별할 징조이니 조금씩 양보하고 이해하는 아량을 베풀어야 할 것이다. 특히 관재수가 있으니 화성(火姓)을 조심하라.

2월	정신적으로나 물질적으로 시련이 있을 징조이다. 돈벼락이나 맞았으면 좋겠다는 생각이 간절한 달이다. 이 달은 초상집에 가지 말라. 문상하고 돌아온 후 액운이 있으니 부조금만 보내는 것이 좋으리라. 이 달 운은 열 번의 말보다는 한 번의 행동이 더 효과적이다.

3월	사람을 잘 못 사귀면 관재수에 휘말릴 징조이니 각별히 조심을 해야 할 것이다. 또한 병원을 출입할 징조이니 과음, 과식을 삼가고 건강관리에 신경을 써야 할 것이다. 특히 생각지 않은 지출이 많을 징조이다. 이 달은 직장 또는 집을 옮기게 될 징조이다.

4월	상대방을 설득시켜야 할 상황이 있을 징조이며 쓴맛을 본 뒤 단맛을 느끼는 운세이니 과감히 돌진하는 행동과 끈기가 필요하다. 막혔던 일들은 중순에서 하순 사이에 풀리리라. 다만 충돌수가 있으니 술조심하라. 이 달 운은 돈을 빌려 주지 말라. 빌려 주면 돈 떼인다.

5월	당신의 감정을 누구에게 표현하기도 싫고 왠지 모르게 초조하거나 울적한 일이 자주 일어날 징조이다. 또한 흉허물 없는 사람과 사소한 일로 다툼이 일어나 결별할 징조이니 각별히 말조심하라. 이 달 운은 잘못을 인정하면 회복이 빨라지고 도움을 받는다.
6월	매사가 힘들고 어려워도 실망하지 말고 끈기 있게 밀고 나간다면 초순에서 중순 사이에 막혔던 일들이 풀려 나갈 운세이다. 큰 재물은 어려워도 작은 재물은 얻으리라. 이 달 운은 해서는 안 될 말을 해서 곤경에 처하게 될 징조이니 열 번 생각하고 한 번 말하라.
7월	기쁨과 슬픔이 반반씩 섞여 있는 운세이다. 즉 당신과 가장 친하게 지내던 사람과 이별할 징조이며 몸과 마음이 산란하고 일손이 잘 잡히지 않는 달이다. 그런 가운데서도 조그만 경사가 있을 징조이다. 특히 건강관리에 각별히 신경을 써야 할 것이다.
8월	재물운은 있으나 얻는 것보다 잃는 것이 많으며 동분서주 바쁘게 뛰어 보지만 몸과 마음이 피곤하고 알아주는 사람이 없으니 안타까운 달이다. 특히 먼 여행은 사고가 날 징조이니 떠나지 않는 것이 좋으리라. 이 달 운은 적당히 굽힐 줄도 아는 융통성이 필요하다.
9월	당신을 위해서라면 간도 빼 줄 것처럼 행동하던 사람이 하루 아침에 배신할 징조이니 당신의 약점 또는 비밀에 부쳤던 속마음을 함부로 말하지 말라. 이 달 운은 고수익·이자·배당금을 준다는 말에 현혹되지 말라. 재산만 날린다.
10월	금전문제는 어려울 때마다 융통은 되겠으나 매사 하는 일에 어려움과 변화가 따르므로 끈기와 인내가 필요하리라. 특히 구설수가 있으니 당신의 가정일을 함부로 말하지 말라. 말하는 것마다 구설이 되어 돌아오리라. 특히, 과음하지 말라. 그 동안의 노력이 물거품이 된다.
11월	당신의 주장을 관철하려는 고집 때문에 흉허물 없는 사람과 다툼이 예상되니 상대방의 충고나 조언에 귀를 기울이는 아량을 베풀어야 뒤탈이 없으리라. 이 달 운은 소문 듣고 보지 않은 일을 본 듯이 행동에 옮기지 말라. 반드시 화근이 생기리라.
12월	꿈자리도 뒤숭숭하고 매사가 잘 되어 가는 듯하다가도 막히는 현상이 자주 일어날 징조이다. 또한 병원을 출입할 징조이니 과음, 과식을 삼가고 각별히 건강관리에 신경을 써야 할 것이다. 이 달 운은 남을 믿고 진행하는 일이라면 절대로 확신하지 말라.

422

괘

형야제야(兄耶弟耶)
경인지해(庚人之害)

歸妹之震 상

형이야, 아우야 하면서 지내는
친밀한 사람으로부터 피해를 당하
는 형상이다.

| 해설 | 친척이나 친구 또는 주변에 잘 아는 사람에게 사기를 당할 징조이니 고수익·이자·배당금을 준다는 말에 현혹되지 말라. 재산만 날린다. 특히 충돌수가 있으니 차조심을 해야 할 것이다. 또한 망신수와 질병수가 있으니 이성문제에 조심해야 하며 건강관리에 신경을 써야 할 것이다. |

| 금년의 운세 | 건강은 위장 질환이나 고혈압·저혈압 등으로 고생할 우려가 있으니, 기름진 음식을 피하고 과음, 과식을 삼가해야 할 것이다. 시험운은 경쟁자가 많아 어려우며 취직은 아는 사람에게 부탁하면 가능하다. 직장운은 자리 지키는 데 전념하라. 승진은 단념하라. 재물운은 절대 동업하지 말라. |

| 1월 | 큰 재물은 어려워도 작은 재물은 얻으리라. 다만 가정에 우환이 있거나 당신이 병원을 출입할 징조이니 과음, 과식을 삼가하고 각별히 건강관리에 신경을 써야 할 것이다. 이 달 운은 걱정거리가 생긴다 해도 충분히 감당해 나갈 수 있을 것이다. |

| 2월 | 금전문제는 어려울 때마다 융통은 되겠으나 매사 하는 일에 어려움과 변화가 따르므로 끈기와 인내가 필요하리라. 또한 망신수가 있으니 각별히 이성문제에 조심해야 할 것이다. 이달 운은 문제를 겪어 보지도 못한 상태에서 포기를 하지 말라. |

| 3월 | 친척이나 친구 또는 주변에 잘 아는 사람이 당신에게 거시기에 투자하면 떼돈을 벌수 있다는 유혹을 하거나 돈 좀 빌려 달라는 요청을 받게 될 징조이다. 투자를 하게 되면 큰 손해를 보게 될 운세이며 금전거래를 해도 결과가 좋지 않을 운세이다. |

| 4월 | 매사가 힘들고 어려워도 실망하지 말고 끈기 있게 밀고 나간다면 중순에서 하순 사이에 막혔던 일들이 풀려 나갈 운세이다. 다만 손재수가 있으니 보증을 서거나 금전거래를 하지 말라. 특히 차조심을 해야 할 것이다. 이 달 운은 두 가지 중에 하나를 선택해야 할 상황이 생기겠다. |

5월	먼 여행은 사고가 날 징조이니 떠나지 않는 것이 좋으리라. 또한 흉허물 없는 사람과 사소한 일로 다툼이 일어나 결별할 징조이니 지나친 농담을 삼가하고 자존심을 상하게 하는 말을 자제해야 할 것이다. 이 달은 평소 아끼던 물건을 잃어버리기 쉬우니 조심하라.
6월	금전적으로 다소 어려움이 있을 징조이며 도와주는 사람 하나 없이 당신 혼자만 바삐 움직이는 운세이다. 특히 사람을 잘 못 사귀면 관재수에 휘말릴 징조이니 각별히 조심을 해야 할 것이다. 이 달 운은 힘들어도 인내하고 참아 내면 좋은 결실을 얻는다.
7월	큰 재물은 어려워도 작은 재물은 들어올 운세이다. 다만 망신수가 있으니 각별히 이성문제에 조심을 해야 할 것이다. 이 달은 가정에 우환이 있거나 실물수가 있으니 지갑이나 귀중품 단속에 신경을 써야 할 것이다. 이 달 운은 절약하는 것이 최선이다.
8월	사람을 잘 못 사귀면 관재수에 휘말릴 징조이니 각별히 조심을 해야 할 것이다. 또한 친한 사람에게 배신을 당할 징조이니 당신의 약점 또는 비밀에 부쳤던 속마음을 함부로 말하지 말라. 이 달 운은 열 번의 말보다는 한 번의 행동이 더 효과적이다.
9월	역마살이 발동하니 머무는 곳에서 이동, 변동할 징조이다. 이 달은 특히 망신수가 있으니 각별히 이성문제에 조심을 해야 할 것이다. 또한 손재수가 있으니 고수익·이자·배당금을 준다는 말에 현혹되지 말라. 재산만 날린다.
10월	서쪽이나 남쪽 방향의 먼 여행은 사고가 날 징조이니 떠나지 않는 것이 좋으리라. 또한 실물수가 있으니 지갑이나 귀중품 단속에 신경 써야 할 것이다. 이 점만 주의한다면 금전운은 양호한 편이다. 특히 이사를 가지 말라. 액운이 있으므로….
11월	흉허물 없는 사람과 사소한 일로 다툼이 일어나 결별할 징조이니 지나친 농담을 삼가고 자존심을 상하게 하는 말을 자제해야 할 것이다. 특히 차조심하라. 금전운은 양호한 편이며 중순경에 막혔던 일이 풀리리라. 이 달은 현실에 감사하고 살면 천국이요, 불평하고 살면 지옥이다.
12월	생각지 않은 지출이 많을 징조이며 사람을 잘 못 사귀면 관재수에 휘말릴 징조이니 각별히 조심을 해야 할 것이다. 특히 화재수와 충돌수가 있으니 차조심을 해야 하며 화재 예방에 각별히 신경을 써야 할 것이다. 이 달 운은 가정사로 배우자나 부모님과 의견 충돌이 있겠다.

423

괘

歸妹之大壯 상

화소원중(花笑園中)
봉접래희(蜂蝶來戲)

꽃이 봄동산에 가득 피어 웃음
을 머금고 있으니 벌과 나비가
날아들어 희롱하는 형상이다.

| 해설 | 분수를 지킨다면 재물은 그럭저럭 큰 어려움은 없으리라. 다만 매사에 냉철함과 신중을 기하여 처신을 해야 하며 기분에 따라 행동을 하게 되면 재물과 명예를 잃게 될 징조이니 각별히 조심하라. 금년은 머무는 곳에서 이동, 변동할 운이다. |

| 금년의 운세 | 건강은 좋은 편이며 혹여 질병이 있더라도, 몸조리를 잘 하면 완치될 것이다. 시험운은 좋은 결과를 얻게 될 징조이며 취직운은 원하는 직장을 얻게 된다. 직장운은 부서를 옮기거나 승진이 예상된다. 재물운은 융통이 잘 될 것이다. |

| 1월 | 가정에 우환이 있거나 당신이 병원을 출입할 징조이니 과음, 과식을 삼가하고 각별히 건강관리에 신경을 써야 할 것이다. 또한 초상집에 문상하고 오면 돌아온 후 액운이 있으니 부조금만 보내는 것이 좋으리라. 이 달은 마음의 갈등을 잘 극복해야 한다. |

| 2월 | 매사가 힘들고 어려워도 실망하지 말고 끈기 있게 밀고 나간다면 중순에서 하순 사이에 막혔던 일들이 풀려 나갈 것이다. 다만 친한 사람과 사소한 일로 다툼이 일어나 결별할 징조이다. 이 달 운은 망설이다가 기회를 놓치지 말고 자신 있게 도전하는 것이 좋으리라. |

| 3월 | 운수가 대통하니 매사가 순조롭게 진행되고 안 될 것이라고 생각한 일도 풀려 나갈 징조이며 가정에 경사가 있거나 기다리던 곳에서 반가운 소식이 올 운세이다. 이 달 운은 인연은 가까운 곳에 있다. 멀리서 찾지 말라. |

| 4월 | 꿈자리도 뒤숭숭하고 매사가 잘 되어 가는 듯하다가도 막히는 현상이 자주 일어날 징조이다. 또한 손재수가 있으니 보증을 서거나 주식투자 · 금전거래 · 낙찰계 등을 하지 말라. 이 달 운은 어떠한 상황에서도 옳은 말은 바로해야 인정을 받는다. |

5 월	주변에 얽히고 설켰던 일들이 하나씩 정리되면서 심신의 안정을 찾게 될 운세이다. 또한 문서로 인한 횡재수가 있거나 가정에 경사가 있을 징조이다. 특히 이사운이 대길하니 이사를 하려고 마음을 먹었으면 하시라. 다만 평소 아끼던 물건을 잃어 버리기 쉬우니 조심하라.
6 월	서쪽이나 북쪽 방향의 먼 여행은 사고가 날 징조이니 떠나지 않는 것이 좋으리라. 또한 사람을 잘 못 사귀면 관재수에 휘말릴 징조이니 각별히 조심을 해야 할 것이다. 큰 재물은 어려워도 작은 재물은 들어올 운세이다. 특히 소띠·양띠·범띠·개띠를 조심하라.
7 월	몸과 마음이 바쁘고 하는 일은 많으나 실속이 없으니 마음이 심란하고 초조할 징조이다. 또한 흉허물 없는 사람과 사소한 일로 다툼이 일어 결별할 징조이니 각별히 말조심하라. 특히 수액수가 있으니 물조심하라. 이 달 운은 말 못할 고민이 있지만 서서히 해결된다.
8 월	노력한 만큼의 대가는 얻을 수 있으나 지출이 많을 징조이며 하는 일마다 어려움이 따르고 애로사항이 많을 운세이다. 특히 망신수가 있으니 이성 문제에 각별히 조심을 해야 할 것이다. 이 달 운은 사람문제로 마음 고생을 하게 된다.
9 월	당신이 능력은 있으나 혼자 하기보다는 남의 힘을 빌려야만 이루어질 징조이니 대인관계에 신경을 써야 할 것이다. 또한 일을 해 나가는 과정에서 경쟁이나 마찰이 예상되니 끈기와 인내가 필요한 달이다. 이 달은 세상의 변화에 따라서 당신도 변해야 한다.
10 월	사람을 잘 못 사귀면 관재수에 휘말릴 징조이니 각별히 조심을 해야 할 것이다. 또한 구설수가 있으니 남의 말을 믿지도 말고 하지도 말라. 막혔던 일들은 중순에서 하순 사이에 풀려 나갈 징조이다. 이 달 운은 한 우물을 파야 길이 보이며 바라는 만큼 얻으리라.
11 월	주변 사람들의 눈을 지나치게 의식해서 욕심을 부리기보다는 한 가지 목표를 분명하게 정해서 끈기 있게 밀고 나가는 자세가 필요하다. 특히 실물수가 있으니 지갑이나 귀중품 단속에 신경을 써야 할 것이다. 이 달 운은 힘들어도 인내하고 참아 내면 좋은 결실을 얻는다.
12 월	쓸 곳은 많고 수입은 쥐꼬리만큼 들어오니 정신적으로 피곤할 징조이다. 특히 친목회, 동창회 또는 어떤 모임에 참석하여 사소한 일로 다툼이 일어나 몸에 상처가 날 징조이니 각별히 말조심을 해야 할 것이다. 다만 중순에서 하순 사이에 가정에 경사가 있으리라.

431

괘

豊之小過 상

천붕지함(天崩地陷)
사사도현(事事倒懸)

하늘이 무너지고 땅이 꺼지니
하는 일마다 거꾸로 매달린
형상이다.

해설	큰 재물은 어려워도 작은 재물은 얻으리라. 다만 사기를 당하거나 송사수가 있으니 고수익·이자·배당금을 준다는 말에 현혹되지 말라. 재산만 날린다. 또한 망신수가 있으니 각별히 이성문제에 조심해야 할 것이다.

금년의 운세	건강은 좋은 편이 아니니, 정기적으로 의사의 진찰을 받는 것이 좋으리라. 시험운은 노력한 만큼의 대가를 얻지 못할 징조이며 취직운은 애간장을 녹인 후에 될 것이다. 직장운은 있는 자리가 불안하다. 승진은 기대하지 말라.
1 월	가정에 우환이 있거나 당신이 믿고 의지하던 사람이 당신 곁을 떠나게 될 징조이다. 또한 충돌수가 있으니 각별히 말조심을 해야 할 것이다. 재물은 들어온다 해도 곧 나가는 운세이다. 특히 관재수가 있으니 토성(土姓)을 조심하라.
2 월	먼 여행은 사고가 날 징조이니 떠나지 않는 것이 좋으리라. 또한 실물수가 있으니 지갑이나 귀중품 단속에 각별히 신경을 써야 할 것이다. 특히 이 달 운은 그 동안 쌓았던 인맥을 적극 활용하면 원하는 대로 풀려 나갈 것이다.
3 월	친척이나 친구 또는 주변에 잘 아는 사람이 당신에게 거시기에 투자하면 떼돈을 벌 수 있다는 유혹을 하거나 돈 좀 빌려 달라는 요청을 받게 될 징조이다. 투자를 하거나 금전거래를 하게 되면 결과가 좋지 않으리라. 이달은 평소 아끼던 물건을 잃어버리기 쉬우니 조심하라.
4 월	북쪽 방향의 먼 여행은 사고가 날 징조이니 떠나지 않는 것이 좋으며 사람을 잘 못 사귀면 관재수에 휘말릴 징조이니 각별히 조심을 해야 할 것이다. 이 달 운은 내것이 소중하면 남의 것도 소중한 줄 알고 생활해야 할 것이다. 이 달은 이사운이 대길하다.

5월	매사가 힘들고 어려워도 실망하지 말고 끈기 있게 밀고 나간다면 중순에서 하순 사이에 막혔던 일들이 풀려 나갈 운세이다. 다만 시비와 구설수가 있으니 남의 말을 하지도 말고 믿지도 말라. 이 달 운은 대박을 노리지 말라. 재산만 날린다.
6월	꿈자리도 뒤숭숭하고 매사가 잘 되어 가는 듯하다가도 막히는 현상이 자주 일어날 징조이니 끈기와 인내가 필요하라. 또한 충돌수가 있으니 각별히 차조심을 해야 할 것이다. 재물은 들어온다 해도 곧 나가는 운세이다. 이달 운은 자존심을 버리면 재물이 따른다.
7월	먼 여행은 사고가 날 징조이니 떠나지 않는 것이 좋으리라. 또한 흉허물 없는 사람과 사소한 일로 다툼이 일어나 결별할 징조이니 지나친 농담을 삼가하고 자존심 상하게 하는 말을 자제해야 할 것이다. 이 달 운은 평소 아끼던 물건을 잃어버리기 쉬우니 조심하라
8월	꾀하는 일마다 힘이 들고 진전이 없으며 도와주는 사람이 없으니 외롭고 고독한 운세이다. 또한 가정에 우환이 있거나 당신이 병원을 출입할 징조이니 과음,과식을 삼가하고 각별히 건강관리에 신경을 써야 할 것이다. 이 달 운은 분수를 지켜야 작은 행운이라도 얻을 수 있다.
9월	관재수와 손재수가 있으니 보증을 서거나 동업 · 금전거래 · 어음할인 · 낙찰계 · 주식투자 등에 손대지 말라. 또한 망신수가 있으니 이성문제에 각별히 조심을 해야 할 것이다. 이 달 운은 걱정거리가 생긴다 해도 충분히 감당해 나갈 수 있을 것이다.
10월	몸과 마음이 바쁘고 하는 일은 많으나 실속이 없으니 마음이 심란하고 초조할 징조이다. 또한 친한 사람과 사소한 일로 다툼이 일어날 징조이니 각별히 말조심하라. 특히 실물수가 있으니 도둑을 조심해야 할 것이다. 이 달은 직장 또는 집을 옮기게 될 징조이다.
11월	당신을 위해서라면 간도 빼 줄 것처럼 행동하던 사람이 하루 아침에 배신을 할 징조이니 당신의 약점 또는 비밀에 부쳤던 속마음을 함부로 말하지 말라. 이 점만 주의한다면 금전운은 양호한 편이다. 특히 초순에서 중순 사이에 기쁜 일이 있을 징조이다.
12월	한 가지 문제가 해결되면 또 한 가지 문제가 터져나와 마음이 심란하고 초조할 징조이니 끈기와 인내가 필요하며 침착하게 대비하는 마음의 준비가 요구되는 달이다. 이 달 운은 노력해서 안 되는 일이라 판단되면 빠르게 포기하는 것이 좋으리라.

432 豊之大壯 [괘] [상]

교지월상(交趾越裳)
원헌백치(遠獻白雉)

교지의 월상씨가 멀리서 흰 꿩을
보내오는 형상이다.

해설	가정에 경사가 있거나 문서로 인한 횡재수가 있을 운세이며 계획한 일들이 순조롭게 진행될 징조이다. 또한 기다리던 곳에서 반가운 소식이 올 운세이다. 다만 관재수와 망신수가 있으니 각별히 조심해야 할 것이다. 특히 실물수와 화액수가 있으니 도둑을 조심하고 불조심을 해야 할 것이다.
금년의 운세	건강운은 위장병이 생길 징조이니, 과음, 과식을 삼가하고 지나치게 커피를 많이 마시지 않도록 노력을 해야 할 것이다. 시험운은 좋은 결과를 얻게 될 징조이며, 취직운은 원하는 직장을 얻게 된다. 직장운은 승진이 있을 징조이다. 재물운은 고기가 물을 만난 격이다.
1월	서쪽과 북쪽 방향의 먼 여행은 사고가 날 징조이니 떠나지 않는 것이 좋으리라. 또한 흉허물 없는 사람과 사소한 일로 다툼이 일어날 징조이니 지나친 농담을 삼가하고 자존심을 상하게 하는 말을 자제해야 할 것이다. 이 달 운은 직장 또는 사람문제로 마음 고생을 하게 된다.
2월	금전문제는 어려울 때마다 융통은 되겠으나 매사 하는 일에 어려움과 변화가 따를 징조이니 끈기와 인내가 필요하리라. 기다리는 소식은 중순경에 오게 될 운세이다. 특히 충돌수가 있으니 말조심하라. 이 달은 시험운, 취직운이 좋으며 명예도 얻으리라.
3월	당신이 하는 일이 겉보기에는 화려해 보이고 실속이 없으니 마음이 심란하고 초조할 징조이다. 재물은 들어온다 해도 곧 나가는 운세이며 망신수가 있으니 각별히 이성문제에 조심을 해야 할 것이다. 이 달 운은 식구가 한사람 늘거나 줄거나 둘 중의 하나이다.
4월	운수가 대통하니 매사가 순조롭게 진행되고 안 될 것이라고 생각한 일도 풀려 나갈 징조이며 기다리던 곳에서 반가운 소식이 올 운세이다. 다만 관재수가 있으니 보증을 서거나 증권에 손대지 말라. 손대면 빚쟁이가 될 것이다.

5월	매사가 힘들고 어려워도 실망하지 말고 끈기 있게 밀고 나간다면 중순에서 하순 사이에 막혔던 일들이 풀려 나갈 운세이다. 다만 사람을 잘 못 사귀면 관재수에 휘말릴 징조이니 각별히 조심을 해야 할 것이다. 이 달 운은 실패와 실수를 혼동하지 말라.
6월	관재수와 손재수가 있으니 보증을 서거나 동업 금전거래 · 낙찰계 · 어음할인 · 주식투자 등에 손대지 말라. 또한 망신수가 있으니 각별히 이성문제에 조심을 해야 할 것이다. 이 달 운은 급할수록 돌아서 갈 줄 아는 신중함이 필요하다.
7월	몸과 마음이 바쁘고 하는 일은 많으나 실속이 없으니 마음이 심란하고 초조할 징조이다. 돈벼락이나 맞았으면 좋겠다는 생각이 간절한 달이다. 특히 실물수가 있으니 지갑이나 귀중품 단속에 신경을 써야 할 것이다. 이 달 운은 실망은 이르니 희망을 접지 말고 기다리시라.
8월	막혔던 일들은 초순에서 중순 사이에 풀려 나갈 징조이다. 다만 중순 이후부터 하순까지는 매사가 꼬일 징조이니 중요한 약속이나 계획 등은 호언장담하지 않는 것이 좋으리라. 이 달 운은 남을 믿고 진행하는 일이라면 절대로 확신하지 말라.
9월	당신이 노력한 만큼의 수입과 이익을 올릴 수 있는 운세이다. 그러나 생각지 않은 지출이 많을 징조이다. 또한 친한 사람으로부터 돈 좀 빌려 달라는 요청을 받게 될 징조이다. 그러나 결과가 좋지 않을 운세이니 기분 상하지 않게 거절하는 것이 좋으리라.
10월	적으면 적은 대로 많으면 많은 대로 현실에 만족을 느껴야 하며 혹여 투기성 있는 업종(주식투자 · 낙찰계 · 어음할인)에 손을 대면 이익은커녕 본전까지 날릴 운세이니 자중자애해야 할 것이다. 이 달 운은 육체적으로나 정신적으로 불안정한 시기가 된다.
11월	운수가 대통하니 매사가 순조롭게 진행되고 안 될 것이라고 생각한 일도 풀려 나갈 징조이다. 또한 문서로 인한 횡재 또는 가정에 경사가 있을 운세이다. 다만 충돌수가 있으니 차조심을 해야 할 것이다. 이 달 운은 말을 줄이고 생각은 깊게 하라.
12월	주변에 얽히고 설켰던 일들이 하나씩 정리되면서 심신의 안정을 찾게 될 운세이다. 또한 기다리던 곳에서 반가운 소식이 올 징조이며 재물은 애써 구하지 않아도 저절로 들어올 운세이다. 다만 과음하지 말라. 그 동안의 노력이 물거품이 된다.

433

괘

복어교하(伏於橋下)
음사수지(陰事誰知)

豊之震 | 상 |

다리 아래 엎드려서 한 일을
누가 알리요.

해설 큰 재물은 어려워도 작은 재물은 들어올 운세이다. 다만 가정에 우환이 있거나 당신이 병원을 출입할 징조이니 과음, 과식을 삼가하고 각별히 건강관리에 신경을 써야 할 것이다. 특히 먼 여행은 사고가 날 징조이니 떠나지 않는 것이 좋으리라. 또한 보증을 서거나 금전거래를 삼가하라.

금년의 운세

시험운은 실력에 맞는 곳에 응시하라. 취직운은 눈높이를 낮추면 가능하며, 직장운은 이동수가 있다. 승진은 다음 기회를 노려야 할 것이다. 재물운은 상반기는 고전을 하게 되며 하반기부터 풀려 나갈 운세이다.

1월

너무 큰 것을 기대하지 말고 작은 것에 만족해야 할 운세이다. 또한 금전적으로 어려움이 있을 징조이니 지출을 최대한 줄여야 할 것이다. 특히 충돌수가 있으니 각별히 말조심, 길조심해야 할 것이다. 이 달 운은 상대가 진정 원하는 것이 무엇인지 귀를 기울여라.

2월

매사에 어려움이 따르고 애써 노력은 하지만 결과가 없으니 마음이 심란하고 초조하여 짜증이 많이 날 징조이다. 이 달은 관재수가 있으니 매사에 눈에 거슬리고 화가 나는 일이 있어도 참고 또 참아야 할 것이다. 특히 중순에서 하순 사이에 바람피우지 말라.

3월

큰 재물은 어려워도 작은 재물은 들어올 운세이다. 다만 흉허물 없는 사람과 사소한 일로 다툼이 일어나 결별할 징조이니 조금씩 양보하고 이해하는 아량을 베풀어야 할 것이다. 이 달 운은 새로운 인연이 찾아온다. 다가오는 인연을 놓치지 말라.

4월

친척이나 친구 또는 주변에 잘 아는 사람이 당신에게 거시기에 투자하면 떼돈을 벌 수 있다는 유혹을 하거나 돈 좀 빌려 달라는 요청을 받게 될 징조이다. 투자를 하거나 금전거래를 하게 되면 결과가 좋지 않으니 자중자애해야 한다.

160

5월	세워 놓은 계획은 많아도 여건이 당신을 돕지 않으며 훼방을 놓는 사람이 있어 연기 또는 취소될 징조이니 끈기와 인내가 필요하리라. 재물은 들어온다 해도 곧 나가는 운세이며 이동수가 있으니 직장이나 집을 옮기게 될 징조이다.
6월	매사가 힘들고 어려워도 하고야 말겠다는 굳은 의지와 끈기가 필요하리라. 금전운은 중순경이 양호하며 하순경에는 당신이 병원을 출입할 징조이니 과음,과식을 삼가고 각별히 건강관리에 신경을 써야 할 것이다. 이 달 운은 평소 아끼던 물건을 잃어버리기 쉬우니 조심하라.
7월	생각지 않은 지출이 많을 징조이며 당신을 위해서라면 간도 빼 줄 것처럼 행동하던 사람이 하루 아침에 배신을 할 징조이니 당신의 약점 또는 비밀에 부쳤던 속마음을 함부로 말하지 말라. 이 달 운은 긍정적으로 극복하려는 마음가짐이 중요하다.
8월	가정에 우환이 생기거나 흉허물 없는 사람과 의견 충돌로 인하여 다툼이 일어나 결별할 징조이니 조금씩 양보하고 이해하는 아량을 베풀어야 할 것이다. 재물은 들어온다 해도 곧 나가는 운세이다. 이 달 운은 사람들을 많이 만날수록 좋은 일을 만들 수 있다.
9월	기대했던 사람이 당신의 부탁을 거절하고 도움을 주지 않을 것이라고 생각했던 사람이 의외로 당신의 어려움을 해결해 줄 운세이다. 막혔던 일들은 중순에서 하순 사이에 풀려 나갈 징조이다. 다만 망신수가 있으니 바람 피우지 말라.
10월	관재, 구설수가 있으니 당신의 가정일을 남들에게 함부로 말하지 말라. 말하는 것마다 구설이 되어 당신의 심기를 불편하게 할 징조이다. 특히 충돌수가 있으니 차조심을 해야 할 것이다. 금전운은 양호한 편이다. 각별히 도둑을 조심하라. 실물수가 있으므로.
11월	새로운 일을 시작하거나 확장 · 동업 · 주식투자 · 낙찰계 · 어음할인 · 금전거래 등을 하지 말라. 반드시 큰 손해가 따르리라. 또한 망신수가 있으니 이성문제에 조심을 해야 할 것이다. 특히 차조심하라. 이 달 운은 줄 것은 주고 받을 것은 받고 깔끔한 마무리가 필요하다.
12월	사람을 잘 못 사귀면 관재수에 휘말릴 징조이니 각별히 조심을 해야 할 것이다. 또한 화재수가 있으니 불조심하라. 이 점만 주의한다면 금전운은 양호한 편이 될 것이다. 이 달 운은 힘들다고 자신의 일을 남에게 맡기려 하지 말라.

441

괘 ䷲䷏

군치진비(群雉陣飛)
호응진익(胡鷹振翼)

震之豫 **상**

뭇꿩이 떼로 날으니 큰 매가
날개를 떨치는 형상이다.

해설	세워놓은 계획은 많아도 여건이 당신을 돕지 않으며 훼방을 놓는 사람이 있어 연기 또는 취소될 징조이니 끈기와 인내가 필요하리라. 금년의 운수는 머무는 곳에서 이동, 변동수가 있을 징조이다. 특히 충돌수가 있으니 차조심하라. 또한 건강관리에 각별히 신경을 써야 할 것이다.

<table>
<tr><td rowspan="1">금년의 운세</td><td>시험운은 좋은 편이니 노력한 보람이 있을 징조이다. 취직은 어렵지 않게 될 운세이며, 직장운은 윗사람·아랫사람·동료들과 대인관계가 원활하도록 노력을 해야 할 것이다. 재물운은 지출을 줄이는 것만이 최선이다.</td></tr>
<tr><td>1월</td><td>재물운은 있으나 얻는 것보다 잃는 것이 많으며 친척이나 친구 또는 형제지간에 사소한 일로 다툼이 일어나 우애가 갈라지거나 결별할 징조이니 조금씩 양보하고 이해하는 아량을 베풀어야 할 것이다. 특히 토성(土姓)을 조심하라.</td></tr>
<tr><td>2월</td><td>몸과 마음이 바쁘고 하는 일은 많으나 실속이 없으니 마음이 심란하고 초조할 징조이다. 또한 사람을 잘 못 사귀면 관재수에 휘말릴 징조이니 각별히 조심해야 할 것이다. 막혔던 일들은 하순경에 풀리리라. 이 달 운은 솔직한 모습을 보여 주는 것이 좋은 결과를 가져온다.</td></tr>
<tr><td>3월</td><td>아니꼬운 일이 많아서 하던 일을 당장 때려치우고 새로운 일을 해 보려는 마음이 간절한 달이다. 그러나 새로운 일을 시작하게 되면 큰 손해를 보게 될 징조이니 자중자애하는 것이 좋으리라. 이 달은 현실에 감사하고 살면 천국이요, 불평하고 살면 지옥이다.</td></tr>
<tr><td>4월</td><td>먼 여행은 사고가 날 징조이니 떠나지 않는 것이 좋으리라. 또한 당신이 병원을 출입할 징조이니 과음, 과식을 삼가하고 각별히 건강관리에 신경을 써야 할 것이다. 금전운은 중순에서 하순 사이가 좋으리라. 이 달 운은 기다리지 말고 적극적으로 다가가야 성공한다.</td></tr>
</table>

5 월	잘 되어 가던 일들이 꼬일 징조이니 계획을 크게 잡지 말고 축소하는 것이 좋으리라. 또한 초상집을 문상하고 오면 돌아온 후 액운이 있으니 부조금만 보내는 것이 좋으리라. 특히 이 달 운은 분수를 지켜야 작은 행운이라도 얻을 수 있다.
6 월	가정에 우환이 생기거나 당신이 병원을 출입할 징조이니 과음, 과식을 삼가하고 각별히 건강관리에 신경을 써야 할 것이다. 또한 먼 여행은 사고가 날 징조이니 떠나지 않는 것이 좋으리라. 이 달 운은 정신적으로나 금전적으로 고민하던 문제가 해결된다.
7 월	재물을 잃을 징조이니 보증을 서거나 금전거래 · 낙찰계 · 동업 · 어음할인 · 주식투자 등을 하지 말라. 이 달은 생각지 않은 지출이 많을 징조이며 특히 먼 여행을 떠나게 되면 도둑을 맞거나 여행 도중에 사고가 날 징조이니 떠나지 말라.
8 월	남 모르는 괴로움이 있어 심신이 피곤하고 도와주는 사람이 없으니 외롭고 고독한 운세이다. 금전은 어려울 때마다 융통은 되겠으나 매사에 막히는 일이 많을 징조이다. 이 달 운은 긁어 부스럼 만들지 말고 내일을 도모하라.
9 월	사람을 잘 못 사귀면 관재수에 휘말릴 징조이니 각별히 조심을 해야 할 것이다. 또한 망신수가 있으니 이성문제에 각별히 조심을 하라. 이 점만 주의한다면 금전운은 양호한 편이 될 것이다. 막혔던 일들은 초순경에 풀린다. 다만 과음하지 말라. 그 동안의 노력이 물거품이 된다.
10 월	당신이 믿고 의지하던 사람이 당신 곁을 떠나게 될 징조이며 가정에 환자가 발생할 운세이다. 또한 생각지 않은 지출이 많을 운세이다. 특히 충돌수가 있으니 먼 여행을 떠나지 말 것이며, 차조심하라. 이 달 운은 실수와 실패를 혼동하지 말라.
11 월	운수가 대통하니 매사가 순조롭게 진행되고 안 될 것이라고 생각했던 일도 풀려 나갈 징조이다. 또한 가정에 경사가 있거나 문서로 인한 횡재수가 따르는 운세이다. 다만 관재수와 구설수가 있으니 말조심, 술조심하라. 이 달 운은 말보다 실천이 중요하다.
12 월	관재, 구설수가 있으니 당신의 가정일을 남들에게 함부로 말하지 말라. 말하는 것마다 구설이 되어 당신의 심기를 불편하게 할 징조이다. 큰 재물은 어려워도 작은 재물은 얻으리라. 특히 화성(火姓)을 주의하라. 이 달 운은 부담되는 일이라면 처음부터 거절하는 것이 좋으리라.

442

震之歸妹 | 괘 | 상 |

망망대해(茫茫大海)
우풍고도(遇風孤棹)

망망대해에서 바람을 만난
외로운 돛대로다.

해설	몸과 마음이 바쁘고 하는 일을 많으나 실속이 없으니 마음이 심란하고 초조할 징조이다. 또한 당신이 병원을 출입하거나 가정에 우환이 있을 징조이다. 특히 사기를 당할 징조이니 각별히 조심하라. 금년은 이사를 하면 좋으리라.

금년의 운세	시험운은 정신이 산만하여 아는 문제도 놓칠 우려가 있으니 각별히 유의하라. 취직운은 분수에 맞는 곳이면 가능하며, 직장운은 이동수가 있다. 승진은 기대하지 말라. 재물운은 절약하는 것만이 최선이다.

1 월	가정에 우환이 생기거나 흉허물 없는 사람과 사소한 일로 다툼이 일어나 결별할 징조이니 조금씩 양보하고 이해하는 아량을 베풀어야 할 것이다. 또한 실물수가 있으니 지갑이나 귀중품 단속에 신경 써야 할 것이다. 이달 운은 어려움을 피하지 말고 정면 돌파하면 성공한다.

2 월	자존심을 내세우면 잘 되어 가던 일들이 꼬일 징조이니 조금씩 양보하는 아량을 베풀어야 할 것이다. 또한 재물을 잃을 징조이니 보증을 서거나 금전거래 · 동업 · 어음할인 · 낙찰계 · 주식투자 등에 손대지 말라. 이 달은 직장 또는 집을 옮기게 될 징조이다.

3 월	적으면 적은 대로 많으면 많은 대로 현실에 만족해야 할 운세이다. 혹여 새로운 일을 시작하거나 확장, 직업 변동을 하게 되면 얻는 것보다 잃는 것이 많으니 자중자애해야 할 것이다. 이 달 운은 한 우물을 파야 길이 보이며 바라는 만큼 얻으리라.

4 월	매사에 어려움이 따르고 애써 노력은 하지만 결과가 없으니 마음이 심란하고 초조하여 짜증이 많이 나게 될 징조이다. 특히 구설수가 있으니 당신의 가정일을 남들에게 함부로 말하지 말라. 이 달 운은 조금은 손해볼줄도 알아야 지금의 자리도 지킬 수 있을 것이다.

5월	큰 재물은 어려워도 작은 재물은 들어올 운세이다. 다만 먼 여행은 사고가 날 징조이니 떠나지 않는 것이 좋으리라. 또한 초상집을 문상하고 오면 돌아온 후 액운이 있으니 부조금만 보내는 것이 좋으리라. 이 달 운은 고수익·이자·배당금을 준다는 말에 현혹되지 말라. 재산만 날린다.
6월	사람을 잘 못 사귀면 관재수에 휘말릴 징조이니 각별히 조심을 해야 할 것이다. 또한 망신수가 있으니 이성문제에 조심하라. 이 달은 생각지 않은 지출이 많을 징조이다. 재물은 들어온다 해도 곧 나가는 운세이다. 특히 증권에 손대지 말라. 손대면 빚쟁이가 될 것이다.
7월	친척이나 친구 또는 주변에 잘 아는 사람이 당신에게 거시기에 투자를 하면 떼돈을 벌 수 있다는 유혹을 하거나 돈 좀 빌려 달라는 요청을 받게 될 징조이다. 투자를 하거나 금전거래를 하면 결과가 좋지 않으니 자중자애해야 할 것이다.
8월	먼 여행은 사고가 날 징조이니 떠나지 않는 것이 좋으리라. 또한 수액수가 있으니 각별히 물조심을 해야 할 것이다. 생각지 않은 지출이 많을 징조이며 재물은 들어온다 해도 곧 나가는 운세이다. 이 달 운은 돈을 빌려 주지 말라. 빌려 주면 100% 돈 떼인다.
9월	남쪽과 북쪽 방향의 먼 여행은 사고가 날 징조이니 떠나지 않는 것이 좋으리라. 또한 망신수가 있으니 각별히 이성 문제에 조심을 해야 할 것이다. 큰 재물은 어려워도 작은 재물은 저절로 들어올 운세이다. 다만 보증을 서거나 주식투자, 금전거래 등을 하지 말라.
10월	매사가 힘들고 어려워도 실망하지 말고 끈기 있게 밀고 나간다면 중순에서 하순 사이에 막혔던 일들이 풀려 나갈 운세이다. 또한 머무는 곳에서 이동, 변동할 운세이다. 이 달 운은 상대가 진정 원하는 것이 무엇인지 귀를 기울여라.
11월	재물을 잃을 징조이니 주식투자를 하거나 보증을 서지 말라. 또한 새로운 일을 시작하거나 확장 또는 직업 변동을 하지 말라. 특히 관재수가 있으니 이성문제에 조심을 해야 할 것이다. 이 달 운은 동업은 깨어지기 쉽고 가까운 사람과는 다툴 수 있다.
12월	친목회, 동창회 또는 어떤 모임에 참석하여 사소한 일로 다툼이 일어나 몸에 상처가 날 징조이니 각별히 말조심을 해야 할 것이다. 특히 충돌수가 있으니 먼 여행을 떠나지 말 것이며 차조심하라. 이 달 운은 돌다리도 두들겨 보고 건너듯이 매사 조심해야 할 것이다.

443

震之豊 [상] 　[괘]

육월염천(六月炎天)
한와고정(閑臥高亭)

유월 염천에 한가롭게 높은
정자에 누워 있는 형상이다.

해설	매사가 힘들고 어려워도 실망하지 말고 끈기있게 밀고 나간다면 좋은 결과를 얻게 될 운세이다. 또한 소망하는 일 중에서 한 가지는 반드시 이를 수 있는 운세이다. 다만 관재수와 실물수가 있으니 각별히 조심해야 할 것이다.
금년의 운세	건강운은 심장 질환이나 폐 질환이 있을 우려가 있으니 정기적으로 의사의 진찰을 받는 것이 좋으리라. 시험운은 작년에 떨어진 시험이라면 합격한다. 직장운은 부수입이 있는 자리로 옮길 징조이며 취직운은 실력 발휘를 할 수 있는 직장을 얻게 된다. 재물운은 생활하는 데 어려움은 없다.
1월	매사가 힘들고 어려워도 끈기 있게 밀고 나간다면 중순에서 하순 사이에 막혔던 일들이 풀려나갈 징조이다. 다만 병원을 출입할 징조이니 과음, 과식을 삼가고 각별히 건강관리에 신경을 써야 할 것이다. 이 달 운은 대박을 노리지 말라. 재산만 날린다.
2월	사람을 잘 못 사귀면 관재수에 휘말릴 징조이니 각별히 조심해야 할 것이다. 이 달은 머무는 곳에서 이동, 변동할 운세이다. 특히 흉허물 없는 사람과 사소한 일로 다툼이 일어나 결별할 징조이니 말조심하라. 이 달은 자존심을 버리면 재물이 따른다.
3월	해서는 안 될 말을 잘못 전하여 평지풍파가 일어날 징조이니 각별히 입을 무겁게 해야 할 것이다. 또한 손재수가 있으니 보증을 서거나 주식투자 · 금전거래 · 낙찰계 · 어음할인 동업 등에 손대지 말라. 특히 차조심하라. 이 달 운은 절약하는 것이 최선이다.
4월	초상집에 문상하게 되면 돌아온 후 액운이 있으니 부조금만 보내는 것이 좋으리라. 또한 실물수가 있으니 지갑이나 귀중품 단속에 신경을 써야 할 것이다. 이 달 운은 노력해서도 안 되는 일이라 판단되면 빠르게 포기하는 것이 이롭다.

166

5월	생각지 않은 지출이 많을 징조이며 흉허물 없는 사람과 사소한 일로 다툼이 일어나 결별할 징조이니 지나친 농담을 삼가하고 자존심 상하게 하는 말을 자제해야 할 것이다. 특히 실물수가 있으니 도둑을 조심하라. 이 달 운은 말보다 실천이 중요하다.
6월	자존심을 내세우면 잘 되어 가던 일들이 꼬일 징조이니 조금씩 양보하고 이해하는 아량을 베풀어야 할 것이다. 또한 친한 사람에게 배신을 당하거나 사기를 당할 징조이니 당신의 속마음을 함부로 말하지 말고 금전거래를 하지 말라.
7월	일은 뼈 빠지게 하고 들어오는 소득은 적으니 마음이 심란하고 초조할 징조이다. 돈벼락이나 맞았으면 좋겠다는 생각이 간절한 달이다. 특히 충돌수와 수액수가 있으니 차조심, 물조심을 해야 할 것이다. 이 달 운은 싸우지 않고 이기는 방법은 상대방을 설득하는 것이다.
8월	문서로 인한 횡재수가 있거나 나갔던 재물이 들어올 운세이다. 또한 추첨운이 대길하니 주택청약예금을 들어 놓았다면 아파트 신청 접수를 해 보시라. 좋은 결과가 있을 징조이다. 다만 실물수가 있으니 도둑을 조심하라. 이 달 운은 시작이 반 매사에 적극적으로 하라.
9월	가정에 우환이 생기거나 당신이 병원을 출입할 징조이니 과음, 과식을 삼가하고 각별히 건강관리에 신경을 써야 할 것이다. 또한 망신수가 있으니 이성문제에 각별히 조심을 하라. 이 달 운은 직장 또는 사람으로 인하여 마음 고생을 하게 된다.
10월	머무는 곳에서 이동, 변동할 징조이다. 이사운이 대길하니 이사를 하려고 마음을 먹었으면 하시라 좋은 일이 있을 징조이다. 또한 막혔던 일들도 중순에서 하순 사이에 풀릴 운세이다. 다만 관재수가 있으니 차조심하라. 이 달은 강·이·조·박·장·안·정씨 등을 조심하라.
11월	먼 여행은 사고가 날 징조이니 떠나지 않는 것이 좋으리라. 또한 구설수가 있으니 당신의 가정일이나 신상에 관한 일들을 남들에게 함부로 말하지 말라. 말하는 것마다 구설이 되어 당신의 심기를 불편하게 할 징조이다. 이 달 운은 한 번은 울고, 한 번은 웃으리라.
12월	얽히고 설켰던 일들이 하나씩 정리되면서 심신의 안정을 찾게 될 징조이며 당신이 해 놓은 일이 주변 사람들에게 인정을 받게 될 운세이다. 다만 목성(木姓)이 당신에게 금전적인 피해를 입힐 징조이니 각별히 조심하라. 이 달 운은 능력의 한계를 인정하면 편해진다.

451

괘

恒之大壯 **상**

청산귀객(靑山歸客)
일모망보(日暮忙步)

청산에 돌아가는 길손이 날이
저물어 바삐 걷는 형상이다.

해설	적으면 적은 대로 많으면 많은 대로 현실에 만족해야 할 운세이다. 혹여 새로운 일을 시작하거나 확장 또는 직업 변동을 하게 되면 얻는 것보다 잃는 것이 많으니 자중자애해야 할 것이다. 특히 관재수가 있으니 조심하라. 금년은 집을 짓지 말라.
금년의 운세	건강운은 고혈압·저혈압 또는 호흡기 계통의 질환이 있을 징조이니, 정기적으로 의사의 진찰을 받는 것이 좋으리라. 시험운은 좋은 결과를 얻게 되며 취직운은 봉급은 적어도 적성에 맞는 직장을 얻게 된다. 직장운은 승진은 어렵다.
1월	잘 되어 가던 일들이 꼬일 징조이니 계획을 크게 잡지 말고 축소하는 것이 좋으리라. 또한 구설수가 있으니 당신의 가정일이나 신상에 관한 일들을 남들에게 함부로 말하지 말라. 특히 충돌수가 있으니 말조심하라. 또한 관재수가 있으니 목성(木姓)을 조심하라.
2월	몸과 마음이 바쁘고 하는 일은 많으나 실속이 없으니 마음이 심란하고 초조하여 짜증이 많이 나게 될 징조이다. 생각지 않은 지출이 많을 징조이며 특히 먼 여행은 사고가 날 징조이니 떠나지 않는 것이 좋으리라. 이 달 운은 자존심을 버리면 재물이 따른다.
3월	친척이나 친구 또는 주변에 잘 아는 사람이 당신에게 거시기에 투자하면 떼돈을 벌 수 있다는 달콤한 유혹을 하거나 돈 좀 빌려 달라는 요청을 받게 될 징조이다. 투자를 하거나 금전거래를 하게 되면 결과가 좋지 않으리라. 이 달은 시험·취직·이사·맞선 등이 대길하다.
4월	막혔던 일들은 초순에서 중순 사이에 풀려 나갈 운세이다. 또한 큰 재물은 어려워도 작은 재물은 들어올 징조이다. 다만 손재수가 있으니 보증을 서거나 주식투자·동업·낙찰계·어음할인·금전거래 등을 하지 말라. 이 달 운은 식구가 한 사람 늘거나 줄거나 둘 중의 하나다.

168

5 월	노력한 만큼의 대가는 얻을 수 있으나 지출이 많을 징조이며 하는 일마다 어려움이 따르고 애로 사항이 많을 징조이다. 이 달 운은 경쟁을 피하지 말고 과감하게 경쟁해야 좋은 결과를 얻을 것이다. 특히 힘들다고 자신의 일을 남에게 맡기지 말라.
6 월	초상집을 문상하게 되면 돌아온 후 액운이 있으니 부조금만 보내는 것이 좋으리라. 또한 먼 여행은 사고가 날 징조이니 떠나지 않는 것이 좋으리라. 특히 송사수가 있으니 도장을 찍는 일은 경솔하게 하지 말고 심사숙고 해야 할 것이다.
7 월	쓸 곳은 많은데 수입은 쥐꼬리만큼 들어오니 정신적으로 피곤할 징조이다. 돈벼락이나 맞았으면 좋겠다는 생각이 간절한 달이다. 특히 병원을 출입할 징조이니 과음, 과식을 삼가고 각별히 건강관리에 신경을 써야 할 것이다.
8 월	큰 재물은 어려워도 작은 재물은 들어올 운세이다. 다만 관재·구설수가 있으니 눈에 거슬리고 화가 나는 일이 있어도 참고 또 참아야 하느니라. 특히 실물수가 있으니 지갑이나 귀중품 단속에 신경써야 할 것이다. 이 달 운은 이럴까 저럴까 망설이다 세월을 보낸다.
9 월	운수가 대통하니 매사가 순조롭게 진행되고 안 될 것이라 생각한 일들도 풀려 나갈 징조이다. 또한 문서로 인한 횡재 또는 가정에 경사가 있을 운세이다. 이 달 운은 술 냄새만 맡았어도 차 운전하지 말라. 그동안의 노력이 물거품이 된다.
10 월	남쪽 방향의 먼 여행은 사고가 날 징조이니 떠나지 않는 것이 좋으리라. 또한 손재수가 있으니 지갑이나 귀중품 단속에 각별히 신경 써야 할 것이다. 이 달은 생각지 않은 지출이 많을 징조이다. 그러나 금전운은 양호한 편이다.
11 월	매사가 힘들고 어려워도 실망하지 말고 끈기 있게 밀고 나간다면 중순에서 하순 사이에 막혔던 일들이 풀려 나갈 징조이다. 큰 재물은 어려워도 작은 재물은 들어올 운세이다. 다만 도둑을 조심하고 대박을 노리지 말라. 재산만 날린다.
12 월	주변 사람들의 눈을 지나치게 의식해서 욕심을 부리기보다는 한 가지 목표를 분명하게 정해서 끈기 있게 밀고 나가는 자세가 필요한 달이다. 금전은 어려울 때마다 융통은 되겠으나 충돌수가 있으니 차조심하라. 또한 관재수가 있으니 바람을 피우지 말라. 망신만 당한다.

169

452

괘

恒之小過　상

몽득양필(夢得良弼)
진위가지(眞僞可知)

꿈 속에 귀인이 나타나 앞일을
일러주니 생시에 진실과 거짓을
알 수 있는 형상이다.

해설	기대했던 사람이 당신의 부탁을 거절하고 도움을 주지 않을 것이라고 생각했던 사람이 의외로 당신의 어려움을 해결해 줄 운세이다. 금년의 운수는 머무는 곳에서 이동, 변동할 징조이다. 특히 도둑을 조심하라. 또한 고수익·이자·배당금을 준다는 말에 현혹되지 말라.
금년의 운세	건강운은 좋은 편이다. 다만, 가벼운 질환에 걸리더라도 증세가 악화될 우려가 있으니, 서둘러 치료를 해야 할 것이다. 시험운은 턱걸이 운세이니, 남들보다 두 곱은 노력해야 할 것이다. 취직은 눈높이를 낮추면 가능하며, 직장운은 이동수가 있다. 승진은 힘 있는 사람에게 부탁하면 가능하다.
1월	큰 재물은 어려워도 작은 재물은 들어올 운세이다. 다만 관재, 구설수 있으니 눈에 거슬리고 화가 나는 일이 있어도 참고 또 참아야 할 것이다. 이 달 운은 망설이다가 기회를 놓치지 말고 자신있게 도전하는 것이 좋으리라.
2월	친척이나 친구 또는 주변에 잘 아는 사람과 의견 충돌로 인하여 다툼이 일어나 결별할 징조이니 조금씩 양보하고 이해하는 아량을 베풀어야 할 것이다. 또한 손재수가 있으니 남을 믿고 진행하는 일이라면 절대로 확신하지 말라.
3월	가정에 경사가 있거나 기다리던 곳에서 반가운 소식이 올 운세이다. 다만 당신이 병원을 출입할 징조이니 과음·과식을 삼가고 각별히 건강관리에 신경을 써야 할 것이다. 금전운은 어려움에서 벗어날 징조이다. 이 달 운은 배짱을 부리면 낭패를 보게 된다.
4월	관재, 구설수가 있으니 당신의 가정일이나 신상에 관한 일을 남들한테 함부로 말하지 말라. 말하는 것마다 구설이 되어 당신의 심기를 불편하게 할 징조이다. 막혔던 일들은 초순에서 중순 사이에 풀리게 될 것이다. 이 달 운은 과음하지 말라. 그 동안의 노력이 물거품이 된다.

5 월	재물을 잃을 운세이니 새로운 일을 시작하거나 확장 동업·직업 변동·주식투자·낙찰계·어음할인 등을 하지 말라. 또한 망신수가 있으니 각별히 이성문제에 조심을 해야 할 것이다. 이 달 운은 분수를 지켜야 작은 행운이라도 얻을 수 있다.
6 월	좋은 일과 나쁜 일이 반반씩 섞여 있는 운세이다. 즉 매사가 순조롭게 진행되고 안 될 것이라고 생각했던 일들도 풀려 나갈 징조이다. 다만 가정에 우환이 생기거나 도둑을 맞을 징조이니 각별히 조심을 해야 할 것이다. 특히 중순에서 하순 사이에 동방으로 이사 가지 말라.
7 월	당신이 병원을 출입하거나 가정에 환자가 생길 징조이다. 또한 먼 여행을 떠나게 되면 사고가 날 징조이니 떠나지 않는 것이 좋으리라. 큰 재물은 어려워도 작은 재물은 들어올 운세이다. 이 달 운은 당신이 믿고 의지하던 사람이 당신 곁을 떠나게 될 징조이다.
8 월	생활에 큰 어려움은 없으나 생각지 않은 지출이 많을 운세이다. 또한 망신수가 있으니 각별히 이성문제에 조심을 해야 할 것이다. 특히 오래간만에 만난 친척이나 친구 또는 주변에 잘 아는 사람과 다툼이 있을 징조이니 말조심하라.
9 월	당신을 위해서라면 간도 빼 줄 것처럼 행동하던 사람이 하루 아침에 배신을 하게 될 징조이니 당신의 약점이나 비밀에 부쳤던 속마음을 함부로 말하지 말라. 또한 화액수와 실물수가 있으니 불조심과 도둑을 조심하라. 이 달 운은 돈을 빌려 주지 말라. 빌려 주면 돈 떼인다.
10 월	당신과 가장 친하게 지내는 사람과 사소한 일로 다툼이 일어나 결별할 징조이니 지나친 농담을 삼가고 자존심 상하게 하는 말을 자제해야 할 것이다. 특히 충돌수가 있으니 차조심을 해야 할 것이다. 이 달은 이사를 하거나 직장을 옮기게 될 징조이다.
11 월	운수가 대통하니 매사가 순조롭게 진행되고 안 될 것이라고 생각했던 일들도 풀려 나갈 징조이다. 또한 문서로 인한 횡재수가 있거나 가정에 경사가 있을 징조이다. 이 달 운은 생활필수품은 돈이요 삶의 필수품은 신뢰라는 생각으로 생활해야 할 것이다.
12 월	흠허물 없는 사람과 의견 충돌로 인하여 다툼이 일어날 징조이니 조금씩 양보하고 이해하는 아량을 베풀어야 할 것이다. 또한 구설수가 있으니 남의 말을 하지도 말고 믿지도 말라. 이 달 운은 과거를 잊어버리고 현재에 충실해야만 소득이 있으리라.

453

괘

恒之解 **상**

망월옥토(望月玉兎)
청광만복(淸光滿腹)

달을 바라보는 옥토끼가 맑은
빛이 배에 가득한 형상이다.

해설	당신이 노력한 만큼의 수입과 이익을 올릴 수 있는 운세이다. 다만 실물수가 있으니 귀중품 단속에 신경 써야 할 것이다. 또한 송사수가 있으니 보증을 서거나 금전거래를 하지 말라. 금년은 이사를 하거나 머무는 곳에서 변동이 있을 운이다.
금년의 운세	건강운은 규칙적으로 운동하면서 과음만 하지 않는다면 큰 탈은 없다. 시험운은 좋은 성적으로 합격하게 되며 취직운은 원하는 직장을 얻게 된다. 직장운은 부수입이 있는 자리로 이동을 하거나 승진이 예상된다. 재물운은 매우 좋다. 횡재수도 따를 징조이다.
1월	자존심을 내세우면 잘 되어 가던 일들이 꼬일 징조이니 조금씩 양보하고 이해하는 아량을 베풀어야 할 것이다. 또한 충돌수가 있으니 각별히 말조심하라. 이 달 운은 소문 듣고 직접 보지 않은 일을 본 듯이 행동에 옮기지 말라. 반드시 화근이 생기리라.
2월	몸과 마음이 바쁘고 하는 일은 많으나 수입은 쥐꼬리만큼 들어오니 마음이 심란하고 초조하여 짜증이 많이 날 징조이다. 돈벼락이나 맞았으면 좋겠다는 생각이 간절한 달이다. 특히 충돌수가 있으니 술조심하라. 이 달은 시험운이 좋으리라.
3월	매사가 힘들고 어려워도 하고야 말겠다는 굳은 의지와 끈기가 필요한 달이다. 또한 당신 스스로 판단하고 추진하는 일이 실패할 징조이니 계획을 좀 더 연기하는 것이 좋으리라. 이 달 운은 부담되는 일이라면 처음부터 거절하는 것이 좋으리라.
4월	흉허물 없는 사람과 사소한 일로 다툼이 일어나 결별할 징조이니 지나친 농담을 삼가하고 자존심 상하게 하는 말을 자제해야 할 것이다. 막혔던 일들은 중순에서 하순 사이에 풀릴 징조이다. 이 달 운은 옷차림에 신경을 써 보시라 좋은 일이 생기리라.

172

5 월	초상집을 문상하게 되면 돌아온 후 액운이 있으니 부조금만 보내는 것이 좋으리라. 또한 망신수가 있으니 각별히 이성문제에 조심을 해야 할 것이다. 이 점만 주의한다면 금전운은 양호한 편이며 막혔던 일들도 중순경에 풀리리라.
6 월	사람을 잘 못 사귀면 관재수에 휘말릴 징조이니 각별히 조심을 해야 할 것이다. 또한 실물수가 있으니 지갑이나 귀중품 단속에 각별히 신경을 써야 할 것이다. 이 달 운은 어떠한 상황에서도 옳은 말은 바로 해야 인정을 받는다.
7 월	관재, 구설수가 있으니 당신의 가정일이나 신상에 관한 일을 남들에게 함부로 말하지 말라. 말하는 것마다 구설이 되어 당신의 심기를 불편하게 할 징조이다. 큰 재물은 어려워도 작은 재물은 들어올 운세이다. 이 달 운은 양보하는 마음이 필요한 달이다.
8 월	송사수가 있으니 보증을 서거나 금전거래 · 동업 · 주식투자 · 낙찰계 · 어음할인 등을 하지 말라. 또한 망신수가 있으니 각별히 이성문제에 조심을 해야 할 것이다. 재물은 들어온다 해도 곧 나가는 운세이다. 이 달은 한 번은 울고, 한 번은 웃으리라.
9 월	운수가 대통하니 매사가 순조롭게 진행되고 안 될 것이라고 생각한 일들도 풀려 나갈 징조이다. 이 달은 역마운이 발동하니 이사를 하려고 마음을 먹었으면 하시라. 좋은 일이 있을 징조이다. 다만 가정사로 배우자 또는 부모님과 의견 충돌이 있겠다.
10 월	친척이나 친구 또는 주변에 잘 아는 사람이 당신에게 거시기에 투자하면 떼돈을 벌 수 있다는 달콤한 유혹을 하거나 돈 좀 빌려 달라는 요청을 받게 될 징조이다. 투자를 하거나 금전거래를 하게 되면 결과가 좋지 않으니 자중하라.
11 월	당신이 세워 놓은 계획이 완벽하다고 해도 실행하는 데 많은 어려움이 따를 징조이니 일 보 후퇴해야 하며 사기를 당할 징조이니 문서 계약이나 보증, 금전거래 등은 자중자애해야 할 것이다. 금전은 어려움에서 벗어나리라. 이 달은 말보다 실천이 중요하다.
12 월	손해를 보고 있거나 안 되는 일은 미련을 갖지 말고 새로운 방향으로 결단력을 발휘해야 할 운세이다. 금전은 어려울 때마다 융통은 되겠으나 생각지 않은 지출이 많을 징조이다. 이 달 운은 식구가 한 사람 늘거나 줄거나 둘 중의 하나다.

461

解之歸妹 상

피혐출곡(避嫌出谷)
구자회검(仇者懷劍)

혐의를 피하여 골에 나가니
원수가 칼을 품는 형상이다.

해설	당신이 하는 일이 겉보기에만 화려해 보이고 실속이 없으니 마음이 심란하고 초조할 징조이다. 재물은 들어온다 해도 곧 나가는 운세이며 망신수와 관재수가 있으니 이성문제에 각별히 조심을 하고 보증을 서거나 고수익·이자·배당금을 준다는 말에 현혹되지 말라. 재산만 날린다.
금년의 운세	건강운은 좋지 않으니 조금이라도 이상이 있으면 속히 병원을 찾아야 할 것이다. 시험운은 실력을 좀 더 쌓아 다음 기회를 노려야 하며 취직운은 애간장을 녹인 후에 될 것이다. 직장운은 있는 자리가 불안하다. 승진은 기대하지 말라.
1 월	가정에 우환이 생기거나 당신이 믿고 의지하던 사람이 당신 곁을 떠나게 될 징조이다. 또한 먼 여행은 사고가 날 징조이니 떠나지 않는 것이 좋으리라. 재물은 들어온다 해도 곧 나가는 운세이다. 특히 중순에서 하순 사이에 술 냄새만 맡았어도 차 운전하지 말라.
2 월	노력한 만큼의 대가는 얻을 수 있으나 생각지 않은 지출이 많을 징조이며 하는 일마다 어려움이 따르고 애로 사항이 많을 운세이다. 특히 충돌수가 있으니 각별히 술조심을 해야 할 것이다. 이 달은 남방으로 이사가지 말라.
3 월	계획했던 일들이 연기 또는 취소될 징조이니 침착하게 대비하는 마음의 자세가 필요한 달이다. 또한 구설수가 있으니 당신의 가정일이나 신상에 관한 일들을 남들한테 함부로 말하지 말라. 이 달 운은 주위의 의견을 충분히 수렴한 후에 대사를 결정하는 것이 좋으리라.
4 월	사람을 잘 못 사귀면 관재수에 휘말릴 징조이니 각별히 조심을 해야 할 것이다. 또한 사기를 당할 징조이니 동업·금전거래·낙찰계·어음할인·보증·주식투자·직업 변동 등을 하지 말라. 이 달 운은 한 우물을 파야 길이 보이며 바라는 만큼 얻으리라.

5 월	매사가 힘들고 어려워도 실망하지 말고 끈기 있게 밀고 나간다면 중순에서 하순 사이에 막혔던 일들이 풀릴 징조이며 생각지 않은 곳에서 선물이나 재물이 들어올 운세이다. 이 달 운은 평소 아끼던 물건을 잃어버리기 쉬우니 조심하라.
6 월	먼 여행은 사고가 날 징조이니 떠나지 않는 것이 좋으며 망신수와 관재수가 있으니 이성문제에 각별히 조심을 해야 할 것이다. 특히 초상집을 문상하게 되면 돌아온 후 액운이 있으니 부조금만 보내는 것이 좋으리라. 이 달 운은 분수를 지키면 작은 행운이라도 얻을 수 있다.
7 월	재물은 애써 구하지 않아도 저절로 들어올 운세이며 막혔던 일들도 풀려나갈 징조이다. 다만 문서 계약에 도장을 찍는 일은 자중자애해야 할 것이다. 왜냐하면 문서상에 하자가 발생하여 속태우는 일이 있을 징조이므로. 이 달 운은 서두르면 병이요, 늦추면 약이 된다.
8 월	오래간만에 만난 친척이나 친구 또는 주변에 잘 아는 사람과 사소한 일로 다툼이 일어나 결별할 징조이니 지나친 농담을 삼가고 자존심 상하게 하는 말을 자제해야 할 것이다. 이 달 운은 성공과 실패를 모두 경험하는 달이다.
9 월	당신이 병원을 출입할 징조이니 과음, 과식을 삼가고 각별히 건강관리에 신경을 써야 할 것이다. 또한 구설수가 있으니 당신의 가정일이나 신상에 관한 일들을 남들한테 함부로 말하지 말라. 이 달 운은 자존심을 버리면 재물이 따른다.
10 월	친척이나 친구 또는 주변에 잘 아는 사람이 당신에게 거시기에 투자하면 떼돈을 벌 수 있다는 달콤한 유혹을 하거나 돈 좀 빌려 달라는 요청을 받게 될 징조이다. 만일 투자를 하거나 금전거래를 하게 되면 결과가 좋지 않으니 자중하라.
11 월	동서남북 어느 방향이든 먼 여행을 떠나게 되면 사고가 날 징조이니 떠나지 않는 것이 좋으리라. 또한 실물수가 있으니 지갑이나 귀중품 단속에 각별히 신경을 써야 할 것이다. 이 달 운은 그 동안 쌓았던 인맥을 적극 활용하면 좋은 결과를 얻으리라.
12 월	들어오는 재물보다 나가는 재물이 많으며 당신의 능력이나 인격을 알아주는 사람이 없으니 마음이 심란하고 초조할 징조이다. 특히 충돌수가 있으니 각별히 차조심을 해야 할 것이다. 이 달 운은 고수익 · 이자 · 배당금을 준다는 말에 현혹되지 말라. 재산만 날린다.

462

解之豫 | 상 |

만리무운(萬里無雲)
해천일벽(海天一碧)

| 괘 |

만 리에 구름이 없으니 바다와 하늘이 모두 다 푸른 형상이다.

해설 힘들었던 일들이 차츰 정리되며 주변에서 당신의 능력을 알아주는 형국이니 매사가 힘들고 어려워도 용기를 잃지 말고 끈기 있게 밀고 나간다면 좋은 결과를 얻게 될 운세이다. 다만 망신수와 관재수가 있으니 조심하라.

금년의 운세 건강은 과음만 하지 않는다면 큰 탈은 없다. 현재 질병이 있더라도 몸조리만 잘 하면 완치된다. 시험운은 실력을 좀 더 쌓은 다음 기회를 노리는 것이 좋으리라. 취직운은 미역국을 몇 번 먹은 후에 될 것이다. 직장운은 이동하거나, 승진이 예상된다. 재물운은 좋은 편이다.

1월 이익을 추구하려다 오히려 본전까지 날릴 징조이니 주식투자·금전거래·어음할인 등에 손대지 말라. 또한 새로운 일을 시작하거나 직업 변동을 하게 되면 얻는 것보다 잃는 것이 많으니 자중자애해야 할 것이다. 특히 북방으로 이사 가지 말라.

2월 자존심을 내세우면 잘 되어 가던 일들이 꼬일 징조이니 조금씩 양보하고 이해하는 아량을 베풀어야 할 것이다. 또한 실물수가 있으니 지갑이나 귀중품 단속에 신경을 써야 할 것이다. 금전운은 양호한 편이다. 다만 돈을 빌려 주지 말라. 빌려 주면 돈 떼인다.

3월 운수가 대통하니 매사가 순조롭게 진행되고 안 될 것이라고 생각한 일도 풀릴 징조이다. 또한 가정에 경사가 있거나 문서로 인한 횡재수가 따르는 운세이다. 다만 충돌수가 있으니 각별히 술조심을 해야 할 것이다. 이 달은 취직운이 좋으리라.

4월 재물은 애써 구하지 않아도 저절로 들어올 운세이다. 다만 생각지 않은 지출이 많을 징조이며 망신수가 있으니 각별히 이성문제에 조심을 해야 할 것이다. 또한 먼 여행은 사고가 날 징조이니 떠나지 말라. 특히 고수익·이자·배당금을 준다는 말에 현혹되지 말라. 재산만 날린다.

5월	주변에 잘 아는 사람이 거시기에 투자를 하면 떼돈을 벌 수 있다는 달콤한 유혹을 하거나 돈 좀 빌려 달라는 요청을 받게 될 징조이다. 만일 투자를 하거나 금전거래를 하게 되면 결과가 좋지 않을 운세이니 기분 상하지 않게 거절하는 것이 좋으리라.
6월	특별히 잘되는 일도 안 되는 일도 없는 운세이다. 재물은 애써 구하지 않아도 저절로 들어올 운세이다. 다만 흉허물 없는 사람과 사소한 일로 다툼이 일어나 결별할 징조이니 조금씩 양보하고 이해하는 아량을 베풀어야 할 것이다.
7월	다소 어려운 일이 있더라도 실망하지 말고 끈기 있게 밀고 나간다면 막혔던 일들이 중순에서 하순 사이에 풀려 나갈 운세이다. 또한 기다리던 곳에서 반가운 소식이 올 징조이다. 다만 실물수가 있으니 도둑을 조심하라. 이 달 운은 능력의 한계를 인정하면 편해진다.
8월	꿈자리도 뒤숭숭하고 자고 일어나면 몸이 천근만근처럼 무거울 징조이다. 또한 잘 되어 가던 일들이 꼬일 징조이니 계획한 일들을 크게 잡지 말고 축소하는 것이 좋으리라. 이 달 운은 매사를 배운다는 자세로 임하면 좋은 결과를 얻으리라.
9월	당신을 위해서라면 간도 빼 줄 것처럼 행동하던 사람이 하루 아침에 배신을 할 징조이니 당신의 약점이나 비밀에 부쳤던 속마음을 함부로 말하지 말라. 또한 충돌수가 있으니 각별히 차조심을 해야 할 것이다. 큰 재물은 어려워도 작은 재물은 얻으리라.
10월	오랫동안 만나지 못했던 친척이나 친구가 찾아오거나 전화 연락이 올 징조이다. 반갑게 대접하라. 상대방은 십중팔구 일이 안 풀려서 당신을 찾은 것이므로‥‥. 훗날 상대방의 도움을 받으리라. 이 달은 평소 아끼던 물건을 잃어버리기 쉬우니 조심하라.
11월	가정에 우환이 생기거나 흉허물 없는 사람과 사소한 일로 다툼이 일어나 결별할 징조이니 조금씩 양보하고 이해하는 아량을 베풀어야 할 것이다. 특히 송사수가 있으니 문서 계약을 조심하라. 이 달 운은 장·조·천·전·유·정·박·강씨를 조심하라.
12월	당신이 그 동안 땀흘려 해 놓은 일들이 인정을 받게 되어 노력한 보람을 찾게 될 운세이다. 또한 생각지 않은 곳에서 선물이나 재물이 들어올 징조이다. 이 달 운은 내것이 소중하면 남의 것도 소중한 줄 알고 생활해야 할 것이다.

463

≡≡ ≡≡ 괘

옥토승동(玉兎升東)
청광가흡(淸光可吸)

解之恒 상

옥토끼가 동쪽으로 오르니 맑은
빛을 마음껏 마시는 형상이다.

해설	작은 것도 귀하게 여기고 소중히 아끼면 금전은 넉넉하지는 않아도 다소 여유가 있을 운세이다. 다만 생각지 않은 지출이 많을 징조이며 먼 여행은 사고가 날 징조이니 떠나지 않는 것이 좋으리라. 특히 충돌수가 있으니 각별히 차조심하라. 금년은 머무는 곳에서 이동할 운이다.
금년의 운세	건강운은 좋은 편이다. 다만, 변비로 약간 고생할 징조이다. 시험운은 열심히 노력하였다면 합격한다. 취직운은 능력 발휘를 할 수 있는 직장을 얻게 되며 직장운은 승진수가 있다.
1월	초상집에 문상하게 되면 돌아온 후 액운이 있으니 부조금만 보내는 것이 좋으리라. 또한 충돌수가 있으니 각별히 술조심을 해야 할 것이다. 큰 재물은 어려워도 작은 재물은 들어올 운세이다. 특히 이 달은 시험운, 취직운이 대길하며 명예도 얻으리라.
2월	먼 여행은 사고가 날 징조이니 떠나지 않는 것이 좋으리라. 또한 당신이 병원을 출입할 징조이니 과음, 과식을 삼가하고 각별히 건강관리에 신경 써야 할 것이다. 특히 실물수가 있으니 도둑을 조심하라. 이 달 운은 직장 또는 집을 옮기게 될 징조이다.
3월	사람을 잘 못 사귀면 관재수에 휘말릴 징조이니 각별히 조심해야 할 것이다. 또한, 남쪽이나 북쪽 방향의 먼 여행은 사고가 날 징조이니 떠나지 않는 것이 좋으리라. 이 달은 생각지 않은 지출이 많을 징조이다. 이 달 운은 자신 외에는 할 수 없다는 자만심을 버리면 좋은 일이 생긴다.
4월	매사가 힘들고 어려워도 실망하지 말고 끈기 있게 밀고 나간다면 중순에서 하순 사이에 막혔던 일들이 풀려 나갈 징조이다. 큰 재물은 어려워도 작은 재물은 들어올 운세이다. 특히 충돌수가 있으니 말조심하라. 이 달은 이사를 하면 좋으리라.

5 월	손재수가 있으니 보증을 서거나 금전거래 · 동업 · 주식투자 · 어음할인 · 낙찰계 등에 손대지 말라. 또한 구설수가 있으니 당신의 가정일이나 신상에 관한 일들을 남들한테 함부로 말하지 말라. 이 달 운은 경제적으로 문제가 있으나 마무리가 잘 될 징조이다.
6 월	송사수가 있으니 문서 계약에 도장을 찍는 일은 자중자애해야 할 것이다. 또한 남의 말을 무작정 믿고 새로운 일을 시작하지 말라. 특히 실물수가 있으니 지갑이나 귀중품 단속에 각별히 신경을 써야 할 것이다. 이 달 운은 열 번의 말보다는 실천이 중요하다.
7 월	큰 재물은 어려워도 작은 재물은 얻으리라. 다만 병원을 출입할 징조이니 과음, 과식을 삼가하고 각별히 건강관리에 신경을 써야 할 것이다. 또한 사기를 당할 징조이니 남의 말을 믿지 말라. 이달 운은 한 번은 울고, 한 번은 웃으리라.
8 월	재물을 잃을 징조이니 귀중품 단속에 각별히 조심하고 도장을 찍는 일은 좀 더 보류하는 것이 좋으리라. 부득이 계약을 해야만 할 경우라면 단서조항을 꼼꼼히 살펴라. 금전운은 약간 어려움이 있을 징조이다. 이 달 운은 배우자 또는 부모님과 가정사로 의견 충돌이 있겠다.
9 월	운세가 막혀 있으니 신규 사업이나 확장은 좀 더 보류하는 것이 좋으리라. 또한 먼 여행은 사고가 날 징조이니 떠나지 말라. 특히 초상집을 문상하게 되면 돌아온 후 액운이 있으니 부조금만 보내는 것이 좋으리라. 이 달 운은 일을 벌이지 말고 수습하는 방향으로 신경 써야 한다.
10 월	포기할 것은 포기하고 거둘 수 있는 것만 거둬야 하는 형국이니 안 되는 것을 붙들고 애타게 고민하지 말고 과감하게 결단력을 발휘해야 할 것이다. 특히 충돌수가 있으니 말조심, 차조심을 하라. 이 달 운은 과거를 잊어버리고 현재에 충실해야 득이 많으리라.
11 월	안 될 것이라고 생각했던 일들이 풀릴 징조이다. 또한 생각지 않은 곳에서 선물 또는 재물이 들어올 운세이다. 역마운이 대길하니 이사를 하려고 마음을 먹었으면 하시라. 좋은 일이 있을 징조이다. 이 달의 길일은 3 · 8 · 10 · 19 · 25일이다(음력).
12 월	당신이 그 동안 땀 흘려 노력한 일들이 주변 사람들한테 인정을 받게 되어 기쁨을 맛볼 운세이다. 또한 기다리던 곳에서 반가운 소식이 올 운세이다. 다만 먼 여행은 사고가 날 징조이니 떠나지 말라. 이 달의 운은 과음하지 말라. 그 동안의 노력이 물거품이 된다.

511

‖ ‖‖ ‖‖ 괘

小畜之巽 상

오죽쟁절(梧竹爭節)
신입마전(身入麻田)

오동나무와 대나무가 서로
절개를 다투니 몸이 삼밭에
드는 형상이다.

해설	큰 재물은 어려워도 작은 재물은 얻으리라. 다만 구설수가 있으니 당신의 가정일이나 신상에 관한 일들을 남들에게 함부로 말하지 말라. 또한 남의 험담을 하지 말라. 특히 관재수가 있으니 각별히 술조심하고 도장 찍는 일은 신중하게 하라.
금년의 운세	건강은 정신적 스트레스를 많이 받게 될 징조이다. 시험운은 좋은 성적을 기대하기는 어려우며 취직운은 눈높이를 낮춰야 가능하다. 직장운은 있는 자리도 불안하니, 승진은 기대하지 말라. 재물운은 하반기에 차츰 좋아질 것이다.
1 월	운세가 막혀 있으니 당신이 하는 일과 계획한 일들을 크게 잡지 말고 축소하는 것이 좋으리라. 또한 흉허물 없는 사람과 사소한 일로 다툼이 일어나 결별할 징조이니 조금씩 양보하고 이해하는 아량을 베풀어야 한다. 돈거래하지 말라. 주면 받기 어렵다.
2 월	몸과 마음이 바쁘고 하는 일은 많으나 수입은 쥐꼬리만큼 들어오니 마음이 심란하고 초조하여 짜증이 많이 날 징조이다. 돈벼락이나 맞았으면 좋겠다는 생각이 간절한 달이다. 특히 차조심하라. 또한 병원을 출입할 징조이니 각별히 건강관리에 신경 써야 할 것이다.
3 월	가정에 우환이 생기거나 당신이 병원을 출입할 징조이니 과음, 과식을 삼가하고 각별히 건강관리에 신경을 써야 할 것이다. 이 달은 생각지 않은 지출이 많을 징조이다. 이 달 운은 현재의 자리가 위태롭게 느껴지는 시기이니 본분을 다하라.
4 월	친척이나 친구 또는 형제지간에 사소한 일로 다툼이 일어나 의리가 상하거나 결별할 징조이니 조금씩 양보하고 이해하는 아량을 베풀어야 할 것이다. 이 달 운은 문제를 겪어 보지도 못한 상태에서 포기를 하지 말라. 시작이 반 적극적으로 다가가면 성공한다. 힘을 내시라.

5 월	재물을 잃을 징조이니 새로운 일을 시작하거나 확장 또는 동업, 직업 변동 등을 하지 말라. 이 점만 주의한다면 금전은 넉넉지는 않아도 다소 여유가 있으리라. 다만 충돌수가 있으니 차조심을 해야 할 것이다. 또한 실물수가 있으니, 각별히 도둑을 조심하라.
6 월	매사가 힘들고 어려워도 실망하지 말고 끈기 있게 밀고 나간다면 중순에서 하순 사이에 막혔던 일들이 풀려 나갈 징조이다. 다만 구설수가 있으니 당신의 가정일이나 신상에 관한 일들을 남들한테 함부로 말하지 말라. 이 달은 적당히 굽힐 줄도 아는 융통성이 필요하다.
7 월	사람을 잘 못 사귀면 관재수에 휘말릴 징조이니 각별히 조심을 해야 할 것이다. 또한 손재수가 있으니 보증을 서거나 금전거래 · 어음할인 · 낙찰계 · 주식투자 등에 손대지 말라. 특히 지갑이나 도장을 잘간수하라. 이 달은 의지와 끈기가 매우 필요한 달이다.
8 월	흥허물 없는 사람과 사소한 일로 다툼이 일어나 결별할 징조이니 조금씩 양보하고 이해하는 아량을 베풀어야 할 것이다. 큰 재물은 어려워도 작은 재물은 들어올 운세이다. 다만 실물수가 있으니 도둑을 조심하라. 서 · 황 · 조 · 강 · 정 · 최 · 안씨 등을 조심하라.
9 월	꿈자리도 뒤숭숭하고 잘되어가던 일들이 꼬일 징조이니 계획을 크게 잡지 말고 축소하는 것이 좋으리라. 이 달은 생각지 않은 지출이 많을 징조이며 친한 사람과 사소한 일로 다툼이 일어나 결별할 징조이니 각별히 말조심하라.
10 월	적으면 적은 대로 많으면 많은 대로 현실에 만족해야 할 운세이다. 혹여 주식투자를 하거나 사채놀이를 하게 되면 이익은커녕 본전마저 다 날릴 징조이니 자중자애해야 할 것이다. 특히 차조심하라. 또한 먼 여행을 떠나지 말라. 사고가 날 징조이므로….
11 월	운수가 대통하니 매사가 순조롭게 진행되고 안 될 것이라 생각한 일들도 풀릴 징조이다. 다만 사기를 당할 징조이니 달콤한 유혹이 있더라도 한 귀로 듣고 한 귀로 흘려 버리시라. 특히 술조심하라. 또한 구설수가 있으니 각별히 말조심, 행동을 조심해야 할 것이다.
12 월	당신이 살고 있는 곳에서 동쪽 방향에 있는 사람이 손해를 입힐 징조이니 각별히 조심하라. 또한 초상집을 문상하게 되면 돌아온 후 액운이 있으니 부조금만 보내는 것이 좋으리라. 이 달 운은 마음이 내키지 않는 일은 후일을 기약하여야 손해가 없다.

512

小畜之家人 | 상

지중지어(池中之魚)
종무활계(終無活計)

연못 가운데 있는 고기가
끝내 살 계획이 없는 형상이다.

해설	당신이 세워 놓은 계획이 완벽하다고 해도 실행하는 데 많은 어려움이 따를 징조이니 일 보 후퇴해야 하며 사기를 당할 징조이니 문서 계약이나 고수익·이자·배당금을 준다는 말에 현혹되지 말라. 특히 초상집에 문상하게 되면 액운이 있으니 부조금만 보내는 것이 좋으리라.
금년의 운세	건강운은 사소한 질환이라도 합병증이 생길 우려가 있으니 조금만 이상이 있더라도 서둘러 병원을 찾아라. 시험운은 경쟁자가 많아 어려우며, 취직운은 애간장을 녹인 후에 될 것이다. 직장운은 있는 자리가 불안하다. 재물운은 생각지 않은 지출이 많을 징조이다.
1월	꿈자리도 뒤숭숭하고 매사가 잘 풀리는 듯하다가도 막히는 현상이 자주 일어날 징조이며 생각지 않은 지출이 많을 운세이다. 또한 흉허물 없는 사람과 사소한 일로 다툼이 일어나 결별할 징조이니 조금씩 양보하고 이해하라.
2월	당신이 믿고 의지하던 사람이 당신 곁을 영원히 떠나게 될 징조이다. 또한 가정에 우환이 생기거나 당신이 병원을 출입할 징조이니 과음, 과식을 삼가고 각별히 건강관리에 신경을 써야 할 것이다. 특히 차조심하라. 이 달 운은 마음의 갈등을 잘 극복해야 한다.
3월	먼 여행은 사고가 날 징조이니 떠나지 않는 것이 좋으리라. 또한 망신수가 있으니 각별히 이성문제에 조심해야 할 것이다. 재물은 들어온다 해도 곧 나가는 운세이다. 이 달 운은 평소 아끼던 물건을 잃어버리기 쉬우니 조심하라.
4월	사람을 잘 못 사귀면 관재수에 휘말릴 징조이니 각별히 조심해야 할 것이다. 또한 사기를 당할 징조이니 동업·금전거래·문서계약 등은 자중자애해야 할 것이다. 특히 지갑이나 도장을 잘 간수하라. 이 달 운은 식구가 한 사람 늘거나, 줄거나 둘 중의 하나다.

5 **월**	모든 일에 차질이 생길 징조이니 새로운 일을 시작하거나 확장·동업·직업 변동 등은 자중자애하면서 때를 기다려야 할 것이다. 다만 이사를 하는 것은 대길하니 이사를 하려고 마음을 먹었으면 하시라. 좋은 일이 있을 징조이다. 길일은 9·10·19·20일이다(음력).
6 **월**	비밀로 해야 할 일이 생기게 되니 각별히 입을 무겁게 해야 할 운세이다. 또한 망신수가 있으니 이성문제에 각별히 조심을 해야 할 것이다. 재물은 들어온다 해도 곧 나가는 운세이다. 이 달은 적당히 굽힐 줄도 아는 융통성이 필요하다.
7 **월**	금전적으로 다소 어려움이 있을 징조이며 도와주는 사람 하나 없이 당신 혼자만 바삐 움직이는 운세이다. 그 동안 무엇 하나 제대로 해 놓은 것 없이 세월만 보냈구나 하는 공허한 마음이 가슴을 때리는 달이다. 이 달은 친구한테 배은망덕을 당할 징조이니 조심하라.
8 **월**	하고 싶은 일은 많은데 주변 여건이 허락치 않아 매사가 막히는 일이 많으며 자금문제로 어려움을 겪게 될 운세이다. 돈벼락이나 맞았으면 좋겠다는 생각이 간절한 달이다. 조금만 참고 기다리면 좋은 일이 있으니 힘을 내시라.
9 **월**	당신을 위해서라면 간도 빼 줄 것처럼 행동하던 사람이 하루 아침에 배신을 할 징조이니 당신의 약점 또는 비밀에 부쳤던 속마음을 함부로 말하지 말라. 또한 충돌수가 있으니 각별히 차조심하라. 이 달 운은 어려움을 피하지 말고 정면 돌파해야 한다.
10 **월**	주어진 여건에서 좀 더 적극적으로 노력을 아끼지 말고 분발한다면 중순에서 하순 사이에 막혔던 일들이 풀려 나갈 운세이다. 큰 재물은 어려워도 작은 재물은 저절로 들어올 징조이다. 다만 이사를 가지 말라. 이 달 운은 절약하는 것이 최선이다.
11 **월**	작은 재물은 애써 구하지 않아도 저절로 들어올 운세이다. 다만 관재, 구설수가 있으니 당신의 가정 일이나 신상에 관한 일을 남들에게 함부로 말하지 말라. 또한 남의 험담을 하지 말라. 특히 술조심하라. 또한 실물수가 있으니 도둑을 조심하라.
12 **월**	불귀신이 발동을 하니 각별히 화재 예방에 신경을 써야 할 것이다. 형편이 허락한다면 금년 1월경에 걸인들에게 적선을 하는 것도 좋으리라. 또한 충돌수가 있으니 차조심, 길조심하라. 이 달 운은 뜬구름 잡을 생각 말고 현실에 충실해야 좋으리라.

513

괘

소어출해(沼魚出海)
의기양양(意氣洋洋)

小畜之中孚 상

연못에서 놀던 물고기가 바다에
나오니 의기가 양양한 형상이다.

해설	문서로 인한 횡재수가 있거나 나갔던 재물이 들어올 운세이다. 또한 가정에 경사가 있거나 기다리던 곳에서 반가운 소식이 올 징조이다. 금년의 운수는 이사를 하면 좋으리라. 다만 송사수와 관재수가 있으니 조심하라.
금년의 운세	건강운은 좋은 편이다. 혹여 질환이 있더라도, 몸조리만 잘 하면 완치된다. 시험운은 좋다. 최선을 다하라. 취직은 원하는 직장을 얻게 되며 직장운은 승진이 가능하고 혹여 승진이 안 된다면 봉급이라도 오른다. 재물운은 좋다. 다소 여유가 있을 징조이다.
1월	매사가 힘들고 애로사항이 많아 당장 때려치우고 다른 업종을 해 보려는 마음이 간절할 징조이다. 그러나 운세가 막혀 있으니 자중자애하는 것이 좋으리라. 다만 기다리던 곳에서 반가운 소식이 올 운세이다. 특히 시험운, 취직운이 다 좋은 달이다.
2월	재물은 애써 구하지 않아도 저절로 들어올 운세이다. 막혔던 일들도 풀릴 징조이며 추첨운이 대길한 달이니 주택청약예금을 들었다면 아파트를 신청해 보시라. 좋은 결과가 있을 징조이다. 이 달 운은 사람들을 많이 만날수록 좋은 일을 만들 수 있다.
3월	오랫동안 만나지 못했던 친척이나 친구가 찾아오거나 전화 연락이 올 징조이다. 반갑게 대접하라. 상대방은 십중팔구 일이 잘 안 풀려서 당신을 찾은 것이다. 훗날 당신이 어려울 때 도움을 받을 운세이다. 다만 증권에 손대지 말라. 손대면 빚쟁이가 될 것이다.
4월	남쪽이나 북쪽 방향에서 재물이 들어올 징조이며 매사가 순조롭게 진행될 운세이다. 다만 하순경에 관재수가 있으니 각별히 차조심을 해야 하며 문서 계약은 하지 않는 것이 좋으리라. 이 달 운은 아무리 좋은 생각도 실천에 옮기지 않는다면 생각에 지나지 않는다.

5월	주변 사람들의 달콤한 유혹에 넘어가 새로운 일을 시작하거나 확장 또는 직업 변동을 구상할 징조이다. 떼돈을 벌 수 있는 운세가 막혀 있으니 좀 더 신중하게 심사숙고하면서 때를 기다려야 할 것이다. 이 달 운은 분수를 지켜야 작은 행운이라도 얻을 수 있다.
6월	잘 되어 가던 일들이 뜻밖에 어려움을 당하게 되어 고민과 갈등이 많이 생길 징조이며 맺고 끊는 일을 분명히 하지 않으면 공연히 오해를 받거나 구설수에 오르게 되니 결단력을 발휘해야 할 것이다. 충돌수가 있으니 각별히 상대방의 마음을 이해하는 노력이 필요하다.
7월	사람을 잘 못 사귀면 관재수에 휘말릴 징조이니 각별히 조심을 해야 할 것이다. 또한 망신수가 있으니 이성문제에 조심을 하라. 재물은 들어온다 해도 곧 나가는 운세이다. 이 달 운은 자신 외에는 할 수 없다는 자만심을 버리면 좋은 일이 생긴다.
8월	흉허물 없는 사람과 사소한 일로 다툼이 일어나 결별할 징조이니 지나친 농담을 삼가고 자존심을 상하게 하는 말을 자제해야 할 것이다. 또한 실물수가 있으니 지갑이나 귀중품 단속에 신경을 써야 할 것이다. 특히 주식투자 · 어음할인 · 금전거래 · 낙찰계 등을 하지 말라.
9월	당신이 노력한 만큼의 수입과 이익을 올릴 수 있는 운세이다. 다만 생각지 않은 지출이 많을 징조이며 친한 사람으로부터 돈 좀 빌려 달라는 요청을 받게 될 징조이다. 그러나 결과가 좋지 않을 운세이니 기분 상하지 않게 거절하는 것이 좋으리라.
10월	운수가 대통하니 매사가 순조롭게 진행되고 안 될 것이라 생각한 일들도 풀려 나갈 징조이다. 또한 이사운이 대길하니 이사를 하려고 마음을 먹었으면 하시라. 좋은 일이 있을 징조이다. 이 달 운은 누구와 함께하느냐에 따라 인생이 달라진다.
11월	당신이 그 동안 땀 흘려 해 놓은 일들이 주변 사람들에게 인정을 받게 될 징조이며 기다리던 곳에서 반가운 소식이 올 운세이다. 재물은 애써 구하지 않아도 저절로 들어올 운세이다. 이 달 운은 거래로 주고받는 모든 것을 문서로 남겨야 한다.
12월	주변 사람들의 눈을 지나치게 의식해서 욕심을 부리기보다는 한 가지 목표를 분명하게 정해서 끈기 있게 밀고 나가는 자세가 필요한 달이다. 이 달은 잃은 것을 생각하지 말고 현재 있는 것을 생각하라. 잃은 것은 내것이 아니라서 나간 것이라 위안하시라.

521

괘

패군지장(敗軍之將)
무면도영(無面到營)

中孚之渙 상

전쟁에서 패한 장수가 자기
진영으로 돌아오려고 하나
면목이 없는 형상이다.

해설	매사에 어려움이 따르고 애써 노력은 하지만 결과가 없으니 마음이 심란하고 초조할 징조이다. 또한 가정에 우환이 있거나 사기를 당할 징조이니 각별히 조심해야 할 것이다. 특히 충돌수가 있으니 동방 또는 북방으로 이사 가지 말라.

금년의 운세	건강운은 관절염 · 디스크 · 기관지 질환 등에 주의하라. 시험운은 정신이 산만하여 아는 문제도 놓칠 징조이니, 집중력에 힘써야 한다. 취직운은 백방으로 노력하면 얻는다. 직장운은 자리 지키는 데 힘써야 할 것이다. 재물운은 좋은 편이 아니니 절약하는 것만이 최선이다.
1월	당신이 하는 일이 겉으로는 화려해 보여도 속으로는 실속이 없으니 마음이 심란하고 초조할 징조이다. 이 달 운은 눈 앞의 이익만 추구하지 말라. 한결같은 마음으로 상대를 대하면 좋은 결과를 얻으리라. 또한 술 냄새만 맡았어도 차 운전하지 말라.
2월	구설수가 있으니 당신의 가정일이나 신상에 관한 일들을 남들한테 함부로 말하지 말라. 말하는 것마다 구설이 되어 당신의 심기를 불편하게 할 징조이다. 또한 충돌수가 있으니 각별히 차조심을 해야 할 것이다. 이 달은 직장 또는 집을 옮기게 될 징조이다.
3월	큰 재물은 어려워도 작은 재물은 들어올 운세이다. 다만 초상집에 문상하게 되면 돌아온 후 액운이 있으니 부조금만 보내는 것이 좋으리라. 이 달은 직접 일을 주도하는 것보다는 뒤에서 도와주는 것이 좋으리라. 다만 돈을 좇지 말고 꿈을 좇아라.
4월	가정에 우환이 생기거나 당신이 병원을 출입할 징조이니 과음, 과식을 삼가하고 각별히 건강관리에 신경을 써야 할 것이다. 또한 손재수가 있으니 보증을 서거나 주식투자 · 어음할인 · 낙찰계 등에 손대지 말라. 이 달 운은 좋은 생각은 많은데 실천이 어렵다.

5월	당신을 위해서라면 간도 빼 줄 것처럼 행동하던 사람이 하루 아침에 배신을 할 징조이니 당신의 약점 또는 비밀에 부쳤던 속 마음을 함부로 말하지 말라. 이 달 운은 경쟁을 피하지 말고 과감하게 경쟁해야 좋은 결과를 얻으리라.
6월	적으면 적은 대로 많으면 많은 대로 현실에 만족해야 할 운세이다. 공연히 욕심을 부려 투기성 있는 업종(주식투자 · 어음할인 · 사채놀이) 등에 손을 대면 이익은커녕 본전마저도 다 날릴 징조이니 자중자애해야 할 것이다. 이 달은 현실에 감사하고 살면 천국이요, 불평하고 살면 지옥이다.
7월	친목회, 동창회 또는 어떤 모임에 참석하여 생각지 않은 애인을 소개받을 징조이다. 망신수와 관재수가 있으니 각별히 조심을 해야 할 것이다. 이 달 운은 술 냄새만 맡았어도 차 운전하지 말라. 그 동안의 노력이 물거품이 된다.
8월	흉허물 없는 사람과 사소한 일로 다툼이 일어나 결별할 징조이니 지나친 농담을 삼가하고 자존심을 상하게 하는 말을 자제해야 할 것이다. 작은 재물은 애써 구하지 않아도 저절로 들어올 운세이다. 이 달 운은 과거를 자랑하지 말라. 현재가 중요한 것이다.
9월	당신이 믿고 의지하던 사람이 당신 곁을 영원히 떠나게 될 징조이다. 또한 당신이 병원을 출입할 징조이니 과음, 과식을 삼가하고 각별히 건강관리에 신경을 써야 할 것이다. 금전은 어려움에서 약간 벗어날 운세이다. 이 달 운은 마음의 갈등을 잘 다스려야 한다.
10월	몸과 마음이 바쁘고 하는 일은 많으나 실속이 없으니 마음이 심란하고 초조하여 돈벼락이나 맞았으면 좋겠다는 생각이 간절한 달이다. 그러나 건강이 재산이라고 위안을 하시라. 특히 실물수가 있으니 도둑을 조심하라. 이 달은 현재 있는 것에 초점을 맞추어야 좋으리라.
11월	꾀하는 일마다 힘이 들고 진전이 없으며 도와주는 사람 하나 없으니 외롭고 고독한 운세이다. 재물은 들어온다 해도 곧 나가는 운세이며 생각지 않은 지출이 많을 징조이다. 이 달은 불귀신이 발동하는 달이니 각별히 불조심하라.
12월	얻는 것도 많고 잃는 것도 많은 달이다. 재물은 애써 구하지 않아도 저절로 들어올 운세이다. 그러나 생각지 않은 지출이 많을 징조이며 친한 사람과 사소한 일로 다툼이 일어나 결별할 징조이니 각별히 말조심하라. 이달은 자신의 능력의 한계를 인정하면 편하리라.

522

재소복래(災消福來)
신상무우(身上無憂)

中孚之益 [상]

재앙이 사라지고 복이 오니
신상에 근심이 없는 형상이다.

해설	운수가 대통하니 매사가 순조롭게 진행되고 안 될 것이라고 생각한 일도 풀려나갈 징조이다. 또한 가정에 경사가 있거나 문서로 인한 횡재수가 따르는 운세이다. 다만 먼 여행은 사고가 날 징조이니 떠나지 말라. 특히 건강관리에 신경써야 한다. 금년은 머무는 곳에서 이동할 운이다.

금년의 운세	시험운은 기대 이상의 성적을 올리게 될 징조이다. 취직운은 봉급도 짭짤하고 적성에 맞는 직장을 얻게 되며 직장운은 승진이 예상된다. 재물운은 기대 이상의 수입이 따르게 되며 횡재수도 있다.

1월	잘 되어 가던 일들이 꼬일 징조이니 계획을 크게 잡지 말고 축소하는 것이 좋으리라. 또한 자존심을 내세우면 흉허물 없는 사람과 다툼이 일어날 징조이니 조금씩 양보하고 이해하는 아량을 베풀어야 할 것이다. 이달 운은 이럴까 저럴까 망설이다 세월을 보낸다.

2월	사귄 사람은 많아도 당신이 어려울 때 도움을 주는 사람이 없으니 마음이 심란하고 초조할 징조이다. 큰 재물은 어려워도 작은 재물은 들어올 운세이다. 그러나 생각지 않은 지출이 많을 징조이다. 이 달은 이사를 하면 좋으리라. 동방 또는 남방이 대길하다.

3월	누명을 쓰거나 관재, 구설수가 있으니 이성문제에 각별히 조심을 하고 남의 험담을 하지 말라. 특히 매사에 맺고 끊는 일을 분명히 해야 할 것이다. 재물은 애써 구하지 않아도 저절로 들어올 운세이다. 이 달 운은 계획한 일이 단기간에 성취될 것이란 생각을 버리는게 좋다.

4월	매사가 힘들고 어려워도 실망하지 말고 끈기 있게 밀고 나간다면 막혔던 일들이 풀려 나갈 운세이다. 또한 기다리던 곳에서 반가운 소식이 올 징조이다. 이 달 운은 금전적으로 걱정하던 문제가 해결된다. 또한 시험 · 취직 · 여행 · 맞선 · 약혼 · 결혼 등이 대길하다.

5월	재물운이 없어서 사기를 당할 징조이니 동업·금전거래·어음할인·낙찰계·문서 계약 등을 자중자애해야 할 것이다. 또한 도둑을 맞을 징조이니 각별히 귀중품 단속에 신경을 써야 할 것이다. 이달은 여행·이사·맞선·집수리 등은 대길하다.
6월	흉허물없는 사람과 사소한 일로 다툼이 일어나 결별할 징조이니 지나친 농담을 삼가하고 자존심 상하게 하는 말은 자제해야 할 것이다. 이 달 운은 행복은 좋은 일을 하는 게 아니라 자기가 하는 일을 좋아 하는 것이다.
7월	사람을 잘 못 사귀면 관재수에 휘말릴 징조이니 각별히 조심을 해야 할 것이다. 또한 망신수가 있으니 이성문제에 조심을 하라. 이 달 운은 상대방에 따라 내가 변하고 내가 변하는 것에 따라 상대방이 변한다.
8월	재물은 애써 구하지 않아도 저절로 들어올 운세이다. 또한 막혔던 일들도 풀려 나갈 징조이다. 다만 생각지 않은 지출이 많을 운세이며 충돌수가 있으니 남쪽이나 동쪽 방향의 먼 여행은 떠나지 않는 것이 좋으리라. 이달은 그 동안 쌓았던 인맥을 적극 활용해야 한다.
9월	꿈자리도 뒤숭숭하고 잘 되어 가던 일들이 막히는 현상이 자주 일어날 징조이니 끈기와 인내가 필요하리라. 또한 당신이 병원을 출입할 징조이니 과음, 과식을 삼가하고 각별히 건강관리에 신경을 써야 할 것이다. 이 달 운은 많은 돈은 아니지만 주머니 사정이 좋아진다.
10월	추첨운이 대길하니 주택청약예금을 들어 놓았다면 아파트 신청 접수를 해 보시라. 좋은 결과가 있을 징조이다. 또한 이사운이 대길하니 이사를 하려고 마음을 먹었으면 하시라. 금전은 어려운 고비에 벗어날 징조이다. 다만 고수익·이자·배당금을 준다는 말에 현혹되지 말라.
11월	얽히고 설켰던 일들이 하나씩 정리되면서 심신의 안정을 찾게 될 운세이다. 또한 큰 재물은 어려워도 작은 재물은 들어올 징조이다. 다만 하순경에 관재수가 있으니 각별히 말조심, 차조심을 해야 할 것이다. 이 달 운은 헤어졌던 연인에게서 연락이 온다.
12월	적으면 적은 대로 많으면 많은 대로 현실에 만족해야 할 운세이다. 혹여 주식투자를 하거나 어음할인, 금전거래를 하게 되면 이익은커녕 본전마저도 모두 날릴 징조이니 자중자애해야 할 것이다. 이 달은 시험·취직·맞선·여행·이사 등은 대길하다.

523

괘

양호상투(兩虎相鬪)
망자실색(望者失色)

中孚之小畜 **상**

두 호랑이가 서로 다투니
바라보는 자가 놀라는 형상이다.

해설	당신이 하는 일이 겉보기에만 화려해 보이고 실속이 없으니 마음이 심란하고, 초조할 징조이다. 재물은 들어온다 해도 곧 나가는 운세이며 충돌수와 관재수가 있으니 각별히 차조심을 하고, 보증을 서거나 금전거래·동업·낙찰계·어음할인·주식투자·직업 변동 등을 하지 말라.
금년의 운세	건강운은 몸에 상처가 나거나 화상을 입을 우려가 있으니, 조심하라. 특히 교통사고 예방에 신경 써야 할 것이다. 시험운은 좀 더 실력을 쌓은 다음 기회를 노리는 것이 좋으며 취직운은 눈높이를 낮춰야 가능하다. 직장운은 현재 있는 자리에 만족하라.
1월	당신이 세워 놓은 계획이 완벽하다고 해도 실행하는 데 많은 어려움이 따를 징조이니 일 보 후퇴하는 것이 좋으리라. 이 달 운은 사람 사는 곳은 어디를 가나 장애물이 있기 마련이다. 장애물을 두려워하지 말고 뛰어넘어야 한다.
2월	몸과 마음이 바쁘고 하는 일은 많으나 실속이 없으니 마음이 심란하고 초조하여 짜증이 많이 날 징조이다. 또한 실물수가 있으니 지갑이나 귀중품 단속에 각별히 신경을 써야 할 것이다. 이 달 운은 분수를 지켜야 작은 행운이라도 얻을 수 있다.
3월	말과 행동이 일치하지 않을 징조이니, 중요한 약속이나 계획은 호언장담 하지 않는 것이 좋으리라. 또한 사기를 당할 징조이니, 보증을 서거나, 금전거래·동업·낙찰계·어음할인·직업 변동 등을 하지 말라. 특히 조·정·최·박·장·노·황·강씨 등을 조심하라.
4월	구설수가 있으니 당신의 가정일이나, 신상에 관한 일들을 남들한테 함부로 말하지 말라. 또한 남의 험담을 하지 말라. 큰 재물은 어려워도 작은 재물은 들어올 운세이다. 이 달 운은 나에게 부담되는 일이라면 처음부터 거절하는 것이 좋으리라.

5월	노력한 만큼의 대가는 얻을 수 있으나 생각지 않은 지출이 많을 징조이며 하는 일마다 어려움이 따르고 애로 사항이 많을 운세이다. 이 달 운은 자존심을 내세우지 말고 다수의 의견을 존중하면 좋은 일이 생긴다. 다만, 양띠·개띠·소띠를 조심하라.
6월	흉허물 없는 사람과 의견 충돌로 인하여 다툼이 일어나 결별할 징조이니 조금씩 양보하고 이해하는 아량을 베풀어야 할 것이다. 큰 재물은 어려워도 작은 재물은 들어올 운세이다. 이 달은 직장 또는 집을 옮기게 될 징조이다.
7월	쓸 곳은 많은데 수입은 쥐꼬리만큼 들어오니 마음이 심란하고 초조할 징조이다. 또한 망신수가 있으니 각별히 이성문제에 조심을 해야 할 것이다. 특히 중순에서 하순 사이에 수액수와 화액수가 있으니 물조심, 불조심하라.
8월	자존심을 내세우면 잘 되어 가던 일들이 꼬일 징조이니 조금씩 양보하는 아량을 베풀어야 할 것이다. 특히 초순에서 중순 사이에 도둑을 맞을 징조이니 귀중품 단속에 각별히 신경을 써야 할 것이다. 이 달은 말 못할 고민이 해결된다.
9월	운수가 대통하니 매사가 순조롭게 진행되고 안 될 것이라 생각한 일도 풀릴 징조이다. 또한 추첨운이 대길하니 주택청약예금을 들어 놓았다면 신청 접수를 해보시라. 또한 이사를 하려고 마음을 먹었으면 하시라. 대길운이다. 길일은 10·19·29·30일이다(음력).
10월	좋은 일과 나쁜 일이 반반씩 섞여 있는 운세이다. 즉 가정에 우환이 생기거나 흉허물 없는 사람과 다툼이 일어날 징조이다. 다만 하는 일은 힘들고 어려워도 노력의 대가는 따르리라. 이 달은 하고 있는 일에 충실하는 게 상책이다.
11월	먼 여행은 사고가 날 징조이니 떠나지 않는 것이 좋으리라. 또한 사기를 당하거나 손재수가 있으니 보증을 서거나 어음할인·낙찰계·주식투자·동업·직업 변동 등을 하지 말라. 이 달은 자존심을 버리고 매사에 임하면 여러 가지가 뜻대로 될 것이다.
12월	사람을 잘 못 사귀면 관재수에 휘말릴 징조이니 각별히 조심을 해야 할 것이다. 큰 재물은 어려워도 작은 재물은 들어올 운세이다. 다만 생각지 않은 지출이 많을 징조이다. 이 달은 증권에 손대지 말라. 손대면 빚쟁이가 될 것이다.

531

家人之漸 [상]

[괘]

용생두각(龍生頭角)
연후등천(然後登天)

용이 머리에 뿔이 난 연후에야
하늘로 오르는 형상이다.

해설	얽히고 설켰던 일들이 하나씩 정리되면서 심신의 안정을 찾게 될 운세이다. 금년의 운수는 당신이 소망하는 일 중에서 한 가지는 반드시 이룰 수 있는 운세이며, 재물이 따르는 운세이다. 다만 질병수와 관재수가 있으니 건강관리에 신경써야 하며, 도장을 찍는 일은 신중하게 하라.

금년의 운세	시험운은 좋은 결과가 있을 징조이며 취직운은 적성에 맞고 봉급도 짭짤한 직장을 얻게 된다. 직장운은 부수입이 있는 자리로 이동하거나, 승진이 예상된다. 재물운은 기대 이상의 수입이 있을 것이며 횡재수도 있다.

1월	가정에 우환이 생기거나 당신이 병원을 출입할 징조이니 과음, 과식을 삼가하고 각별히 건강관리에 신경을 써야 할 것이다. 이 달 운은 일을 벌이지 말고 수습하는 방향으로 신경 써야 한다. 또한 술 냄새만 맡았어도 차 운전하지 말라.

2월	적으면 적은 대로, 많으면 많은 대로 현실에 만족해야 할 운세이다. 혹여 주식투자를 하거나 사채놀이에 손을 대면 이익은커녕 본전마저도 다 날릴 징조이니 자중자애해야 할 것이다. 이 달 운은 노력해서도 안 되는 일이라 판단되면 빨리 포기하는 것이 좋으리라.

3월	큰 재물은 어려워도 작은 재물은 들어올 운세이다. 다만 사람을 잘 못 사귀면 관재수에 휘말릴 징조이니 각별히 조심해야 할 것이다. 이 달 운은 평소 소홀했던 일에 다시 한번 신경을 써 보시라. 좋은 일이 생긴다. 다만, 생색을 내지 말라.

4월	운수가 대통하니 매사가 순조롭게 진행되고 안 될 것이라 생각했던 일들도 풀려 나갈 징조이다. 또한 추첨운이 대길하니 주택청약예금을 들었다면 신청해 보시라. 좋은 결과가 있을 징조이다. 특히 마무리가 좋은 달이다.

5월	초순경에는 매사가 힘들고 애로 사항이 많으리라. 그러나 끈기 있게 밀고 나간다면 중순에서 하순 사이에 막혔던 일들이 풀려 나갈 징조이다. 또한 이사운이 대길하니 이사를 하려고 마음을 먹었으면 하시라. 길일은 9 · 19 · 20 · 29일이다(음력).
6월	사람을 잘 못 사귀면 재물을 잃을 징조이니 각별히 조심을 해야 할 것이다. 또한 흉허물 없는 사람과 사소한 일로 다툼이 일어나 결별할 징조이니 지나친 농담을 삼가하고 자존심을 상하게 하는 말을 자제해야 할 것이다. 특히 차조심하라.
7월	초상집을 문상하게 되면 돌아온 후 액운이 있으니, 부조금만 보내는 것이 좋으리라. 또한 당신이 병원을 출입할 징조이니 과음, 과식을 삼가하고 각별히 건강관리에 신경을 써야 할 것이다. 이 달 운은 헤어졌던 연인에게서 연락이 온다.
8월	당신의 감정을 누구에게 표현하기도 싫고 왠지 모르게 초조하거나, 울적한 일이 자주 일어날 징조이다. 또한 구설수가 있으니, 당신의 가정일이나 신상에 관한 일들을 남들에게 함부로 말하지 말라. 특히 돼지띠 · 용띠 · 뱀띠를 조심해라.
9월	그 동안의 피로가 누적되어 어깨가 뻐근하고 밥맛도 별로 없으며 매사에 의욕이 떨어질 징조이다. 그러나 힘을 내시라. 조금만 더 끈기 있게 밀고 나간다면 중순에서 하순 사이에 막혔던 일들이 풀려 나갈 운세이다. 또한 금전운도 좋으리라.
10월	당신을 위해서라면 간도 빼 줄 것처럼 행동하던 사람이 하루 아침에 배신을 할 징조이니 당신의 약점, 또는 비밀에 부쳤던 속마음을 함부로 말하지 말라. 또한 손재수가 있으니 동업 또는 주식투자에 손대지 말라. 특히 조 · 장 · 강 · 최 · 박 · 한 · 백씨 등을 조심하라.
11월	초순경에는 막혔던 일들이 풀려 나갈 운세이다. 그러나 중순에서 하순 사이는 매사가 꼬일 징조이니 계획을 크게 잡지 말고 축소하는 것이 좋으리라. 이 달 운은 근심 걱정 없이 살기를 바란다면 욕심을 버려야 한다. 특히 범띠 · 말띠 · 쥐띠를 조심하라.
12월	하는 일에 큰 발전이 없으며 도움을 주는 사람도 없으니 외롭고, 고독한 운세이다. 또한 초상집을 문상하게 되면 돌아온 후 액운이 있으니 부조금만 보내는 것이 좋으리라. 이 달은 적당히 굽힐 줄도 아는 융통성이 필요하다.

532

괘

家人之小畜 상

견이불식(見而不食)
화중지병(畵中之餠)

보고도 먹을 수가 없으니 그림
속의 떡이나 다름없는 형상이다.

해설	매사에 막히는 일이 많으니 계획을 크게 잡지 말고 축소하는 것이 좋으리라. 큰 재물은 어려워도 작은 재물은 얻을 운세이다. 다만 송사수와 관재수가 있으니 고수익·이자·배당금을 준다는 말에 현혹되지 말라. 재산만 날린다.

금년의 운세	건강운은 위장병이나 간장 질환으로 고생할 우려가 있으나 과음,과식을 삼가고 원기 회복에 힘써야 할 것이다. 시험운은 턱걸이 운세이니 평소보다 노력을 많이 해야 한다. 취직운은 만족할 만한 직장을 얻기는 어렵다. 직장운은 있는 자리를 지키는 데 힘써야 한다. 승진은 경쟁자가 많아 어렵다.

1월	남의 말을 듣고 무작정 일을 벌이면 큰 손해가 따를 징조이니 자중자애해야 할 것이다. 또한 도둑을 맞을 징조이니, 지갑이나 귀중품 단속에 각별히 신경을 써야 할 것이다.이 달은 현실에 감사하고 살면 천국이요,불평하고 살면 지옥이다.

2월	친척이나 친구 또는 주변에 잘 아는 사람이 당신에게 거시기에 투자하면 떼돈을 벌 수 있다는 달콤한 유혹을 하거나 돈 좀 빌려 달라는 요청을 받게 될 징조이다. 만일 투자를 하거나 금전거래를 하게 되면 결과가 좋지 않을 운세이다.

3월	사람을 잘 못 사귀면 관재수에 휘말릴 징조이니 각별히 조심을 해야 할 것이다. 큰 재물은 어려워도 작은 재물은 들어올 운세이다. 이 달 운은 내가 하기 싫은 일은 남도 하기 싫은 법이니 매사를 솔선수범하면 좋은 결과를 얻으리라.

4월	구설수가 있으니 당신의 가정일이나 신상에 관한 일들을 남들에게 함부로 말하지 말라. 또한, 남의 험담을 하지 말라. 특히 초상집에 문상하게 되면 돌아온 후에 액운이 있으니 부조금만 보내는 것이 좋으리라. 이 달운은 한 번울고 한 번은 웃으리라.

194

5월	당신이 믿고 의지하던 사람이 당신 곁을 떠나게 될 징조이다. 또한 당신이 병원을 출입할 징조이니 과음, 과식을 삼가하고, 각별히 건강관리에 신경을 써야 할 것이다. 이 달 은 삶이 무엇인지 뒤돌아보게 되는 달이다.
6월	사기를 당할 징조이니, 보증을 서거나, 동업·금전거래·낙찰계·어음할인·주식투자·직업변동 등을 하지 말라. 또한 먼 여행은 사고가 날 징조이니 떠나지 않는 것이 좋다. 이 달 운은 돈 약속은 하지 말라. 지켜지기가 어려울 것이다.
7월	초순경에는 막혔던 일들이 풀려 나갈 징조이다. 그러나 중순부터 하순까지 매사가 꼬일 징조이니 계획을 크게 잡지 말고 축소하는 것이 좋으리라. 재물은 들어온다 해도 곧 나가는 운세이다. 이 달은 삼각관계에 빠질 운이니 감정 조절이 필요하다.
8월	몸과 마음이 바쁘고 하는 일은 많으나 실속이 없으니, 마음이 심란하고 초조할 징조이다. 특히 흉허물 없는 사람과, 의견 충돌로 인하여 다툼이 일어나 결별할 징조이니, 조금씩 양보하고 이해하는 아량을 베풀어야 할 것이다.
9월	먼 여행은 사고가 날 징조이니 떠나지 않는 것이 좋으리라. 큰 재물은 어려워도 작은 재물은 들어올 운세이다. 이 달 운은 고수익·이자·배당금을 준다는 말에 현혹되지 말라. 재산만 날린다. 또한 술 냄새만 맡았어도 차 운전하지 말라.
10월	맺고 끊는 일을 분명히 하지 않으면 공연히 오해를 받거나 누명을 쓰게 될 징조이니 결단력을 발휘해야 할 것이다. 또한 송사수가 있으니 문서계약이나 금전거래에 관한 일들은 좀 더 신중하게 처리해야 할 것이다. 이 달은 이럴까 저럴까 망설이다 세월을 보낸다.
11월	매사가 힘들고 어려워도 실망하지 말고 끈기 있게 밀고 나간다면, 중순에서 하순 사이에 막혔던 일들이 풀려 나갈 운세이다. 또한 생각지 않은 곳에서 선물 또는 재물이 들어올 운세이다. 범띠·개띠·말띠·용띠를 조심하라.
12월	자존심을 내세우면 잘 되어 가던 일들이 꼬일 징조이니 조금씩 양보하고 분수에 맞게 처신을 해야 할 것이다. 재물은 들어온다 해도 곧 나가는 운세이다. 이 달 운은 아는 만큼 보이는 것이니 실력을 쌓아야 할 것이다. 특히 조건을 찾아 직장을 옮기면 손해를 본다.

533

괘

궐수제궁(蕨手提弓)
사이불중(射而不中)

家人之益 **상**

고사리손으로 활을 잡으니 쏘아도
명중시키지 못하는 형상이다.

해설	적으면 적은 대로 많으면 많은 대로 현실에 만족해야 할 운세이다. 혹여 보증을 서거나, 동업·금전거래·낙찰계·어음할인·주식투자·직업변동 등을 하게 되면 얻는 것보다 잃는 것이 많으니 자중자애해야 할 것이다. 금년은 이사를 하면 좋으리라.

금년의 운세	건강운은 위궤양·위산과다·소화 불량 등으로 고생할 우려가 있으니, 과음, 과식을 삼가하고 음식 조절에 신경을 써야 할 것이다. 시험운은 어려운 문제가 많이 출제될 징조이며, 취직운은 눈높이를 낮추면 가능하다. 직장운은 옮기지 않는 것이 좋으리라.

1월	매사가 힘들고 어려워도 실망하지 말고 끈기 있게 밀고 나간다면 중순에서 하순 사이에 막혔던 일들이 풀려 나갈 징조이다. 다만 충돌수가 있으니 각별히 차조심해야 할 것이다. 이 달은 동업은 깨어지기가 쉽고 가까운 사람과는 다툴수 있다.

2월	가정에 우환이 생기거나 당신이 병원을 출입할 징조이니 과음, 과식을 삼가하고, 각별히 건강관리에 신경을 써야 할 것이다. 생각지 않은 지출이 많을 징조이며, 친한 사람과 다툼이 있을 징조이니 각별히 말조심하라. 이 달은 취직운이 좋으리라.

3월	남쪽 방향의 먼 여행은 사고가 날 징조이니 떠나지 않는 것이 좋으리라. 또한 초상집을 문상하게 되면 돌아온 후 액운이 있으니 부조금만 보내는 것이 좋으리라. 이달운은 주변 사람들의 의견을 충분히 수렴한 후에 당신의 생각을 결정하는 것이 좋으리라.

4월	사기를 당할 징조이며, 손재수가 있으니 보증을 서거나 동업·금전거래·낙찰계·어음할인·주식투자·직업 변동 등을 하지 말라. 이 달 운은 자신의 능력을 확실히 점검하고 일을 진행하라. 또한 돌다리도 두들기고 아는 길도 물어서 가라.

196

5월	친척이나 친구, 또는 주변에 잘 아는 사람이 거시키에 투자하면 떼돈을 벌 수 있다는 달콤한 유혹을 하거나, 돈 좀 빌려 달라는 요청을 받게 될 징조이다. 만일 투자를 하거나 금전거래를 하게 되면 결과가 좋지 않을 운세이니 기분 상하지 않게 거절하라.
6월	몸과 마음이 바쁘고 하는 일은 많으나 수입은 쥐꼬리만큼 들어오니 마음이 심란하고 초조할 징조이다. 또한 생각지 않은 지출이 많을 징조이다. 이 달 운은 인간사 불화가 생기는 원인은 대화 부족, 칭찬 부족이다. 알고 있는 것은 소용없다. 실천하라.
7월	매사가 마음먹은 대로 이루어지지 않을 징조이니, 끈기와 인내가 필요하리라. 막혔던 일들은 중순에서 하순 사이에 풀리리라. 다만 충돌수가 있으니 각별히 차조심해야 할 것이다. 이 달 운은 형제의 도움이 필요한 때이다. 급하면 요청해 보시라.
8월	노력한 만큼의 대가는 얻을 수 있으나 지출이 많을 징조이며 하는 일마다 어려움이 따르고 애로 사항이 많을 운세이다. 특히 망신수가 있으니 이성문제에 각별히 조심을 하고 도둑을 맞을 징조이니 평소 아끼던 물건을 잘 관리해야 할 것이다.
9월	재물을 잃을 징조이니 주식투자를 하거나 사채놀이를 하지 말라. 이익은 커녕 본전마저도 다 날릴 운세이다. 또한 남쪽이나 북쪽 방향의 먼 여행은 사고가 날 징조이니 떠나지 않는 것이 좋으리라. 이 달 운은 인연은 가까운 곳에 있다. 멀리서 찾지 말라.
10월	새로운 일을 시작하게 되면 얻는 것보다 잃는 것이 많으니 자중자애해야 할 것이다. 다만 이사를 하는 것은 대길운이니 이사를 하려고 마음을 먹었으면 하시라. 좋은 일이 있을 징조이다. 금전은 조금만 더 참고 기다리면 들어온다.
11월	초순경에는 매사가 될 듯 될 듯하면서 막히는 현상이 자주 일어날 징조이다. 그러나 중순에서 하순 사이에 막혔던 일들이 풀릴 징조이다. 이 달 운은 행복한 삶을 원한다면 분수에 맞게 살아야 한다. 특히, 이 달은 모든 일을 시간을 정해 놓고 하시라.
12월	당신이 믿고 의지하던 사람이 당신 곁을 영원히 떠나게 될 징조이다. 또한 실물수가 있으니 귀중품 단속에 신경을 써야 할 것이다. 재물은 들어온다 해도 곧 나가는 운세이며 생각지 않은 지출이 많을 징조이다. 이 달은 마음의 갈등을 잘 다스려야 하는 달이다.

541

괘

삼십육계(三十六計)
주위상계(走爲上計)

益之觀 상

삼십육계로 달아나는 것이
상책이로다.

해설	큰 재물은 어려워도 작은 재물은 들어올 운세이다. 다만 초상집에 문상하게 되면 돌아온 후 액운이 있으니 부조금만 보내는 것이 좋으리라. 특히 병원을 출입할 징조이니 과음, 과식을 삼가하고 각별히 건강관리에 신경을 써야 할 것이다. 금년은 이사할 운이다.
금년의 운세	시험운은 좋은 편이 아니니 다음 기회를 노리는 것이 좋으며 취직운은 애간장을 녹인 후에 될 것이다. 직장운은 지금 있는 자리가 불안하니 한눈 팔지 말고 최선을 다하라. 승진은 단념하는 것이 마음 편하다.
1월	정신적으로나 물질적으로 어려움을 겪을 운세이다. 또한 당신이 세워 놓은 계획이 완벽하다 해도 실행하는 데 많은 어려움이 따를 징조이니 일보 후퇴하는 것이 좋으리라. 이 달 운은 어디를 가나 솔직한 모습을 보여 주는 것이 좋은 결과를 가져온다.
2월	노력한 만큼의 대가는 얻을 수 있으나 생각지 않은 지출이 많을 징조이며 하는 일마다 어려움이 따르고 애로 사항이 많을 징조이다. 특히 해서는 안 될 말을 해서 곤경에 처하게 될 징조이다. 이 달 운은 자신 외에는 할 수 없다는 자만심을 버리면 좋은 결과를 얻는다.
3월	계획했던 일들이 연기 또는 취소될 징조이니 끈기와 인내가 필요하며 먼 여행은 사고가 날 징조이며 떠나지 않는 것이 좋으리라. 재물은 들어온다 해도 곧 나가는 운세이며 생각지 않은 지출이 많을 징조이다. 이 달 운은 양보도 좋지만 한계를 재정비해야 할 때이다.
4월	쓸 곳은 많은데 수입은 쥐꼬리만큼 들어오니 마음이 심란하고 초조할 징조이다. 특히 초상집에 문상하게 되면 돌아온 후 액운이 있으니 부조금만 보내는 것이 좋으리라. 이 달 운은 망설이다가 기회를 놓치지 말고 자신 있게 도전하라.

5월	매사가 힘들고 어려워도 실망하지 말고 끈기 있게 밀고 나간다면 중순에서 하순 사이에 막혔던 일이 풀려 나갈 징조이다. 다만 손재수가 있으니 고수익·이자·배당금을 준다는 말에 현혹되지 말라. 투자하면 재산만 날린다.
6월	당신이 믿고 의지하던 사람이 당신 곁을 떠나게 될 징조이다. 또한 당신이 병원을 출입할 징조이니 과음, 과식을 삼가하고 각별히 건강관리에 신경을 써야 할 것이다. 이 달 운은 삶이 무엇인지 뒤돌아보게 하는 달이 될 것이다.
7월	한 가지 문제가 해결되면 또 한 가지 문제가 터져나와 마음이 심란하고 초조할 징조이니 끈기와 인내가 필요하며 침착하게 대비하는 마음의 준비가 요구되는 달이다. 이 달 운은 긍정적으로 극복하려는 마음가짐이 중요하다.
8월	몸과 마음이 바쁘고 하는 일은 많으나 실속이 없으니 마음이 심란하고 초조할 징조이다. 큰 재물은 어려워도 작은 재물은 들어올 운세이다. 다만 지출이 많을 징조이며 도둑을 맞을 징조이니 평소 아끼던 물건을 잘 관리해야 할 것이다.
9월	친척이나 친구 또는 형제지간에 사소한 일로 다툼이 일어나 결별할 징조이니 지나친 농담을 삼가하고 자존심을 상하게 하는 말을 자제해야 할 것이다. 재물은 들어온다 해도 곧 나가는 운세이다. 특히 상대를 이해하는 아량이 필요한 달이다.
10월	사람을 잘 못 사귀면 관재수에 휘말릴 징조이니 각별히 조심을 해야 할 것이다. 다만 추첨운이 대길하니 주택청약예금을 들어 놓았다면 신청 접수를 해 보시라. 또한 이사운이 대길하니 이사를 하려고 마음을 먹었으면 하시라. 길일은 9·10·19·29일이다(음력).
11월	운수가 대통하니 매사가 순조롭게 진행되고 안 될 것이라 생각한 일들도 풀려 나갈 징조이다. 다만 흉허물 없는 사람과 다툼이 있을 징조이니 각별히 말조심하라. 이 달 운은 오해는 풀리고 난처한 입장에서 벗어나게 된다. 또한, 당신의 능력을 인정받게 된다.
12월	큰 재물은 어려워도 작은 재물은 들어올 운세이다. 또한 기다리던 곳에서 반가운 소식이 올 징조이다. 다만 손재수가 있으니 주식투자를 하거나 보증을 서지 말라. 이 달 운은 책임지겠다는 무책임한 말로 일을 저지르기 쉽다.

542

괘

익지중부(益之中孚) **상**

일파도도(一把刀刀)
해인하사(害人何事)

한 발의 칼로 사람을 해치다니
이게 무슨 일인고.

해설	사기를 당할 징조이니, 고수익·이자·배당금을 준다는 말에 현혹되지 말라. 재산만 날린다. 또한 직업변동을 하지 말라. 특히 먼 여행은 사고가 날 징조이니 떠나지 않는 것이 좋으며 각별히 차조심하라. 금년은 머무는 곳에서 이동, 변동할 운세이다.

금년의 운세	건강운은 나쁘지 않으나 몸에 상처가 날 징조이니 화가 나는 일이 있어도 참고 또 참아야 하느니라. 시험운은 까다로운 문제가 많이 출제되어 좋은 결과를 얻기는 어려우며 취직운은 눈높이를 낮추면 가능하다. 승진은 아직 때가 이르다. 재물운은 생각지 않은 지출이 많다.

1월	가정에 우환이 생기거나, 흉허물 없는 사람과 사소한 일로 다툼이 일어나 결별할 징조이니 지나친 농담을 삼가하고 자존심을 상하게 하는 말을 자제해야 할 것이다. 이 달 운은 그 동안 쌓았던 인맥을 적극 활용하면 좋은 결과를 얻는다.

2월	자존심을 내세우거나 지나치게 욕심을 부리면 기회를 놓쳐 버릴 징조이니 당신의 지식이 전부라고 생각하지 말고 경험 많은 사람들과 상의를 하는 것이 좋으리라. 이 달 운은 분명한 태도와 적극성을 띠어야만 원하는 바를 얻을 것이다.

3월	관재, 구설수가 있으니 눈에 거슬리고 화가 나는 일이 있어도 보고도 못 본 척, 알고도 모르는 척 매사에 중립을 지키는 것이 좋으리라. 또한 먼 여행은 사고가 날 징조이니 다음 기회로 미루는 것이 좋으리라. 이 달 운은 증권에 손대지 말라. 손대면 빚쟁이가 될 것이다.

4월	매사가 힘들고 어려워도 실망하지 말고 끈기 있게 밀고 나간다면 중순에서, 하순 사이에 막혔던 일들이 풀려 나갈 징조이다. 이 달 운은 고수익·이자·배당금을 준다는 말에 현혹되지 말라. 재산만 날린다. 특히, 정·강·최·허·주·홍·장·윤씨를 조심하라.

5월	몸과 마음이 바쁘고 하는 일은 많으나 수입은 쥐꼬리만큼 들어오니 마음이 심란하고 초조하여 돈벼락이나 맞았으면 좋겠다는 생각이 간절한 달이다. 이 달 운은 현실에 감사하면서 살면 천국이요, 불평하면서 살면 지옥이다.
6월	재물운은 있으나 얻는 것보다 잃는 것이 많으며 동분서주하면서 바쁘게 뛰어 보지만 몸만 피곤하고 알아주는 사람이 없으니 안타까운 달이다. 특히 실물수가 있으니 지갑이나 귀중품 단속에 신경을 써야 할 것이다. 이 달 운은 자존심을 버리면 재물이 따른다.
7월	사람을 잘 못 사귀면 관재수에 휘말릴 징조이니 각별히 조심을 해야 할 것이다. 또한 망신수가 있으니 이성문제에 각별히 조심하라. 재물은 들어온다 해도 곧 나가는 운세이며 생각지 않은 지출이 많을 징조이다. 이달 운은 버릴 것은 과감히 버려야 한다.
8월	꿈자리도 뒤숭숭하고 매사가 잘 되어 가는 듯하다가도 막히는 현상이 자주 일어날 징조이다. 또한 흉허물 없는 사람과 사소한 일로 다툼이 일어나 결별할 징조이니 지나친 농담을 삼가하고 자존심을 상하게 하는 말을 자제해야 할 것이다. 특히 말·술·시비를 줄여야 하는 달이다.
9월	운수가 대통하니 매사가 순조롭게 진행되고 안 될 것이라고 생각한 일들도 풀려 나갈 징조이다. 또한 남쪽이나 북쪽 방향에서 재물이 들어올 운세이다. 다만 손재수가 있으니 평소 아끼던 물건을 잘 관리해야 할 것이다.
10월	추첨운이 대길하니 주택청약예금을 들어 놓았다면 신청 접수를 해 보시라. 좋은 결과가 있으리라. 또한 이사운이 대길하니 이사를 하려고 마음을 먹었으면 하시라. 길일은 9·10·20·29일이다(음력). 이사 가는 집에 제일 먼저 밥통·이불·휴대용 가스렌지를 갖다 놓으면 좋으리라.
11월	당신을 위해서라면 간도 빼 줄 것처럼 행동하던 사람이 하루 아침에 배신을 할 징조이니 당신의 약점 또는 비밀에 부쳤던 속마음을 함부로 말하지 말라. 재물은 들어온다 해도 곧 나가는 운세이며 특히 돈을 빌려 주지 말라. 빌려 주면 돈 떼인다.
12월	큰 재물은 어려워도 작은 재물은 들어올 운세이다. 다만 흉허물 없는 사람과 사소한 일로 다툼이 일어나 결별할 징조이니 지나친 농담을 삼가하고 자존심을 상하게 하는 말을 자제해야 할 것이다. 이 달 운은 남을 믿고 진행하는 일이라면 절대로 확신하지 말라.

543

益之家人　상

선인구묘(先人丘墓)
도재대량(都在大梁)

조상님의 무덤이 모두 큰 다리
옆에 있는 형상이다.

해설	매사에 막히는 일이 많으니, 계획을 크게 잡지 말고 축소하는 것이 좋으리라. 큰 재물은 어려워도 작은 재물은 얻을 운세이다. 다만 생각지 않은 지출이 많을 징조이며 관재수와 송사수가 있으니 각별히 조심해야 할 것이다.

금년의 운세	건강운은 교통사고를 주의하라. 시험운은 턱걸이 운세이니, 많은 노력이 필요하다. 취직운은 봉급은 적어도 적성에 맞는 직장을 얻게 되리라. 직장운은 이동수가 있으며. 승진은 어렵다. 재물운은 보통이다. 다만 금전대여ㆍ주식투자ㆍ보증ㆍ동업 등은 하지 말라. 큰 손해가 따른다.
1월	당신이 하고 있는 일에 색다른 변화가 있을 징조이며, 그 변화로 인해 몸과 마음이 바쁠 운세이다. 다만 훼방을 놓는 사람이 많으니 끈기와 인내가 필요하리라. 이 달 운은 문제를 겪어 보지도 못한 상황에서 포기를 하지 말라.
2월	사람을 잘 못 사귀면 관재수에 휘말릴 징조이니 각별히 조심을 해야 할 것이다. 또한 망신수가 있으니 이성문제에 조심하라. 이 달 운은 어떠한 상황에서도 옳은 말은 바로 해야 인정을 받는다. 또한, 매사 분명한 태도를 보여야 한다.
3월	재물운은 있으나 얻는 것보다 잃는 것이 많으며 잘 되어 가던 일들이 꼬일 징조이니 계획을 크게 잡지 말고 축소하는 것이 좋으리라. 이 달 운은 두 가지 중에 하나를 선택해야 할 상황이 생기겠다. 다만, 일을 벌이지 말고 수습하는 방향으로 가는 것이 좋으리라.
4월	큰 재물은 어려워도 작은 재물은 들어올 운세이다. 다만 초상집을 문상하게 되면 돌아온 후 액운이 있으니 부조금만 보내는 것이 좋으리라. 특히 중순에서 하순 사이에 충돌수가 있으니 각별히 차조심하라. 이 달 운은 시험ㆍ취직ㆍ맞선ㆍ결혼ㆍ집수리 등이 대길하다.

5월	친척이나 친구 또는 주변에 잘 아는 사람이 거시기에 투자하면 떼돈을 벌 수 있다는 유혹을 하거나 돈 좀 빌려 달라는 요청을 받게 될 징조이다. 만일 투자를 하거나 금전거래를 하게 되면 이익은커녕 본전마저도 다 날릴 운세이니 조심하라.
6월	가정에 우환이 생기거나, 당신이 병원을 출입할 징조이니 과음, 과식을 삼가하고, 각별히 건강관리에 신경을 써야 할 것이다. 이 달은 생각지 않은 지출이 많을 징조이며 특히 도둑을 맞을 징조이니 평소 아끼던 물건을 잘 관리해야 할 것이다.
7월	친척이나 친구 또는 흉허물 없는 사람과 사소한 일로 다툼이 일어날 결별할 징조이니 지나친 농담을 삼가하고 자존심을 상하게 하는 말을 자제해야 할 것이다. 재물은 들어온다 해도 곧 나가는 운세이며 특히 뱀띠·범띠·소띠·양띠를 조심하라.
8월	당신이 믿고 의지하던 사람이 당신 곁을 영원히 떠날 징조이다. 또한 가정에 우환이 생기거나 당신이 병원을 출입할 징조이니 과음, 과식을 삼가하고 각별히 건강관리에 신경을 써야 할 것이다. 이 달 운은 의지와 끈기가 매우 필요한 달이다.
9월	남쪽이나 북쪽 방향의 먼 여행은 사고가 날 징조이니 떠나지 않는 것이 좋으리라. 이 달 운은 할 말이 많아도 참는 것이 약이 될 것이다. 또한, 현재의 자리가 위태롭게 느껴지는 시기이니 본분을 다해야 할 것이다.
10월	사기를 당할 징조이니 보증을 서거나, 금전거래·동업·낙찰계·어음할인·주식투자·직업 변동 등을 하지 말라. 큰 손해가 따를 운세이다. 특히 충돌수가 있으니 차조심하라. 이 달은 환경 변화에 적응하기 위한 노력이 필요하다.
11월	초상집을 문상하게 되면 돌아온 후 액운이 있으니 부조금만 보내는 것이 좋으리라. 또한 손재수가 있으니 주식투자, 사채놀이 등에 손대지 말라. 이익은커녕 본전마저도 다 날릴 운세이다. 특히 쥐띠·뱀띠·말띠·개띠를 조심하라.
12월	운수가 대통하니 매사가 순조롭게 진행되고 안 될 것이라 생각한 일들도 풀려 나갈 징조이다. 또한 기다리던 곳에서 반가운 소식이 올 운세이다. 다만 고수익·이자·배당금을 준다는 말에 현혹되지 말라. 재산만 날린다. 특히 장·조·강·박·최·정씨 등을 조심하라.

551

巽之小畜 [상]

[괘]

요마입정(妖魔入庭)
작작지란(作作芝蘭)

요망한 마귀가 집에 들어서 자손에게 재앙을 일으키는 형상이다.

해설	고수익·이자·배당금을 준다는 말에 현혹되지 말라. 재산만 날린다. 이익은커녕 본전마저도 다 날릴 운세이다. 또한 먼 여행을 떠나지 말라. 특히 충돌수가 있으니 각별히 차조심하라.
금년의 운세	건강운은 자고 일어나면 몸이 천근만근처럼 무겁고 매사에 의욕이 없으며 위장병으로 고생할 우려가 있으니, 음식 조절에 신경 써야 할 것이다. 특히 교통사고에 주의하라. 시험운은 좋은 성적을 얻기는 어려우며 취직운은 애간장을 녹인 후에 될 것이다. 승진은 단념하라. 재물운은 수입보다 지출이 많다.
1월	가정에 우환이 생기거나 재물을 잃을 징조이니 주식투자 또는 사채놀이에 손대지 말라. 또한 도둑을 맞을 징조이니, 지갑이나 귀중품 단속에 각별히 신경을 써야 할 것이다. 이 달 운은 금전적으로 고민하던 문제가 해결된다. 또한, 시험·취직·애정운이 대길하다.
2월	매사가 순조롭게 진행되고 막혔던 일들이 풀릴 징조이다. 그러나 중순에서 하순 사이에 일이 꼬일 징조이니 계획을 크게 잡지 말고, 축소하는 것이 좋으리라. 이 달 운은 상대방의 변덕이 마음에 들지 않지만 내게 유리할 때까지 기다려야 한다.
3월	당신을 위해서라면 간도 빼 줄 것처럼 행동하던 사람이 하루 아침에 배신을 할 징조이니 당신의 약점 또는 비밀에 붙였던 속마음을 함부로 말하지 말라. 큰 재물은 어려워도 작은 재물은 들어올 운세이다. 특히 이사는 남방 또는 동방이 길하다.
4월	서쪽과 북쪽 방향의 먼 여행은 사고가 날 징조이니 떠나지 않는 것이 좋으리라. 또한 손재수가 있으니 보증을 서거나 동업·주식투자·어음할인·낙찰계·금전거래·직업 변동 등을 하지 말라. 이 달 운은 횡재수를 기대하기보다 하나씩 쌓아올린다는 계획을 세워라.

5 월	초상집을 문상하게 되면 돌아온 후 액운이 있으니 부조금만 보내는 것이 좋으리라. 또한 먼 여행은 사고가 날 징조이니 떠나지 않는 것이 좋으며, 각별히 차조심하라. 이 달 운은 남은 믿고 진행하는 일이라면 절대로 확신하지 말라.
6 월	적으면 적은대로 많으면 많은 대로 현실에 만족해야 할 운세이다. 혹여 새로운 일을 시작하거나 주식투자, 동업 등에 손을 대면 이익은커녕 본전마저도 다 날릴 징조이니 자중자애해야 할 것이다. 이 달 운은 해서는 안 되는 말도 있다는 것을 심각하게 느끼는 달이다.
7 월	몸과 마음이 바쁘고 하는 일은 많으나 실속이 없으니 마음이 심란하고 초조하여 돈벼락이나 맞았으면 좋겠다는 생각이 간절한 달이다. 이 달 운은 눈앞의 이익만 추구하지 말라. 한결같은 마음으로 상대를 대하면 좋은 결과를 얻으리라.
8 월	사람을 잘 못 사귀면 관재수에 휘말릴 징조이니 각별히 조심을 해야 할 것이다. 큰 재물은 어려워도 작은 재물은 들어올 운세이다. 그러나 생각지 않은 지출이 많을 징조이며 특히 식구가 한 사람 늘거나 줄거나 둘 중 하나다.
9 월	흉허물 없는 사람과 사소한 일로 다툼이 일어나 결별할 징조이니 지나친 농담을 삼가하고 자존심을 상하게 하는 말을 자제해야 할 것이다. 특히 구설수가 있으니 당신의 가정일이나 신상에 관한 일들을 남들에게 함부로 말하지 말라.
10 월	재물은 애써 구하지 않아도 저절로 들어올 운세이다. 다만 생각지 않은 지출이 많을 징조이며, 가정에 우환이 생기거나 당신이 병원을 출입할 징조이니 과음, 과식을 삼가하고 각별히 건강관리에 신경을 써야 할 것이다.
11 월	실물수가 있으니 지갑이나 귀중품 단속에 신경을 써야 할 것이다. 또한 충돌수가 있으니 차조심하라. 특히 사람을 잘 못 사귀면 관재수에 휘말릴 징조이니 각별히 조심을 해야 할 것이다. 이 달 운은 시간이 금이라는 사실을 깨닫게 된다.
12 월	좋은 일과 나쁜 일이 반반씩 섞여 있는 운세이다. 즉 당신과 가장 친하게 지내던 사람이 당신 곁을 영원히 떠나게 될 징조이다. 다만 재물은 애써 구하지 않아도 저절로 들어올 운세이다. 이 달 운은 능력의 한계를 인정하면 마음이 편안해진다.

552

巽之漸 |상|

괘 ䷴ 상

사호위창(四皓圍蒼)
소견세려(消遣世慮)

상산사호가 바둑으로 소일하니
세상 근심을 다 떨쳐 버리는
형상이다.

해설	힘들었던 일들이 하나씩 정리되면서 심신의 안정을 찾게 될 운세이다. 금년의 운수는 당신이 소망하는 일 중에서 한 가지는 반드시 이룰 수 있는 운세이며 재물과 명예가 따르는 운세이다. 다만 질병수와 관재수가 있으니 조심하라. 금년은 이사를 하면 좋으리라.
금년의 운세	시험운은 좋은 성적을 얻게 되며 취직운은 봉급도 짭짤하고 적성에 맞는 직장을 얻게 된다. 직장운은 부수입이 있는 자리로 옮기거나 승진을 하게 된다. 재물운은 가는 곳마다 이익이 있으며 횡재수도 따른다.
1월	당신이 하는 일이 겉보기에만 화려해 보이고 실속이 없으니 마음이 심란하고 초조할 징조이다. 재물은 들어온다 해도 곧 나가는 운세이며, 생각지 않은 지출이 많을 징조이다. 이 달 운은 현실이 중요한 것이다. 실수를 교훈으로 삼아야 한다.
2월	재물은 애써 구하지 않아도 저절로 들어올 운세이다. 또한 기다리던 곳에서 반가운 소식이 올 징조이다. 다만 흉허물 없는 사람과 사소한 일로 다툼이 일어나 결별할 징조이니 각별히 말조심하라. 이 달 운은 구슬이서 말이라도 꿰어야 보배가 된다.
3월	꿈자리도 뒤숭숭하고 매사 잘 되어 가는 듯하다가도 막히는 현상이 자주 일어날 징조이니 계획을 크게 잡지 말고 축소하는 것이 좋으리라. 또한 손재수가 있으니 주식투자를 하거나 동업 등을 하지 말라. 이 달 운은 일을 벌이지 말고 수습하는 방향으로 신경 써야 좋으리라.
4월	단시간에 이익을 올릴 수 있는 업종에 손대지 말라. 이익은커녕 본전마저도 다 날릴 운세이다. 또한 구설수가 있으니 당신의 가정일이나 신상에 관한 일들을 남들에게 함부로 말하지 말라. 이 달 운은 시간이 지나야 당신에게 유리한 상황이 전개될 것이다.

5월	초순경에는 막혔던 일들이 풀리고 재물이 들어올 징조이다. 그러나 중순부터 하순 사이에는 매사가 꼬일 징조이니 끈기와 인내가 필요하리라. 이 달 운은 새로운 인연이 찾아온다. 다가오는 인연을 놓치지 말라. 인연은 (사람·집·거래처·직장·문서·물건) 등이다.
6월	큰 재물은 어려워도 작은 재물은 들어올 운세이다. 다만 흉허물 없는 사람과 사소한 일로 다툼이 일어나 결별할 징조이니 지나친 농담을 삼가하고 자존심을 상하게 하는 말을 자제해야 할 것이다. 이 달 운은 소 잃기 전에 외양간을 고쳐야 하는 달이다.
7월	당신이 믿고 의지하던 사람이 당신 곁을 떠나게 될 징조이다. 또한 충돌수가 있으니 먼 여행을 삼가하고 각별히 차조심을 해야 할 것이다. 이 달 운은 삶이 무엇인지를 뒤돌아보게 되는 달이다. 다만 금전적으로 걱정하던 문제가 해결된다.
8월	비밀로 해야 할 일이 생기게 되니 각별히 입을 무겁게 해야 하며 친척이나 친구 또는 형제지간에 사소한 일로 다툼이 일어날 징조이니 조금씩 양보하고 이해하는 아량을 베풀어야 할 것이다. 이 달 운은 끈기 있게 밀고 나가면 행운이 따른다.
9월	매사가 힘들고 어려워도 실망하지 말고 끈기 있게 밀고 나간다면 중순에서 하순 사이에 막혔던 일들이 풀릴 운세이다. 또한 재물이 들어올 운세이다. 다만 충돌수가 있으니 각별히 차조심을 해야 할 것이다. 특히 증권에 손대지 말라, 손대면 빚쟁이가 될 것이다.
10월	친척이나 친구 또는 주변에 잘 아는 사람이 거시기에 투자하면 떼돈을 벌 수 있다는 달콤한 유혹을 하거나 돈 좀 빌려 달라는 요청을 받게 될 징조이다. 만일 투자를 하거나 금전거래를 하게 되면 이익은커녕 본전마저도 다 날리리라.
11월	재물은 애써 구하지 않아도 저절로 들어올 운세이다. 다만 생각지 않은 지출이 많을 징조이며 흉허물 없는 사람과 사소한 일로 다툼이 일어나 결별할 징조이니 각별히 말조심하라. 이 달 운은 빨리 결정하면 유리하고 뜸을 들이면 불리하다.
12월	사람을 잘 못 사귀면 관재수에 휘말릴 징조이니 각별히 조심하라. 또한 당신이 병원을 출입할 징조이니 과음, 과식을 삼가하고 각별히 건강관리에 신경을 써야 할 것이다. 이 달 운은 박·강·조·최·윤·정씨 등을 각별히 조심하고 말 못할 고민이 있지만 서서히 해결된다.

553

巽之渙 [상] [괘]

청풍명월(清風明月)
대작미인(對酌美人)

맑은 바람, 밝은 달 아래 미인과
술잔을 나누는 형상이다.

해설	문서로 인한 횡재수가 있거나 나갔던 재물이 들어올 운세이다. 또한 명예를 얻을 징조이며 기다리던 곳에서 반가운 소식이 올 운세이다. 금년의 운수는 이사를 하면 좋으리라. 다만 망신수와 관재수가 있으니 각별히 조심해야 할 것이다. 특히 물조심, 불조심하라.
금년의 운세	건강운은 좋은 편이다. 다만. 환절기에 감기, 몸살로 약간 고생할 징조이다. 시험운은 입학·취직·자격고시 등에 무난히 합격된다. 직장운은 승진 또는 이동수가 있다. 재물운은 매우 좋다.
1월	매사가 힘들고 어려워도 실망하지 말고 끈기 있게 밀고 나간다면 중순에서 하순 사이에 막혔던 일들이 풀릴 운세이다. 또한 생각지 않은 곳에서 선물 또는 재물이 들어올 징조이다. 다만 충돌수가 있으니 말조심을 해야 할 것이다. 이 달은 경사가 있으리라.
2월	재물은 애써 구하지 않아도 저절로 들어올 운세이다. 다만 생각지 않은 지출이 많을 징조이며 도둑을 맞을 징조이니 각별히 귀중품 단속에 신경을 써야 할 것이다. 이 달 운은 현재는 현찰이요. 미래는 약속어음이다. 인생은 현재가 중요하다.
3월	한 가지 문제가 해결되면 또 한 가지 문제가 터져나와 마음이 심란하고 초조할 징조이니 끈기와 인내가 필요하며 침착하게 대비하는 마음의 준비가 요구되는 달이다. 재물은 들어온다 해도 곧 나가는 운세이다. 이 달 운은 열 번의 말보다는 한 번의 행동이 더 효과적이다.
4월	사람을 잘 못 사귀면 관재수에 휘말릴 징조이니 각별히 조심을 해야 할 것이다. 또한 망신수가 있으니 이성문제에 조심을 해야 할 것이다. 큰 재물은 어려워도 작은 재물은 들어올 운세이다. 이 달 운은 스스로 변하면 운명도 변할 수 있는 법이니 나아갈 방향을 정하라.

208

5 월	가정에 우환이 생기거나 당신이 병원을 출입할 징조이니 과음,과식을 삼가하고 각별히 건강관리에 신경을 써야 할 것이다. 또한 흉허물 없는 사람과 사소한 일로 다툼이 일어나 결별할 징조이니 각별히 말조심하라. 특히 먼 여행을 떠나지 말라.
6 월	당신을 위해서라면 간도 빼 줄 것처럼 행동하던 사람이 하루 아침에 배신을 할 징조이니 당신의 약점 또는 비밀에 부쳤던 속마음을 함부로 말하지 말라. 또한 고수익 · 이자 · 배당금을 준다는 말에 현혹되지 말라.재산만 날린다.
7 월	초상집을 문상하게 되면 돌아온 후 액운이 있으니 부조금만 보내는 것이 좋으리라. 또한 남쪽이나 북쪽 방향의 먼 여행은 사고가 날 징조이니 떠나지 않는 것이 좋으리라. 이달운은 궁하면 통하는 법이니 실망 말고 계속 노력하라.
8 월	친척이나 친구 또는 주변에 잘 아는 사람이 거시기에 투자하면 떼돈을 벌 수 있다는 달콤한 유혹을 하거나 돈 좀 빌려 달라는 요청을 받게 될 징조이다. 만일 투자를 하거나 금전거래를 하게 되면 이익은커녕 본전마저도 다 날릴 운세이니 자중하라.
9 월	가정에 경사가 있거나 문서로 인한 횡재수가 따르는 운세이다. 추첨운이 대길하니 주택청약예금을 들어 놓았다면 신청 접수를 해 보시라. 좋은 결과가 있으리라. 또한 이사를 하려고 마음을 먹었으면 하시라. 대길운이므로 ····. 길일은 9 · 10 · 19일이다(음력).
10 월	중요한 약속이나 계획은 실행하기 어려울 징조이니 호언장담하지 않는 것이 좋으며 형제지간이나 친한 사람과 사소한 일로 다툼이 일어나 결별할 징조이니 자존심을 상하게 하는 말을 자제하라. 이 달은 직장 또는 집을 옮기게 될 징조이다.
11 월	매듭을 짓는 형상이니 당신이 해 놓은 일들을 조속히 마무리를 지어야 좋은 결과를 얻게 되리라. 재물은 애써 구하지 않아도 저절로 들어올 운세이다. 다만 생각지 않은 지출이 많을 징조이며 특히 과음하지 말라,그동안의 노력이 물거품이 된다.
12 월	심신이 피곤하고 괴로울지라도 하는 일은 비교적 수월하게 풀려 나갈 운세이다. 다만 친척이나 친구 또는 흉허물 없는 사람과 사소한 일로 다툼이 일어나 결별할 징조이니 자존심 상하게 하는 말을 자제하라. 이 달 운은 시험 · 취직 · 맞선 · 결혼 · 매매 등이 대길하다.

561

괘

渙之中孚   상

풍기서북(風起西北)
모락하처(帽落何處)

바람이 서북쪽에서 일어나니
모자가 어느 곳에 떨어질지
잘 모르는 형상이다.

해설	새로운 일을 시작하거나 확장·동업·주식투자·금전거래·낙찰계·어음할인·보증·직업변동 등을 하지 말라. 이익은커녕 본전마저도 다 날릴 운세이다. 또한 먼 여행은 사고가 날 징조이니 떠나지 않는 것이 좋으며 특히 남방 또는 서방으로 이사 가지 말라.
금년의 운세	건강운은 정신적 스트레스를 많이 받을 징조이다. 시험운은 까다로운 문제가 많이 출제되어 좋은 성적을 얻기는 어려우며 취직운은 눈높이를 낮추면 가능하다. 직장운은 있는 자리를 지키는 데 힘써야 할 것이다. 승진은 경쟁자가 많아 어렵다. 재물운은 요행을 바라지 말라. 지출을 줄이는 것만이 최선이다.
1월	꿈자리도 뒤숭숭하고 매사가 잘 되어 가는 듯하다가도 막히는 현상이 자주 일어날 징조이니, 끈기와 인내가 필요하리라. 또한 병원을 출입할 징조이니 과음, 과식을 삼가고 각별히 건강관리에 신경을 써야 할 것이다.
2월	재물운은 있으나 얻는 것보다 잃는 것이 많으며 동분서주 바쁘게 뛰어보지만 몸과 마음이 피곤하고 알아주는 사람이 없으니 안타까운 달이다. 이 달 운은 시간이 지나야 당신에게 유리한 상황이 될 것이다. 특히 박·성·최·민·유·정·강·윤씨를 조심하라.
3월	당신이 믿고 의지하던 사람이 당신 곁을 영원히 떠나게 될 징조이다. 또한 병원을 출입할 징조이니 과음, 과식을 삼가고 각별히 건강관리에 신경을 써야 할 것이다. 이 달 운은 스스로 변하면 운명도 변할 수 있는 법이니 나아갈 방향을 정하라.
4월	매사가 잘 되어 가는 듯하다가도 막히는 현상이 자주 일어날 징조이니 계획을 크게 잡지 말고 축소하는 것이 좋으리라. 또한 송사수가 있으니 보증을 서거나 금전거래·주식투자·낙찰계·어음할인 등을 하지 말라. 특히 먼 여행을 떠나지 말라. 사고가 날 징조이므로···.

5월	관재수와 구설수가 있으니 먼 여행을 삼가하고 친한 사람과 사소한 일로 다툼이 일어나 결별할 징조이니 지나친 농담을 삼가하고 자존심을 상하게 하는 말을 자제하라. 또한 남의 험담을 하지 말라. 이 달 운은 돈을 빌려주지 말라. 빌려 주면 돈 떼인다.
6월	매사가 힘들고 어려워도 실망하지 말고 끈기 있게 밀고 나간다면 중순에서 하순 사이에 막혔던 일이 풀릴 운세이다. 다만 생각지 않은 지출이 많을 징조이다. 재물은 애써 구하지 않아도 저절로 들어올 운세이다. 이달 운은 서두르면 병이요,늦추며 약이 될 달이다.
7월	가정에 우환이 생기거나 도둑을 맞을 징조이니 지갑이나 귀중품 단속에 각별히 신경을 써야 할 것이다. 또한 병원을 출입할 징조이니 과음,과식을 삼가하고 각별히 건강관리에 신경을 써야 한다. 이 달 운은 자존심을 버리면 재물이 따른다.
8월	재물은 애써 구하지 않아도 저절로 들어올 운세이다. 다만 생각지 않은 지출이 많을 징조이며 망신수가 있으니 각별히 이성문제에 조심을 해야 할 것이다. 이 달 운은 주위의 의견을 충분히 수렴한 후 계획을 결정하는 것이 좋으리라.
9월	친척이나 친구 또는 흉허물 없는 사람과 사소한 일로 다툼이 일어나, 결별할 징조이니 지나친 농담을 삼가하고 자존심 상하게 하는 말을 자제해야 할 것이다. 특히 충돌수가 있으니 차조심하라. 이 달은 직장 또는 집을 옮기게 될 징조이다.
10월	분수를 지키고 맡은 바 일을 열심히 한다면 막혔던 일들이 풀려 나갈 징조이다. 큰 재물은 어려워도 작은 재물은 들어올 운세이다. 또한 문서로 인한 횡재수가 있거나 기다리던 곳에서 반가운 소식이 올 운세이다. 다만 충돌수가 있으니 술 냄새만 맡았어도 차 운전하지 말라.
11월	당신과 가장 친한 사람이 당신 곁을 영원히 떠나게 될 징조이다. 또한 사람을 잘 못 사귀면 관재수에 휘말릴 징조이니 각별히 조심을 해야 할 것이다. 특히 실물수가 있으니 도둑을 조심하라. 금전운은 양호한 편이다. 서남쪽 또는 동북쪽이 행운의 방향이다.
12월	먼 여행은 사고가 날 징조이니 떠나지 않는 것이 좋으리라. 또한 손재수가 있으니 도둑을 조심하고 주식투자를 하지 말라. 큰 재물은 어려워도 작은 재물은 들어올 운세이다. 이 달 운은 자존심을 내세우지 말고 다수의 의견을 존중하면 좋은 일이 있으리라.

562

괘

渙之觀 **상**

보정자단(寶鼎煮丹)
선인지약(仙人之藥)

보배솥에 단사를 지지니 신선의
약이로다.

해설	추첨운이 대길하니 주택청약예금을 들었다면 신청해 보시라. 좋은 결과가 있을 징조이다. 또한 이사를 하면 좋으리라. 금년의 운수는 당신이 소망하는 일 중에서 한 가지는 반드시 이룰 수 있는 운세이다. 다만 건강관리에 신경을 써야 하며 관재수가 있으니 조심하라.
금년의 운세	시험운은 매우 좋다. 최선을 다하라. 취직운은 적성에 맞고 수입도 짭짤한 직장을 얻게 된다. 직장운은 경쟁자가 많아도 승진할 징조이다. 재물운은 생각지 않은 수입이 많이 따른다.
1월	재물은 애써 구하지 않아도 저절로 들어올 운세이다. 다만 생각지 않은 지출이 많을 징조이다. 또한 흥허물 없는 사람과 사소한 일로 다툼이 일어나 결별할 징조이니 각별히 말조심하라. 이 달 운은 스스로 변하면 운명도 변할 수 있는 법이니 나아갈 방향을 정하라.
2월	매사가 힘들고 어려워도 실망하지 말고 끈기 있게 밀고 나간다면 중순에서 하순 사이에 막혔던 일들이 풀리리라. 또한 큰 재물은 어려워도 작은 재물은 들어올 운세이다. 이 달 운은 열 번의 말보다는 한 번의 행동이 더 효과적이다.
3월	운수가 대통하니 매사가 순조롭게 진행되고 생각지 않은 곳에서 선물 또는 재물이 들어올 징조이다. 또한 추첨운이 대길하니 주택청약예금을 들었다면 신청해 보시라. 좋은 결과가 있을 징조이다. 다만 이사는 동방 또는 북방이 길하다.
4월	친한 사람 또는 소개받은 사람에게 사기를 당할 징조이니 보증을 서거나 금전거래 · 동업 · 주식투자 · 어음할인, 낙찰계 등에 손대지 말라. 또한 구설수가 있으니 각별히 입을 무겁게 하라. 이 달 운은 한 우물을 파야 길이 보이며 바라는 만큼 얻으리라.

5 월	재물은 애써 구하지 않아도 저절로 들어올 운세이다. 다만 재물을 잃을 징조이니 새로운 일을 시작하거나 동업·확장·직업 변동 등을 하지 말라. 큰 손해가 따르리라. 이 달 운은 남을 믿고 진행하는 일이라면 절대로 확신하지 말라.
6 월	자존심을 내세우면 잘 되어 가던 일들이 꼬일 징조이니 조금씩 양보하고 이해하는 아량을 베풀어야 할 것이다. 또한 구설수가 있으니 당신의 가정일이나 신상에 관한 일들을 남들에게 함부로 말하지 말라. 이 점만 주의 한다면 금전운은 양호하리라.
7 월	남쪽이나 북쪽 방향의 먼 여행은 사고가 날 징조이니 떠나지 않는 것이 좋으리라. 또한 수액수가 있으니 각별히 물조심하라. 특히 도둑을 맞을 징조이니 귀중품 단속에 신경 써야 할 것이다. 이 달 운은 돈을 빌려 주지 말라. 빌려 주면 돈 떼인다.
8 월	망신수가 있으니 이성문제에 각별히 조심을 해야 할 것이다. 또한 흉허물 없는 사람과 사소한 일로 다툼이 일어나 결별할 징조이니 지나친 농담을 삼가고 자존심을 상하게 하는 말을 자제해야 할 것이다. 이 달 운은 조금만 양보하면 꼬인 일이 쉽게 풀린다.
9 월	구설수가 있으니 남의 험담을 하지 말라. 또한 당신의 가정일이나 신상에 관한 일들을 남들에게 함부로 말하지 말라. 말하는 것마다 구설이 되어 당신의 심기를 불편하게 할 징조이다. 이 달 운은 어려움을 피하지 말고 정면 돌파하라.
10 월	사람을 잘 못 사귀면 관재수에 휘말릴 징조이니 각별히 조심을 해야 할 것이다. 이 달은 이사운이 대길하니 이사를 하려고 마음을 먹었으면 하시라. 좋은 일이 있을 징조이다. 길일은 9·10·19·29일이다(음력). 이사 가는 날 제일 먼저 집 안에 이불, 밥통, 휴대용 가스렌지를 들여놓으시라.
11 월	가정에 우환이 생기거나 당신이 병원을 출입할 징조이니 과음, 과식을 삼가하고 각별히 건강관리에 신경을 써야 할 것이다. 이 달 운은 자신의 능력을 확실히 점검하고 일을 진행하라 또한 돌다리도 두들기고 아는 길도 물어서 가라.
12 월	당신이 그 동안 땀 흘려 해 놓은 일들이 주변 사람들에게 인정을 받게 되며 기다리던 곳에서 반가운 소식이 올 운세이다. 다만 충돌수가 있으니 각별히 차조심하고 말조심하라. 이 달 운은 식구가 한 사람 늘거나 줄거나 둘 중 하나다.

563

渙之巽 상

심입청산(深入靑山)
자건모옥(自建茅屋)

청산에 깊이 들어가서 스스로
집을 짓는 형상이다.

| 해설 | 새로운 일을 시작하거나 확장·동업·주식투자·금전거래·낙찰계·어음할인·보증·직업변동 등을 하지 말라. 이익은커녕 본전마저도 다 날릴 운세이다. 특히 건강관리에 신경 써야 할 것이다. 금년은 이사를 하면 좋으리라. 또한 집을 지어도 좋다. |

<table>
<tr><td rowspan="1">금
년
의
운
세</td><td>시험운은 좀 더 실력을 쌓은 다음 기회를 노려야 할 것이다. 취직운은 미역국을 몇 번 먹은 후에 합격될 것이며, 직장운은 이동수가 있다. 재물운은 요행이나, 횡재는 바라지 말라. 지출을 줄이는 것만이 최선이다.</td></tr>
<tr><td>1
월</td><td>정신적으로나 물질적으로 어려움을 겪을 징조이며, 매사가 잘 풀리는 듯하다가도 막히는 현상이 자주 일어날 징조이다. 이 달 운은 매사가 힘들고 어려워도 실망하지 말고 끈기 있게 밀고 나가면 중순에서 하순 사이에 막혔던 일이 풀리리라.</td></tr>
<tr><td>2
월</td><td>재물은 들어온다 해도 곧 나가는 운세이며 생각지 않은 지출이 많을 징조이다. 또한 흉허물 없는 사람과 사소한 일로 다툼이 일어나 결별할 징조이니 지나친 농담을 삼가고 자존심을 상하게 하는 말을 자제해야 할 것이다. 이 달은 이사를 하면 좋으리라.</td></tr>
<tr><td>3
월</td><td>친한 사람 또는 소개받은 사람에게 사기를 당하거나, 배신을 당할 징조이니 당신의 약점 또는 비밀에 부쳤던 속마음을 함부로 말하지 말라. 또한 금전거래를 하지 말라. 이 달 운은 자신 외에는 할수 없다는 자만심을 버리면 좋은 일이 생긴다.</td></tr>
<tr><td>4
월</td><td>가정에 우환이 생기거나 도둑을 맞을 징조이니 지갑이나 귀중품 단속에 각별히 신경을 써야 할 것이다. 재물은 들어온다 해도 곧 나가는 운세이며 생각지 않은 지출이 많을 징조이다. 이 달 운은 자존심을 내세우지 말고 다수의 의견을 존중하면 좋은 일이 있으리라.</td></tr>
</table>

5월	금전문제는 어려울 때마다 융통은 되겠으나 매사 하는 일에 어려움과 변화가 따를 징조이다. 다만 이사운이 대길하니 이사를 하려고 마음을 먹었으면 하시라. 좋은 일이 있을 징조이다. 이 달 운은 말보다 실천이 중요하다.
6월	사기를 당할 징조이니 고수익·이자·배당금을 준다는 말에 현혹되지 말라. 재산만 날린다. 또한 구설수가 있으니 당신의 가정일이나 신상에 관한 일들을 남들에게 함부로 말하지 말라. 이 달 운은 능력의 한계를 인정하면 마음이 편안해진다.
7월	친척이나 친구 또는 주변에 잘 아는 사람이 거시키에 투자하면 떼돈을 벌 수 있다는 달콤한 유혹을 하거나 돈 좀 빌려 달라는 요청을 받게 될 징조이다. 만일 투자를 하거나 금전거래를 하게 되면 큰 손해가 따를 운세이니 자중자애하라.
8월	당신의 감정을 누구에게 표현하기도 싫고 왠지 모르게 초조하거나 울적한 일이 자주 일어날 징조이다. 이 달 운은 육체적으로나 정신적으로 불안정한 시기가 된다. 그러므로 환경 변화에 적응하기 위한 노력이 필요하다. 이 달은 걷기 운동을 많이 하시라.
9월	본의 아니게 거짓말을 해야 할 일이 있을 징조이며 망신수가 있으니 각별히 이성문제에 조심을 해야 할 것이다. 큰 재물은 어려워도 작은 재물은 들어올 운세이다. 다만 생각지 않은 지출이 많을 징조이다. 이 달 운은 한 번은 울고 한 번 웃으리라.
10월	동쪽과 남쪽 방향의 먼 여행은 사고가 날 징조이니 떠나지 않는 것이 좋으리라. 또한 병원을 출입할 징조이니 과음, 과식을 삼가하고, 각별히 건강관리에 신경을 써야 할 것이다. 이 달 운은 직장 또는 집을 옮기게 될 징조다.
11월	꿈자리도 뒤숭숭하고 매사가 잘 되어 가는 듯하다가도 막히는 현상이 자주 일어날 징조이니 끈기와 인내가 필요하리라. 특히 초상집을 문상하게 되면 돌아온 후 액운이 있으니 부조금만 보내는 것이 좋으리라. 이달 운은 옷차림에 신경 써 보라. 반가운 일이 생긴다.
12월	매사가 힘들고 애로 사항이 많아 정신적으로 피곤할 징조이다. 돈벼락이나 맞았으면 좋겠다는 생각이 간절한 달이다. 특히 사람을 잘 못 사귀면 관재수에 휘말릴 징조이니 각별히 조심을 해야 할 것이다. 이 달 운은 자존심을 버리면 재물이 따른다.

611

괘

需之井 상

평지풍파(平地風波)
속수무책(束手無策)

평지풍파에 손을 묶여 꾀가
있어도 행동을 할 수 없는
형상이다.

| 해설 | 재물을 잃을 징조이며, 송사수가 있으니 고수익·이자·배당금을 준다는 말에 현혹되지 말라. 재산만 날린다. 또한 병원을 출입할 징조이니 과음, 과식을 삼가하고 각별히 건강관리에 신경을 써야 할 것이다. 금년은 머무는 곳에서 이동, 변동할 운세이다. |

| 금년의 운세 | 시험운은 수험생은 낮춰서 응시하라. 취직운은 원하는 직장을 얻게 된다. 직장운은 있는 자리를 지키는 데 힘써야 할 것이다. 승진은 아직 때가 아니다. 재물운은 좋은 편이 아니니, 지출을 줄이는 것만이 최선이다. |

| 1월 | 먼 여행에 사고가 날 징조이니 떠나지 않는 것이 좋으리라. 또한 관재수와 구설수가 있으니 각별히 차조심하고 당신의 가정이나 신상에 관한 일들을 남들에게 함부로 말하지 말라. 이 달 운은 사람들을 많이 만날수록 좋은 일을 만들 수 있다. |

| 2월 | 초상집에 문상하게 되면 돌아온 후 액운이 있으니 부조금만 보내는 것이 좋으리라. 또한 당신이 병원을 출입할 징조이니 과음, 과식을 삼가하고 각별히 건강관리에 신경을 써야 할 것이다. 이 달 운은 여행·이직·취직·승진 등 좋은 일이 있으리라. |

| 3월 | 매사가 힘들고 어려워도 실망하지 말고 끈기 있게 밀고 나간다면 중순에서 하순 사이에 막혔던 일들이 풀려 나갈 징조이다. 다만 단기간에 이익을 추구하는 일은 삼가하라. 이 달은 이사를 하면 좋으리라. 대길운이므로···. 길일은 9·19·20·29일이다(음력). |

| 4월 | 흉허물 없는 사람이나 형제지간에 사소한 일로 다툼이 일어나 결별할 징조이니 지나친 농담을 삼가하고 자존심을 상하게 하는 말을 자제해야 할 것이다. 이 달 운은 말 못할 고민이 있지만 서서히 해결된다. 또한 옷차림에 신경 써 보라. 반가운 일이 생긴다, |

5월	재물은 애써 구하지 않아도 저절로 들어올 운세이다. 다만 단기간에 이익을 추구하는 주식투자나 사채놀이에 손대지 말라. 이익은커녕 본전마저도 다 날릴 운세이므로 특히 실물수가 있으니 평소 아끼던 물건을 잘 관리해야 할 것이다.
6월	한 가지 문제가 해결되면 또 한 가지 문제가 터져나와 마음이 심란하고 초조할 징조이니 끈기와 인내가 필요하며 침착하게 대비하는 마음의 준비가 요구되는 달이다. 이 달 운은 매사를 배운다는 자세로 임하면 좋은 결과를 얻으리라.
7월	몸과 마음이 바쁘고 하는 일은 많으나 실속이 없으며 생각지 않은 지출이 많을 징조이다. 또한 도둑을 맞을 징조이니 지갑이나 귀중품 단속에 신경을 써야 할 것이다. 이 달 운은 상대가 진정 원하는 것이 무엇인지 귀를 귀울여라.
8월	쓸 곳은 많은데 수입은 쥐꼬리만큼 들어오니 마음이 심란하고 초조할 징조이다. 또한 흉허물 없는 사람과 사소한 일로 다툼이 일어나 결별할 징조이니 지나친 농담을 삼가하고 자존심을 상하게 하는 말을 자제하라. 이 달 운은 입을 무겁게 해야 할 것이다.
9월	친한 사람에게 배신을 당하거나 재물을 잃을 징조이니 당신의 약점 또는 비밀에 부쳤던 속마음을 함부로 말하지 말고 금전거래·보증·동업·어음할인·주식투자·직업 변동 등을 하지 말라. 이 점만 주의한다면 금전운은 양호한 편이다. 또한 적당히 굽힐 줄도 아는 융통성이 필요하다.
10월	단기간에 이익을 추구하는 주식투자나 도박에 손대지 말라. 이익은커녕 본전마저도 다 날릴 운세이므로 또한 먼 여행은 사고가 날 징조이니 떠나지 않는 것이 좋으리라. 이 달 운은 서로의 일을 구분하라. 혼자 책임질 일이 생긴다.
11월	자존심을 내세우면 잘 되어 가던 일들이 꼬일 징조이니 조금씩 양보하고 이해하는 아량을 베풀어야 할 것이다. 분수에 벗어나는 일을 삼가하고 열심히 노력한다면 중순에서 하순 사이에 막혔던 일들이 풀리고 재물이 들어올 운세이다.
12월	얽히고, 설켰던 일들이 하나씩 정리되면서 심신의 안정을 찾게 될 징조이며 기다리던 곳에서 반가운 소식이 올 운세이다. 재물은 애써 구하지 않아도 저절로 들어올 운세이다. 다만 어려움을 피하지 말고 정면 돌파해야만 뜻을 이루리라.

612

괘

䷄ ䷾

需之旣濟 **상**

식란청산(植蘭靑山)
갱무이의(更無移意)

난초를 청산에 심으니 다시 옮길
뜻이 없도다.

해설	금년의 운수는 당신이 소망하는 일 중에서 한 가지는 반드시 이룰 수 있는 운세이다. 또한 추첨운이 대길하니 주택청약예금을 들었다면 신청해 보시라. 좋은 결과가 있을 징조이다. 특히 이사를 하면 좋으리라. 다만 질병수와 관재수가 있으니 각별히 조심하라.
금년의 운세	시험운은 열심히 노력하였다면 좋은 성적을 올리게 될 징조이며 취직운은 월급도 짭짤하고 적성에 맞는 직장을 얻게 된다. 직장운은 부수입이 많은 자리로 이동을 하거나, 승진이 예상된다. 재물운은 기대 이상의 이익이 따르며, 횡재수도 있다.
1월	재물은 애써 구하지 않아도 저절로 들어올 운세이다. 다만 생각지 않은 지출이 많을 징조이며 손재수가 있으니 보증을 서거나 사채놀이, 주식투자 등에 손대지 말라. 이 달 운은 주위의 의견을 충분히 수렴한 후에 계획을 실행에 옮기는 것이 좋으리라.
2월	친척이나, 친구 또는 주변에 잘 아는 사람이 거시기에 투자하면 떼돈을 벌 수 있다는 달콤한 유혹을 하거나 돈 좀 빌려 달라는 요청을 받게 될 징조이다. 만일 투자를 하거나 금전거래를 하게 되면 결과가 좋지 않을 운세이니 자중자애하라. 이 달은 이사를 하면 좋으리라.
3월	가정에 우환이 생기거나 당신이 믿고 의지하던 사람이 당신 곁을 영원히 떠나게 될 징조이다. 또한 당신이 병원을 출입할 징조이니 과음, 과식을 삼가하고 각별히 건강관리에 신경을 써야 할 것이다. 이 달 운은 마음의 갈등을 잘 극복해야 한다.
4월	송사수가 있거나 재물을 잃을 징조이니 보증을 서거나 동업·금전거래·낙찰계·어음할인·주식투자·직업변동 등을 하지 말라. 큰 손해가 따르리라. 이 달 운은 혼담의 경사 또는 득남, 득녀의 경사가 있으리라. 다만, 조건을 찾아 직장을 옮기면 손해를 본다.

5 월	추첨운이 대길하니 주택청약예금을 들어 놓았다면 신청 접수를 해 보시라. 좋은 결과가 있을 징조이다. 또한 이사운이 대길하니 이사를 하려고 마음을 먹었으면 하시라. 이 달 운은 식구가 한 사람 늘거나 줄거나 둘 중 하나다.
6 월	먼 여행은 사고가 날 징조이니 떠나지 않는 것이 좋으리라. 또한 충돌수가 있으니 각별히 차조심을 해야 할 것이다. 이 달 운은 횡재수를 기대하기보다 하나씩 쌓아올린다는 계획을 세워라. 또한 적당히 굽힐 줄도 아는 융통성이 필요하다.
7 월	손재수와 관재수가 있으니 단기간에 이익을 추구하는 주식투자나 도박에 손대지 말라. 또한 눈에 거슬리고 화가 나는 일이 있어도, 참고 또 참아야 하느니라. 이 달 운은 결정하기 어려운 일은 선배나 윗사람에게 조언을 구하는 것이 큰 도움이 될 것이다.
8 월	사람을 잘 못 사귀면 관재수에 휘말릴 징조이니 각별히 조심을 해야 할 것이다. 또한 가정에 우환이 생기거나 당신이 병원을 출입할 징조이니 과음, 과식을 삼가고 각별히 건강관리에 신경을 써야 할 것이다. 이 달 운은 친구를 너무 믿지 말라. 배신당할 운이다.
9 월	매사가 힘들고 어려워도 실망하지 말고 끈기 있게 밀고 나간다면 막혔던 일들이 풀리고 생각지 않은 곳에서 선물이나 재물이 들어올 운세이다. 다만 충돌수가 있으니 각별히 차조심하고 망신수가 있으니 바람피우지 말라.
10 월	운수가 대통하니 매사가 순조롭게 진행되고 안 될 것이라 생각한 일도 풀려 나갈 징조이다. 또한 가정에 경사가 있거나 문서로 인한 횡재수가 따르는 운세이다. 이 달 운은 술 냄새만 맡았어도 차 운전하지 말라. 그 동안의 노력이 물거품이 된다.
11 월	사기를 당하거나 재물을 잃을 징조이니 보증을 서거나, 동업·낙찰계·어음할인·주식투자·금전거래·직업 변동 등을 하지 말라. 큰 손해가 따르리라. 또한 구설수가 있으니 남의 험담을 하지 말라. 이 달 운은 분수를 지켜야 작은 행운이라도 얻을 수 있다.
12 월	관재수가 있으니 눈에 거슬리고 화가 나는 일이 있어도 보고도 못 본 척, 알고도 모르는 척 매사에 중립을 지키는 것이 좋으리라. 또한 손재수가 있으니 지갑이나 귀중품 단속에 신경 써야 할 것이다. 이 달 운은 말 못할 고민이 있지만 서서히 해결된다.

613

약유연인(若有緣人)
단계가절(丹桂可折)

需之節　상

인연 있는 사람을 만나 그 증표로서
붉은 계수나무를 꺾는 형상이다.

해설	가정에 경사가 있거나 문서로 인한 횡재수가 있으며 나갔던 재물이 들어올 운세이다. 또한 얽히고 설켰던 일들이 하나씩 정리될 징조이다. 다만 망신수와 질병수가 있으니 이성문제에 각별히 조심하고 건강관리에 신경을 써야 할 것이다. 금년은 머무는 곳에서 이동, 변동할 운이다.

금년의 운세	시험운은 입학·자격시험·자격고시 등에 무난히 합격되며, 취직운은 원하는 곳으로 직장을 얻게 된다. 직장운은 승진이 예상되며, 혹여, 승진이 안 된다면 봉급이라도 오른다. 재물운은 매우 좋다. 기대 이상의 수입이 따른다.
1월	노력 부족으로 막히는 일이 많을 징조이니 좀 더 적극적으로 열과 성의를 다해야 할 것이다. 초순경에는 매사에 어려움이 많으나 중순에서 하순 사이에는 막혔던 일들이 풀리며 노력한 대가를 얻으리라. 이번 달은 윗사람이나 선배에게 도움을 청하면 해결될 징조이다,
2월	나갔던 재물이 들어올 징조이며 기다리던 곳에서 반가운 소식이 올 운세이다. 또한 매사가 순조롭게 진행될 운세이다. 다만 중순에서 하순 사이에 실물수가 있거나 충돌수가 있으니 귀중품 단속에 신경 쓰고 각별히 술조심을 해야 할 것이다.
3월	재물은 들어온다 해도 곧 나가는 운세이며 당신과 가장 친하게 지내던 사람이 당신 곁을 떠나게 될 징조이다. 그로 인해 마음이 심란하고 초조하여 일손이 잘 잡히지 않는 달이다. 이 달 운은 안 하는 것과 못 하는 것의 차이를 착각하지 말라.
4월	망신수가 있으니 각별히 이성문제에 조심해야 할 것이다. 또한 흉허물없는 사람이나 형제지간에 사소한 일로 다툼이 일어나 결별할 징조이니 자존심을 상하게 하는 말을 자제해야 할 것이다. 이 달 운은 열 번의 말보다는 한 번의 행동이 더 효과적이다,

5 월	먼 여행은 사고가 날 징조이니 떠나지 않는 것이 좋으리라. 또한 충돌수가 있으니 각별히 차조심을 해야 할 것이다. 재물은 들어온다 해도 곧 나가는 운세이며 생각지 않은 지출이 많을 징조이다. 이 달은 직장 또는 집을 옮기 될 징조이다.
6 월	당신이 믿고 의지하던 사람이 당신 곁을 영원히 떠나게 될 징조이다. 또한 친척이나 형제지간에 사소한 일로 다툼이 일어나 결별할 징조이니 조금씩 양보하고 이해하는 아량을 베풀어야 할 것이다. 이 달 운은 자기전문 분야에 힘을 쏟아야 한다.
7 월	사람을 잘 못 사귀면 관재수에 휘말릴 징조이니 각별히 조심을 해야 할 것이다. 또한 단기간에 이익을 추구하는 주식투자나, 도박, 어음할인 등에 손대지 말라. 큰 손해가 따르는 운세이므로 이 달 운은 말 못할 고민이 서서히 해결된다.
8 월	큰 재물은 어려워도 작은 재물은 들어올 운세이다. 다만 생각지 않은 지출이 많을 징조이며 사기를 당할 징조이니, 금전거래·보증·낙찰계·어음할인·동업·직업 변동 등을 하지 말라. 특히 먼 여행은 사고가 날 징조이니 떠나지 말라.
9 월	운수가 대통하니 재물은 애써 구하지 않아도 저절로 들어올 징조이다. 또한 안 될 것이라 생각한 일도 풀릴 운세이다. 이 달은 머무는 곳에서 이동, 변동이 있을 징조이다. 특히 실물수가 있으니 평소 아끼던 물건을 잘 관리해야 할 것이다.
10 월	추첨운이 대길하니 주택청약예금을 들어 놓았다면 신청 접수를 해 보시라. 좋은 결과가 있을 징조이다. 또한 생각지 않은 곳에서 선물 또는 재물이 들어올 운세이다. 다만 고수익·이자·배당금을 준다는 말에 현혹되지 말라. 재산만 날린다,
11 월	구설수가 있으니 당신의 가정 일이나 신상에 관한 일들을 남들에게 함부로 말하지 말라. 말하는 것마다 구설이 되어 당신의 심기를 불편하게 할 징조이다. 이달운은 몸은 하나인데 가야 할 곳은 많으니 분주한 달이 될 것이다.
12 월	당신이 그 동안 해 놓은 일들이 주변 사람들에게 인정을 받게 될 징조이며 기다리던 곳에서 반가운 소식이 올 운세이다. 이 달 운은 연인에게 사랑한다면 당당하게 사랑한다고 말하는 것이 좋다. 또한 감투를 쓰고 많은 사람들의 인사를 받게 된다.

621

괘

節之坎

상

삼고미착(三顧未着)
오정태만(吾情怠慢)

세 번 가서도 만나지 못함은
나의 정이 태만함이다.

해설	매사가 잘되어 가는 듯하다가도 꼬일 징조이니 계획을 크게 잡지 말고, 축소하는 것이 좋으리라. 큰 재물은 어려워도 작은 재물은 들어올 운세이다. 다만 생각지 않은 지출이 많을 징조이며 특히 먼 여행은 사고가 날 징조이니 떠나지 말라. 또한 관재수와 충돌수가 있으니 말조심, 차조심하라.
금년의 운세	건강운은 위장 질환이나, 호흡기 계통의 질환으로 고생할 우려가 있으니, 과음, 과식을 삼가하고 음식 조절에 힘써야 할 것이다. 시험운은 턱걸이 운세이니 남들보다 두 곱은 노력하라. 취직운은 눈높이를 낮추면 가능하며 직장운은 승진은 경쟁자가 많아 어렵다.
1월	먼 여행은 사고가 날 징조이니 떠나지 않는 것이 좋으리라. 또한 충돌수가 있으니 각별히 차조심을 해야 할 것이다. 재물은 들어온다 해도 곧 나가는 운세이며 생각지 않은 지출이 많을 징조이다. 이 달 운은 말 못할 고민 있지만 서서히 해결된다.
2월	손재수가 있으니 주식투자 또는 사채놀이에 손대지 말라. 또한 사기를 당할 징조이니 새로운 일을 시작하거나 동업, 직업 변동 등을 하지 말라. 이 달 운은 형제의 도움이 필요한 때이다. 급하면 요청해 보시라. 소원을 이루리라.
3월	당신과 가장 친하게 지내던 사람이 당신 곁을 떠나게 될 징조이다. 또한 도둑을 맞을 징조이니 지갑이나 귀중품 단속에 각별히 신경을 써야 할 것이다. 이 달 운은 내 것이 소중하면 남의 것도 소중한 줄 알고 생활해야 할 것이다.
4월	꿈자리도 뒤숭숭하고 매사가 잘 되어 가는 듯하다가도 막히는 현상이 자주 일어날 징조이니 끈기와 인내가 필요하리라. 특히 망신수가 있으니 이성문제에 각별히 조심하고 관재수가 있으니 금성(金姓)을 조심하라. 이 달 운은 돈을 빌려 주지 말라. 빌려 주면 돈 떼인다.

5월	친척이나 친구 형제지간 또는 흉허물 없는 사람과 사소한 일로 다툼이 일어나 결별할 징조이니 지나친 농담을 삼가하고 자존심을 상하게 하는 말을 자제해야 할 것이다. 이 달 운은 옷차림에 신경 써 보시라.반가운 일이 생기리라.
6월	가정에 우환이 생기거나 당신이 병원을 출입할 징조이니 과음,과식을 삼가하고 각별히 건강관리에 신경을 써야 할 것이다. 재물은 들어온다 해도 곧 나가는 운세이며 생각지 않은 지출이 많을 징조이다. 이 달 운은 부담되는 일이라면 처음부터 거절하는 것이 옳으리라.
7월	친구, 친척 또는 주변에 잘 아는 사람의 달콤한 유혹에 넘어가 새로운 일을 시작하거나 동업을 징조이다. 운세가 막혀 있으므로 큰 손해를 볼 징조이니 자중자애하라. 또한 먼 여행은 사고가 날 징조이니 떠나지 말라. 이 달 운은 하나를 얻으려다 둘 다 잃는다.
8월	사람을 잘 못 사귀면 관재수에 휘말릴 징조이니 각별히 조심을 해야 할 것이다. 또한 도둑을 맞을 징조이니 지갑이나 귀중품 단속에 신경 써야 할 것이다. 이 달 운은 아는 만큼 보이는 것이니 실력을 쌓아야 할 것이다. 또한 모든 일은 시간을 정해 놓고 하면 능률이 배가 될 것이다.
9월	초순경에는 화재수와 충돌수가 있으니 각별히 불조심, 차조심을 해야 할 것이다. 중순경에는 막혔던 일들이 풀리고, 재물이 들어올 운세이다. 다만 손재수가 있으니 지갑을 잘 간수하고 주식투자 또는 사채놀이에 손대지 말라.
10월	큰 재물은 어려워도 작은 재물은 들어올 운세이다. 다만 형제지간이나 흉허물 없는 사람과 사소한 일로 다툼이 일어나 결별할 징조이니 자존심을 상하게 하는 말을 자제하라. 이 달 운은 혼자 끙끙 앓지 말고 주변 사람에게 도움을 요청하라.
11월	매사가 힘들고 어려워도 실망하지 말고 끈기 있게 밀고 나간다면 중순에서 하순 사이에 막혔던 일들이 풀릴 징조이며 재물이 들어올 운세이다. 이 달 운은 지난일을 기억하지 말라. 친한 사람들을 경계해야 한다. 당신의 재물을 호시탐탐 노리고 있으므로….
12월	망신수가 있으니 이성문제에 각별히 조심을 하고 실물수가 있으니 지갑이나 귀중품 단속에 신경을 써야 할 것이다. 큰 재물은 어려워도 작은 재물은 들어올 운세이다. 이 달 운은 지지부진한 일이 직설적인 표현으로 빠르게 진행될 수 있다.

622

괘

근피조구(僅避釣鉤)
장망하면(張網何免)

節之屯 상

겨우 낚시를 피하였으나
펼친 그물을 어찌할고.

| 해설 | 당신이 하는 일이 겉보기에는 화려해 보이고 실속이 없으니 마음이 심란하고 초조할 징조이다. 재물은 들어온다 해도 곧 나가는 운세이며 충돌수와 관재수가 있으니 각별히 차조심을 하고 보증을 서거나 금전거래·동업·낙찰계·어음할인·주식투자 직업변동 등을 하지 말라. |

| 금년의 운세 | 건강운은 몸에 상처가 날 징조이니. 화가 나는 일이 있어도 참고, 또 참아야 하느니라. 특히 교통사고를 주의하라. 시험운은 까다로운 문제가 많이 출제되어 좋은 성적을 올리기는 어려우며, 취직운은 몇 번 낙방한 후에 될 것이다. 직장운은 승진은 기대하지 말라. |

| 1월 | 매사가 잘 되어 가는 듯하다가도 막히는 현상이 자주 일어날 징조이다. 또한 가정에 우환이 생기거나 당신이 병원을 출입할 징조이니 과음, 과식을 삼가하고 각별히 건강관리에 신경을 써야 할 것이다. 이 달 운은 많은 돈은 아니지만 주머니 사정이 좋아질 운이다. |

| 2월 | 꿈자리도 뒤숭숭하고 자고 일어나면 몸이 천근만근처럼 무거울 징조이다. 또한 질병을 얻을 징조이니 원기 회복에 신경 쓰고 음식 조절, 적당한 운동을 하면서 건강관리에 신경을 써야 할 것이다. 이 달 운은 세상의 변화에 따라서 당신도 현실에 맞게 변해야 될 것이다. |

| 3월 | 몸과 마음이 바쁘고 하는 일은 많으나 실속이 없으니 마음이 심란하고 초조하여 돈벼락이나 맞았으면 좋겠다는 생각이 간절한 달이다. 이 달 운은 매사가 힘들고 어려워도 실망하지 말고 끈기 있게 밀고 나가면 중순에서 하순 사이에 막혔던 일이 풀리리라. |

| 4월 | 재물은 들어온다 해도 곧 나가는 운세이며 당신과 가장 친하게 지내던 사람이 당신 곁을 떠나게 될 징조이다. 이 달 운은 좋았던 사람이 미워지고 미웠던 사람이 좋아지게 된다. 이 달은 내가 조금 손해 보면 모두가 편하다. |

5 월	사람을 잘 못 사귀면 관재수에 휘말릴 징조이니 각별히 조심을 해야 할 것이다. 또한 재물을 잃을 징조이니 보증을 서거나 동업·금전거래·주식투자·낙찰계·어음할인·직업 변동 등을 하지 말라. 이 달 운은 힘들다고 자신의 일을 남에게 맡기려 하지 마라.
6 월	친척이나 친구, 형제지간 또는 흉허물 없는 사람과 사소한 일로 다툼이 일어나 결별할 징조이니 지나친 농담을 삼가고 자존심을 상하게 하는 말을 자제해야 할 것이다. 이 달 운은 문제를 겪어 보지도 못하 상태에서 포기를 하지 말라.
7 월	당신의 가정일이나 신상에 관한 일들을 남들에게 함부로 말하지 말라. 말하는 것마다 구설이 되어 당신의 심기를 불편하게 할 징조이다. 또한 남의 험담을 하지 말라. 특히 실물수가 있으니 평소 아끼던 물건을 잘 관리해야 할 것이다.
8 월	당신을 위해서라면 간도 빼 줄 것처럼 행동하던 사람이 하루 아침에 배신을 할 징조이니 당신의 약점 또는 비밀에 부쳤던 속마음을 함부로 말하지 말라. 이 달 운은 뜬구름 잡을 생각 말고 현실에 충실해야 좋으리라. 또한 돈을 빌려 주지 말라. 빌려 주면 100% 돈 떼인다.
9 월	남쪽이나 북쪽 방향의 먼 여행은 사고가 날 징조이니 떠나지 않는 것이 좋으리라. 또한 각별히 차조심하라. 특히 관재수가 있으니 눈에 거슬리고 화가 나는 일이 있어도 보고도 못 본 척, 알고도 모르는 척 매사에 중립을 지키는 것이 좋으리라.
10 월	매사가 힘들고 어려워도 실망하지 말고 끈기 있게 밀고 나간다면 중순에서 하순 사이에 막혔던 일들이 풀릴 징조이며 생각지 않은 곳에서 재물이 들어올 운세이다. 이 달 운은 혼담의 경사, 득남, 득녀의 경사가 아니면 문서를 잡게 된다.
11 월	운수가 대통하니 매사가 순조롭게 진행되고 안 될 것이라 생각한 일들도 풀려 나갈 징조이다. 다만 생각지 않은 지출이 많을 징조이며 화액수가 있으니 각별히 불조심하라. 이달운은 그 동안 쌓았던 인맥을 적극 활용해야 한다,
12 월	배신을 당할 징조이니 당신의 약점 또는 비밀에 부쳤던 속마음을 함부로 말하지 말라. 또한 충돌수가 있으니 각별히 차조심하라. 특히 망신수가 있으니 이성문제에 조심하라. 재물은 들어온다 해도 곧 나가는 운세이다. 이 달은 특히 건강관리에 신경을 써야 할 것이다.

623

괘

투입우진(投入于秦)
상인전신(相印纏身)

節之需　상

진나라에 들어가니 정승의 일이
몸에 얽힌다.

해설	문서로 인한 횡재수가 있거나 가정에 경사가 있을 운세이다. 또한 명예를 얻을 징조이며 기다리던 곳에서 반가운 소식이 올 운세이다. 금년의 운수는 이사를 하면 좋으리라. 다만 망신수와 관재수가 있으니 각별히 조심하라.
금년의 운세	건강운은 과음을 자제하고 원기 회복에 힘쓴다면 큰 탈은 없다. 시험운은 좋은 편이니 좀 더 분발하라. 취직운은 원하는 직장을 얻게 되며, 직장운은 승진이 예상된다. 다만 힘 있는 사람에게 부탁해야 될 것이다. 재물운은 좋은 편이다.
1 월	매사가 힘들고 어려워도 실망하지 말고 끈기있게 밀고 나간다면 중순에서 하순 사이에 막혔던 일이 풀릴 징조이며, 기다리던 곳에서 반가운 소식이 올 운세이다. 이 달 운은 솔직한 모습을 보여 주는 것이 좋은 결과를 가져온다.
2 월	재물운은 있으나 얻는 것보다 잃는 것이 많으며 잘 되어 가던 일들이 꼬일 징조이니 계획을 크게 잡지 말고 축소하는 것이 좋으리라. 이 달 운은 마음이 내키지 않는 일은 후일을 기약하여야 손해가 없다. 또한 범띠·말띠·개띠를 조심하라.
3 월	당신의 주장을 관철하려는 고집 때문에 흉허물 없는 사람과 다툼이 일어나 결별할 징조이니 웬만하면 조금씩 양보하고 이해하는 아량을 베풀어야 할 것이다. 재물은 애써 구하지 않아도 저절로 들어올 운세이다. 특히 이사는 북방이나 동방이 길하다.
4 월	배신을 당하거나 사기를 당할 징조이니 당신의 약점 또는 비밀에 부쳤던 속마음을 흉허물 없는 사이라도 함부로 말하지 말라. 또한 보증을 서거나 고수익·이자·배당금을 준다는 말에 현혹되지 말라. 재산만 날린다. 이 달은 절약하는 것이 최선이다.

5월	새로운 일을 시작하거나 확장, 동업 또는 직업 변동을 하게 되면 얻는 것보다 잃는 것이 많으니 자중자애해야 할 것이다. 또한 중요한 약속이나 계획은 실행하기 어려울 징조이니 호언장담하지 말라. 이 달 운은 인연은 가까운 곳에 있다. 멀리서 찾지 말라.
6월	손재수가 있으니 지갑이나 귀중품 단속에 각별히 신경을 써야 하며 주식투자·어음할인·사채놀이에 손대지 말라. 큰 손해가 따르리라. 또한 먼 여행은 사고가 날 징조이니 떠나지 않는 것이 좋으리라. 이 달은 돌다리도 두들겨 보고 아는 길도 물어서 가라.
7월	운수가 대통하니 매사가 순조롭게 진행되고 안 될 것이라 생각한 일들도 풀려 나갈 징조이며 생각지 않은 곳에서 재물이 들어올 운세이다. 다만 망신수가 있으니 이성문제에 조심을 해야 하며 수액수가 있으니 각별히 물조심을 해야 할 것이다.
8월	추첨운이 대길하니 주택청약예금을 들어 놓았다면 신청 접수를 해 보시라. 좋은 결과가 있을 징조이다. 또한 가정에 경사가 있거나 재물이 들어올 운세이다. 이 달 운은 목마른 용이 물을 만나고 배고픈 사람이 풍년을 만난격이다.
9월	몸과 마음이 바쁘고 하는 일은 많으나 수입은 쥐꼬리만큼 들어오니 마음이 심란하고 초조할 징조이다. 생각지 않은 지출이 많을 징조이며 병원을 출입할 징조이니 과음, 과식을 삼가고 각별히 건강관리에 신경써야 할 것이다.
10월	남 모르는 괴로움이 있어 심신이 피곤하고 도와주는 사람이 없으니 외롭고 고독한 운세이다. 또한 친척이나 친구, 형제지간 또는 흉허물 없는 사람과 사소한 일로 다툼이 일어나 결별할 징조이니 자존심을 상하게 하는 말을 자제해야 할 것이다.
11월	얽히고 설켰던 일들이 하나씩 정리되면서 심신의 안정을 찾게 될 징조이다. 또한 재물은 애써 구하지 않아도 저절로 들어올 운세이다. 다만 지출이 많을 징조이며 중순에서 하순 사이에 과음하지 말라. 그 동안의 노력이 물거품이 된다.
12월	주어진 여건에서 좀더 적극적으로 노력을 아끼지 말고 분발한다면 막혔던 일이 술술 풀려 나갈 징조이며 기다리던 곳에서 반가운 소식이 올 운세이다. 다만 소문을 듣고 보지 않은 일을 본 듯이 행동에 옮기지 말라. 반드시 화근이 생긴다.

631

괘

旣濟之蹇 | 상

계화개락(桂花開落)
갱대명춘(更待明春)

계수꽃이 피었다 떨어지니 다시
내년 봄을 기다려야 할 형상이다.

해설	매사가 잘 되어 가는 듯하다가도 꼬일 징조이니 계획을 크게 잡지 말고 축소하는 것이 좋으리라. 큰 재물은 어려워도 작은 재물은 들어올 운세이다. 다만 생각지 않은 지출이 많을 징조이다. 금년은 머무는 곳에서 이동, 변동할 운세이다. 특히 망신수와 관재수가 있으니 각별히 조심하라.
금년의 운세	건강운은 과로로 인하여 질병을 얻을 징조이니 원기 회복에 힘써야 할 것이다. 시험운은 상반기는 좋지 않으나 하반기는 좋다. 취직운은 수입이 짭짤한 직장을 얻으려면 인내가 필요하며 직장운은 옮겨도 좋고, 그대로 있어도 좋다. 승진은 힘 있는 사람에게 부탁하면 될 것이다. 재물운은 큰 어려움 없다.
1월	남 모르는 괴로움이 있어 심신이 피곤하고 도와주는 사람이 없으니 외롭고 고독한 운세이다. 재물은 들어온다 해도 곧 나가는 운세이며 생각지 않은 지출이 많을 징조이다. 이 달 운은 때를 기다렸다가 차후에 일을 처리하는 게 좋으리라.
2월	가정에 우환이 생기거나 당신이 병원을 출입할 징조이니 과음, 과식을 삼가하고 각별히 건강관리에 신경을 써야 할 것이다. 또한 구설수가 있으니 당신의 가정일이나 신상에 관한 일들을 남들에게 함부로 말하지 말라. 특히 이사를 하지 말라. 액운이 있으므로···.
3월	큰 재물은 어려워도 작은 재물은 들어올 운세이다. 다만 지출이 많을 징조이며 망신수가 있으니 이성문제에 각별히 조심을 해야 할 것이다. 이 달 운은 일을 벌이지 말고 수습하는 방향으로 신경 써야 한다. 또한 작은 비밀이라도 보안에 철저히 신경 써야 할 것이다.
4월	매사가 힘들고 애로 사항이 많아도 묵묵히 참고 견디며 열심히 노력한다면 중순에서 하순 사이에 막혔던 일들이 풀릴 징조이며 재물도 얻게 되리라. 이 달 운은 문제를 겪어 보지도 못한 상태에서 포기를 하지 말라. 또한 증권에 손대지 말라. 손대면 빚쟁이 될 것이다.

5월	실물수가 있으니 지갑이나 귀중품 단속에 신경 써야 할 것이다. 또한 충돌수가 있으니 먼 여행은 떠나지 않는 것이 좋으며 각별히 차조심을 해야 할 것이다. 특히 도장 찍는 일은 송사가 따를 징조이니 자중자애하라. 돈을 빌려 주지 말라. 빌려 주면 떼인다.
6월	먼 여행은 사고가 날 징조이니 떠나지 않는 것이 좋으리라. 또한 초상집을 문상하게 되면 돌아온 후 액운이 있으니 부조금만 보내는 것이 좋으리라. 특히 문서상에 도장을 찍는 일은 하자가 발생할 징조이니 자중자애하라. 또한 도둑을 조심하라.
7월	흉허물 없는 사람과 의견 충돌로 인하여 결별할 징조이니 조금씩 양보하고 이해하는 아량을 베풀어야 할 것이다. 또한 손재수가 있으니 도둑을 조심하고 주식투자, 사채놀이에 손대지 말라. 이 달 운은 한 번은 울고, 한 번은 웃으리라.
8월	친척이나 친구 또는 형제지간에 사소한 일로 다툼이 일어나 결별할 징조이니 지나친 농담을 삼가하고 자존심을 상하게 하는 말을 자제해야 할 것이다. 특히 충돌수가 있으니 먼 여행을 삼가하고 각별히 차조심을 해야 할 것이다.
9월	친한 사람이나 소개받은 사람에게 사기를 당하거나 배신을 당할 징조이니 당신의 약점 또는 비밀에 부쳤던 속마음을 함부로 말하지 말라. 또한 보증을 서거나 금전거래를 하지 말라. 특히 도둑을 맞을 징조이니 평소 아끼던 물건을 잘 관리해야 할 것이다.
10월	꿈자리도 뒤숭숭하고 매사가 잘 되어 가는 듯하다가도 막히는 현상이 자주 일어날 징조이다. 그러므로 계획을 크게 잡지 말고 축소하는 것이 좋으리라. 재물은 들어온다 해도 곧 나가는 운세이며 생각지 않은 지출이 많을 징조이다. 특히 불조심하라.
11월	운수가 대통하니 매사가 순조롭게 진행되고 안 될 것이라 생각한 일들도 풀려 나갈 징조이다. 또한 금전 융통에도 큰 어려움이 없을 운세이다. 다만 충돌수가 있으니 먼 여행을 삼가하고 각별히 차조심을 해야 할 것이다. 이 달은 감투를 쓰게 된다.
12월	친목회, 동창회 또는 어떤 모임에 참석하여 사소한 일로 다툼이 일어날 징조이니 각별히 말조심하라. 또한 망신수가 있으니 이성문제에 조심을 해야 할 것이다. 특히 도둑을 맞거나 관재수가 있으니 소지품(지갑)을 주의하고 각별히 술조심하라.

632

괘

旣濟之需 **상**

노분연군(怒奔燕軍)
무처불상(無處不傷)

노하여 달아나는 연군이 온 몸에
상처투성이가 된 형상이다.

해설	큰 재물은 어려워도 작은 재물은 얻으리라. 다만 생각지 않은 지출이 많을 징조이며 가정에 우환이 생기거나 당신이 병원을 출입할 징조이니 과음, 과식을 삼가하고 각별히 건강관리에 신경을 써야 할 것이다. 또한 충돌수가 있으니 각별히 차조심하라. 금년은 이사를 하지 말라.

금년의 운세	시험운은 실력은 있으나 경쟁자가 많아 어려우며 취직운은 애간장을 녹인 후에 될 것이다. 직장운은 자리를 지키는 데 힘써야 한다. 승진은 아직 때가 아니다. 재물운은 절약하는 것만이 최선이다. 횡재는 바라지 말라.

1월	쓸 곳은 많은데 수입은 쥐꼬리만큼 들어오니 마음이 심란하고 초조할 징조이다. 또한 가정에 우환이 생기거나 당신이 병원을 출입할 징조이니 과음, 과식을 삼가하고 각별히 건강관리에 신경을 써야 할 것이다. 이 달 운은 급할수록 돌아서 갈 줄 아는 신중함이 필요하다.

2월	사기를 당하거나 송사수가 있으니 보증을 서거나 금전거래 동업·낙찰계·어음할인·주식투자 등에 손대지 말라. 큰 손해가 따르리라. 또한 실물수가 있으니 지갑이나 귀중품 단속에 신경 써야 할 것이다. 이 달 운은 시험·맞선·결혼·집수리 등이 대길하다.

3월	큰 재물은 어려워도 작은 재물은 들어올 운세이다. 다만 생각지 않은 지출이 많을 징조이며 당신과 가장 가까운 사람이 당신 곁을 영원히 떠나게 될 운세이다. 이 달 운은 해서는 안 될 말을 해서 곤경에 처하게 될 징조이다,

4월	친척이나 친구 또는 주변에 잘 아는 사람이 거시키에 투자하면 떼돈을 벌 수 있다는 달콤한 유혹을 하거나 돈 좀 빌려 달라는 요청을 받게 될 징조이다. 만일 투자를 하거나 금전거래를 하게 되면 큰 손해를 보게 될 운세이니 자중자애해야 할 것이다.

5 월	당신이 하는 일이 겉보기에는 화려하고 바쁘게 보이지만 내용상으로는 실속이 없는 운세이다. 또한 하는 일마다 실수가 따를 징조이니 서두르지 말고 심사숙고하면서 일처리를 해야 탈이 없으리라. 이 달 운은 책임지겠다는 무책임한 말로 실수를 저지르기 쉽다.
6 월	재물은 들어온다 해도 곧 나가는 운세이며 망신수와 관재수가 있으니 이성문제에 각별히 조심을 해야 할 것이다. 또한 사람을 잘 못 사귀면 재물을 잃을 운세이니 각별히 조심하라. 이 달 운은 분명한 태도와 적극성을 띠어야만 원하는 바를 얻으리라.
7 월	남 모르는 괴로움이 있어 심신이 피곤하고 도와주는 사람이 없으니 외롭고, 고독한 운세이다. 재물은 들어온다 해도 곧 나가는 운세이며 생각지 않은 지출이 많을 징조이다. 이 달 운은 전진만이 길이 아니다. 때로는 후진을 모색해도 좋으리라.
8 월	손재수가 있으니 지갑이나 귀중품 단속에 신경 쓰고 주식투자·사채놀이·도박 등에 손대지 말라. 이익은커녕 본전마저도 다 날릴 운세이다. 또한 흉허물 없는 사람과 다툼이 일어나 결별할 징조이니 각별히 말조심해야 할 것이다.
9 월	가정에 우환이 생기거나, 당신이 병원을 출입할 징조이니, 과음, 과식을 삼가하고 각별히 건강관리에 신경을 써야 할 것이다. 재물은 들어온다 해도 곧 나가는 운세이며, 생각지 않은 지출이 많을 징조이다. 이 달 운은 분수를 지켜야 작은 행운이라도 얻을 수 있다.
10 월	몸과 마음이 바쁘고 하는 일은 많으나 실속이 없으니, 마음이 심란하고 초조하여 돈벼락이나 맞았으면 좋겠다는 생각이 간절한 달이다. 또한 가정에 우환이 생기거나 다툼이 있을 징조이니 자존심을 상하게 하는 말을 자제하라.
11 월	친한 사람 또는 소개받은 사람한테 배신을 당하거나 사기를 당할 징조이니 당신의 약점 또는 비밀에 부쳤던 속마음을 함부로 말하지 말라. 또한 보증을 서거나 금전거래를 하지 말라. 이 달 운은 말 못할 고민이 있지만 서서히 해결된다.
12 월	한 가지 문제가 해결되면 또 한 가지 문제가 터져나와 마음이 심란하고 초조할 징조이다. 또한 충돌수가 있으니 먼 여행을 삼가하고 각별히 차조심하라. 이 달 운은 자존심을 내세우지 말고 다수의 의견을 존중하면 좋은 일이 생긴다,

633

괘

골육상쟁(骨肉相爭)
수족절맥(手足絕脈)

既濟之屯 상

골육이 서로 다투니, 수족의
맥이 끊어지는 형상이다.

해설	재물을 잃을 징조이며 송사수가 있으니 고수익·이자·배당금을 준다는 말에 현혹되지 말라. 재산만 날린다. 또한 먼 여행은 사고가 날 징조이니 떠나지 않는 것이 좋으며 각별히 차조심, 불조심을 해야 할 것이다.
금년의 운세	건강운은 간장 질환이나, 심장 질환으로 고생할 우려가 있으니, 정기적으로 의사의 진찰을 받으면서 음식 조절에 신경 써야 할 것이다. 시험운은 실력에 맞는 곳에 응시하라. 직장운은 대인관계에 각별히 신경을 써야 한다. 승진운은 아직 때가 아니다.
1월	들어오는 재물보다 나가는 재물이 많으며 당신의 능력이나 인격을 알아주는 사람이 없으니 마음이 심란하고 초조할 징조이다. 특히 실물수가 있으니 지갑이나 귀중품 단속에 신경 쓰고 각별히 불조심을 해야 할 것이다. 돈거래를 하지 말라. 주면 받기 어렵다.
2월	큰 재물은 어려워도 작은 재물은 들어올 운세이다. 다만 생각지 않은 지출이 많을 징조이며, 도둑을 맞을 징조이니 각별히 조심을 해야 할 것이다. 이 달 운은 당신의 계획을 주위의 의견을 충분히 수렴한 후에 결정하는 것이 좋으리라.
3월	관재, 구설수가 있으니 당신의 가정일이나 신상에 관한 일들을 남들에게 함부로 말하지 말라. 또한 남의 험담을 하지 말라. 재물은 들어온다 해도 곧 나가는 운세이다. 이 달 운은 맞선·매매·집수리·결혼·약혼·시험·취직 등이 대길하다.
4월	비밀로 해야 할 일이 생길 것이니 각별히 입을 무겁게 하라. 혹여 비밀을 털어놓는다면 관재수에 휘말리게 되리라. 또한 망신수가 있으니 이성문제에 각별히 조심해야 할 것이다. 이 달 운은 금전적으로 걱정하던 문제가 해결된다.

5 월	재물을 잃을 징조이며 송사수가 있으니 보증을 서거나, 동업·금전거래·낙찰계·어음할인·주식투자·직업 변동 등을 하지 말라. 또한 먼 여행은 사고가 날 징조이니 떠나지 않는 것이 좋으며 각별히 차조심을 해야 할 것이다.
6 월	당신이 믿고 의지하던 사람이 당신 곁을 떠나게 될 징조이다. 또한 관재수가 있으니 보증을 서거나, 사람 소개를 하지 말라. 특히 눈에 거슬리고 화가 나는 일이 있어도 참고, 또 참아야 하느니라. 이 달은 직장 또는 집문제로 고민을 하게 된다.
7 월	문서상의 하자가 발생하여 정신적으로 고통을 받을 징조이니 도장 찍는 일은 자중자애해야 할 것이다. 또한 실물수가 있으니 지갑이나 귀중품 단속에 각별히 신경을 써야 할 것이다. 이 달 운은 사람 각자마다 판단의 기준이 다를 수 있음을 인정해야 할 것이다.
8 월	가정에 우환이 생기거나, 당신이 병원을 출입할 징조이니 과음, 과식을 삼가하고 각별히 건강관리에 신경을 써야 할 것이다. 또한 수액수가 있으니 물조심하라. 이 달 운은 한 우물을 파야 길이 보리며 바라는 만큼 얻으리라.
9 월	운수가 대통하니 매사가 순조롭게 진행되고 안 될 것이라 생각한 일들도 풀려 나갈 징조이며 생각지 않은 곳에서 재물이 들어올 운세이다. 다만 친한 사람과 다툼이 일어날 징조이니 지나친 농담을 삼가하고 자존심을 상하게 하는 말을 자제하라.
10 월	자존심을 내세우면 잘 되어 가던 일들이 꼬일 징조이니, 조금씩 양보하고 이해하는 아량을 베풀어야 할 것이다. 또한 재물을 잃을 징조이니, 보증을 서거나 주식투자·동업·금전거래·낙찰계·어음할인·직업 변동 등을 하지 말라.
11 월	매사가 힘들고 애로 사항이 많아도 실망하지 말고 끈기 있게 밀고 나간다면 중순에서 하순 사이에 노력한 대가를 얻게 될 것이다. 다만 도둑을 맞을 징조이니 지갑이나 귀중품 단속에 각별히 신경을 써야 할 것이다. 이 달 운은 하는 일이 어렵고 힘들어도 보람은 있다.
12 월	재물은 애써 구하지 않아도 저절로 들어올 운세이다. 다만 생각지 않은 지출이 많을 징조이며, 망신수가 있으니 이성문제에 각별히 조심을 해야 할 것이다. 또한 기다리던 곳에서 반가운 소식이 올 운세이다. 이 달은 분수를 지키면 대길하다.

641

屯之比　[상]

괘

심소담대(心小膽大)
거상안정(居常安靜)

마음이 작고 담은 크니,
거상에 편안하도다.

해설	잘되어 가던 일들이 뜻밖에 어려움을 당할 징조이니 계획을 크게 잡지 말고 축소하는 것이 좋으리라. 큰 재물은 어려워도 작은 재물은 들어올 운세이다. 다만 생각지 않은 지출이 많을 징조이며 실물수와 관재, 구설수가 있으니 지갑이나 귀중품 단속에 신경 쓰고, 각별히 술조심, 말조심하라.
금년의 운세	건강운은 과음만 하지 않는다면 큰 탈은 없다. 시험운은 그 동안 열심히 노력하였다면 합격한다. 취직운과 수입도 짭짤하고, 적성에 맞는 직장을 얻게 되며 직장운은 부수입이 있는 자리로 이동하거나, 승진이 예상된다. 재물운은 쓸 만큼은 생긴다. 혹여, 횡재하면 의로운 일에 써라.
1월	손재수가 있으니 단기간에 이익을 추구하는 주식투자나 사채놀이, 도박 등에 손대지 말라. 이익은커녕 본전마저도 다 날릴 운세이다. 이 달 운은 현재의 자리가 위태롭게 느껴지는 시기이니 직장이든 가정이든 눈치 보지 말고 본분을 다해야 할 것이다.
2월	매사가 힘들고, 애로 사항이 많아도 실망하지 말고 끈기 있게 밀고 나간다면 중순에서 하순 사이에 막혔던 일들이 풀릴 징조이며 노력한 대가를 얻으리라. 이 달 운은 상대가 진정 원하는 것이 무엇인지를 귀를 귀울여라. 이 달은 이사운이 좋으리라.
3월	사기를 당하거나 재물을 잃을 징조이니, 금전거래·보증·동업·주식투자·낙찰계·어음할인·직업 변동 등을 하지 말라. 또한 망신수가 있으니 이성문제에 각별히 조심을 해야 할 것이다. 특히 충돌수가 있으니 차조심하라. 이 달은 취직운이 좋으리라.
4월	가정에 우환이 생기거나 구설수가 있으니 당신의 가정일이나 신상에 관한 일들을 남들에게 함부로 말하지 말라. 또한, 남의 험담을 하지 말라. 이 달 운은 현재의 자리가 위태롭게 느껴지는 시기이니 본분을 다해야 할 것이다.

5월	친척이나 친구 또는 주변에 잘 아는 사람이 거시기에 투자하면 떼돈을 벌 수 있다는 달콤한 유혹을 하거나 돈 좀 빌려 달라는 요청을 받게 될 징조이다. 만일 투자를 하거나 금전거래를 하게되면 결과가 좋지 않을 운세이니 자중자애해야 할 것이다.
6월	재물은 들어온다 해도 곧 나가는 운세이며 생각지 않은 지출이 많을 징조이다. 또한 가정에 우환이 생기거나 당신이 병원을 출입할 징조이니 과음, 과식을 삼가하고 각별히 건강관리에 신경을 써야 할 것이다. 특히 고소득·고수익 이자·배당금을 준다는 말에 현혹되지 말라.
7월	재물을 잃을 징조이니 낙찰계·주식투자·어음할인·보증·동업·금전거래·직업 변동 등을 하지 말라. 또한 흉허물 없는 사람과 다툼이 일어나 결별할 징조이니 지나친 농담을 삼가하고 자존심 상하게 하는 말을 자제하라. 이 달은 자존심을 버리면 재물이 따른다.
8월	초상집을 문상하게 되면 돌아온 후 액운이 있으니 부조금만 보내는 것이 좋으리라. 또한 실물수가 있으니 지갑이나 귀중품 단속에 신경을 써야 할 것이다. 이 달 운은 인간사 불화가 생기는 원인은 대화 부족, 칭찬 부족이다. 알고 있는 것은 소용없다. 실천하라.
9월	재물은 애써 구하지 않아도 저절로 들어올 운세이다. 다만 당신과 가장 가까운 사람이 당신 곁을 영원히 떠나게 될 징조이다. 그로 인하여 마음이 심란하고 초조하여 일손이 잘 잡히지 않는 달이다. 이 달 운은 한 번은 울고 한 번은 웃으리라.
10월	당신을 위해서라면 간도 빼 줄 것처럼 행동하던 사람이 하루 아침에 배신을 할 징조이니 당신의 약점 또는 비밀에 부쳤던 속마음을 함부로 말하지 말라. 이 달 운은 누구와 함께 하느냐에 따라 인생이 달라진다. 또한 구슬이 서 말이라도 꿰어야 보배가 된다.
11월	운수가 대통하니 매사가 순조롭게 진행되고 안 될 것이라 생각한 일들도 풀려 나갈 징조이다. 또한, 금전 융통에 큰 어려움이 없을 운세이다. 다만 흉허물 없는 사람과 다툼이 일어날 징조이니 각별히 말조심하라. 이 달 운은 평소에 아끼던 물건을 잃어버리기가 쉬우니 조심하라.
12월	얽히고 설켰던 일들이 하나씩 정리되면서 심신의 안정을 찾게 될 징조이다. 또한 기다리던 곳에서 반가운 소식이 올 운세이다. 다만 흉액수가 있으니 차조심·길조심·불조심하라. 이 달 운은 부담되는 일이라면 처음부터 거절하는 것이 좋으리라.

642

포토우해(捕兎于海)
구어우산(求魚于山)

屯之節 | 상

토끼를 바다에서 구하고 고기를 산에서 구하는 형상이다.

| 해설 | 새로운 일을 시작하거나 확장·동업·주식투자·금전거래·낙찰계·어음할인·보증·직업 변동 등을 하지 말라. 이익은커녕 본전마저도 다 날릴 운세이다. 특히 건강관리에 신경을 써야 할 것이다. 금년은 머무는 곳에서 이동할 운이다. |

| 금년의 운세 | 시험운은 어려운 문제가 많이 출제되어 좋은 성적을 올리기는 어려우며, 취직운은 몇 번 낙방한 후에 될 것이다. 직장운은 있는 자리가 불안하다. 승진은 경쟁자가 많아 어렵다. 재물운은 요행이나 횡재는 바라지 말라. |

| 1월 | 꿈자리도 뒤숭숭하고 매사가 잘 되어 가는 듯하다가도 막히는 현상이 자주 일어날 징조이니 계획을 크게 잡지 말고 축소하는 것이 좋으리라. 또한 손재수가 있으니 도둑을 조심하고 주식투자나 사채놀이에 손대지 말라. 특히 바람을 피우지 말라. 개망신당한다. |

| 2월 | 재물은 들어온다 해도 곧 나가는 운세이며 생각지 않은 지출이 많을 징조이다. 이 달 운은 사람 사는 곳은 어디를 가나 장애물이 있기 마련이다. 장애물을 두려워하지 말고 뛰어넘어야 한다. 운세가 좋으니, 과감하게 도전하시라. |

| 3월 | 망신수와 구설수가 있으니 이성문제에 각별히 조심을 하고 당신의 가정일이나 신상에 관한 일들을 남들에게 함부로 말하지 말라. 또한 남의 험담을 하지 말라. 이 달 운은 고수익·이자·배당금을 준다는 말에 속지 말라. 재산만 날린다. |

| 4월 | 재물은 애써 구하지 않아도 저절로 들어올 운세이다. 다만 생각지 않은 지출이 많을 징조이며 관재수가 있으니 눈에 거슬리고 화가 나는 일이 있어도 참고 또 참아야 할 것이다. 특히 충돌수가 있으니 차조심하라. 또한 실물수가 있으니 도둑을 조심하라. |

5 월	꾀하는 일마다 힘이 들고 진전이 없으며 도와주는 사람이 없으니 외롭고 고독한 운세이다. 특히 사람을 잘 못 사귀면 관재수에 휘말릴 징조이니 각별히 조심을 해야 할 것이다. 이 달 운은 과거를 자랑하지 말라. 현재가 중요한 것이다.
6 월	자존심을 내세우면 잘 되어 가던 일들이 복잡하게 꼬일 징조이니 자기 자신을 낮추면서 대인관계에 신경을 써야 할 것이다. 큰 재물은 어려워도 작은 재물은 들어올 운세이다. 이 달 운은 조금만 양보하면 의도한 대로 일이 풀리게 될 것이다.
7 월	매사가 노력 부족으로 성사가 늦어질 징조이니 좀 더 적극적으로 행동하여야 할 것이다. 재물은 들어온다 해도 곧 나가는 운세이며 지출이 많을 징조이다. 특히 손재수가 있으니 서로의 일을 구분하라. 혼자 책임질 일이 생긴다.
8 월	적으면 적은 대로 많으면 많은 대로 현실에 만족해야 할 운세이다. 혹여 주식투자를 하거나 사채놀이, 도박 등에 손을 대면 이익은커녕 본전마저도 다 날릴 운세이니 자중자애해야 할 것이다. 이 달은 이럴까 저럴까 망설이다 세월을 보낸다.
9 월	가정에 우환이 생기거나 당신이 병원을 출입할 징조이니 과음, 과식을 삼가고 각별히 건강관리에 신경을 써야 할 것이다. 또한 구설수가 있으니 당신의 가정일이나 신상에 관한 일들을 남들에게 함부로 말하지 말라. 이 달은 식구가 한 사람 늘거나 줄거나 둘 중의 하나다.
10 월	초순경에는 매사가 힘들고 애로 사항이 많을 징조이다. 그러나 끈기 있게 밀고 나간다면 중순에서 하순 사이에 막혔던 일들이 풀릴 징조이며, 재물이 들어올 운세이다. 이 달은 머무는 곳에서 이동, 변동이 있을 징조이다. 이동수는 대길하니 마음먹은 대로 해도 좋으리라,
11 월	큰 재물은 어려워도 작은 재물은 들어올 운세이다. 다만 생각지 않은 지출이 많을 징조이며 흉허물 없는 사람과 사소한 일로 다툼이 일어나 결별할 징조이니 지나친 농담을 삼가고 자존심을 상하게 하는 말을 자제해야 할 것이다.
12 월	질병수가 있으니 과음, 과식을 삼가고 각별히 건강관리에 신경을 써야 할 것이다. 또한 충돌수와 화재수가 있으니 각별히 차조심, 불조심하라. 이 달 운은 두 가지 중에 하나를 선택해야 할 상황이 생긴다. 어떤 것을 선택하든 운세는 좋은 편이다.

643

☷☳ [괘]

屯之既濟 [상]

암중행인(暗中行人)
우득명촉(偶得明燭)

어둠 속에서 길을 가는 사람이
우연히 촛불을 얻는 형상이다.

해설	당신이 소망하는 일 중에서 한 가지는 반드시 이룰 수 있는 운세이다. 또한 가정에 경사가 있거나 문서로 인한 횡재수가 따르는 운세이다. 다만 관재수와 질병수가 있으니 각별히 조심하라. 금년은 이사를 하면 좋으리라.
금년의 운세	시험운은 좋은 결과를 얻게 되며 취직운은 원하는 직장을 얻게 된다. 직장운은 승진이 예상된다. 혹여, 승진이 안 된다면 봉급이라도 오른다. 재물운은 좋은 편이다. 다만, 보증을 서거나, 금전대여·주식투자·낙찰계·동업 등에 손대지 말라. 손재수가 있다.
1월	운수가 대통하니 매사가 순조롭게 진행되고 안 될 것이라 생각한 일들도 풀려 나갈 징조이며 기다리던 곳에서 반가운 소식이 올 운세이다. 다만 충돌수와 화재수가 있으니 각별히 차조심, 불조심을 해야 할 것이다. 이 달은 시험운·취직운·승진운·애정운 등이 대길하다.
2월	매사가 힘들고 애로사항이 많아도 실망하지 말고 끈기 있게 밀고 나간다면 중순에서 하순 사이에 막혔던 일들이 풀려 나갈 징조이며 노력한 대가를 얻으리라. 이 달 운은 새로운 인연이 찾아온다. 다가오는 인연을 놓치지 말라. 인연은 사람·집·거래처·직장·문서·물건 등이다.
3월	재물은 애써 구하지 않아도 저절로 들어올 운세이다. 다만 생각지 않은 지출이 많을 징조이며 친척이나 친구, 형제지간 또는 흉허물 없는 사람과 다툼이 일어날 징조이니 지나친 농담을 삼가하고 자존심을 상하게 하는 말을 자제하라.
4월	추첨운이 대길하니 주택청약예금을 들었다면 신청해 보시라. 좋은 결과가 있을 징조이다. 또한 이사를 하려고 마음을 먹었으면 하시라. 대길운이므로 길일은 10·19·20·29일이다(음력). 이사 방위는 동방 또는 남방이 행운의 방향이다.

5월	구설수가 있으니 당신의 가정일이나 신상에 관한 일들을 남들에게 함부로 말하지 말라. 또한 남의 험담을 하지 말라. 재물은 애써 구하지 않아도 저절로 들어올 운세이다. 다만 생각지 않은 지출이 많을 징조이며 손재수가 있으니 돈을 빌려 주지 말라. 빌려 주면 돈 떼인다.
6월	먼 여행은 사고가 날 징조이니 떠나지 않는 것이 좋으리라. 또한 망신수가 있으니 이성문제에 각별히 조심을 해야 할 것이다. 이 점만 주의한다면 금전 융통에 큰 어려움은 없으며, 매사가 순조롭게 진행될 운세이다. 또한 나갔던 재물이 들어올 운세이다.
7월	남쪽이나 북쪽 방향에 있는 사람이 당신을 모함하거나 배신할 징조이니 당신의 약점 또는 비밀에 부쳤던 속마음을 함부로 말하지 말라. 또한 수액수가 있으니 각별히 물조심하라. 이 달 운은 옷차림에 신경을 써 보시라. 좋은 일이 생긴다.
8월	몸과 마음이 바쁘고 하는 일은 많으나 수입은 쥐꼬리만큼 들어오니 마음이 심란하고 초조할 징조이다. 특히 손재수가 있으니 도둑을 조심하고 주식투자·사채놀이·도박 등에 손대지 말라. 이익은커녕 본전마저도 다 날릴 운세이다.
9월	생활에 큰 어려움은 없으나 생각지 않은 지출이 많을 징조이며 매사가 잘 되어 가는 듯하다가도 막히는 현상이 자주 일어날 징조이다. 또한 친한 사람이 당신에게 돈 좀 빌려 달라는 요청을 받게 될 징조이다. 금전거래를 하면 결과가 좋지 않을 운세이니 자중자애하라.
10월	관재수가 있으니 눈에 거슬리고 화가 나는 일이 있어도 참고 또 참아야 할 것이다. 또한 구설수가 있으니 당신의 가정일이나 신상에 관한 일들을 남들에게 함부로 말하지 말라. 특히 남의 험담을 하지 말라. 이 달은 이사·시험·맞선·결혼 등이 대길하다.
11월	망신수가 있으니 이성문제에 각별히 조심을 해야 할 것이다. 또한 충돌수가 있으니 먼여행을 삼가하고 각별히 차조심하라. 재물은 들어온다 해도 곧 나가는 운세이며 생각지 않은 지출이 많을 징조이다. 이 달 운은 버릴 것은 과감히 버려야 한다,
12월	친목회, 동창회 또는 어떤 모임에 참석하여 사소한 일로 다툼이 일어나 몸에 상처가 날 징조이니 각별히 말조심하라. 또한 지갑이나 귀중품 단속에 각별히 신경 써야 할 것이다. 이 달 운은 감투를 쓰고 많은 사람들에게 축하인사를 받게 된다.

651

䷯ 괘

井之需 상

농중수조(籠中囚鳥)
방출비천(放出飛天)

장롱 속에 갇혔던 새가 놓여서
하늘로 날아 오르는 형상이다.

해설	추첨운이 대길하니 주택청약예금을 들어놓았다면 신청해보시라. 좋은 결과가 있을 징조이다. 또한 이사를 하면 좋으리라. 금년은 가정에 경사가 있거나 문서로 인한 횡재수가 따르는 운세이다. 다만 사기를 당하거나 망신수가 있으니 각별히 조심해야 할 것이다.
금년의 운세	건강운은 좋은 편이다. 혹여, 질병이 있다 해도 몸조리를 잘 하면 완치된다. 시험운은 최선을 다하라. 좋은 결과를 얻게 될 것이다. 취직운은 좋은 직장을 얻게 되며, 직장운은 승진도 가능하다. 재물운은 기대 이상으로 좋으리라.
1월	구설수가 있으니 당신의 가정일이나 신상에 관한 일들을 남들에게 함부로 말하지 말라. 또한 남의 험담을 하지 말라. 재물은 애써 구하지 않아도 저절로 들어올 운세이다. 이 달 운은 마음이 내키지 않는 일은 후일을 기약하여야 손해가 없다.
2월	큰 재물은 어려워도 작은 재물은 들어올 운세이다. 다만 도둑을 맞을 징조이니 지갑이나 귀중품 단속에 각별히 신경을 써야 할 것이다. 또한 망신수가 있으니 이성문제에 각별히 조심하라. 이 달 운은 집 또는 직장을 옮기게 될 징조이다.
3월	가정에 우환이 생기거나 당신이 병원을 출입할 징조이니 과음, 과식을 삼가하고 각별히 건강관리에 신경을 써야 할 것이다. 또한 친한 사람과 다툼이 일어나 결별할 징조이니, 자존심을 상하게 하는 말을 자제해야 할 것이다. 이 달은 이사를 하면 좋으리라.
4월	송사수가 있거나 재물을 잃을 징조이니 보증을 서거나, 동업·금전거래·낙찰계·어음할인·주식투자·직업 변동 등을 하지 말라. 또한 먼 여행은 사고가 날 징조이니 떠나지 않는 것이 좋으며 각별히 차조심, 술조심하라. 이 달은 시험운이 좋으리라.

5월	재물은 애써 구하지 않아도 저절로 들어올 운세이다. 다만 생각지 않은 지출이 많을 징조이며 망신수가 있으니 이성문제에 각별히 조심을 해야 할 것이다. 이 달 운은 서로의 일을 구분하라. 혼자 책임을 질 일이 생긴다, 또한 말보다 실천이 중요하다.
6월	친척이나 친구, 형제지간 또는 흉허물 없는 사람과 사소한 일로 다툼이 일어나 결별할 징조이니 지나친 농담을 삼가하고 자존심 상하게 하는 말을 자제해야 할 것이다. 이 달 운은 잘못을 인정하면 회복이 빨라지고 도움을 받으리라.
7월	사람을 잘 못 사귀면 관재수에 휘말릴 징조이니 각별히 조심을 해야 할 것이다. 또한 친한 사람에게 사기를 당할 징조이니 금전거래·낙찰계·어음할인·동업·보증·직업 변동 등을 하지 말라. 이 점만 주의한다면 금전운은 양호한 편이다.
8월	가족 중에 누군가가 건강에 이상이 생길 징조이며 도둑을 맞을 징조이니 지갑이나 귀중품 단속에 각별히 신경을 써야 할 것이다. 특히 수액수가 있으니 물조심하라. 이 달 운은 많은 것은 얻지 못하지만 최소한 구하는 것은 이루어지겠다.
9월	먼 여행은 사고가 날 징조이니 떠나지 않는 것이 좋으리라. 또한 충돌수가 있으니 각별히 차조심을 해야 할 것이다. 특히 사람을 소개하거나 금전거래를 하게 되면 송사수가 일어날 징조이니 자중자애해야 할 것이다. 이 달 운은 절약하는 것이 최선이다.
10월	운수가 대통하니 매사가 순조롭게 진행될 운세이다. 특히 추첨운이 대길하니 주택청약예금을 들어 놓았다면 신청 접수를 해 보시라. 좋은 결과가 있으리라. 또한 이사를 하려고 마음을 먹었으면 하시라. 대길운이므로 …. 길일은 9·10·19일이다(음력).
11월	남쪽이나 북쪽 방향에서 재물이 들어올 운세이다. 다만 가정에 우환이 생기거나, 당신이 병원을 출입할 징조이니 과음, 과식을 삼가하고 각별히 건강관리에 신경 써야 할 것이다. 이 달은 끈기 있게 밀고 나가면 행운이 따른다.
12월	관재, 구설수가 있으니 당신의 가정 일이나 신상에 관한 일들을 남들에게 함부로 말하지 말라. 또한 남의 험담을 하지 말라. 특히 손재수가 있으니 고수익·이자·배당금을 준다는 말에 현혹되지 말라. 재산만 날린다.

652

井之蹇 | 상 |

| 괘

설리매화(雪裡梅花)
독대춘색(獨帶春色)

눈 속에 매화가 홀로 봄빛을
띠었도다.

해설	가정에 경사가 있거나 문서로 인한 횡재수가 있으며 나갔던 재물이 들어올 운세이다. 또한 얽히고 설켰던 일들이 하나씩 정리될 징조이다. 다만 망신수와 질병수가 있으니 이성문제에 각별히 조심을 하고 건강 관리에 신경을 써야 할 것이다. 금년은 이사를 하면 좋으리라.
금년의 운세	시험운은 입학·자격시험·자격고시 등에 무난히 합격된다. 취직운은 수입도 짭짤하고 적성에 맞는 직장을 얻게 되며, 직장운은 승진 또는 이동수가 있다. 재물운은 가는 곳마다. 이익이 따른다.
1월	몸과 마음이 바쁘고 하는 일은 많으나 수입은 쥐꼬리만큼 들어오니 마음이 심란하고 초조할 징조이다. 또한 친구·친척·형제지간 또는 흉허물없는 사람과 다툼이 일어나 결별할 징조이니 각별히 말조심하라. 단, 목성(木姓)을 가까이 하면 이익이 따른다.
2월	작은 것이 가고 큰 것이 오는 운세이니 귀중한 선물이나 재물이 들어오게 되고 매사가 순조롭게 진행될 징조이다. 또한 남쪽이나 북쪽 방향에서 반가운 소식이 올 운세이다. 이 달 운은 윗사람이나 선배에게 도움을 청하면 고민이 해결될 징조이다.
3월	재물은 애써 구하지 않아도 저절로 들어올 운세이다. 다만 생각지 않은 지출이 많을 징조이며 망신수가 있으니 이성문제에 각별히 조심을 해야 할 것이다. 이 달 운은 망설이다가 기회를 놓치지 말고 자신 있게 도전하는 것이 좋으리라.
4월	손재수와 구설수가 있으니 지갑이나 귀중품 단속에 신경 쓰고 당신의 가정일이나 신상에 관한 일들을 남들에게 함부로 말하지 말라. 또한 남의 험담을 하지 말라. 이 달 운은 매사를 배운다는 자세로 임하면 좋은 결과를 얻으리라.

5월	친구 · 친척 · 형제지간 또는 주변에 잘 아는 사람이 거시키에 투자하면 떼돈을 벌 수 있다는 달콤한 유혹을 하거나 돈 좀 빌려 달라는 요청을 받게 될 징조이다. 만일 투자를 하거나, 금전거래를 하게 되면 결과가 좋지 않을 운세이니 자중자애해야 할 것이다.
6월	큰 재물은 어려워도 작은 재물은 들어올 운세이다. 다만 관재, 구설수가 있으니 눈에 거슬리고 화가 나는 일이 있어도 참고 또 참아야 할 것이다. 특히 충돌수가 있으니 각별히 차조심을 해야 할 것이다. 이 달 운은 적당히 굽힐 줄도 아는 융통성이 필요하다.
7월	매사가 힘들고 어려워도 실망하지 말고 끈기 있게 밀고 나간다면 중순에서 하순 사이에 막혔던 일들이 풀리고 생각지 않은 곳에서 선물이나 재물이 들어올 운세이다. 다만 송사수가 있으니 문서상에 도장을 찍는 일이나 보증 서는 일을 삼가하라.
8월	망신수가 있으니 이성문제에 각별히 조심을 해야 할 것이다. 또한 흉허물 없는 사람과 사소한 일로 다툼이 일어나 결별할 징조이니 지나친 농담을 삼가하고 자존심을 상하게 하는 말을 자제하라. 이 달 운은 조금만 양보하면 의도한 대로 일이 풀리게 될것이다.
9월	추첨운이 대길하니 주택청약예금을 들어 놓았다면 신청 접수를 해 보시라. 좋은 결과가 있을 징조이다. 또한 이사를 하려고 마음을 먹었으면 하시라. 대길운이므로 재물은 애써 구하지 않아도 저절로 들어올 운세이며 기다리던 곳에서 반가운 소식이 오리라.
10월	꿈자리도 뒤숭숭하고 자고 일어나면 몸이 천근만근처럼 무거울 징조이며 매사가 잘되어가는 듯하다가도 막히는 현상이 자주 일어날 운세이다. 특히 병원을 출입할 징조이니 과음, 과식을 삼가하고 각별히 건강관리에 신경을 써야 할 것이다.
11월	당신이 하는 일이 겉보기에만 화려해 보이고 실속이 없으니 마음이 심란하고 초조할 징조이다. 재물은 들어온다 해도 곧 나가는 운세이며 특히 관액수가 있으니 술조심하라. 이 달 운은 상대방의 변덕이 마음에 들지 않지만 기회가 올 때까지 기다려야 한다.
12월	운수가 대통하니 매사가 순조롭게 진행되고 안될 것이라 생각한 일들도 풀려나갈 징조이며 기다리던 곳에서 반가운 소식이 올 운세이다. 재물은 애써 구하지 않아도 저절로 들어올 징조이다. 이 달은 부탁을 받거나 다른 사람의 일에 관여하게 된다.

653

성공자거(成功者去)
전공가석(前功可惜)

井之坎 상

성공한 자가 떠나가니 옛 공이
가히 아깝도다.

해설	새로운 일을 시작하거나 확장·동업·주식투자·금전거래·낙찰계·어음할인·보증·직업 변동 등을 하지 말라. 이익은커녕 본전마저도 다 날릴 운세이다. 특히 건강관리에 신경을 써야 할 것이다. 금년은 머무는 곳에서 이동할 운이다.
금년의 운세	시험운은 좀 더 실력을 쌓은 다음 기회를 노리는 것이 좋으며, 취직운은 눈높이를 낮추면 가능하다. 직장운은 승진을 미끼로 사기당할 우려가 있으니, 조심하라. 재물운은 좋은 편이 아니니, 지출을 줄이는 것만이 최선이다.
1 월	큰 재물은 어려워도 작은 재물은 들어올 운세이다. 다만 생각지 않은 지출이 많을 징조이며 구설수가 있으니 당신의 가정일이나 신상에 관한 일들을 남들에게 함부로 말하지 말라. 이 달 운은 혼담의 경사 또는 득남·득녀의 경사가 있으리라.
2 월	남쪽이나 북쪽 방향의 먼 여행은 사고가 날 징조이니 떠나지 않는 것이 좋으리라. 이 달 운은 새로운 인연이 찾아온다. 다가오는 인연을 놓치지 말라. 인연은 사람·집·거래처·직장·문서·물건 등이다. 다만 증권에 손대지 말라. 손대면 빚쟁이가 된다.
3 월	매사가 힘들고 어려워도 실망하지 말고 끈기 있게 밀고 나간다면 중순에서 하순 사이에 막혔던 일들이 풀리고 재물이 들어올 운세이다. 다만 손재수가 있으니 지갑이나 귀중품 단속에 신경 쓰고 각별히 돈을 빌려주지 말라. 빌려 주면 돈 떼인다.
4 월	가정에 우환이 생기거나 당신이 병원을 출입할 징조이니 과음, 과식을 삼가하고 각별히 건강관리에 신경을 써야 할 것이다. 큰 재물은 어려워도 작은 재물은 들어올 운세이다. 이 달 운은 이사·취직·매매·시험·집수리 등이 대길하다.

5월	심신이 피곤하고 괴로울지라도 하는 일은 비교적 수월하게 풀려 나갈 운세이다. 또한 이사를 하려고 마음을 먹었으면 하시라. 대길운이므로. 다만 송사수와 손재수가 있으니 지갑이나 귀중품 단속에 신경쓰고 각별히 고수익·이자·배당금을 준다는 말에 속지 말라. 재산만 날린다.
6월	재물을 잃거나 송사수가 있으니 금전거래·보증·동업·낙찰계·어음할인·주식투자·직업 변동 등을 하지 말라. 큰 손해가 따르리라. 또한 망신수가 있으니 이성문제에 각별히 조심을 해야 할 것이다. 이 달 운은 뛰는 만큼 성과도 얻으니 즐겁다.
7월	흉허물 없는 사람과 사소한 일로 다툼이 일어나 결별할 징조이니 지나친 농담을 삼가하고 자존심을 상하게 하는 말을 자제해야 할 것이다. 특히 먼 여행은 사고가 날 징조이니 떠나지 않는 것이 좋으며 각별히 차조심하라. 이 달은 분수를 지켜야 작은 행운이라도 얻을수 있다.
8월	포기할 것은 포기하고, 거둘 수 있는 것은 거둬야 할 운세이다. 즉 안 되는 것을 붙들고 애타게 고민하지 말고 과감하게 결단력을 발휘해야 할 것이다. 재물은 노력한 만큼은 얻게 될 것이다. 이 달은 혼자 고민하지 말고 주변 사람에게 도움을 요청하라.
9월	운수가 대통하니 매사가 순조롭게 진행되고 안 될 것이라 생각한 일들도 풀려 나갈 징조이다. 재물은 애써 구하지 않아도 저절로 들어올 운세이며 추첨운이 대길하니 주택청약예금을 들어 놓았다면 신청 접수를 해보시라. 좋은 일이 있으리라.
10월	친척이나 친구, 형제지간 또는 흉허물 없는 사람과 사소한 일로 다툼이 일어나 결별할 징조이니 지나친 농담을 삼가하고 자존심을 상하게 하는 말을 자제하라. 특히 손재수가 있으니 평소에 아끼던 물건을 잘 관리 해야 할 것이다.
11월	화성(火姓)을 가까이 하면 구설수가 있으니 각별히 주의해야 할 것이다. 또한 당신이 병원을 출입할 징조이니 과음, 과식을 삼가하고 각별히 건강관리에 신경을 써야 할 것이다. 큰 재물은 어려워도 작은 재물은 들어올 운세이다. 이 달 운은 말 못할 고민이 있지만 서서히 해결된다.
12월	이 달의 운수는 당신이 열 가지를 원한다면 한두 가지는 반드시 이루게 될 운세이다. 다만 재물을 잃을 징조이니 주식투자·동업·보증·어음할인·낙찰계·금전거래·직업 변동 등을 하지 말라. 이 달은 적당히 굽힐 줄도 아는 융통성이 필요하다.

661

坎之節 | 상 |

| 괘 |

구중단계(九重丹桂)
아선절삽(我先折插)

구중의 붉은 계수나무를 내가
먼저 꺾어 꽂았도다.

| 해설 | 당신이 소망하는 일 중에서 한 가지는 반드시 이룰 수 있는 운세이다. 또한 가정에 경사가 있거나 문서로 인한 횡재수가 따르는 운세이다. 다만 망신수와 송사수가 있으니 이성문제에 각별히 조심하고 보증을 서거나 동업·금전거래·주식투자·낙찰계·어음할인 등에 손 대지 말라. |

| 금년의 운세 | 건강운은 과음만 하지 않는다면 큰 탈은 없다. 시험운은 최선을 다하라. 좋은 결과를 얻게 될 징조이다. 취직운은 좋은 직장을 얻게 되며, 직장운은 승진이 예상된다. 혹여, 승진이 안 된다면 봉급이라도 오른다. 재물운은 매우 좋다. 자금난이 해소될 것이다. |

| 1월 | 운수가 대통하니 매사가 순조롭게 진행되고 안 될 것이라 생각한 일들도 풀려 나갈 징조이며 기다리던 곳에서 반가운 소식이 올 운세이다. 다만 손재수가 있으니 지갑이나 귀중품 단속에 각별히 신경을 써야 할 것이다. 이 달은 시험운, 취직운 모두 좋으리라. |

| 2월 | 초순경에는 매사가 잘 되어 가는 듯하다가도 막히는 현상이 자주 일어날 징조이며 구설수가 있으리라. 그러나 중순에서 하순 사이에는 막혔던 일들이 풀리고 재물도 얻게 되리라. 다만 병원을 출입할 징조이니 각별히 건강관리에 신경 써야 할 것이다. |

| 3월 | 사기를 당하거나 도둑을 맞을 징조이니 지갑이나 귀중품 단속에 신경 쓰고 보증을 서거나 금전거래·주식투자·낙찰계·어음할인·동업 등에 손 대지 말라. 이 달 운은 자존심을 내세우지 말고 다수의 의견을 존중하면 좋은 일이 있으리라. |

| 4월 | 매사가 잘 되어 가는 듯하다가도 꼬일 징조이니 계획을 크게 잡지 말고 축소하는 것이 좋으리라. 재물은 애써 구하지 않아도 저절로 들어올 운세이다. 이 달 운은 뜬소문에 얽매이지 말고 소신 있게 행동하면 좋은 결과를 얻으리라. |

246

5월	당신을 위해서라면 간도 **빼** 줄 것처럼 행동하던 사람이 하루 아침에 배신을 하게 될 징조이니 당신의 약점 또는 비밀에 부쳤던 속마음을 함부로 말하지 말라. 이 달 운은 고수익·이자·배당금을 준다는 말에 현혹되지 말라. 재산만 날린다.
6월	문서상에 하자가 발생하여 고통을 받을 징조이니 매사를 꼼꼼하게 확인하여 챙겨야 할 것이다. 또한 구설수와 망신수가 있으니 당신의 가정일이나 신상에 관한 일들을 남들에게 함부로 말하지 말고 각별히 이성문제에 조심을 해야 할 것이다.
7월	매사가 힘들고 애로 사항이 많아도 실망하지 말고 끈기 있게 밀고 나간다면 중순에서 하순 사이에 막혔던 일들이 풀리고 노력한 대가를 얻으리라. 다만 생각지 않은 지출이 많을 징조이며 망신수가 있으니 바람을 피우지 말라.
8월	서쪽과 북쪽 방향의 먼 여행은 사고가 날 징조이니 떠나지 않는 것이 좋으리라. 또한 충돌수가 있으니 각별히 차조심을 해야 할 것이다. 큰 재물은 어려워도 작은 재물은 들어올 운세이다. 특히 문서상에 도장을 찍는 일은 송사가 일어날 징조이니 자중자애하라.
9월	송사수가 있거나 재물을 잃을 징조이니, 동업·금전거래·낙찰계·어음할인·주식투자·보증·직업 변동 등을 하지 말라. 또한 충돌수가 있으니 각별히 차조심을 해야 할 것이다. 이 달 운은 주위의 의견을 충분히 수렴한 후에 당신의 계획을 결정하는 것이 좋으리라.
10월	막혔던 일들이 풀리고 생각지 않은 곳에서 재물이 들어올 운세이며 가정에 식구가 늘어날 징조이다. 또한 당신이 노력한 일들이 주변 사람들에게 인정을 받게 될 운세이다. 다만 해서는 안 될 말도 있다는 것을 심각하게 느끼는 달이다.
11월	당신이 하는 일이 힘들고 애로 사항이 많아 당장 때려치우고 다른 업종을 해 보려는 마음이 간절할 징조이다. 그러나 운세가 막혀 손해가 많이 따를 징조이니 자중자애하는 것이 좋으리라. 이 달은 분수를 지켜야 작은 행운이라도 얻을 수 있다.
12월	당신이 해 놓은 일들이 주변 사람들에게 인정을 받게 되어 그 동안 노력한 보람을 찾게 될 운세이다. 또한 기다리던 곳에서 반가운 소식이 올 징조이다. 다만 생각지 않은 지출이 많을 징조이며 이 달은 긴 안목을 갖고 바라보는 마음이 필요하다.

662

괘

육리청산(六里靑山)
안전별계(眼前別界)

坎之比 **상**

육리 청산이 눈 앞의 별세계로다.

해설	추첨운이 대길하니 주택청약예금을 들었다면 신청해 보시라. 좋은 결과가 있을 징조이다. 또한 이사를 하면 좋으리라. 금년은 가정에 경사가 있거나 문서로 인한 횡재수가 따르며 명예를 얻게 될 운세이다. 다만 망신수와 관재수가 있으니 각별히 조심을 해야 할 것이다.
금년의 운세	건강운은 좋은 편이다. 다만, 환절기에 감기, 몸살로 약간 고생할 징조이다. 시험운은 좋은 성적을 올리게 될 징조이며, 취직운은 원하는 직장을 얻게 된다. 직장운은 승진 또는 이동수가 있다. 재물운은 애써 구하지 않아도 저절로 들어온다.
1월	세워 놓은 계획은 많아도 주변 여건이 허락치 않아 매사가 꼬일 징조이니 끈기와 인내가 필요하리라. 이 달 운은 지난일을 기억하지 말라. 친한 사람들을 경계해야 한다. 당신의 재물을 호시탐탐 노리고 있으니까. 특히 장·정·강·윤·박·최·문·공·배·전씨를 조심하라.
2월	망신수가 있으니 이성문제에 각별히 조심해야 할 것이다. 또한 가정에 우환이 생기거나 당신이 병원을 출입할 징조이니 과음, 과식을 삼가하고 각별히 건강관리에 신경을 써야 할 것이다. 이 달 운은 돈 약속은 하지말라. 지켜지기가 어려울 것이다.
3월	큰 재물은 어려워도 작은 재물은 들어올 운세이다. 다만 생각지 않은 지출이 많을 징조이며 흉허물 없이 지내는 사람이 당신을 배신할 징조이니 당신의 약점이나 비밀에 붙였던 속마음을 함부로 말하지 말라. 또한 보증을 서지 말라.
4월	추첨운이 대길하니 주택청약예금을 들었다면 신청해 보시라. 좋은 결과가 있을 징조이다. 재물은 애써 구하지 않아도 저절로 들어올 운세이다. 또한 가정에 경사가 있거나 문서로 인한 횡재수가 따르는 운세이다. 다만 술 냄새만 맡았어도 차 운전하지 말라.

5월	남쪽이나 북쪽 방향의 먼 여행은 사고가 날 징조이니 떠나지 말라. 또한 충돌수가 있으니 각별히 차조심을 해야 할 것이다. 특히 초상집을 문상하게 되면 액운이 있으니 부조금만 보내는 것이 좋으리라. 이 달 운은 삶이란 진정 무엇인지를 깨닫게 하는 달이다.
6월	화액수가 있으니 물과 불을 조심하고 구설수가 있으니 당신의 가정일이나 신상에 관한 일들을 남들에게 함부로 말하지 말라. 또한 남의 험담을 하지 말라. 특히 중요한 약속이나 계획은 실행하기 어려울 징조이니 호언장담하지 않는 것이 좋으리라.
7월	망신수와 질병수가 있으니 이성문제에 각별히 조심을 하고 병원을 출입할 징조이니 과음, 과식을 삼가하고 각별히 건강관리에 신경을 써야 할 것이다. 이 달 운은 때를 기다렸다가 차후에 일을 처리하는 게 좋으리라. 또한 술 냄새만 맡았어도 차 운전하지 말라.
8월	당신과 가장 가깝게 지내던 사람이 당신 곁을 영원히 떠나게 될 징조이다. 또한 사기를 당하거나, 배신을 당할 징조이니 당신의 약점 또는 비밀에 부쳤던 속마음을 남들에게 함부로 말하지 말라. 특히 보증을 서거나 금전거래를 하지 말라.
9월	충돌수가 있으니 각별히 차조심을 해야 하며 먼 여행은 사고가 날 징조이니 떠나지 말라. 또한 손재수가 있으니 지갑이나 귀중품 단속에 각별히 신경을 써야 하며, 주식투자 또는 사채놀이에 손대지 말라. 손대면 빚쟁이가 된다.
10월	운수가 대통하니 매사가 순조롭게 진행되고 안 될 것이라 생각한 일들도 풀려 나갈 징조이다. 또한 남쪽이나 동쪽 방향에서 재물이 들어올 운세이다. 이 달 운은 인간은 늘 행복하기를 바라지만 그런 일은 일어나지 않는다.
11월	재물은 애써 구하지 않아도 저절로 들어올 운세이다. 다만 생각지 않은 지출이 많을 징조이며 흉허물 없는 사람과 사소한 일로 다툼이 일어나 결별할 징조이니 지나친 농담을 삼가하고 자존심을 상하게 하는 말을 자제해야 할 것이다.
12월	가족 중에 누군가가 건강에 이상이 있을 징조이며 손재수가 있으니 도둑을 조심하고 주식투자·동업·낙찰계·어음할인·보증·금전거래 등을 하지 말라. 재물은 들어온다 해도 곧 나가는 운세이다. 이 달 운은 남을 믿고 진행하는 일이라면 절대로 확신하지 말라.

663

| 괘 |

구월단풍(九月丹風)
승어목단(勝於牧丹)

坎之井 | 상 |

구월 단풍이 목단보다 낫도다.

| 해설 | 가정에 경사가 있거나 문서로 인한 횡재수가 있으며 나갔던 재물이 들어올 운세이다. 또한 당신이 원하는 소망 중에서 한 가지는 반드시 이룰 수 있는 운세이다. 금년은 머무는 곳에서 이동 변동수가 있으며 이사를 하면 좋으리라. 다만 손재수와 관재수가 있으니 각별히 조심하라. |

| 금년의 운세 | 건강운은 위장병으로 고생할 우려가 있으니, 과음, 과식을 삼가고 지나치게 커피를 많이 마시지 않도록 노력을 해야 할 것이다. 시험운은 작년에 떨어진 시험이라면 합격된다. 취직운은 몇 번 고배를 마신 후에 될 것이며, 직장운은 승진이 예상된다. 재물운은 좋은 편이다. |

| 1월 | 매사가 잘 되어 가는 듯하다가도 막히는 현상이 자주 일어날 징조이니 계획을 크게 잡지 말고 축소하는 것이 좋으리라. 이 달은 노력한 만큼의 대가는 얻게 될 것이며 기다리던 곳에서 반가운 소식이 올 운세이다. 다만 다툼수가 있으니 말조심하라. |

| 2월 | 운수가 대통하니 매사가 순조롭게 진행되고 안 될 것이라 생각한 일들도 풀려 나갈 징조이다. 다만 망신수가 있으니 이성문제에 각별히 조심을 해야 하며 충돌수가 있으니 차조심하라. 이 달 운은 현실에 감사하고 살면 천국이요 불평하고 살면 지옥이다, |

| 3월 | 몸과 마음이 바쁘고 하는 일은 많으나 수입은 쥐꼬리만큼 들어오니 마음이 심란하고 초조할 징조이다. 또한 흠허물 없는 사람과 사소한 일로 다툼이 일어나 결별할 징조이니 자존심을 상하게 하는 말을 자제하라. 이 달은 이사를 하면 좋으리라. |

| 4월 | 당신이 하는 일이 적성에 맞지 않아 새로운 일을 해 보려는 마음이 간절할 징조이다. 그러나 운세가 막혀 있어 얻는 것보다 잃는 것이 많으니 자중자애해야 할 것이다. 이 달 운은 재능이란 노력 · 반복 · 인내로 이루어지는 것이다. |

5 월	재물은 애써 구하지 않아도 저절로 들어올 운세이다. 다만 생각지 않은 지출이 많을 징조이며 당신이 가장 친하게 지내는 사람이 당신 곁을 떠나게 될 운세이다. 또한 관재수가 있으니 돈을 빌려 주지 말라. 빌려 주면 100% 돈떼인다.
6 월	당신을 위해서라면 간도 빼 줄 것처럼 행동하던 사람이 하루 아침에 배신을 할 징조이니 당신의 약점 또는 비밀에 부쳤던 속마음을 함부로 말하지 말라. 또한 보증을 서거나 금전거래를 하지 말라. 큰 손해가 따를 운세이므로···.
7 월	매사가 힘들고 애로 사항이 많아도 실망하지 말고 끈기 있게 밀고 나간다면 중순에서 하순 사이에 막혔던 일들이 풀리고 재물이 들어올 운세이다. 또한 기다리던 곳에서 반가운 소식이 올 운세이다. 다만 충돌수가 있으니 술 냄새만 맡았어도 차 운전하지 말라.
8 월	사람을 잘 못 사귀면 관재수에 휘말릴 징조이니 각별히 조심을 해야 할 것이다. 또한 망신수가 있으니 이성문제에 조심을 하라. 이 점만 주의한다면 금전운은 양호한 편이며 가정에 경사가 있을 징조이다. 특히 시험운이 좋은 달이다.
9 월	운수가 대통하니 매사가 순조롭게 진행되고 남쪽이나 북쪽 방향에서 재물이 들어올 운세이다. 또한 이사운이 대길하니 이사를 하려고 마음을 먹었으면 하시라. 다만 손재수가 있으니 주식투자·어음할인·사채놀이에 손대지 말라.
10 월	사기를 당하거나 송사수가 있으니 낙찰계·금전거래·동업·주식투자·어음할인·보증·직업 변동 등을 하지 말라. 또한 충돌수가 있으니 먼 여행을 삼가고 각별히 차조심하라. 이 달 운은 잘못을 인정하면 회복이 빨라지고 도움을 받는다.
11 월	한 가지 문제가 해결되면 또 한 가지 문제가 터져나와 마음이 심란하고 초조할 징조이니 끈기와 인내가 필요하며 침착하게 대비하는 마음의 준비가 필요한 달이다. 큰 재물은 어려워도 작은 재물은 들어올 운세이다. 다만 도둑을 조심하라. 이 달은 한 번 울고, 한 번은 웃으리라.
12 월	재물운은 있으나 병원을 출입할 징조이니 과음, 과식을 삼가고 각별히 건강관리에 신경을 써야 할 것이다. 또한 흠허물 없는 사람과 다툼이 일어날 징조이니 자존심을 상하게 하는 말을 자제하라. 이 달 운은 평소에 아끼던 물건을 잃어버리기 쉬우니 조심하라.

711

괘

大畜之蠱 상

심방춘일(尋芳春日)
즉견개화(卽見開花)

봄에 꽃다운 꽃을 찾다가 문득 꽃
피는 광경을 보게 되는 형상이다.

해설	당신이 소망하는 일 중에서 한 가지는 반드시 이룰 수 있는 운세이다. 또한 가정에 경사가 있거나 문서로 인한 횡재수가 따르는 운세이다. 다만 망신수와 관재수가 있으니 이성문제에 각별히 조심을 하고 보증을 서거나 동업·금전거래·주식투자·낙찰계·어음할인 등에 손대지 말라.

금년의 운세	건강운은 좋은 편이다. 다만, 변비로 고생할 우려가 있다. 시험운은 좀더 실력을 쌓은 다음 기회를 노리는 것이 좋으며, 취직운은 원하는 곳에 직장을 얻게 된다. 직장운은 부수입이 있는 곳으로 이동하거나, 승진할 징조이다.
1월	당신이 해 놓은 일들이 주변 사람들에게 인정을 받게 될 징조이며 기다리던 곳에서 반가운 소식이 올 운세이다. 또한 남쪽이나 서쪽 방향에서 재물이 들어올 징조이다. 다만 손재수가 있으니 평소에 아끼던 물건을 잘 관리해야 할 것이다.
2월	가정에 우환이 생기거나 당신이 병원을 출입할 징조이니 과음, 과식을 삼가하고 각별히 건강관리에 신경 써야 할 것이다. 또한 매사가 잘 되어 가는 듯하다가도 막히는 현상이 자주 일어날 징조이니 계획을 크게 잡지 말고 축소하라.
3월	먼 여행은 사고가 날 징조이니 떠나지 않는 것이 좋으며 충돌수가 있으니 각별히 차조심하라. 또한 사람을 잘 못 사귀면 관재수에 휘말릴 징조이니 각별히 조심하라. 시험운이 좋은 달이며 취직·이사·매매·결혼·집수리 등은 대길하다.
4월	운수가 대통하니 매사가 순조롭게 진행되고 가정에 경사가 있거나 문서로 인한 횡재수가 따르는 운세이다. 시험운도 좋은 달이다. 다만 구설수와 충돌수가 있으니 각별히 차조심하고 말조심을 해야 할 것이다. 이 달 운은 만족을 알고 살아가야 행복이 찾아온다.

5월	꿈자리도 뒤숭숭하고 매사가 잘 되어 가는 듯하다가도 막히는 현상이 자주 일어날 징조이니 끈기와 인내가 필요하리라. 또한 망신수가 있으니 이성문제에 각별히 조심하고 충돌수가 있으니 차조심하라. 이 달은 자존심을 버리면 재물이 따른다.
6월	친척이나 친구, 형제지간 또는 흉허물 없는 사람과 사소한 일로 다툼이 일어나 결별할 징조이니 지나친 농담을 삼가하고 자존심을 상하게 하는 말을 자제해야 할 것이다. 이 달 운은 문제를 겪어 보지도 못한 상태에서 포기를 하지 말라.
7월	가정에 우환이 있을 징조이며 사람을 잘 못 사귀면 관재수에 휘말릴 징조이니 각별히 조심을 해야 할 것이다. 또한 재물을 잃을 징조이니 동업을 하거나 주식투자·낙찰계·보증·어음할인·금전거래·직업 변동 등을 하지 말라.
8월	자존심을 내세우면 잘 되어 가던 일들이 꼬일 징조이니 조금씩 양보하고 분수에 맞게 처신을 해야 할 것이다. 재물은 들어온다 해도 곧 나가는 운세이며 생각지 않은 지출이 많을 징조이다. 이 달 운은 몸은 하나인데 가야 할 곳은 많으니 분주한 달이 될 것이다.
9월	당신을 위해서라면 간도 빼 줄 것처럼 행동하던 사람이 하루 아침에 배신을 할 징조이니 당신의 약점 또는 비밀에 부쳤던 속마음을 함부로 말하지 말라. 또한 충돌수가 있으니 각별히 차조심하라. 금전운은 양호한 편이다.
10월	운수가 대통하니 매사가 순조롭게 진행되고 생각지 않은 곳에서 선물 또는 재물이 들어올 운세이다. 또한 추첨운이 대길하니 주택청약예금을 들어 놓았다면 신청 접수를 해 보시라. 좋은 결과가 있을 징조이다. 이 달 운은 힘들다고 자신의 일을 남에게 맡기지 말라.
11월	화성(火姓)을 가까이 하면 관재수에 휘말릴 징조이니 각별히 조심을 하라. 또한 망신수가 있으니 이성문제에 각별히 조심을 하라. 이 점만 주의한다면 금전운은 양호한 편이며 가정에 경사가 있거나 문서로 인한 횡재수가 따르는 운세이다.
12월	당신이 그 동안 노력한 일들이 주변 사람들에게 인정을 받게 될 징조이다. 또한 기다리던 곳에서 반가운 소식이 올 운세이며 남쪽이나 북쪽 방향에서 재물이 들어올 운세이다. 특히 시험운이 좋은 달이다. 식구가 한 사람이 늘거나 줄거나 둘 중 하나다.

721

損之蒙 [상]

음양배합(陰陽配合)
만물화생(萬物化生)

음양이 배합되니 만물이
탄생하는 형상이다.

해설	재물은 애써 구하지 않아도 저절로 들어올 운세이며 가정에 경사가 있거나 문서로 인한 횡재수가 따르는 운세이다. 또한 당신이 소망하는 일 중에서 한 가지는 반드시 이룰 수 있는 운세이다. 다만 망신수와 관재수가 있으니 이성문제에 각별히 조심하고 보증 서는 일을 삼가하라.
금년의 운세	건강운은 좋은 편이다. 혹여, 질병이 있다 해도 몸조리를 잘 하면 완치된다. 시험운은 최선을 다하라. 좋은 결과를 얻게 될 것이다. 취직운은 오라는 곳이 많으니, 걱정할 것이 없으며 직장운은 승진이 예상된다. 재물운은 날로 이익이 늘어난다.
1 월	운수가 대통하니 매사가 순조롭게 진행되고 안 될 것이라 생각한 일들도 풀려 나갈 징조이다. 또한 생각지 않은 곳에서 반가운 소식이 오거나 재물이 들어올 운세이다. 다만 구설수가 있으니 분수에 맞게 처신해야 하며 각별히 말조심하라.
2 월	매듭을 짓는 형상이니 당신이 해 놓은 일들을 조속히 마무리를 지어야 좋은 결과를 얻게 되리라. 재물은 애써 구하지 않아도 저절로 들어올 운세이며 기다리던 곳에서 반가운 소식이 올 운세이다. 다만 충돌수가 있으니 술 냄새만 맡았어도 차 운전하지 말라.
3 월	재물을 잃을 징조이며 송사수가 있으니 고수익·이자·배당금을 준다는 말에 현혹되지 말라. 재산만 날린다. 또한 문서상에 도장을 찍는 일은 하자가 발생할 징조이니 자중자애하는 것이 좋으리라. 이 달 운은 만족을 알고 살아야 행복이 찾아온다.
4 월	친척이나 친구, 형제지간 또는 흉허물 없는 사람이 거시기에 투자하면 떼돈을 벌 수 있다는 달콤한 유혹을 하거나 돈 좀 빌려 달라는 요청을 받게 될 징조이다. 만일 투자를 하거나 금전거래를 하게 되면 결과가 좋지 않을 운세이니 자중자애하라.

5 월	당신이 믿고 의지하던 사람 또는 가장 가까이 지내던 사람이 당신 곁을 떠나게 될 징조이다. 또한 가정에 누군가 건강에 이상이 생길 징조이다. 이 달 운은 책임지겠다는 무책임한 말로 일을 저지르기 쉬우니 조심해야 할 것이다.
6 월	재물은 애써 구하지 않아도 저절로 들어올 운세이며 안 될 것이라 생각한 일들도 풀려 나갈 징조이다. 다만 생각지 않은 지출이 많을 징조이며 당신이 병원을 출입할 징조이니 과음, 과식을 삼가하고 각별히 건강관리에 신경을 써야 할 것이다.
7 월	형제지간이나 친구 또는 흉허물 없는 사람과 사소한 일로 다툼이 일어나 결별할 징조이니 지나친 농담을 삼가하고 자존심을 상하게 하는 말을 자제해야 할 것이다. 또한 실물수가 있으니 도둑을 조심하라. 이 달 운은 남을 믿고 진행하는 일이라면 절대로 확신하지 말라.
8 월	재물운은 있으나 감언이설에 넘어가 사기를 당할 징조이니 보증을 서거나 동업·금전거래·어음할인·낙찰계·주식투자·확장·직업 변동 등을 하지 말라. 또한 먼 여행은 사고가 날 징조이니 떠나지 않는 것이 좋으며 박·정·최·조·강씨를 조심하라.
9 월	관재수가 있으니 사람을 가려서 사귀어야 할 것이며 이성문제에 각별히 조심을 해야 할 것이다. 또한 문서상에 도장을 찍는 일은 하자가 발생할 징조이니 좀 더 미루는 것이 좋으리라. 이 점만 주의한다면 금전운은 양호한 편이다.
10 월	가정에 우환이 생기거나 구설수가 있을 징조이니 당신의 가정일이나 신상에 관한 일들을 남들에게 함부로 말하지 말라. 또한 남의 험담을 하지 말라. 이 달은 이사운이 대길하니 이사를 하려고 마음을 먹었으면 하시라 좋은 일이 있으리라. 길일은 9·10·19·29일이다(음력).
11 월	운수가 대통하니 매사가 순조롭게 진행될 징조이며 재물이 들어올 운세이다. 다만 토성(土姓)을 가까이 하면 관재수에 휘말릴 징조이니 멀리하라. 또한 실물수가 있으니 평소에 아끼던 물건을 잘 관리해야 할 것이다. 이 달 운은 말 못할 고민이 서서히 해결된다.
12 월	얽히고 설켰던 일들이 하나씩 정리될 징조이며 그 동안 노력한 일들이 많은 사람들에게 인정을 받게 될 운세이다. 특히 이 달은 시험운이 좋은 달이며 기다리던 곳에서 반가운 소식이 올 운세이다. 고수익·이자·배당금을 준다는 말에 현혹되지 말라. 재산만 날린다.

722

괘

損之頤 **상**

일중부결(日中不決)
호사다마(好事多魔)

모든 일이 결말이 나지 않고 좋은 일에 마(魔)가 끼는 형상이다.

해설	고수익·이자·배당금을 준다는 말에 현혹되지 말라. 재산만 날린다. 이익은커녕 본전마저도 다 날릴 운세이다. 특히 충돌수가 있으니 먼 여행은 떠나지 않는 것이 좋으며 각별히 차조심하라. 또한 관재수와 송사수가 있으니 조심하라.
금년의 운세	건강운은 간장 기능이 저하될 징조이니. 원기 회복에 힘써야 할 것이다. 시험운은 당신이 노력한 만큼만 얻게 될 것이며, 취직운은 눈높이를 낮추면 가능하다. 직장운은 이동수가 있다. 승진은 경쟁자가 많아 어렵다. 재물운은 절약하는 것만이 최선이다. 요행이나 횡재는 바라지 말라.
1월	몸과 마음이 바쁘고 하는 일은 많으나 수입은 쥐꼬리만큼 들어오니 마음이 심란하고 초조할 징조이다. 이 달 운은 매사가 힘들고 어려워도 실망하지 말고 끈기 있게 밀고 나가면 중순에서 하순 사이에 막혔던 일이 풀리리라. 다만 힘들다고 자신의 일을 남에게 맡기지 말라.
2월	큰 재물은 어려워도 작은 재물은 들어올 운세이다. 다만 생각지 않은 지출이 많을 징조이며 머무는 곳에서 이동, 변동이 있을 운세이다. 이 달 운은 소문 듣고 보지 않은 일을 본 듯이 옮기지 말라. 반드시 화근이 생긴다.
3월	분수에 벗어나는 일을 삼가고 열심히 노력하면 중순에서 하순 사이에 막혔던 일들이 풀리고 재물도 얻게 되리라. 다만 망신수가 있으니 이성 문제에 각별히 조심해야 하며 충돌수가 있으니 술 냄새만 맡았어도 차운전하지 말라.
4월	작은 것을 얻으려다 큰 것을 잃을 징조이니 주식투자·어음할인·낙찰계·금전거래·보증·동업 등을 하지 말라. 또한 초상집에 문상하게 되면 돌아온 후 액운이 있으니 부조금만 보내는 것이 좋으리라. 특히 바람을 피우지 말라.

260

5월	가정에 우환이 생기거나 당신이 병원을 출입할 징조이니 과음, 과식을 삼가하고 각별히 건강관리에 신경을 써야 할 것이다. 재물은 들어온다 해도 곧 나가는 운세이며 생각지 않은 지출이 많을 징조이다. 이 달 운은 누군가의 일을 대신 떠맡고 책임을 질 수도 있다.
6월	좋은 일과 나쁜 일이 반반씩 섞여 있는 운세이다. 즉 당신이 믿고 의지하던 사람 또는 가장 가까이 지내던 사람이 당신 곁을 떠나게 될 징조이다. 그런 가운데서도 가정에 경사가 있거나 횡재수가 따르는 운세이다.
7월	망신수가 있으니 이성문제에 각별히 조심을 해야 할 것이다. 또한 실물수가 있으니 지갑이나 귀중품 단속에 각별히 신경을 써야 할 것이다. 큰 재물은 어려워도 작은 재물은 얻게 되리라. 이 달 운은 한 번은 울고 한 번은 웃으리라.
8월	오랫동안 만나지 못했던 친척, 친구, 또는 형제지간이나 흉허물 없이 지내던 사람이 찾아오거나 전화 연락이 올 징조이다. 반갑게 대접하라. 그들은 십중팔구 하는 일이 잘 안 풀려서 당신을 찾은 것이므로 훗날 그들에게 도움을 받을 운세이다.
9월	마무리하지 못한 일들 때문에 마음이 심란하고 초조할 징조이다. 다만 금전 융통에 큰 어려움은 없으리라. 이 달은 밖에서 쓰던 물건이나 가재 도구(장롱, 책상, 액자)를 집 안에 들여 놓지 말라. 좋지 않은 일이 생길 징조이므로….
10월	가족 중에 누군가 건강에 이상이 생길 징조이다. 또한 사람을 잘 못 사귀면 관재수에 휘말릴 징조이니 각별히 조심하라. 특히 실물수가 있으니 도둑을 조심하라. 큰 재물은 어려워도 작은 재물은 들어올 운세이다. 이 달은 남쪽이나 북쪽 방향으로 여행을 떠나지 말라.
11월	심신이 피곤하고 괴로울지라도 하는 일은 비교적 수월하게 진행될 징조이다. 또한 금전 융통에 큰 어려움은 없으며 기다리던 곳에서 반가운 소식이 올 운세이다. 이 달 운은 혼담의 경사 또는 득남·득녀의 경사가 있으리라.
12월	목성(木姓)을 가까이 하면 재물을 잃을 징조이니 각별히 조심하라. 이 달은 매사가 노력 부족으로 안 되는 일이 많을 징조이니 좀 더 적극적으로 행동하라. 그리하면 좋은 결과를 얻게 되리라. 이 달 운은 감투를 쓰고 많은 사람들에게 축하 인사를 받게 된다.

723

損之大畜 상

일도창파(一渡滄波)
후진하제(後津何濟)

한 번 푸른 파도를 건넜으나 뒤의
나루를 어찌 건널꼬.

해설	보증을 서거나 동업·확장·금전거래·낙찰계·어음할인·주식투자·직업 변동 등을 하지 말라. 이익은커녕 본전마저도 다 날릴 운세이므로 또한 망신수와 관재수가 있으니 이성문제에 각별히 조심을 해야 하며 문서에 도장을 찍는 일 또는 사람 사귀는 일에 신중해야 할 것이다.
금년의 운세	건강운은 사소한 질병이라도 합병증이 생길 우려가 있으니 조금만 이상이 있더라도 서둘러 병원을 찾아라. 시험운은 입학시험일 경우 실력보다 학교를 낮춰야 된다. 취직운도 눈높이를 낮춰야 가능하다. 직장운은 승진은 기대하지 말라. 있는 자리도 불안하다. 재물운은 생각지 않는 지출이 많다.
1월	당신이 하는 일이 겉보기에는 화려해 보이고 실속이 없으니 마음이 심란하고 초조할 징조이다. 재물은 들어온다 해도 곧 나가는 운세이며 생각지 않은 지출이 많을 징조이다. 이 달 운은 횡재수를 기대하기보다 하나씩 쌓아올린다는 계획을 세워라.
2월	구설수와 관재수가 있으니 당신의 가정일이나 신상에 관한 일들을 남들에게 함부로 말하지 말라. 또한 남의 험담을 하지 말라. 특히 보증을 서거나 금전거래를 삼가고 각별히 차조심을 해야 할 것이다. 이 달은 직장 또는 집을 옮기게 될 징조이다.
3월	당신을 위해서라면 간도 빼 줄 것처럼 행동하던 사람이 하루 아침에 배신을 할 징조이니 당신의 약점 또는 비밀에 부쳤던 속마음을 함부로 말하지 말라. 또한 관재수가 있으니 돈을 빌려 주지 말라. 빌려 주면 돈 떼인다.
4월	화성(火姓)을 가까이 하면 재물을 잃을 징조이니 멀리하라. 이 달은 당신이 믿고 의지하던 사람 또는 가장 가깝게 지내던 사람이 당신 곁을 영원히 떠나게 될 징조이다. 이 달은 환경 변화에 적응하기 위한 노력이 필요하다.

5월	남의 험담을 하거나 당신의 가정일 또는 신상에 관한 일들을 남들에게 함부로 말하지 말라. 구설수가 있으므로 또한 재물을 잃을 징조이니 동업·주식투자·낙찰계·어음할인·확장·보증·직업 변동 등을 하지 말라. 이달운은 분수를 지켜야 작은 행운이라도 얻을 수 있다.
6월	당신이 살고 있는 곳에서 남쪽 방향으로 먼 여행을 떠나게 되면 사고가 날 징조이니 떠나지 않는 것이 좋으리라. 또한 사람을 잘 못 사귀면 관재수에 휘말릴 징조이니 각별히 조심하라. 이 달 운은 뜬구름 잡을 생각 말고 현실에 충실해야 좋으리라.
7월	매사가 잘 되어 가는 듯하다가도 막히는 현상이 자주 일어날 징조이니 계획을 크게 잡지 말고 축소하는 것이 좋으리라. 또한 수액수와 화액수가 있으니 각별히 물조심, 불조심하라. 이 달 운은 과거를 자랑하지 말라. 현재가 중요한 것이다.
8월	운수가 대통하니 매사가 순조롭게 진행되고 안 될 것이라고 생각한 일들도 풀려 나갈 징조이다. 또한 가정에 경사가 있거나 문서로 인한 횡재수가 따르는 운세이다. 다만 주식투자·어음할인·보증·동업·사채놀이·도박 등에 손대지 말라.
9월	재물은 애써 구하지 않아도 저절로 들어올 운세이다. 다만 생각지 않은 지출이 많을 징조이며 관재수가 있으니 눈에 거슬리고 화가 나는 일이 생겨도 참고, 또 참아야 액운을 면하리라. 이 달 운은 대박을 노리지 말라. 재산만 날린다.
10월	얽히고 설켰던 일들이 하나씩 풀리고 재물이 들어올 운세이다. 또한 가정에 경사가 있거나 식구가 늘어날 운세이다. 다만 망신수가 있으니 이성문제에 각별히 조심을 해야 할 것이다. 특히 도둑을 조심하고 보증을 서거나 주식투자·낙찰계·어음할인·금전거래 등을 하지 말라.
11월	분수에 넘치는 일을 삼가고 열심히 노력한다면 중순에서 하순 사이에 막혔던 일들이 풀리고 재물도 얻게 되리라. 다만 초상집을 문상하게 되면 돌아온 후 액운이 있으니 부조금만 보내는 것이 좋으리라. 이 달 운은 동업은 깨어지기 쉽고 가까운 사람과 다툴 수 있다.
12월	새로운 친구를 사귀지 말라. 손해만 있고 이익은 없다. 또한 친목회, 동창회, 또는 어떤 모임에 참석하여 사소한 일로 다툼이 일어나 몸에 상처가 날 징조이니 각별히 말조심하라. 이 달 운은 상대방의 입장에서 이해하면 편안해질 것이다.

731

괘

賁之艮 상

편답제성(遍踏帝城)
천문공개(千門共開)

황제의 성을 두루 답사하니 일천 개의 문이 함께 열린 격이로다.

<table>
<tr><td>해설</td><td>매사가 순조로우며 가정에 경사가 있거나 문서로 인한 횡재수가 따르는 운세이다. 금년의 운수는 취직운, 시험운이 대길한 해이다. 열심히 노력하면 뜻을 이루리라. 또한 당신의 이름이 널리 알려질 운세로다. 다만 건강관리에 신경을 써야 하며 관재, 구설수가 있으니 각별히 조심하라.</td></tr>
<tr><td>금년의 운세</td><td>시험운은 기대 이상의 결과를 얻게 되며, 취직운은 수입도 짭짤하고 전망이 좋은 직장을 얻게 된다. 직장운은 승진이 예상된다. 재물운은 일 년 내내 어려움이 없다.</td></tr>
<tr><td>1월</td><td>매사가 잘 되어 가는 듯하다가도 막히는 현상이 자주 일어날 징조이니 계획을 크게 잡지 말고 축소하는 것이 좋으리라. 이 달 운은 남이 알아주길 원한다면 겸손함을 먼저 보여야 대접받을 것이다. 특히 목에 힘 주고 다니지 말라.</td></tr>
<tr><td>2월</td><td>손재수가 있거나 재물을 잃을 징조이니 지갑이나 귀중품 단속에 신경쓰고, 주식투자 · 동업 · 금전거래 · 낙찰계 · 어음할인 · 보증 등에 손대지 말라. 큰 재물은 어려워도 작은 재물은 들어올 운세이다. 이 달은 시험운, 취직운이 대길하다.</td></tr>
<tr><td>3월</td><td>운수가 대통하니 매사가 순조롭게 진행되고 안 될 것이라고 생각한 일들도 풀려 나갈 징조이다. 또한 남쪽이나 북쪽 방향에서 재물이 들어올 운세이다. 특히 당신이 하는 일이 주변 사람들에게 인정을 받게 되고, 기다리던 곳에서 반가운 소식이 올 운세이다.</td></tr>
<tr><td>4월</td><td>재물은 애써 구하지 않아도 저절로 들어올 운세이다. 다만 사람을 잘 못 사귀면 관재수에 휘말릴 징조이니 각별히 조심을 해야 할 것이다. 특히 충돌수가 있으니 먼 여행을 삼가고 각별히 차조심을 해야 할 것이다. 이 달은 가정에 경사가 있거나 집을 옮기게 될 징조이다.</td></tr>
</table>

5월	동쪽이나 남쪽 방향의 먼 여행은 사고가 날 징조이니 떠나지 않는 것이 좋으리라. 또한 새로운 일을 시작하거나 동업·확장·주식투자·낙찰계·어음할인·보증·직업 변동 등을 하지 말라. 이 달 운은 뜬소문에 얽매이지 말고 소신 있게 행동하시라.
6월	매사가 힘들고 애로 사항이 많아도 실망하지 말고 끈기 있게 밀고 나간다면 중순에서 하순 사이에 막혔던 일들이 풀리고, 재물도 얻으리라. 다만 사람을 잘 못 사귀면 관재수에 휘말릴 징조이니 각별히 조심을 해야 할 것이다.
7월	비밀로 해야 할 일이 생기게 되니 각별히 입을 무겁게 해야 할 것이다. 또한 망신수가 있으니 이성문제에 각별히 조심을 하고 수액수가 있으니 물 조심하라. 이 달 운은 진정한 사랑은 상대를 좋아하는 것이 아니라 상대의 허물을 덮어 주는 것이다.
8월	화성(火姓)을 가까이 하지 마라. 반드시 손해가 있으리라. 또한 구설수가 있으니 당신의 가정일이나 신상에 관한 일들을 남들에게 함부로 말하지 말라. 특히 남의 험담을 하지 말라. 이 달은 평소에 아끼던 물건을 잃어버리기 쉬우니 조심하라.
9월	배신을 당하거나 사기를 당할 징조이니 당신의 약점 또는 비밀에 부쳤던 속마음을 누구에게나 함부로 말하지 말고 금전거래를 하지 말라. 특히 당신이 병원을 출입할 징조이니 과음, 과식을 삼가고 각별히 건강관리에 신경을 써야 할 것이다.
10월	먼 여행을 떠나게 되거나 이사를 하게 될 징조이다. 다만 여행은 사고가 날 징조이니 떠나지 않는 것이 좋으리라. 그러나 이사운은 대길하니 이사를 하려고 마음을 먹었으면 하시라. 좋은 일이 있을 징조이다. 이 달은 의지와 끈기가 매우 필요하다.
11월	가정에 경사가 있거나 문서로 인한 횡재수가 따르는 운세이다. 또한 막혔던 일들이 풀리고 당신의 어려움을 해결해 줄 귀인이 나타날 징조이다. 이 달 운은 솔직한 모습을 보여 주는 것이 좋은 결과를 가져온다. 또한 자존심을 버리면 재물이 따른다.
12월	친척, 친구 또는 주변에 잘 아는 사람이 거시키에 투자를 하면 떼돈을 벌 수 있다는 달콤한 유혹을 하거나 돈 좀 빌려 달라는 요청을 받게 될 징조이다. 만일 투자를 하거나 금전거래를 하게 되면 결과가 좋지 않을 운세이니 자중자애해야 할 것이다.

732

賁之大畜 | 상 |

| 괘 |

뢰문일개(雷門一開)
만인경도(萬人驚倒)

우레문이 한 번 열리니 만인이
놀라서 엎드리는 형상이다.

해설 추첨운이 대길하니 주택청약예금을 들었다면 신청해 보시라. 좋은 결과가 있을 징조이다. 또한 이사를 하면 좋으리라. 금년의 운수는 가정에 경사가 있거나 문서로 인한 횡재수가 따르는 운세이다. 특히 시험운이 대길하다. 다만 관재수와 충돌수가 있으니 각별히 조심하라.

금년의 운세
건강운은 교통사고를 주의하라. 또한 몸에 화상을 입을 우려가 있으니, 물조심, 불조심하라. 취직운은 고배를 서너 번 마신 후에 될 것이다. 직장운은 승진이 예상된다. 재물운은 여유 있는 생활을 즐기게 된다.

1월
매사가 힘들고 어려워도 실망하지 말고 끈기 있게 밀고 나간다면 중순에서 하순 사이에 막혔던 일들이 풀리고 재물도 얻으리라. 또한 기다리던 곳에서 반가운 소식이 올 운세이다. 이 달 운은 기다리지 말고 적극적으로 다가가야 성공한다.

2월
추첨운이 대길하니 주택청약예금을 들어었다면 신청해 보시라. 좋은 결과가 있을 징조이다. 또한 가정에 경사가 있거나 문서로 인한 횡재수가 따르는 운세이다. 이 달 운은 생활필수품은 돈이요 삶의 필수품은 신뢰라는 생각으로 생활해야 할 것이다.

3월
화성(火姓)을 가까이 하면 구설과 시비가 있으니 멀리하라. 또한 사람을 잘 못 사귀면 관재수에 휘말릴 징조이니 각별히 조심하라. 이 달 운은 새로운 인연이 찾아온다. 다가오는 인연을 놓치지 말라. 인연은 사람·집·거래처·직장·문서·물건 등이다.

4월
재물은 애써 구하지 않아도 저절로 들어올 운세이다. 다만 생각지 않은 지출이 많을 징조이며 비밀로 해야 할 일이 생기게 되니 각별히 입을 무겁게 하라. 이 달 운은 가정에 경사가 있거나 문서로 인한 횡재수가 따르는 달이다. 또한 이사를 하면 좋으리라.

5월	관재, 구설 또는 송사수가 있으니 먼 여행을 삼가하고 각별히 차조심하라. 또한 당신의 가정일이나 신상에 관한 일들을 남들에게 함부로 말하지 말라. 이 달 운은 사랑하는 연인이 있으면 당당하게 사랑한다고 말하는 것이 좋으리라. 좋은 반응이 올 것이다.
6월	망신수가 있으니 이성문제에 각별히 조심을 해야 할 것이다. 또한 사람을 잘 못 사귀면 관재수에 휘말릴 징조이니 각별히 조심하라. 특히 충돌수가 있으니 차조심하라. 이 달 운은 누군가의 일을 대신 떠맡고 책임을 질 수 있다.
7월	운수가 대통하니 매사가 순조롭게 진행되고 안 될 것이라고 생각한 일들도 풀릴 징조이다. 또한 생각지 않은 곳에서 재물이 들어오거나 반가운 소식이 올 운세이다. 다만 실물수와 수액수가 있으니 도둑을 조심하고 각별히 물조심하라.
8월	사고가 날 징조이니 먼 여행은 떠나지 않는 것이 좋으리라. 또한 충돌수가 있으니 각별히 차조심을 해야 할 것이다. 특히 초상집을 문상하게 되면 돌아온 후 액운이 있으니 부조금만 보내는 것이 좋으리라. 이 달은 식구가 한 사람 늘거나 줄거나 둘 중 하나이다.
9월	금성(金姓)을 가까이 하면 재물을 잃거나 관재수에 휘말릴 징조이니 멀리하라. 또한 친한 사람의 달콤한 유혹에 넘어가 사기를 당할 징조이니 고수익 · 이자 · 배당금을 준다는 말에 현혹되지 말라. 재산만 날린다. 또한 술 냄새만 맡았어도 차 운전하지 말라.
10월	누명을 쓰거나 모함을 당할 징조이니 이성문제에 오해를 받는 일을 삼가하고 남의 험담을 하지 말라. 또한 초상집을 문상하게 되면 돌아온 후 액운이 있으니 부조금만 보내는 것이 좋으리라. 이 달은 마음의 갈등을 잘 극복해야 한다.
11월	재물을 잃을 징조이니 직업 변동을 하지 말라. 또한 동업 · 보증 · 주식투자 · 낙찰계 · 어음할인 등에 손대지 말라. 특히 이 달은 작으면 작은대로, 많으면 많은 대로 현실에 만족을 해야 탈이 없을 운세이다. 이 달은 말보다 실천이 중요하다.
12월	운수가 대통하니 매사가 순조롭게 진행되고 생각지 않은 곳에서 재물이 들어오거나 반가운 소식이 올 운세이다. 다만 망신수가 있으니 이성문제에 각별히 조심을 하라. 이 달 운은 조금은 손해 볼 줄도 알아야 가정이든 직장이든 지금의 자리를 지킬 수 있을 것이다.

733

괘 ䷕

賁之頤 상

어변성룡(魚變成龍)
조화불측(造化不測)

고기가 변하여 용이 되니 그
조화를 측량키 어려운 형상이다.

해설	매사가 순조로우며 가정에 경사가 있거나 문서로 인한 횡재수가 따르는 운세이다. 특히 시험운, 승진운, 취직운, 결혼운 등이 대길한 해이다. 또한 금년은 이사를 하면 좋으리라. 다만 망신수와 관재수가 있으니 이성문제에 각별히 조심을 하고 말조심, 차조심을 해야 할 것이다.
금년의 운세	건강운은 좋은 편이다. 혹여 질환이 있더라도 몸조리를 잘 하면 완치된다. 재물운은 가는 곳마다 이익이 따르며 널리 소문이 나돌 만큼 큰돈이 들어온다.
1월	재물은 애써 구하지 않아도 저절로 들어올 운세이다. 다만 생각지 않은 지출이 많을 징조이다. 특히 가정에 경사가 있거나 기다리던 곳에서 반가운 소식이 올 운세이다. 이 달 운은 평소에 아끼던 물건을 잃어버리기 쉬우니 조심하라.
2월	가족 중에 누군가 건강에 이상이 있을 징조이며 실물수가 있으니 지갑이나 귀중품 단속에 신경을 써야 할 것이다. 이 달 운은 매사가 힘들고 어려워도 실망하지 말고 끈기 있게 밀고 나가면 중순에서 하순 사이에 막혔던 일이 풀리리라.
3월	좋은 일과 나쁜 일이 반반씩 섞여 있는 운세이다. 즉 재물을 잃거나 송사수가 있으니 보증을 서거나 동업·금전거래·주식투자·어음할인·낙찰계·확장·직업 변동 등을 하지 말라. 이 점만 주의한다면 큰 액운은 없으며 명예를 얻으리라.
4월	관재수가 있으니 눈에 거슬리고 화가 나는 일이 있어도 참고 또 참아야 할 것이다. 또한 구설수가 있으니 당신의 가정일이나 신상에 관한 일들을 남들에게 함부로 말하지 말라. 이 달 운은 자존심을 내세우지 말고 다수의 의견을 존중하면 좋은 일이 있으리라.

5 월	운수가 대통하니 매사가 순조롭게 진행되고 안 될 것이라고 생각한 일들도 풀려 나갈 징조이며 생각지 않은 곳에서 재물이 들어올 운세이다. 이 달 운은 경쟁을 피하지 말고 과감하게 경쟁해야 좋은 결과를 얻을 것이다. 다만 돈을 좇지 말고 꿈을 좇아라.
6 월	사람을 잘못 사귀면 관재수에 휘말릴 징조이니 각별히 조심을 해야 할 것이다. 또한 망신수가 있으니 이성문제에 조심을 해야 한다. 이 달은 좋은 일보다 나쁜일이 많으니 매사 조심하라. 특히 질병수가 있으니 과음, 과식을 삼가하고, 각별히 건강관리에 신경써야 할 것이다.
7 월	손재수와 실물수가 있으니 보증을 서거나 동업·주식투자·낙찰계·어음할인·금전거래 등을 하지 말라. 또한 지갑이나 귀중품 단속에 신경을 써야 할 것이다. 이 달 운은 친한 사람들을 경계해야 한다. 특히 장·조·박·최·양·박·백씨를 조심하라.
8 월	초상집을 문상하게 되면 돌아온 후 액운이 있으니 부조금만 보내는 것이 좋으리라. 또한 충돌수가 있으니 먼 여행을 삼가하고 각별히 차조심하라. 재물은 애써 구하지 않아도 저절로 들어올 운세이다. 이 달 운은 내가 조금 손해 보면 모두가 편하다.
9 월	망신수가 있으니 이성문제에 각별히 조심을 해야 할 것이다. 또한 당신이 병원을 출입할 징조이니 과음, 과식을 삼가하고 각별히 건강관리에 신경을 써야 할 것이다. 이 달 운은 눈앞의 이익보다는 미래의 발전 가능성을 중히 여겨야 할 것이다.
10 월	목성(木姓)을 가까이 하면 관재수에 휘말릴 징조이니 멀리하라. 또한 주변 사람이나 친한 사람의 달콤한 유혹에 넘어가 재물을 잃을 징조이니 주식투자·동업·금전거래·낙찰계·어음할인·직업 변동 등을 하지 말라. 이 달은 금전적으로 고민하던 문제가 해결 될 징조이다.
11 월	큰 재물은 어려워도 작은 재물은 들어올 운세이다. 다만 생각지 않은 지출이 많을 징조이며 실물수가 있으니 도둑을 조심하고 보증을 서거나 주식투자·동업·어음할인·금전거래·낙찰계·직업 변동 등을 하지 말라. 이 달은 능력의 한계를 인정하면 마음이 편해진다.
12 월	재물은 잃을 징조이니 새로운 일을 시작하거나 직업 변동을 하지 말라. 큰 손해가 따르리라. 특히 충돌수가 있으니 먼 여행을 삼가하고 각별히 술조심, 말조심하라. 이 달 운은 평소 소홀했던 일에 신경을 써 보아라. 좋은 일이 생긴다.

743

괘

조조기정(早朝起程)
여복하사(女服何事)

頤之賁 상

이른 아침에 길을 떠나는데
여자옷을 입은 것은 무슨 일인고.

해설	재물운은 있으나 생각지 않은 지출이 많을 징조이며 사기를 당하거나 송사운이 있으니 고수익·이자·배당금을 준다는 말에 현혹되지 말라. 재산만 날린다. 특히 질병수가 있으니 과음, 과식을 삼가하고 각별히 건강관리에 신경을 써야 할 것이다. 금년은 이사를 하면 좋으리라.
금년의 운세	시험운은 좀 더 실력을 쌓은 다음 기회를 노리는 것이 좋으며, 취직운은 눈높이를 낮추면 가능하다. 직장운은 승진은 기대하지 말라. 있는 자리도 불안하다. 재물운은 좋은 편이 아니니, 분수에 맞게 써야 할 것이다.
1월	몸과 마음이 바쁘고 하는 일은 많으나 실속이 없으니 마음이 심란하고 초조할 징조이다. 이 달 운은 매사가 힘들고 어려워도 실망하지 말고 끈기 있게 밀고 나가면 중순에서 하순 사이에 막혔던 일이 풀린다. 다만 할 말이 많아도 참는 것이 약이 될 것이다
2월	매사가 잘 되어 가는 듯하다가도 막히는 현상이 자주 일어날 징조이니 계획을 크게 잡지 말고 축소하는 것이 좋으리라. 금전 융통에 다소 어려움이 있을 징조이며 특히 충돌수가 있으니 술 냄새만 맡았어도 차 운전하지 말라. 그동안의 노력이 물거품이 된다.
3월	비밀로 해야 할 일이 생기게 되니 각별히 입을 무겁게 해야 할 것이다. 또한 가정에 우환이 생기거나 당신이 병원을 출입할 징조이니 과음, 과식을 삼가하고 각별히 건강관리에 신경을 써야 할 것이다. 이 달 운은 상대가 진정 원하는 것이 무엇인지 귀를 기울여라.
4월	매사가 힘들고 애로 사항이 많아도 끈기 있게 밀고 나간다면 중순에서 하순 사이에 막혔던 일들이 풀리고 재물도 들어올 운세이다. 이 달 운은 인인연은 가까운 곳에 있다. 멀리서 찾지 말라. 또한 솔직한 모습을 보여주는 것이 좋은 결과를 가져온다.

5월	사기를 당하거나 배신을 당할 징조이니 당신의 약점 또는 비밀에 부쳤던 속마음을 남들에게 함부로 말하지 말라. 또한, 동업을 하거나 낙찰계·보증·금전거래·어음할인·주식투자·직업 변동 등을 하지 말라. 이 달운은 직장 또는 집을 옮기게 될 징조이다.
6월	당신을 위해서라면 간도 빼 줄 것처럼 행동하던 사람이 하루 아침에 배신을 할 징조이니 당신의 속마음을 함부로 말하지 말라. 또한 당신과 가장 가깝게 지내던 사람이 당신 곁을 떠나게 될 징조이다. 이 달 운은 마음의 갈등을 잘 극복해야 한다.
7월	큰 재물은 어려워도 작은 재물은 들어올 운세이다. 다만 생각지 않은 지출이 많을 징조이며 매사가 잘 되어 가는 듯하다가도 막히는 현상이 자주 일어날 징조이니 계획을 크게 잡지 말고 축소하는 것이 좋으리라. 이 달은 대박을 노리지 마라. 손해만 따른다.
8월	가정에 우환이 생기거나 당신이 병원을 출입할 징조이니 과음, 과식을 삼가하고 각별히 건강관리에 신경을 써야 할 것이다. 또한 도둑을 맞을 징조이니 지갑이나 귀중품 단속에 신경을 써야 한다. 이 달 운은 애정문제로 곤경에 처할 징조이다.
9월	당신이 하는 일이 겉보기에는 화려해 보이고 실속이 없으니 마음이 심란하고 초조하여 돈벼락이나 맞았으면 좋겠다는 생각이 간절한 달이다. 특히 초상집을 문상하게 되면 돌아온 후 액운이 있으니 부조금만 보내는 것이 좋으리라. 특히 고수익 보장에 속지 말라.
10월	금성(金姓)을 가까이 하면 재물을 잃거나 관재수에 휘말릴 징조이니 멀리하라. 또한 도둑을 맞을 징조이니 지갑이니 귀중품 단속에 각별히 신경을 써야 할 것이다. 이 달 운은 자존심을 내세우지 말고 다수의 의견을 존중하면 좋은 일이 생긴다.
11월	흉허물 없는 사람이나 형제지간에 사소한 일로 다툼이 일어나 결별할 징조이니 지나친 농담을 삼가하고 자존심을 상하게 하는 말을 자제하라. 또한 관재수 또는 송사수가 있으니 고수익·이자·배당금을 준다는 말에 현혹되지 말라. 재산만 날린다.
12월	적으면 적은 대로 많으면 많은 대로 현실에 만족해야 할 운세이다. 또한 실물수가 있으니 지갑이나 귀중품 단속에 각별히 신경 쓰고 충돌수가 있으니 먼 여행을 삼가하고 각별히 차조심하라. 이 달 운은 한 번은 울고 한 번은 웃으리라.

751

괘

蠱之大畜 **상**

사흘 길을 하루에 가야 할
정도로 모든 일이 바쁘게
돌아가는 형상이다.

해설	재물을 잃거나 송사수가 있으니 고수익·이자·배당금을 준다는 말에 현혹되지 말라. 재산만 날린다. 또한 망신수가 있으니 이성문제에 각별히 조심하고 충돌수가 있으니 먼 여행을 삼가하고 차조심하라. 금년의 운수는 분수에 넘치는 일을 삼가하면 좋은 일도 있으리라.

금년의 운세	건강운은 과로로 인하여 질병이 생길 우려가 있으니, 각별히 주의하라. 시험운은 노력한 만큼의 결과를 얻게 되며, 취직운은 어렵지 않게 될 것이다. 직장운은 승진은 경쟁자가 많아 어렵다. 재물운은 투기성 있는 업종에 절대 손대지 말라.
1월	당신이 하는 일이 겉보기에는 화려해 보이고 실속이 없으니, 마음이 심란하고, 초조하여 돈벼락이나, 맞았으면 좋겠다는 생각이 간절한 달이다. 이 달 운은 직접 일을 주도하는 것보다는 뒤에서 도와주는 게 좋으리라. 또한 돈을 좇지 말고 꿈을 좇아라.
2월	목성(木姓)을 가까이 하면 재물을 잃거나 관재수에 휘말릴 징조이니 멀리하라. 또한 흉허물 없는 사람과 사소한 일로 다툼이 일어나 결별할 징조이니, 자존심을 상하게 하는 말을 자제하라. 이 달 운은 줄 것은 주고 받을것은 받고 깔끔한 마무리가 필요하다.
3월	큰 재물은 어려워도 작은 재물은 들어올 운세이다. 다만, 생각지 않은 지출이 많을 징조이며 보증을 서거나 문서에 도장을 찍는 일은 하자가 발생할 징조이니 자중자애하는 것이 좋으리라. 이 달 운은 자존심을 버리면 재물이 따른다.
4월	매사가 힘들고 어려워도 실망하지 말고 끈기 있게 밀고 나간다면 중순에서 하순 사이에 막혔던 일들이 풀리고 재물도 얻으리라. 다만 생각지 않은 지출이 많을 징조이며, 도둑을 맞을 징조이니 평소 아끼던 물건을 잘 관리해야 할 것이다.

5월	운수가 대통하니 매사가 순조롭게 진행되고 안 될 것이라고 생각한 일들도 풀려 나갈 징조이다. 또한 가정에 경사가 있거나 문서로 인한 횡재수가 따르는 운세이다. 이 달 운은 망설이다가 기회를 놓치지 말고 자신 있게 도전하라.
6월	친척이나 친구, 또는 주변에 잘 아는 사람이 거시기에 투자하면 떼돈을 벌 수 있다는 달콤한 유혹을 하거나 돈 좀 빌려 달라는 요청을 받게 될 징조이다. 만일 투자를 하거나 금전거래를 하게 되면 결과가 좋지 않을 운세이니, 자중자애하는 것이 좋으리라.
7월	비밀로 해야 할 일이 생기게 되니 각별히 입을 무겁게 하라. 또한 망신수가 있으니 이성문제에 조심을 해야 할 것이다. 재물은 들어온다 해도 곧 나가는 운세이며 생각지 않은 지출이 많을 징조이다. 이 달은 부담되는 일이라면 처음부터 거절하는 것이 좋으리라.
8월	재물을 잃거나 송사수가 있으니 금전거래·낙찰계·어음할인·주식투자·동업·확장·직업 변동 등을 하지 말라. 또한 문서에 도장을 찍는 일은 하자가 발생할 징조이니 좀더 미루는 것이 좋으리라. 이 달 운은 분수를 지켜야 작은 행운이라도 얻을 수 있다.
9월	금전적으로 다소 어려움을 겪을 징조이며, 매사가 잘 되어 가는 듯하다가도 막히는 현상이 자주 일어날 징조이니 계획을 크게 잡지 말고 축소하는 것이 좋으리라. 이 달 운은 평소 소홀했던 일에 다시 한번 신경을 써 보아라. 좋은 일이 생긴다.
10월	흉허물 없는 사람과 사소한 일로 다툼이 일어나 결별할 징조이니 지나친 농담을 삼가하고 자존심을 상하게 하는 말을 자제하라. 또한 충돌수가 있으니 먼 여행을 삼가하고 각별히 차조심하라. 이 달 운은 좋은 생각은 많은데 실천이 어렵다.
11월	재물운은 있으나 얻는 것보다 잃는 것이 많으니 주식투자·낙찰계·어음할인·보증·동업·금전거래·확장·직업 변동 등을 하지 말라. 또한 도둑을 맞을 징조이니 지갑이나 귀중품 단속에 각별히 신경을 써야 할 것이다. 이 달 운은 말 못할 고민이 있지만 서서히 해결될 징조이다.
12월	운수가 대통하니 매사가 순조롭게 진행되고 안 될 것이라고 생각한 일들도 풀려 나갈 징조이다. 또한 기다리던 곳에서 반가운 소식이 오거나 가정에 경사가 있을 운세이다. 다만, 손재수와 망신수가 있으니 도둑을 조심하고 몸가짐에 주의를 하라.

752

괘

蠱之艮 │상│

천심월광(天心月光)
정조만리(正照萬里)

하늘의 뜻과 달빛이 바르게
만 리를 비추는 형상이다.

해설	시험운·승진운·취직운·결혼운 등이 대길한 해이며, 가정에 경사가 있거나 문서로 인한 횡재수가 따르는 운세이다. 또한 나갔던 재물이 들어올 징조이다. 금년은 이사를 하면 좋으리라. 다만, 관재수와 망신수가 있으니 이성문제에 각별히 조심해야 하며 특히 차조심을 해야 할 것이다.

금년의 운세

건강운은 좋은 편이다. 다만, 식중독에 걸려 고생할 우려가 있으니, 각별히 주의하라. 재물운은 기대 이상의 수입을 올리게 된다. 다만, 금전대여·직업 변동·보증·주식투자·동업 등은 손대지 말라.

1월

금성(金姓)을 가까이 하면 재물을 잃거나 관재수에 휘말릴 징조이니 멀리하라. 또한 구설수가 있으니 각별히 말조심하라. 이 점만 주의한다면 재물은 애써 구하지 않아도 저절로 들어올 운세이며 가정에 경사 또는 기다리던 곳에서 반가운 소식이 올 징조이다.

2월

비밀로 해야 할 일이 생기게 되니 각별히 입을 무겁게 하라. 또한 누명을 쓰거나 모함을 당할 징조이니 몸가짐에 각별히 조심을 해야 할 것이다. 큰 재물은 어려워도 작은 재물은 들어올 운세이다. 이 달 운은 구직이나 이동에 좋은 일이 생긴다.

3월

가정에 우환이 생기거나 당신이 병원을 출입할 징조이니 과음, 과식을 삼가하고 각별히 건강관리에 신경을 써야 할 것이다. 또한 당신이 믿고 의지하던 사람 또는 가장 가까이 지내던 사람이 당신 곁을 떠나게 될 징조이다. 특히 차조심하라.

4월

먼 여행은 사고가 날 징조이니 떠나지 않는 것이 좋으리라. 또한 충돌수가 있으니 각별히 차조심하라. 특히 송사수가 있으니 보증을 서거나 문서에 도장을 찍는 일은 좀 더 미루는 것이 좋으리라. 이 달 운은 경제적으로 문제가 있으나 마감은 잘 될 징조이다.

5월	운수가 대통하니 매사가 순조롭게 진행되고 안 될 것이라고 생각한 일들도 풀려 나갈 징조이다. 특히 시험운 · 취직운 · 결혼운이 대길한 달이며 이사를 하려고 마음을 먹었다면 하시라. 대길운이므로. 다만, 실물수가 있으니 도둑을 조심하라.
6월	관재수가 있으니 눈에 거슬리고 화가 나는 일이 있어도 참고 또 참아야 할 것이다. 또한 구설수가 있으니 당신의 가정일이나 신상에 관한 일들을 남들한테 함부로 말하지 말라. 이 달 운은 경제적으로 문제가 있으나 마무리는 잘 될 징조이다.
7월	사람을 소개 하거나 보증을 서게 되면 말썽이 생길 징조이니 자중자애하는 것이 좋으리라. 또한, 도둑을 맞을 징조이니 지갑이나 귀중품 단속에 각별히 신경을 써야 할 것이다. 특히, 충돌수가 있으니 술조심하라. 이 달 운은 매사 배운다는 자세로 임하면 좋은 결과를 얻으리라.
8월	매사가 잘 되어 가는 듯하다가도 막히는 현상이 자주 일어날 징조이니 계획을 크게 잡지 말고 축소하는 것이 좋으리라. 또한, 망신수가 있으니 이성문제에 각별히 조심을 해야 하며 형제지간 또는 흉허물 없는 사람과 다툼이 일어나 결별할 징조이니 각별히 말조심하라.
9월	매사가 힘들고 어려워도 실망하지 말고 끈기 있게 밀고 나간다면 중순에서 하순 사이에 막혔던 일들이 풀리고 재물도 얻게 되리라. 또한 가정에 경사가 있거나 기다리던 곳에서 반가운 소식이 올 운세이다. 이 달은 직장 또는 집을 옮기게 될 운세이다.
10월	재물은 애써 구하지 않아도 저절로 들어올 운세이다. 다만, 형제지간이나 흉허물 없는 사람과 다툼이 일어나 결별할 징조이니 조금씩 양보하고 자존심을 상하게 하는 말을 자제하라. 이 달은 안 되는 일이라 생각되면 빠르게 포기하는 것이 이롭다.
11월	재물을 잃거나 송사수가 있으니 동업 · 확장 · 주식투자 · 낙찰계 · 어음할인 · 금전거래 · 보증 · 직업 변동 등을 하지 말라. 큰 손해를 보게 되리라. 조 · 최 · 정 · 박 · 장씨 등을 조심하라. 이 달은 술 냄새만 맡았어도 차 운전하지 말라. 그동안의 노력이 물거품이 된다.
12월	얽히고 설켰던 일들이 하나씩 풀리고 당신이 그 동안 해 놓은 일들이 주변 사람들에게 인정을 받게 될 징조이며 기다리던 곳에서 반가운 소식이 올 운세이다. 재물은 애써 구하지 않아도 저절로 들어올 운세이다. 다만, 이 달은 가정사로 부모님 또는 배우자와 의견 충돌이 많겠다.

753

괘 ䷑

蠱之蒙 **상**

일도장강(一渡長江)
비천비심(非踐非深)

긴 강을 한 번 건너니 얕지도,
깊지도 않도다.

해설	새로운 일을 시작하거나 고수익·이자·배당금을 준다는 말에 현혹되지 말라. 재산만 날린다. 특히, 질병수와 관재수가 있으니 과음, 과식을 삼가하고 각별히 건강관리에 신경을 써야 하며 특히, 차조심하라. 금년은 집을 짓지 말라.
금년의 운세	시험운은 좋은 편이 아니니 열심히 노력해야 할 것이다. 취직운은 어렵지 않게 직장을 얻게 될 것이며 직장운은 승진 또는 이동수가 있다. 재물은 횡재는 바라지 말라. 노력한 만큼 수입은 보장된다.
1월	목성(木姓)을 가까이 하면 재물을 잃거나 관재수에 휘말릴 징조이니 멀리하라. 또한, 구설수가 있으니 당신의 가정일이나 신상에 관한 일들을 남들에게 함부로 말하지 말라. 특히, 남의 험담을 하지 말라. 이 달 운은 배운다는 자세로 임하면 좋은 결과를 얻으리라.
2월	매사가 힘들고 어려워도 실망하지 말고 끈기 있게 밀고 나간다면 중순에서 하순 사이에 막혔던 일들이 풀리고 재물도 얻게 되리라. 또한 기다리던 곳에서 반가운 소식이 올 운세이다. 이 달 운은 혼담의 경사 또는 득남·득녀의 경사가 있을 것이다.
3월	재물을 잃거나 송사수가 있으니 동업·주식투자·낙찰계·보증·금전거래·확장·어음할인·직업 변동 등을 하지 말라. 또한, 구설수가 있으니 당신의 가정일이나 신상에 관한 일들을 남들에게 함부로 말하지 말라. 이 달 운은 성공과 실패를 모두 경험할 수 있는 달이다.
4월	운수가 대통하니 매사가 순조롭게 진행되고 안 될 것이라고 생각한 일들도 풀려 나갈 징조이다. 또한, 가정에 경사가 있거나 기다리던 곳에서 반가운 소식이 올 운세이다. 다만, 실물수가 있으니 평소 아끼던 물건을 잘 관리해야 할 것이다.

5월	형제지간이나 친구 또는 흉허물 없는 사람과 사소한 일로 다툼이 일어나 결별할 징조이니 조금씩 양보하고 자존심을 상하게 하는 말을 자제하라. 재물은 애써 구하지 않아도 저절로 들어올 운세이다. 이 달 운은 구직이나 이동에 좋은 일이 생기는 달이다.
6월	동쪽이나 남쪽 방향의 먼 여행은 사고가 날 징조이니 떠나지 않는 것이 좋으리라. 또한, 매사가 잘 되어 가는 듯하다가도 막히는 현상이 자주 일어날 징조이니 계획을 크게 잡지 말고 축소하는 것이 좋으리라. 이 달 운은 말 못할 고민이 있지만 서서히 해결될 징조이다.
7월	집을 짓거나 집수리를 하게 되면 가정에 우환이 생길 징조이니 좀 더 미루는 것이 좋으리라. 또한, 망신수가 있으니 이성문제에 각별히 조심을 해야 하며 송사수가 있으니 문서에 도장을 찍거나 보증을 서는 일은 자중자애해야 좋으리라.
8월	가족 중에 누군가 건강에 이상이 생길 징조이며 특히 당신이 병원을 출입할 징조이니 과음, 과식을 삼가하고 각별히 건강관리에 신경을 써야 할 것이다. 또한 사람을 잘 못 사귀면 재물을 잃거나 관재수에 휘말릴 징조이니 각별히 조심을 해야 할 것이다.
9월	운수가 대통하니 매사가 순조롭게 진행되고 안 될 것이라고 생각한 일들도 풀려 나갈 징조이다. 재물은 애써 구하지 않아도 저절로 들어올 운세이다. 이 달 운은 술 냄새만 맡았어도 차 운전하지 말라. 그 동안의 노력이 물거품이 된다.
10월	매사가 노력 부족으로 막히는 일이 많을 징조이니 좀 더 적극적으로 행동하라. 막혔던 일들은 중순에서 하순 사이에 풀릴 징조이며 생각지 않은 곳에서 반가운 소식이 오거나 재물이 들어올 운세이다. 이 달 운은 이사 · 여행 · 이직 등에 좋은 일이 생긴다.
11월	큰 재물은 어려워도 작은 재물은 들어올 운세이다. 다만, 생각지 않은 지출이 많을 징조이며, 병원을 출입할 징조이니 과음, 과식을 삼가하고, 각별히 건강관리에 신경을 써야 할것이다. 이 달은 동업은 깨어지기 쉽고 가까운 이와는 다툴 수 있다.
12월	당신이 그 동안 해 놓은 일들이 많은 사람들에게 인정을 받게 될 징조이며, 재물과 명예가 따르는 운세이다. 다만, 당신이 가장 가까이 지내던 사람이 당신 곁을 떠나게 될 징조이다. 이 달 운은 많은 돈은 아니지만 주머니 사정이 좋아질 것이다.

761

괘

蒙之損 상

일인지해(一人之害)
반어만인(反於萬人)

한 사람의 해(害)가 만 사람에게
미치는 형상이다.

해설	사기를 당하거나 송사수가 있으니 고수익·이자·배당금을 준다는 말에 현혹되지 말라. 재산만 날린다. 또한, 망신수와 질병수가 있으니 이성문제에 각별히 조심해야 하며 과음, 과식을 삼가하고 건강관리에 신경을 써야 할 것이다. 금년은 이사를 하면 좋으리라.

금년의 운세	시험운은 까다로운 문제가 많이 출제되어 좋은 성적을 올리기는 어려우며, 취직운은 노력하면 원하는 직장을 얻는다. 직장운은 구설수가 따르니 입을 무겁게 해야 할 것이다. 재물운은 절약하는 것만이 최선이다.
1 월	수성(水姓)을 가까이 하면 재물을 잃거나 관재수에 휘말릴 징조이니 멀리 하라. 또한 당신이 병원을 출입할 징조이니 과음, 과식을 삼가하고 각별히 건강관리에 신경을 써야 할 것이다. 이 달 운은 두 가지 중에 하나를 선택해야 할 상황이 생기겠다.
2 월	큰 재물은 어려워도 작은 재물은 들어올 운세이다. 다만, 형제지간이나 흉허물 없는 사람과 다툼이 일어나 결별할 징조이니 자존심을 상하게 하는 말을 자제하고 조금씩 양보하는 아량을 베풀어야 할 것이다. 이 달은 이사를 하면 좋으리라.
3 월	몸과 마음이 바쁘고 하는 일은 많으나 실속이 없으니 마음이 심란하고, 초조하여 돈벼락이나 맞았으면 좋겠다는 생각이 간절한 달이다. 특히, 사람을 잘 못 사귀면 관재수에 휘말릴 징조이니 구·강·박·조·정·전·최·신·홍·한씨 등을 각별히 조심해야 할 것이다.
4 월	관재수가 있으니 눈에 거슬리고, 화가 나는 일이 있어도 참고 또 참아야 할 것이다. 또한, 배신을 당할 징조이니 당신의 약점 또는 비밀에 부쳤던 속마음을 흉허물 없는 사이라도 함부로 말하지 말라. 이 달은 술 냄새만 맡아도 차 운전하지 말라. 그 동안 노력이 물거품이 된다.

282

5 월	운수가 대통하니 매사가 순조롭게 진행되고 안 될 것이라고 생각한 일들도 풀려 나갈 징조이다. 또한, 이사운이 대길하니 이사를 하려고 마음을 먹었으면 하시라. 좋은 일이 있을 징조이다. 이 달의 길일은 9·19·20·29일이다(음력).
6 월	망신수가 있으니 이성문제에 각별히 조심을 해야 할 것이다. 또한, 재물을 잃거나 송사수가 있으니 주식투자·낙찰계·어음할인·보증·동업·금전거래·직업 변동 등을 하지 말라. 이 달 운은 망설이다가 기회를 놓치지 말고 자신 있게 도전하는 것이 좋으리라.
7 월	사람을 잘못 사귀면 관재수에 휘말리거나 재물을 잃을 징조이니 각별히 조심을 해야 할 것이다. 또한, 당신이 병원을 출입할 징조이니 과음, 과식을 삼가하고 각별히 건강관리에 신경을 써야 할 것이다. 이 달 운은 경제적으로 문제가 있으나 마무리는 잘 될 징조이다.
8 월	이것을 할까, 저것을 할까, 망설이면서 결단을 내리지 못할 징조이다. 운세가 막혀 있으니 분수에 맞는 것을 택하라. 또한, 수액수가 있으니 각별히 물조심하라. 이 달 운은 행복한 삶을 원한다면 분수에 맞게 살아야 한다. 또한 지는 것이 이기는 것이다.
9 월	초상집을 문상하게 되면 돌아온 후 액운이 있으니 부조금만 보내는 것이 좋으리라. 또한, 병원을 출입할 징조이니 각별히 건강관리에 신경을 써야 하며 충돌수가 있으니 먼 여행을 삼가하고 각별히 차조심을 해야 할 것이다.
10 월	토성(土姓)을 가까이 하면 재물을 잃거나 관재수에 휘말릴 징조이니 멀리하라. 또한, 도둑을 맞을 징조이니 지갑이나 귀중품 단속에 각별히 신경을 써야 할 것이다. 이 달 운은 이사·매매·맞선·집수리·결혼·취직·여행 등이 대길하다.
11 월	당신이 하는 일이 겉보기에만 화려해 보이고 실속이 없으니 마음이 심란하고 초조할 징조이다. 또한, 당신이 믿고 의지하던 사람 또는 가장 가까이 지내던 사람이 당신 곁을 떠나게 될 징조이다. 이 달은 마음의 갈등을 잘 다스려야 하는 달이다.
12 월	기쁨과 근심이 서로 반반씩 섞여 있는 운세이다. 즉, 당신이 노력한 일들이 많은 사람들한테 인정을 받게 되고 재물도 얻으리라. 다만, 가정에 우환이 있거나 당신이 병원을 출입할 징조이니 각별히 건강관리에 신경을 써야 할 것이다.

762

수시응물(隨時應物)
도처유영(到處有榮)

蒙之剝　상

때를 따라 물건에 응하니 가는 곳
마다 영화로움이 있도다.

해설	얽히고 설켰던 일들이 하나씩 정리되면서 심신의 안정을 찾게 될 운세이다. 또한, 가정에 경사가 있거나 문서로 인한 횡재수가 따르는 운세이다. 금년의 운수는 당신이 소망하는 일 중에서 한 가지는 반드시 이룰 수 있는 운세이다. 다만, 망신수와 질병수가 있으니 각별히 조심해야 할 것이다.
금년의 운세	시험운은 좀 더 열심히 노력하라. 좋은 결과를 얻게 될 것이다. 취직운은 봉급도 짭짤하고 적성에 맞는 직장을 얻게 되며, 직장운은 승진이 예상된다. 혹여, 승진이 안 된다면 봉급이라도 오른다. 재물운은 금전 융통에 어려움이 없고 가는 곳마다 이익이 따른다.
1월	시험운·승진운·결혼운·취직운 등이 대길한 달이다. 또한, 매사가 순조롭게 진행되고 생각지 않은 곳에서 반가운 소식이 오거나 재물이 들어올 운세이다. 다만, 구설수와 충돌수가 있으니 입을 무겁게 하고 각별히 차 조심하라.
2월	재물은 애써 구하지 않아도 저절로 들어올 운세이다. 다만, 생각지 않은 지출이 많을 징조이며 화액수가 있으니 화재 예방에 각별히 신경을 써야 할 것이다. 특히, 중순에서 하순 사이에 관재수가 있으니 박·손·송·전·정·조·최·임·한·황·안·신씨 등을 조심하라.
3월	심신이 피곤하고 괴로울지라도 하는 일은 비교적 수월하게 진행될 징조이며 재물과 명예가 따르는 운세이다. 다만, 가정에 누군가 건강에 이상이 생길 징조이다. 이 달 운은 내가 하기 싫은 일은 남도 하기 싫은 법이니 매사를 솔선수범하면 좋은 일이 생긴다.
4월	큰 재물은 어려워도 작은 재물은 들어올 운세이다. 다만, 생각지 않은 지출이 많을 징조이며 망신수가 있으니 이성문제에 각별히 조심해야 할 것이다. 특히, 충돌수가 있으니 먼 여행을 삼가하고 각별히 돈 약속은 하지 말라. 지켜지기가 어려울 것이다.

284

5 월	운수가 대통하니 매사가 순조롭게 진행되고 안 될 것이라고 생각한 일들도 풀려 나갈 징조이다. 또한, 생각지 않은 곳에서 반가운 소식이 오거나 재물이 들어올 운세이다. 이 달 운은 사람들을 많이 만날수록 좋은 일을 만들 수 있다.
6 월	망신수가 있으니 이성문제에 각별히 조심하라. 또한, 관재, 구설수가 있으니 당신의 가정일이나 신상에 관한 일들을 남들에게 함부로 말하지 말라. 이 달 운은 사람 사는 곳은 어디를가나 장애물이 있기 마련이다. 장애물을 두려워하지 말고 뛰어넘어야 한다.
7 월	매사가 힘들고 어려워도 실망하지 말고 끈기 있게 밀고 나간다면 중순에서 하순 사이에 막혔던 일들이 풀리고 재물도 얻게 되리라. 다만, 생각지 않은 지출이 많을 징조이며 실물수와 질병수가 있으니 도둑을 조심하고 건강관리에 각별히 신경을 써야 할 것이다.
8 월	친척이나 친구, 형제지간 또는 흉허물 없는 사람과 사소한 일로 다툼이 일어나 결별할 징조이니 지나친 농담을 삼가고 자존심을 상하게 하는 말을 자제하라. 특히, 충돌수가 있으니 각별히 차조심하라. 이 달 운은 성공과 실패를 모두 경험하는 달이다.
9 월	초순에서 중순 사이에 도둑을 맞거나 충돌수가 있으니 각별히 차조심, 말조심하라. 이 점만 주의한다면 재물은 애써 구하지 않아도 저절로 들어올 운세이며 기다리던 곳에서 반가운 소식이 올 운세이다. 다만, 보증을 서거나 문서에 도장 찍는 일을 삼가하라.
10 월	관재수가 있으니 이성문제에 각별히 조심을 해야 하며 눈에 거슬리고 화가 나는 일이 있어도 참고 또 참아야 할 것이다. 또한, 도둑을 조심하라. 이 달 운은 아무리 좋은 생각도 실천에 옮기지 않는다면 생각에 지나지 않는다는 말을 명심하고 생활해야 할 것이다.
11 월	가정에 경사가 있거나 문서로 인한 횡재 또는 나갔던 재물이 들어올 운세이다. 다만, 사람을 잘 못 사귀면 관재수에 휘말리거나 재물을 잃을 징조이니 각별히 조심을 하라. 이 달 운은 가정사로 부모님 또는 배우자와 의견 충돌이 있을 것이다.
12 월	몸과 마음이 바쁘고 하는 일은 많으나 실속이 없으니 마음이 심란하고 초조할 징조이다. 또한, 친척이나 친구, 형제지간 또는 흉허물 없는 사람과 다툼이 일어날 징조이니 각별히 말조심하라. 이 달 운은 조금은 손해 볼 줄도 알아야 지금의 자리를 지킬 수 있을 것이다.

763

비룡재천(飛龍在天)
이견대인(利見大人)

蒙之蠱 / 상

날으는 용이 하늘에 있어 대인을 봄이 이롭도다.

| 해설 | 시험운·승진운·취직운·결혼운 등이 대길한 해이며 가정에 경사가 있거나 문서로 인한 횡재수가 따르는 운세이다. 또한, 나갔던 재물이 들어올 징조이다. 금년은 이사를 하면 좋으리라. 다만, 망신수와 관재, 구설수가 있으니 이성문제에 각별히 조심하라. |

금년의 운세

건강운은 과음만 하지 않는다면 큰 탈은 없으며 환절기에 감기, 몸살로 약간 고생할 징조이다. 재물운은 매우 좋다. 다만, 금전대여·보증·동업·주식투자·낙찰계 등에 손대지 말라. 큰 손해를 보게 될 징조이다.

1월

매사가 힘들고 어려워도 실망하지 말고 끈기 있게 밀고 나간다면 중순에서 하순 사이에 막혔던 일들이 풀리고 재물도 얻으리라. 또한, 기다리던 곳에서 반가운 소식이 올 운세이다. 다만, 고수익·이자·배당금을 준다는 말에 현혹되지 말라. 재산만 날린다.

2월

시험운·승진운·취직운 등이 대길한 달이며 가정에 경사가 있거나 문서로 인한 횡재수가 따르는 운세이다. 또한, 재물은 애써 구하지 않아도 저절로 들어올 운세이다. 이 달 운은 술 냄새만 맡았어도 차 운전하지 말라. 그 동안의 노력이 물거품이 된다.

3월

망신수가 있으니 이성문제에 각별히 조심을 해야 할 것이다. 또한, 친척이나 친구, 형제지간 또는 흉허물 없는 사람과 사소한 일로 다툼이 일어나 결별할 징조이니 조금씩 양보하고 자존심을 상하게 하는 말을 자제하라. 금전운은 양호한 편이다.

4월

매사가 잘 되어 가는 듯하다가도 막히는 현상이 자주 일어날 징조이니 끈기와 인내가 필요하리라. 또한, 사람을 잘 못 사귀면 재물을 잃거나 관재수에 휘말릴 징조이니 각별히 조심을 해야 할 것이다. 이 달 운은 싸우지 않고 이기는 법은 상대방을 설득하는 것이다.

5 월	가정에 경사가 있거나 문서로 인한 횡재수가 따르는 운세이다. 또한, 기다리던 곳에서 반가운 소식이 올 징조이며 나갔던 재물이 들어올 운세이다. 다만, 도둑을 맞을 징조이니 평소 아끼던 물건을 잘 관리해야 할 것이다.
6 월	가정에 우환이 생기거나 당신이 병원을 출입할 징조이니 과음, 과식을 삼가하고 각별히 건강관리에 신경을 써야 할 것이다. 특히, 보증을 서거나 문서에 도장을 찍는 일은 하자가 발생할 징조이니 자중자애하는 것이 좋으리라. 또한, 구설수가 있으니 말조심하라.
7 월	사기를 당하거나 배신을 당할 징조이니 당신의 약점 또는 비밀에 부쳤던 속마음을 흉허물 없는 사이라도 함부로 말하지 말라. 또한 보증을 서거나 동업·낙찰계·어음할인·주식투자·금전거래·직업 변동 등을 하지 말라. 특히, 먼 여행은 사고가 날 징조이니 떠나지 말라.
8 월	큰 재물은 어려워도 작은 재물은 들어올 운세이다. 다만, 생각지 않은 지출이 많을 징조이며 망신수가 있으니 이성문제에 각별히 조심을 해야 할 것이다. 이 달 운은 두 가지 중에 하나를 선택해야 할 상황이 생기겠다. 특히 당신의 능력을 인정받는 계기가 된다.
9 월	추첨운이 대길하니 주택청약예금을 들어 놓았다면 신청 접수를 해 보시라. 좋은 일이 있을 징조이다. 또한, 이사를 하려고 마음을 먹었으면 하시라. 대길운이므로. 다만, 송사수가 있으니 이 달 운은 고수익·이자·배당금을 준다는 말에 현혹되지 말라. 재산만 날린다.
10 월	재물은 애써 구하지 않아도 저절로 들어올 운세이다. 다만, 생각지 않은 지출이 많을 징조이며 당신이 병원을 출입할 징조이니 과음, 과식을 삼가하고 각별히 건강관리에 신경을 써야 할 것이다. 이 달 운은 한 번 울고 한 번은 웃으리라.
11 월	얽히고 설켰던 일들이 하나씩 풀리고 심신의 안정을 찾게 될 징조이다. 또한 기다리던 곳에서 반가운 소식이 오거나 가정에 경사가 있을 징조이다. 다만, 술 냄새만 맡았어도 차 운전을 하지 말라. 그 동안의 노력이 물거품이 된다.
12 월	목성(木姓)을 가까이 하면 재물을 잃거나 관재수에 휘말릴 징조이니 멀리하라. 또한 실물수가 있으니 지갑이나 귀중품 단속에 각별히 신경을 써야 할 것이다. 이 달 운은 결정하기 어려운 일은 선배나 윗사람에게 조언을 구하라. 큰 도움이 될 것이다.

811

泰之升 | 상 |

괘

만리장공(萬里長空)
일월명랑(日月明朗)

만리장공에 해와 달이 밝은
형상이다.

해설	가정에 경사가 있거나 문서로 인한 횡재수가 따르는 운세이다. 또한 시험운·승진운·취직운·결혼운 등이 대길한 해이다. 또한, 나갔던 재물이 들어올 운세이다. 금년은 이사를 하면 좋으리라. 다만, 질병수와 관재수가 있으니 건강관리에 각별히 신경을 써야 하며 차조심, 말조심하라.
금년의 운세	재물운은 예상했던 수입보다 많이 들어올 징조이다. 다만. 보증을 서거나 금전대여·주식투자·낙찰계 등에 손대지 말라. 송사수가 따를 징조이다.
1월	매사가 잘 되어 가는 듯하다가도 막히는 현상이 자주 일어날 징조이니 계획을 크게 잡지 말고 축소하는 것이 좋으리라. 재물은 들어온다 해도 곧 나가는 운세이며 생각지 않은 지출이 많을 징조이다. 다만 중순에서 하순 사이에 경사가 있으리라.
2월	매사가 힘들고 애로 사항이 많아도 끈기 있게 밀고 나간다면 중순에서 하순 사이에 막혔던 일이 풀리고 재물도 얻게 되리라. 다만, 동쪽이나 남쪽 방향의 먼 여행은 사고가 날 징조이니 떠나지 말라. 특히, 송사수가 있으니 돈을 빌려 주지 말라. 빌려 주면 돈 떼인다.
3월	운수가 대통하니 매사가 순조롭게 진행되고 안 될 것이라고 생각한 일들도 풀려 나갈 징조이며 기다리던 곳에서 반가운 소식이 올 운세이다. 다만, 금성(金姓)을 가까이 하면 재물을 잃거나 관재수에 휘말릴 징조이니 멀리하라. 특히, 입을 무겁게 하라.
4월	재물은 애써 구하지 않아도 저절로 들어올 운세이며 시험운·취직운·결혼운 등이 대길한 달이다. 또한, 가정에 경사가 있거나 문서로 인한 횡재수가 따르는 운세이다. 다만, 가정사로 부모님 또는 배우자와 의견 충돌이 있을 징조이다.

5 월	추첨운이 대길하니 주택청약예금을 들어 놓았다면 신청 접수를 해 보시라. 좋은 일이 있을 징조이다. 또한 이사를 하려고 마음을 먹었으면 하시라. 대길운이므로 다만, 사기를 당하거나 송사수가 있으니 목성(木姓)을 멀리하라. 특히, 도둑을 조심하라.
6 월	망신수가 있으니 이성문제에 각별히 조심을 해야 할 것이다. 또한 배신을 당하거나 재물을 잃을 징조이니 당신의 약점 또는 비밀에 부쳤던 속마음을 흉허물 없는 사이라도 함부로 말하지 말라. 특히, 고수익·이자·배당금을 준다는 말에 현혹되지 말라. 재산만 날린다.
7 월	몸과 마음이 바쁘고 하는 일은 많으나 실속이 없으니 마음이 심란하고 초조할 징조이다. 또한, 친척, 친구, 형제지간 또는 흉허물 없는 사람과 사소한 일로 다툼이 일어나 결별할 징조이니 조금씩 양보하고 자존심을 상하게 하는 말을 자제하라. 이 달은 말보다 실천이 중요하다.
8 월	남의 말을 무작정 믿고 새로운 일을 시작하거나 동업 또는 직업 변동 등을 하게 되면 큰 손해를 보게 될 징조이니 자중자애하는 것이 좋으리라. 이 달 운은 현실에 감사하면서 살면 천국이요, 불평하면서 살면 지옥이다.
9 월	당신이 노력한 일들이 주변 사람들에게 인정을 받게 될 징조이며 기다리던 곳에서 반가운 소식이 오거나 재물이 들어올 운세이다. 또한, 가정에 경사가 있을 징조이다. 다만, 도둑을 맞을 징조이니 평소 아끼던 물건을 잘 관리해야 할 것이다.
10 월	큰 재물은 어려워도 작은 재물은 들어올 운세이다. 다만, 생각지 않은 지출이 많을 징조이며 당신이 병원을 출입할 징조이니 과음, 과식을 삼가하고 각별히 건강관리에 신경을 써야 할 것이다. 이 달 운은 금전 문제나 직장 문제로 고민할 일이 생긴다.
11 월	얽히고 설켰던 일들이 하나씩 정리되면서 심신의 안정을 찾게 될 징조이다. 재물은 애써 구하지 않아도 저절로 들어올 운세이다. 다만, 사람을 잘못 사귀면 재물을 잃거나 관재수에 휘말릴 징조이니 각별히 조심하라. 특히, 구직이나 이동에 좋은 일이 생긴다.
12 월	초순과 중순 사이에는 매사가 잘 되어 가는 듯하다가도 막히는 현상이 자주 일어날 징조이다. 그러나 끈기 있게 밀고 나간다면 중순에서 하순 사이에 막혔던 일들이 풀리고 기다리던 곳에서 반가운 소식이 올 징조이다. 다만, 망신수가 있으니 바람피우지 말라.

812

入水不溺(입수불익)
入火不傷(입화불상)

泰之明夷 [상]

물에 들어도 빠지지 않고 불에
들어도 상하지 않는 형상이다.

해설	취직운·승진운·시험운·결혼운 등이 대길한 해이며 가정에 경사가 있거나 문서로 인한 횡재수가 따르는 운세이다. 금년은 당신이 소망하는 일 중에서 한 가지는 반드시 이룰 수 있는 운세이다. 또한 이사를 하면 좋으리라. 다만, 망신수와 관재수가 있으니 이성문제에 각별히 조심하라.

금년의 운세	건강운은 양호하다. 혹여, 질병이 있다 하더라도. 몸조리만 잘 하면 완치될 것이다. 재물운은 기대 이상의 꾸준한 수입이 들어오니 남들이 부러워한다. 다만. 돈 자랑하지 말라. 도둑을 맞을 징조이다.
1월	초순에서 중순 사이에는 매사가 잘 되어 가는 듯하다가도 막히는 현상이 자주 일어날 징조이다. 그러나 끈기 있게 밀고 나간다면 중순에서 하순 사이에 막혔던 일들이 풀리고 생각지 않은 곳에서 반가운 소식이 오거나 재물이 들어올 운세이다.
2월	재물은 애써 구하지 않아도 저절로 들어올 운세이다. 다만, 생각지 않은 지출이 많을 징조이며 친척이나 친구, 형제지간 또는 흉허물 없는 사람과 사소한 일로 다툼이 일어나 결별할 징조이니 조금씩 양보하고 자존심을 상하는 말을 자제해야 할 것이다.
3월	추첨운이 대길하니 주택청약예금을 들었다면 신청해 보시라. 좋은 일이 있을 징조이다. 또한, 가정에 경사가 있거나 문서로 인한 횡재수가 따르는 운세이다. 다만, 술 냄새만 맡았어도 차 운전하지 말라. 그 동안의 노력이 물거품이 된다.
4월	사람을 잘못 사귀면 관재수에 휘말리거나 재물을 잃을 징조이니 각별히 조심하라. 또한, 망신수가 있으니 이성문제에 각별히 조심을 해야 할 것이다. 이 달 운은 직장이나 집문제로 고민을 하게 될 징조이다. 머무는 곳에서 남쪽은 좋고 북쪽은 나쁘다.

5 월	재물을 잃거나 송사수가 있으니 동업·주식투자·보증·낙찰계·어음할인·확장·금전거래·직업 변동 등을 하지 말라. 또한 서쪽과 북쪽 방향의 먼 여행은 사고가 날 징조이니 떠나지 말라. 다만, 이사운은 대길하니 이사를 하려고 마음을 먹었으면 하시라.
6 월	당신을 위해서라면 간도 빼 줄 것처럼 행동하던 사람이 하루 아침에 배신을 할 징조이니 당신의 약점 또는 비밀에 부쳤던 속마음을 함부로 말하지 말라. 또한, 보증을 서거나 금전거래를 하지 말라. 특히, 실물수와 충돌수가 있으니 도둑을 조심하고 차조심을 해야 할 것이다.
7 월	금전적으로나 정신적으로 어려움을 겪을 징조이다. 또한, 생각지 않은 지출이 많을 징조이며 당신이 믿고 의지하던 사람 또는 가장 가까이 지내던 사람이 당신 곁을 떠나게 될 징조이다. 특히, 먼 여행은 사고가 날 징조이니 떠나지 말라. 또한, 차조심하라.
8 월	큰 재물은 어려워도 작은 재물은 들어올 운세이다. 다만, 생각지 않은 지출이 많을 징조이며 망신수가 있으니 이성문제에 각별히 조심을 해야 할 것이다. 이 달 운은 눈앞의 이익만 추구하지 말라. 한결같은 마음으로 상대방을 대하면 좋은 결과를 얻으리라.
9 월	가정에 경사가 있거나 문서로 인한 횡재수가 따르는 운세이다. 또한, 기다리던 곳에서 반가운 소식이 오거나 재물이 들어올 징조이다. 다만, 당신이 병원을 출입할 징조이니 과음, 과식을 삼가고 각별히 건강관리에 신경을 써야 할 것이다.
10 월	망신수가 있으니 이성문제에 각별히 조심하라. 또한, 초상집을 문상하게 되면 돌아온 후 액운이 있으니 부조금만 보내는 것이 좋으리라. 특히, 충돌수가 있으니 차조심하라. 이 달 운은 자신 외에는 할 수 없다는 자만심을 버리면 좋은 일이 생긴다.
11 월	주변에 잘 아는 사람 또는 소개받은 사람한테 사기를 당하거나 배신을 당할 징조이니 당신의 약점 또는 비밀에 부쳤던 속마음을 함부로 말하지 말라. 특히 고수익·이자·배당금을 준다는 말에 현혹되지 말라. 재산만 날린다.
12 월	그 동안 당신이 노력한 일들이 많은 사람들한테 인정을 받게 될 징조이며 기다리던 곳에서 반가운 소식이 오거나 재물이 들어올 운세이다. 이 달 운은 자존심을 내세우지 말고 다수의 의견을 존중하면 좋은 일이 있으리라. 또한 말 못할 고민이 서서히 해결된다.

813

泰之臨　상

흉방의피(凶方宜避)
길방의수(吉方宜隨)

흉방은 피할 것이요, 길방은
마땅히 따라야 하리라.

해설	당신이 소망하는 일 중에서 한 가지는 반드시 이룰 수 있는 운세이다. 또한 나갔던 재물이 들어올 징조이다. 금년은 이사를 하면 좋으리라. 다만, 질병수와 관재수가 있으니 과음, 과식을 삼가하고 각별히 건강관리에 신경을 써야 할 것이다. 특히, 보증을 서지 말라.
금년의 운세	시험운은 실력에 맞는 곳으로 응시하라. 취직운은 열심히 노력하면 좋은 직장을 얻게 되며, 직장운은 승진 또는 이동수가 있다. 재물운은 그럭저럭 괜찮은 편이다.
1월	큰 재물은 어려워도 작은 재물은 들어올 운세이다. 다만, 생각지 않은 지출이 많을 징조이며 구설수와 관재수가 있으니 당신의 가정일이나 신상에 관한 일들을 흉허물 없는 사이라도 함부로 말하지 말라. 이 달 운은 적당히 굽힐 줄도 아는 융통성이 필요하다.
2월	사기를 당하거나 송사수가 있으니 동업·보증·주식투자·낙찰계·어음할인·금전거래·확장·직업 변동 등을 하지 말라. 또한, 망신수가 있으니 이성문제에 각별히 조심을 해야 할 것이다. 이 달 운은 분수를 지켜야 작은 행운이라도 얻을 수 있다.
3월	당신을 위해서라면 간도 빼 줄 것처럼 행동하던 사람이 하루 아침에 배신을 할 징조이니 당신의 약점 또는 비밀에 부쳤던 속마음을 함부로 말하지 말라. 이 달 운은 마음으로 헤아리면 이해가 되고 물질로 헤아리면 오해가 된다.
4월	운수가 대통하니 매사가 순조롭게 진행되고 안 될 것이라고 생각한 일들도 풀려 나갈 징조이며 기다리던 곳에서 반가운 소식이 오거나 재물이 들어올 운세이다. 다만, 보증을 서거나 금전거래·직업 변동·확장·낙찰계·주식투자 등에 손대지 말라.

5월	친척이나 친구 또는 주변에 잘 아는 사람이 거시기에 투자하면 떼돈을 벌 수 있다는 달콤한 유혹을 하거나 돈 좀 빌려 달라는 요청을 받게 될 징조이다. 만일 투자를 하거나 금전거래를 하게 되면 결과가 좋지 않을 운세이니 자중자애하는 것이 좋으리라.
6월	실물수와 손재수가 있으니 도둑을 조심하고 보증을 서거나 동업·주식투자·어음할인·낙찰계·금전거래·확장·직업 변동 등을 하지 말라. 재물은 들어온다 해도 곧 나가는 운세이며 당신이 가장 가까이 지내던 사람이 당신 곁을 떠나게 될 징조이다.
7월	추첨운이 대길하니 주택청약예금을 들어 놓았다면 신청 접수를 해 보시라. 좋은 일이 있을 징조이다. 또한, 나갔던 재물이 들어올 징조이며 기다리던 곳에서 반가운 소식이 올 징조이다. 다만, 도둑을 맞을 징조이니 평소 아끼던 물건을 잘 관리해야 할 것이다.
8월	매사가 힘들고 어려워도 실망하지 말고 끈기 있게 밀고 나간다면 중순에서 하순 사이에 막혔던 일들이 풀리고 재물도 얻게 되리라. 다만, 화액수와 수액수가 있으니 불조심, 물조심하라. 이 달 운은 과거를 자랑하지 말라. 현재가 중요한 것이다.
9월	매사가 잘 되어 가는 듯하다가도 막히는 현상이 자주 일어날 징조이니 계획을 크게 잡지 말고 축소하는 것이 좋으리라. 다만, 이사운은 대길하니 이사를 하려고 마음을 먹었으면 하시라. 좋은 일이 있을 징조이다. 특히, 대박을 노리지 말라. 손해만 따른다.
10월	도둑을 맞을 징조이니 지갑이나 귀중품 단속에 각별히 신경을 써야 할 것이다. 또한, 망신수가 있으니 이성문제에 각별히 조심을 하고 입을 무겁게 하라. 이 달 운은 거래로 주고받는 모든 것을 문서로 남겨야 좋으리라. 또한 주식에 손대지 말라. 손대면 빚쟁이가 된다.
11월	주변에 잘 아는 사람이나 소개받은 사람한테 배신을 당하거나 사기를 당할 징조이니 당신의 약점 또는 비밀에 부쳤던 속마음을 함부로 말하지 말라. 또한, 보증을 서거나 금전거래·낙찰계·동업·어음할인·주식투자·직업 변동 등을 하지 말라.
12월	얽히고 설켰던 일들이 하나씩 정리되면서 심신의 안정을 찾게 될 징조이며 당신이 노력한 일들이 인정을 받게 될 운세이다. 또한, 기다리던 곳에서 반가운 소식이 오거나 재물이 들어올 운세이다. 다만, 망신수가 있으니 바람을 피우지 말라.

293

821

臨之升 상

승룡승호(乘龍乘虎)
변화무쌍(變化無雙)

용도 타고 범도 타니 변화가
무쌍하도다.

해설	얽히고 설켰던 일들이 하나씩 정리되면서 심신의 안정을 찾게 될 운세이다. 또한 가정에 경사가 있거나 문서로 인한 횡재수가 따르는 운세이다. 다만, 재물을 잃거나 송사수가 있으니 고수익 · 이자 · 배당금을 준다는 말에 현혹되지 말라. 재산만 날린다. 특히, 충돌수가 있으니 차조심하라.
금년의 운세	건강운은 좋은 편이다. 다만, 교통사고를 주의하라 시험운은 열심히 노력하였다면 반드시 합격한다. 취직운은 수입도 짭짤하고, 적성에 맞는 직장을 얻게 되며 직장운은 승진이 예상된다. 혹여, 승진이 안 된다면 봉급이라도 오른다. 재물운은 어려움에서 벗어난다.
1월	매사가 잘 되어 가는 듯하다가도 막히는 현상이 자주 일어날 징조이니 계획을 크게 잡지 말고 축소하는 것이 좋으리라. 또한 구설수가 있으니 당신의 가정일이나 신상에 관한 일들을 남들에게 함부로 말하지 말라. 이 달 운은 옷차림에 신경을 써 보아라. 좋은 일이 생긴다.
2월	재물은 애써 구하지 않아도 저절로 들어올 운세이다. 다만, 생각지 않은 지출이 많을 징조이며 망신수가 있으니 이성문제에 각별히 조심을 해야 할 것이다. 이 달 운은 자존심을 내세우지 말고 다수의 의견을 존중하면 좋은 일이 생긴다.
3월	토성(土姓)을 가까이 하면 재물을 잃거나 구설수가 있을 징조이니 멀리하라. 이 달 운은 고수익 · 이자 · 배당금을 준다는 말에 현혹되지 말라. 재산만 날린다. 또한 술 냄새만 맡았어도 차 운전하지 말라. 그 동안의 노력이 물거품이 된다.
4월	큰 재물은 어려워도 작은 재물은 들어올 운세이다. 다만, 생각지 않은 지출이 많을 징조이며 초상집에 문상하게 되면 돌아온 후 액운이 있으니 부조금만 보내는 것이 좋으리라. 특히, 돈을 빌려 주지 말라. 빌려 주면 돈 떼인다.

5월	몸과 마음이 바쁘고 하는 일은 많으나 실속이 없으니 마음이 심란하고 초조하여 돈벼락이나 맞았으면 좋겠다는 생각이 간절한 달이다. 특히, 가정에 누군가 건강에 이상이 생기거나 당신이 병원을 출입할 징조이니 과음, 과식을 삼가하고 각별히 건강관리에 신경 써야 할 것이다.
6월	운수가 대통하니 매사가 순조롭게 진행되고 안될 것이라고 생각한 일들도 풀려 나갈 징조이며 기다리던 곳에서 반가운 소식이 오거나 재물이 들어올 운세이다. 또한 문서로 인한 횡재수가 따르는 운세이다. 다만, 충돌수가 있으니 술 냄새만 맡았어도 차 운전하지 말라.
7월	재물을 잃거나 송사수가 있으니 동업 · 보증 · 금전거래 · 낙찰계 · 주식투자 · 어음할인 · 직업 변동 등을 하지 말라. 또한, 친척이나 친구, 형제지간 또는 흉허물없는 사람과 사소한 일로 다툼이 일어 결별할 징조이니 자존심을 상하게 하는 말을 자제하라.
8월	가정에 누군가 건강에 이상이 생기거나 당신이 병원을 출입할 징조이니 과음, 과식을 삼가하고 각별히 건강관리에 신경을 써야 할 것이다. 특히, 술 냄새만 맡았어도 차 운전하지 말라. 그 동안의 노력이 물거품이 된다. 또한 주식에 손대지 말라. 손대면 빚쟁이가 된다.
9월	얽히고 설켰던 일들이 하나씩 정리되면서 심신의 안정을 찾게 될 징조이다. 또한 가정에 경사가 있거나 문서로 인한 횡재수가 따르는 운세이다. 특히 이사운이 대길하니 이사를 하려고 마음을 먹었으면 하시라. 좋은 일이 있을 징조이다.
10월	매사가 힘들고 어려워도 실망하지 말고 끈기 있게 밀고 나간다면 중순에서 하순 사이에 막혔던 일들이 풀리고 재물도 얻게 되리라. 또한, 기다리던 곳에서 반가운 소식이 올 운세이다. 이 달 운은 금전적으로 걱정하던 문제가 해결될 징조이다.
11월	망신수가 있으니 이성문제에 각별히 조심을 해야 할 것이다. 또한, 친구, 형제지간 또는 흉허물 없는 사람과 사소한 일로 다툼이 일어 결별할 징조이니 지나친 농담을 삼가하고 자존심을 상하게 하는 말을 자제하라. 이 달 운은 말 못할 고민이 있지만 서서히 해결될 징조이다.
12월	재물은 애써 구하지 않아도 저절로 들어올 운세이다. 다만, 생각지 않은 지출이 많을 징조이며 망신수가 있으니 이성문제에 각별히 조심을 해야 할 것이다. 이 달 운은 분명한 태도와 적극성을 띠어야만 원하는 바를 얻을 수 있다. 다만 배짱을 부리면 낭패를 보게 된다.

822

괘 ䷒

삼양동기(三陽同氣)
만물생광(萬物生光)

臨之復 **상**

삼양이 기운을 같이하니 만물이
광채가 나는 형상이다.

해설	가정에 경사가 있거나 문서로 인한 횡재수가 따르는 운세이다. 또한 시험운·승진운·취직운·결혼운 등이 대길한 해이며 당신이 소망하는 일 중에서 한 가지는 반드시 이룰 수 있는 운세이다. 다만, 질병수와 관재수가 있으니 과음, 과식을 삼가하고 각별히 건강관리에 신경을 써야 할 것이다. 특히, 목성(木姓)을 조심하라.

금년의 운세	재물운은 꾸준한 수입이 들어온다. 다만 보증을 서거나·금전대여·주식투자·낙찰계·어음할인 등에 손대지 말라. 송사수가 있으므로.
1월	매사가 힘들고 어려워도 실망하지 말고 끈기 있게 밀고 나간다면 중순에서 하순 사이에 막혔던 일들이 풀리고 재물도 얻게 되리라. 또한, 기다리던 곳에서 반가운 소식이 오거나 가정에 경사가 있을 운세이다. 다만, 목성(木姓)을 조심하라.
2월	추첨운이 대길하니 주택청약예금을 들었다면 신청해 보시라. 좋은 일이 있을 징조이다. 재물은 애써 구하지 않아도 저절로 들어올 운세이다. 다만, 생각지 않은 지출이 많을 징조이며 송사수가 있으니 보증을 서거나 금전거래를 하지 말라.
3월	사람을 잘 못 사귀면 재물을 잃거나 관재수에 휘말릴 징조이니 각별히 조심을 해야 할 것이다. 또한, 구설수가 있으니 당신의 가정일이나 신상에 관한 일들을 흉허물 없는 사이라도 함부로 말하지 말라. 이 달 운은 직장 또는 집문제로 고민하게 될 징조이다.
4월	운수가 대통하니 매사가 순조롭게 진행되고 안 될 것이라고 생각한 일들도 풀려 나갈 징조이다. 재물은 애써 구하지 않아도 저절로 들어올 운세이며 가정에 경사가 있을 징조이다. 다만, 도둑을 맞을 징조이니 평소 아끼던 물건을 잘 관리해야 할 것이다.

5월	초순에서 중순 사이에는 매사가 잘 되어 가는 듯하다가도 막히는 현상이 자주 일어날 징조이다. 그러나 끈기 있게 밀고 나간다면 중순에서 하순 사이에 막혔던 일들이 풀리고 재물도 얻게 되리라. 또한, 기다리던 곳에서 반가운 소식이 올 운세이다.
6월	목성(木姓)을 가까이 하면 재물을 잃거나 관재수에 휘말릴 징조이니 멀리하라. 또한 망신수가 있으니 이성문제에 각별히 조심을 해야 할 것이다. 이 달 운은 평소 소홀했던 일에 다시 한번 신경을 써 보시라. 좋은 일이 생긴다. 노력의 대가를 충분히 보상받으리라.
7월	당신이 해 놓은 일이 많은 사람들에게 인정을 받게 될 징조이며 기다리던 곳에서 반가운 소식이 오거나 재물이 들어올 운세이다. 다만, 생각지 않은 지출이 많을 징조이며 수액수와 충돌수가 있으니 먼 여행을 삼가하고 각별히 물조심, 차조심을 해야 할 것이다.
8월	재물은 애써 구하지 않아도 저절로 들어올 운세이다. 또한, 기다리던 곳에서 반가운 소식이 오거나 가정에 경사가 있을 운세이다. 이 달 운은 눈 앞의 이익만 추구하지 말라. 한결같은 마음으로 상대를 대하면 좋은 결과를 얻는다. 다만 상대가 진정 원하는 것이 무엇인지 귀를 기울여라.
9월	재물을 잃거나 송사수가 있으니 동업·확장·보증·금전거래·낙찰계·어음할인·주식투자·직업 변동 등을 하지 말라. 또한 망신수가 있으니 이성문제에 각별히 조심을 해야 할 것이다. 이 점만 주의한다면 금전운은 양호한 편이며 심신이 편안하리라.
10월	목성(木姓)과 금성(金姓)을 가까이 하면 재물을 잃거나 관재수에 휘말릴 징조이니 멀리하라. 또한, 도둑을 맞을 징조이니 지갑이나 귀중품 단속에 각별히 신경을 써야 할 것이다. 이 달 운은 혼담의 경사 또는 득남·득녀의 경사가 있을 것이다.
11월	얽히고 설켰던 일들이 하나씩 정리되면서 심신의 안정을 찾게 될 징조이며 나갔던 재물이 들어오거나 가정에 경사가 있을 운세이다. 다만, 손재수가 있으니 보증을 서거나 동업·낙찰계·어음할인·주식투자·확장·금전거래·직업 변동 등을 하지 말라.
12월	운수가 대통하니 매사가 순조롭게 진행되고 안될 것이라고 생각한 일들도 풀려 나갈 징조이며 기다리던 곳에서 반가운 소식이 오거나 재물이 들어올 운세이다. 다만, 가정사로 부모님 또는 배우자와 의견 충돌이 있을 것이다.

823

괘

구추상강(九秋霜降)
낙엽귀근(落葉歸根)

臨之泰 **상**

구월에 서리가 내리니 낙엽이
뿌리에 떨어지는 형상이다.

해설	재물은 애써 구하지 않아도 저절로 들어올 운세이다. 다만, 생각지 않은 지출이 많을 징조이며, 사기를 당하거나 송사수가 있으니 고수익·이자·배당금을 준다는 말에 현혹되지 말라. 재산만 날린다. 또한 망신수가 있으니 이성문제에 각별히 조심을 해야 할 것이다.

금년의 운세	건강운은 과음만 하지 않는다면 큰 탈은 없다. 시험운은 최선을 다하라. 좋은 결과를 얻게 될 것이다. 취직운은 능력에 맞는 곳이면 쉽게 구한다. 직장운은 자리를 옮기거나 승진이 있을 징조이다. 재물운은 과용만 하지 않는다면 어려움이 없다.
1월	운수가 대통하니 매사가 순조롭게 진행되고 안 될 것이라고 생각한 일들도 풀려 나갈 징조이며 기다리던 곳에서 반가운 소식이 오거나 가정에 경사가 있을 운세이다. 이 달 운은 사람들을 많이 만날수록 좋은 일을 만들 수 있다.
2월	재물운은 있으나 얻는 것보다 잃는 것이 많으며 생각지 않은 지출이 많을 징조다. 또한 망신수가 있으니 이성문제에 각별히 조심을 해야 할 것이다. 특히, 친구나 친척 또는 형제지간에 다툼이 일어나 결별할 징조이니 자존심을 상하게 하는 말을 자제하라.
3월	시험운·승진운·취직운·결혼운 등이 대길한 달이다. 또한 당신이 하는 일이 주변 사람들에게 인정을 받게 될 징조이며 기다리던 곳에서 반가운 소식이 오거나 재물이 들어올 운세이다. 이 달 운은 아는 만큼 보이는 것이니 실력을 쌓아야 할 것이다.
4월	추첨운이 대길하니 주택청약예금을 들었다면 신청해 보시라. 좋은 일이 있을 징조이다. 또한, 이사를 하려고 마음을 먹었으면 하시라. 대길운이므로 재물은 애써 구하지 않아도 저절로 들어올 운세이다. 이 달 운은 범띠·말띠·개띠를 조심하라.

5 월	큰 재물은 어려워도 작은 재물은 들어올 운세이다. 다만, 당신이 믿고 의지하던 사람 또는 가장 가까이 지내던 사람이 당신 곁을 떠나게 될 징조이다. 특히, 먼 여행을 떠나게 되면 사고가 날 징조이니 떠나지 않는 것이 좋으리라.
6 월	금성(金姓)을 가까이 하면 재물을 잃거나 관재수에 휘말릴 징조이니 멀리하라. 또한 가정에 누군가 건강에 이상이 생기거나 당신이 병원을 출입할 징조이니 과음, 과식을 삼가하고 각별히 건강관리에 신경을 써야 할것이다. 이 달은 머무는 곳에서 이동수가 있다.
7 월	사람을 잘 못 사귀면 재물을 잃거나 관재수에 휘말릴 징조이니 각별히 조심하라. 또한 망신수가 있으니 이성문제에 각별히 조심을 해야 할 것이다. 재물은 들어온다 해도 곧 나가는 운세이며 생각지 않은 지출이 많을 징조이다. 이 달은 친구를 너무 믿지 말라.
8 월	매사가 힘들고 어려워도 실망하지 말고 끈기 있게 밀고 나간다면 중순에서 하순 사이에 막혔던 일들이 풀리고 재물도 얻게 되리라. 다만, 흉허물 없는 사람과 사소한 일로 다툼이 일어나 결별할 징조이니 지나친 농담을 삼가하고 자존심을 상하게 하는 말을 자제하라.
9 월	먼 여행을 떠나게 되면 사고가 날 징조이니 떠나지 않는 것이 좋으리라. 또한 충돌수가 있으니 각별히 차조심하라. 특히 손재수가 있으니 고수익 · 이자 · 배당금을 준다는 말에 현혹되지 말라. 재산만 날린다. 또한 술 냄새만 맡았어도 차 운전하지 말라.
10 월	화성(火姓)을 가까이하면 재물을 잃거나 구설수가 있을 징조이니 멀리하라. 또한 망신수가 있으니 이성문제에 각별히 조심을 해야 할 것이다. 이달 운은 조금은 손해 볼 줄도 알아야 가정이든 직장이든 지금의 자리를 지킬 수 있을 것이다.
11 월	재물은 애써 구하지 않아도 저절로 들어올 운세이다. 다만 생각지 않은 지출이 많을 징조이며 구설수가 있으니 당신의 가정일이나 신상에 관한 일들을 흉허물없는 사이라도 함부로 말하지 말라. 특히, 남의 험담을 하지 말라. 이 달은 양보하는 마음이 필요하다.
12 월	초순경에는 매사가 잘 되어 가는 듯하다가도 막히는 현상이 자주 일어날 징조이다. 그러나 끈기 있게 밀고 나간다면 중순에서 하순 사이에 막혔던 일들이 풀리고 노력한 대가를 얻게 되리라. 이 달은 식구가 한 사람 늘거나, 줄거나 둘 중의 하나다.

831

≡≡ ≡≡ 괘

明夷之謙 상

입산수도(入山修道)
본성가견(本性可見)

산에 들어가 도를 닦으니 본천성
을 가히 보리라.

해설	시험운·승진운·취직운·결혼운 등이 대길한 해이며 가정에 경사가 있거나 문서로 인한 횡재수가 따르는 운세이다. 또한, 추첨운이 대길하니 주택청약예금을 들었다면 신청해 보시라. 좋은 일이 있을 징조이다. 금년은 이사를 하면 좋으리라. 다만, 관재수·구설수가 있으니 각별히 조심하라.

금년의 운세	건강운은 신경쇠약 또는 신경성 질환에 걸릴 우려가 있으니. 마음의 안정이 필요하다. 재물운은 열심히 노력하면 기대 이상의 수익을 올리게 된다.

1월	운수가 대통하니 매사가 순조롭게 진행되고 안 될 것이라고 생각한 일들도 풀려 나갈 징조이며 기다리던 곳에서 반가운 소식이 올 운세이다. 다만 소문 듣고 보지 않은 일을 본 듯이 행동에 옮기지 말라. 반드시 화근이 생긴다,
2월	재물은 애써 구하지 않아도 저절로 들어올 운세이다. 다만, 생각지 않은 지출이 많을 징조이며 망신수가 있으니 이성문제에 각별히 조심을 해야 할 것이다. 특히, 차조심하라. 이 점만 주의한다면 큰 액운은 없으며 가정에 경사가 있을 징조이다.
3월	매사가 노력 부족으로 뜻을 이루지 못할 징조이니 좀 더 적극적으로 행동하는 것이 좋으리라. 이 달의 운은 자존심을 내세우지 말고 다수의 의견을 존중하면 좋은 일이 생긴다. 또한, 솔직한 모습을 보여 주는 것이 좋은 결과를 가져온다.
4월	사람을 잘 못 사귀면 재물을 잃거나 관재수에 휘말릴 징조이니 각별히 조심하라. 또한, 보증을 서거나 금전거래·동업·주식투자·낙찰계·어음할인·확장·직업 변동 등을 하지 말라. 이 달 운은 식구가 한 사람 늘거나 줄거나 둘 중의 하나다.

5월	매사에 힘들고 애로 사항이 많아도 끈기 있게 밀고 나간다면 중순에서 하순 사이에 막혔던 일들이 풀리고 재물도 얻게 되리라. 또한, 이사운이 대길하니 이사를 하려고 마음을 먹었으면 하시라. 좋은 일이 있을 징조이다. 길일은 9·10·19·29일이다(음력).
6월	시험운, 취직운이 대길한 달이며 나갔던 재물이 들어올 징조이다. 또한, 추첨운이 대길하니 주택청약예금을 들어 놓았다면 신청 접수를 해 보시라. 좋은 일이 있을 징조이다. 이 달 운은 혼담의 경사 또는 득남·득녀의 경사가 있으리라
7월	큰 재물은 어려워도 작은 재물은 들어올 운세이다. 다만, 생각지 않은 지출이 많을 징조이며 친척, 친구 또는 형제지간에 사소한 일로 다툼이 일어나 결별할 징조이니 조금씩 양보하고 자존심 상하게 하는 말을 자제해야 할 것이다. 특히 서·황·유·한·신·오씨 등을 조심하라.
8월	재물을 잃거나 송사수가 있으니 동업·보증·주식투자·금전거래·낙찰계·어음할인·확장·직업 변동 등을 하지 말라. 이익은커녕 본전마저도 다 날릴 운세이다. 이 달 운은 뜬구름 잡을 생각 말고 현실에 충실해야 좋으리라.
9월	몸과 마음이 바쁘고 하는 일은 많으나 실속이 없으니 마음이 심란하고 초조할 징조이다. 재물은 들어온다 해도 곧 나가는 운세이며 생각지 않은 지출이 많을 징조이다. 또한, 당신이 믿고 의지하던 사람 또는 가장 가까이 지내던 사람이 당신 곁을 떠나게 될 운세이다.
10월	운수가 대통하니 매사가 순조롭게 진행되고 안될 것이라고 생각한 일들도 풀려나갈 징조이며 기다리던 곳에서 반가운 소식이 오거나 재물이 들어올 운세이다. 이 달 운은 직장이나 집 또는 사람문제로 고민을 하게 된다.
11월	먼 여행을 떠나게 되면 사고가 날 징조이니 떠나지 않는 것이 좋으리라. 또한, 충돌수가 있으니 각별히 차조심하라. 특히, 초상집을 문상하게 되면 돌아온 후 액운이 있으니 부조금만 보내는 것이 좋으리라. 이 달 운은 금전적으로 고민하던 문제가 해결될 징조이다.
12월	얽히고 설켰던 일들이 하나씩 풀리고 당신이 그 동안 해 놓은 일들이 많은 사람들에게 인정을 받게 될 징조이다. 또한 재물은 애써 구하지 않아도 저절로 들어올 운세이며 기다리던 곳에서 반가운 소식이 올 징조이다. 이 달은 평소 아끼던 물건을 잃어버릴 운수이니 조심하라.

832

明夷之泰 [상]

괘

왕조우연(往釣于淵)
금린일지(金鱗日至)

연못에서 낚시질을 하니 금비늘이
날로 이루도다.

해설	당신이 소망하는 일 중에서 한 가지는 반드시 이룰 수 있는 운세이다. 또한, 가정에 경사가 있거나 문서로 인한 횡재수가 따르는 운세이며 시험운·승진운·취직운·결혼운 등이 대길한 해이다. 다만, 질병수와 관재수가 있으니 과음, 과식을 삼가하고 각별히 건강관리에 신경을 써야 할 것이다. 특히, 금성(金姓)을 조심하라.
금년의 운세	재물운은 가는 곳마다. 이익이 따르고 빌려 준 돈이 있으면 금년에 받는다. 다만, 동업하지 말라. 이용만 당한다.
1월	초순경에는 매사가 힘들고 애로 사항이 많을 징조이다. 그러나 끈기 있게 밀고 나간다면 중순에서 하순 사이에 막혔던 일들이 풀리고 재물도 얻게 되리라. 또한, 기다리던 곳에서 반가운 소식이 올 징조이다. 다만, 망신수가 있으니 바람피우지 말라.
2월	얽히고 설켰던 일들이 하나씩 풀릴 징조이며 시험운·취직운·승진운 등이 대길한 달이다. 또한, 추첨운이 대길하니 주택청약예금을 들었다면 신청해 보시라. 좋은 결과가 있을 징조이다. 이 달 운은 열 번의 말보다는 한 번의 행동이 더 효과적이다.
3월	큰 재물은 어려워도 작은 재물은 들어올 운세이다. 다만, 생각지 않은 지출이 많을 징조이며 형제지간이나 흉허물 없는 사람과 사소한 일로 다툼이 일어나 결별할 징조이니 조금씩 양보하고 자존심을 상하게 하는 말을 자제하라. 이 달 운은 말 못할 고민이 있지만 해결될 징조이다.
4월	가족 중에 누군가 건강에 이상이 생기거나 당신이 병원을 출입할 징조이니 과음, 과식을 삼가하고 각별히 건강관리에 신경을 써야 할 것이다. 이 달 운은 행복은 좋은 일을 하는 게 아니라 자기가 하는 일을 좋아하는 것이다.

5 월	먼 여행은 사고가 날 징조이니 떠나지 않는 것이 좋으리라. 또한, 친한 사람에게 배신을 당하거나 사기를 당할 징조이니 당신의 약점 또는 비밀에 부쳤던 속 마음을 함부로 말하지 말라. 이 달 운은 남을 믿고 진행하는 일이라면 절대로 확신하지 말라.
6 월	운수가 대통하니 매사가 순조롭게 진행되고 안 될 것이라고 생각한 일들도 풀려 나갈 징조이며 기다리던 곳에서 반가운 소식이 오거나 재물이 들어올 운세이다. 이 달 운은 기다리지 말고 적극적으로 다가가야 성공한다.
7 월	재물은 애써 구하지 않아도 저절로 들어올 운세이다. 다만, 생각지 않은 지출이 많을 징조이며 망신수가 있으니 이성문제에 각별히 조심하라. 이 달 운은 사람 사는 곳은 어디를 가도 장애물이 있기 마련이다. 장애물을 두려워하지 말고 뛰어 넘어야 한다.
8 월	당신이 노력한 일들이 주변 사람들에게 인정을 받게 될 징조이며 기다리던 곳에서 반가운 소식이 오거나 재물이 들어올 운세이다. 다만, 도둑을 맞을 징조이니 지갑이나 귀중품 단속에 각별히 신경을 써야 할 것이다. 이 달은 누군가의 일을 대신 떠맡고 책임을 질 수도 있다.
9 월	몸과 마음이 바쁘고 하는 일은 많으나 실속이 없으니 마음이 심란하고 초조할 징조이다. 또한 친척이나 친구, 형제지간 또는 흉허물 없는 사람과 사소한 일로 다툼이 일어나 결별할 징조이니 조금씩 양보하고 자존심 상하게 하는 말을 자제하라.
10 월	목성(木姓)을 가까이 하면 재물을 잃거나 관재수에 휘말릴 징조이니 멀리 하라. 또한, 사기를 당할 징조이니 보증을 서거나 금전거래·낙찰계·어음할인·주식투자·동업·직업 변동 등을 하지 말라. 이 달 운은 좋은 생각은 많은데 실천이 어렵다.
11 월	망신수가 있으니 이성문제에 각별히 조심을 해야 할 것이다. 또한, 구설수가 있으니 당신의 가정일이나 신상에 관한 일들을 흉허물 없는 사이라도 함부로 말하지 말라. 이 달 운은 힘들었던 일들이 하나씩 정리되면서 심신의 안정을 찾게 될 운세이다.
12 월	운수가 대통하니 매사가 순조롭게 진행되고 안 될 것이라고 생각한 일들도 풀려 나갈 징조이다. 또한, 기다리던 곳에서 반가운 소식이 오거나 재물이 들어올 운세이다. 이 달 운은 가벼운 질환에 걸리더라도 증세가 악화될 우려가 있으니 서둘러 치료를 해야 할 것이다.

833

明夷之復 [상]

[괘]

정중자미(靜中滋味)
최불심상(最不尋常)

고요한 가운데 자미가 가장
심상치 아니하도다.

해설	큰 재물은 어려워도 작은 재물은 들어올 운세이다. 다만, 생각지 않은 지출이 많을 징조이며 사기를 당하거나 송사수가 있으니 고수익·이자·배당금을 준다는 말에 현혹되지 말라. 재산만 날린다. 또한, 망신수가 있으니 이성문제에 각별히 조심하라. 금년은 머무는 곳에서 이동, 변동할 운이다.
금년의 운세	건강운은 과로로 인하여 질병을 얻을 우려가 있으니, 원기 회복에 힘써야 할 것이다. 시험운은 좋은 성적을 올리게 될 징조이며, 취직운은 봉급도 괜찮고 적성에 맞는 직장을 얻게 된다. 직장운은 승진이 예상된다. 다만, 구설에 주의하라. 재물운은 분수에 맞게 생활하면 어려움은 없다.
1월	몸과 마음이 바쁘고 하는 일은 많으나 실속이 없으니 마음이 심란하고 초조할 징조이다. 또한, 배신을 당하거나 구설수가 있으니 당신의 약점 또는 비밀에 부쳤던 속마음을 흉허물 없는 사이라도 함부로 말하지 말라. 이 달 운은 현상유지도 다행으로 생각하라.
2월	가정에 경사가 있거나 문서로 인한 횡재수가 따르는 운세이다. 또한, 기다리던 곳에서 반가운 소식이 오거나 재물이 들어올 징조이다. 다만, 사람을 잘 못 사귀면 관재수에 휘말릴 징조이니 각별히 조심하라. 특히, 목성(木姓)을 조심해야 할 것이다.
3월	매사가 힘들고 어려워도 실망하지 말고 끈기 있게 밀고 나간다면 중순에서 하순 사이에 막혔던 일들이 풀리고 재물도 얻게 되리라. 이 달 운은 눈앞의 이익만 추구하지 말라. 한결같은 마음으로 상대를 대하면 좋은 결과를 얻으리라.
4월	토성(土姓)을 가까이 하면 재물을 잃거나 관재수에 휘말릴 징조이니 멀리하라. 또한, 구설수가 있으니 당신의 가정일이나 신상에 관한 일들을 흉허물 없는 사이라도 함부로 말하지 말라. 특히, 돈을 빌려 주지 말라. 빌려주면 돈 떼인다.

304

5월	당신을 위해서라면 간도 빼 줄 것처럼 행동하던 사람이 하루 아침에 배신을 할 징조이니 당신의 약점 또는 비밀에 부쳤던 속마음을 함부로 말하지 말라. 이 달 운은 거래로 주고받는 모든 것을 문서로 남겨야 한다. 한 마디로 돌다리도 두들겨 보고 아는 길도 물어서 가라.
6월	큰 재물은 어려워도 작은 재물은 들어올 운세이다. 다만, 생각지 않은 지출이 많을 징조이며 사기를 당하거나 송사수가 있으니 고수익·이자·배당금을 준다는 말에 현혹되지 말라. 재산만 날린다. 또한 술 냄새만 맡았어도 차 운전하지 말라.
7월	재물은 애써 구하지 않아도 저절로 들어올 운세이다. 다만, 망신수가 있으니 이성문제에 각별히 조심을 해야 할 것이다. 이 달 운은 경쟁을 피하지 말고 과감하게 경쟁해야 좋은 결과를 얻을 것이다. 다만 융통성을 발휘해야 한다.
8월	친척이나 친구 또는 주변에 잘 아는 사람이 거시기에 투자하면 떼돈을 벌 수 있다는 유혹을 하거나 돈 좀 빌려 달라는 요청을 받게 될 징조이다. 만일 투자를 하거나 금전거래를 하게 되면 결과가 좋지 않을 운세이니 자중자애하는 것이 좋으리라.
9월	초상집을 문상하게 되면 돌아온 후 액운이 있으니 부조금만 보내는 것이 좋으리라. 또한, 먼 여행은 사고가 날 징조이니 떠나지 않는 것이 좋으며 각별히 차조심을 해야 할 것이다. 이 달 운은 직장 또는 집을 옮기게 될 징조이다.
10월	화성(火姓)을 가까이 하면 재물을 잃거나 관재수에 휘말릴 징조이니 멀리하라. 또한 친척이나 친구 또는 흉허물 없는 사람과 사소한 일로 다툼이 일어나 결별할 징조이니 조금씩 양보하고 이해하는 아량을 베풀어야 할 것이다. 특히, 보증을 서지 말라.
11월	운수가 대통하니 매사가 순조롭게 진행되고 안될 것이라고 생각한 일들도 풀려 나갈 징조이다. 또한, 기다리던 곳에서 반가운 소식이 오거나 재물이 들어올 운세이다. 이 달 운은 시험·취직·맞선·약혼 모두 좋으며 이상적인 연인도 만날 운이다.
12월	얽히고 설켰던 일들이 하나씩 정리될 징조이다. 또한 당신이 해 놓은 일들이 많은 사람들에게 인정을 받게 될 운세이며 기다리던 곳에서 반가운 소식이 올 운세이다. 이 달은 새로운 재안이나 거래를 성급하게 결정하지 말라.

841

[괘]

녹록부생(碌碌浮生)
부지안분(不知安分)

復之坤 [상]

녹록한 부생이 분수에 편한 줄을
알지 못한다.

해설	매사가 잘 되어 가는 듯하다가도 막히는 현상이 자주 일어날 징조이니 끈기와 인내가 필요하다. 또한, 사기를 당하거나 송사수가 있으니 고수익·이자·배당금을 준다는 말에 현혹되지 말라. 재산만 날린다. 금년은 집을 짓지 말라.

금년의 운세	건강운은 몸에 화상을 입거나 다칠 우려가 있으니, 불조심·물조심·차조심하라. 시험운은 경쟁자가 많아 어렵다. 취직운은 애간장을 녹인 후에 될 것이다. 직장운은 승진은 기대하지 말라. 있는 자리도 불안하다. 재물운은 요행이나 횡재는 바라지 말라. 절약하는 것만이 최선이다.

1월	큰 재물은 어려워도 작은 재물은 들어올 운세이다. 다만, 생각지 않은 지출이 많을 징조이며 구설수가 있으니 당신의 가정일이나 신상에 관한 일들을 흉허물 없는 사이라도 함부로 말하지 말라. 이 달 운은 문제를 겪어보지 못한 상태에서 포기를 하지 말라.

2월	망신수가 있으니 이성문제에 각별히 조심을 해야 할 것이다. 또한, 구설수가 있으니 당신의 가정일이나 신상에 관한 일들을 흉허물 없는 사이라도 함부로 말하지 말라. 이 달 운은 줄 것은 주고 받을 것은 받고 깔끔한 마무리가 필요하다.

3월	동쪽이나 남쪽 방향으로 이사를 하면 대길운이니 이사를 하려고 마음을 먹었으면 하시라. 좋은 일이 있을 징조이다. 큰 재물은 어려워도 작은 재물은 들어올 운세이다. 다만, 생각지 않은 지출이 많을 징조이며 충돌수가 있으니 술 냄새만 맡았어도 차 운전하지 말라.

4월	매사가 힘들고 어려워도 실망하지 말고 끈기 있게 밀고 나간다면 중순에서 하순 사이에 막혔던 일들이 풀리고 재물도 얻게 되리라. 다만, 손재수가 있으니 도둑을 조심하고 고수익·이자·배당금을 준다는 말에 현혹되지 말라. 재산만 날린다.

5월 가정에 우환이 생기거나 당신이 병원을 출입할 징조이니 과음, 과식을 삼가하고 각별히 건강관리에 신경을 써야 할 것이다. 특히, 먼 여행을 떠나게 되면 사고가 날 징조이니 떠나지 않는 것이 좋으며 각별히 차조심하라. 이 달은 한 번은 울고 한 번은 웃으리라.

6월 운수가 대통하니 매사가 순조롭게 진행되고 안 될 것이라고 생각한 일들도 풀려 나갈 징조이다. 또한, 가정에 경사가 있거나 문서로 인한 횡재수가 따르는 운세이다. 이 달의 운은 황·현·장·석·허·조·박·이·정·강씨를 조심해야 할 것이다.

7월 매사가 잘 되어 가는 듯하다가도 꼬일 징조이니 중요한 약속이나 계획은 호언장담하지 않는 것이 좋으리라. 또한, 생각지 않은 지출이 많을 징조이며 화액수가 있으니 화재 예방에 각별히 신경을 써야 할 것이다. 특히, 사고가 날 징조이니 먼 여행을 떠나지 말라.

8월 초순경에는 매사가 잘 되어 가는 듯하다가도 막힐 징조이다. 그러나 끈기 있게 밀고 나간다면 중순에서 하순 사이에 막혔던 일들이 풀리고 재물도 얻게 되리라. 이 달 운은 두 가지 중에 하나를 선택해야 할 상황이 생기겠다.

9월 큰 재물은 어려워도 작은 재물은 들어올 운세이다. 다만, 생각지 않은 지출이 많을 징조이며 송사수가 있으니 보증을 서거나 동업·주식투자·낙찰계·금전거래·확장·직업 변동 등을 하지 말라. 특히, 이사를 가지 말라. 액운이 있으므로.

10월 친척이나 친구 또는 주변에 잘 아는 사람이 거시기에 투자하면 떼돈을 벌 수 있다는 달콤한 유혹을 하거나 돈 좀 빌려 달라는 요청을 받게 될 징조이다. 만일, 투자를 하거나 금전거래를 하게 되면 결과가 좋지 않을 운세이니 자중자애하는 것이 좋으리라.

11월 사람을 잘 못 사귀면 재물을 잃거나 관재수에 휘말릴 징조이니 각별히 조심하라. 또한, 망신수가 있으니 이성문제에 각별히 조심을 해야 할 것이다. 이 달 운은 술 냄새만 맡았어도 차 운전은 하지 말라. 그동안의 노력이 물거품이 된다.

12월 손재수가 있으니 보증을 서거나 금전거래·낙찰계·어음할인·주식투자·확장·직업 변동 등을 하지 말라. 또한 구설수가 있으니 당신의 가정일이나 신상에 관한 일들을 흉허물 없는 사이라도 함부로 말하지 말라. 이 달은 마음의 갈등을 잘 극복해야 하는 달이다.

842

괘

채신음수(採薪飮水)
낙재기중(樂在其中)

復之臨　상

나물 먹고 물 마시니 낙이
그 가운데 있도다.

해설	매사가 잘되어가는 듯하다가도 꼬일 징조이니 계획을 크게 잡지 말고 축소하는 것이 좋으리라. 또한, 재물을 잃을 징조이니 보증을 서거나 고수익·이자·배당금을 준다는 말에 현혹되지 말라. 재산만 날린다. 특히, 금년은 이사를 하지 말고 집도 짓지 말라.

금년의 운세	건강운은 위장병이나, 심장 질환으로 고생할 우려가 있으니, 과음, 과식을 삼가고 지나치게 기름진 음식을 피해야 할 것이다. 시험운은 능력에 맞는 곳이면 합격된다. 취직운은 눈높이를 낮추면 가능하며, 직장운은 이동수가 있다. 재물운은 과용만 하지 않는다면 어려움은 없다.

1월	운수가 대통하니 매사가 순조롭게 진행되고 안 될 것이라고 생각한 일들도 풀려 나갈 징조이며 기다리던 곳에서 반가운 소식이 오거나 재물이 들어올 운세이다. 다만, 해서는 안 될 말을 해서 입장이 곤란하게 될 징조이다.

2월	큰 재물은 어려워도 작은 재물은 들어올 운세이다. 다만, 머무는 곳에서 이동, 변동할 징조이며 손재수가 있으니 보증을 서거나 금전거래·주식투자·낙찰계·어음할인·동업 등을 하지 말라. 이 달 운은 분수를 지켜야 작은 행운이라도 얻을 수 있다.

3월	매사가 잘 되어 가는 듯하다가도 꼬일 징조이니 계획을 크게 잡지 말고 축소하는 것이 좋으리라. 또한 구설수가 있으니 당신의 가정일이나 신상에 관한 일들을 흉허물 없는 사이라도 함부로 말하지 말라. 특히 대박을 노리지 말라. 손해만 따른다.

4월	막혔던 일들이 풀리고 생각지 않은 곳에서 반가운 소식이 오거나 재물이 들어올 운세이다. 다만, 사람을 잘 못 사귀면 재물을 잃거나 관재수에 휘말릴 징조이니 각별히 조심하라. 특히, 망신수가 있으니 바람피우지 말라.

5월	친한 사람에게 배신을 당하거나 사기를 당할 징조이니 당신의 약점 또는 비밀에 부쳤던 속마음을 함부로 말하지 말라. 특히, 고수익·이자·배당금을 준다는 말에 현혹되지 말라. 재산만 날린다. 이달 운은 분수를 지켜야 작은 행운이라도 얻을 수 있다.
6월	몸과 마음이 바쁘고 하는 일은 많으나 실속이 없으니 마음이 심란하고 초조할 징조이다. 특히, 흉허물 없는 사람이나 형제지간 또는 친구와 다툼이 일어나 결별할 징조이니 조금씩 양보하고 자존심을 상하게 하는 말을 자제해야 할 것이다.
7월	얽히고 설켰던 일들이 하나씩 풀릴 징조이며 기다리던 곳에서 반가운 소식이 오거나 재물이 들어올 운세이다. 또한, 가정에 경사가 있거나 문서로 인한 횡재수가 따르는 운세이다. 다만, 도둑을 맞을 징조이니 평소 아끼던 물건을 잘 관리해야 할 것이다.
8월	화성(火姓)을 가까이 하면 재물을 잃거나 관재수에 휘말릴 징조이니 멀리하라. 또한, 먼 여행을 떠나게 되면 사고가 날 징조이니 떠나지 않는 것이 좋으리라. 이 달 운은 술 냄새만 맡았어도 차 운전하지 말라. 그동안의 노력이 물거품이 된다.
9월	재물은 애써 구하지 않아도 저절로 들어올 운세이다. 다만, 생각지 않은 지출이 많을 징조이며 가정에 누군가 건강에 이상이 생기거나 당신이 병원을 출입할 징조이니 과음, 과식을 삼가하고 각별히 건강관리에 신경을 써야 할 것이다.
10월	망신수가 있으니 이성문제에 각별히 조심을 해야 할 것이다. 또한, 도둑을 맞을 징조이니 지갑이나 귀중품 단속에 각별히 신경을 써야 할 것이다. 이 달 운은 노력해도 안 되는 일이라 판단되면 빨리 포기하는 것이 좋다.
11월	가정에 경사가 있거나 문서로 인한 횡재수가 따르는 운세이다. 다만, 관재, 구설수가 있으니 당신의 가정일이나 신상에 관한 일들을 흉허물 없는 사이라도 함부로 말하지 말라. 이 달 운은 당신의 능력을 인정받게 된다. 또한 말 못할 고민이 해결된다.
12월	그 동안 노력한 일들이 많은 사람들에게 인정을 받게 될 징조이며 기다리던 곳에서 반가운 소식이 오거나 재물이 들어올 운세이다. 다만, 생각지 않은 지출이 많을 징조이며 특히, 남을 믿고 진행하는 일이라면 절대로 확신하지 말라,

843

괘 ䷗

인유구연(人有舊緣)
우래조력(偶來助力)

復之明夷 **상**

사람이 옛인연이 있어서 우연히
와서 돕는 형국이다.

해설	가정에 경사가 있거나 문서로 인한 횡재수가 따르는 운세이다. 또한, 당신이 소망하는 일 중에서 한 가지는 반드시 이룰 수 있는 운세이다. 금년은 시험운·승진운·취직운·결혼운 등이 대길한 해이다. 다만, 실물수와 관재수가 있으니 도둑을 조심하고 특히 금성(金姓)을 조심하라.
금년의 운세	건강운은 좋은 편이다. 다만, 변비 또는 감기, 몸살로 약간 고생할 징조이다. 재물운은 좋은 편이나 사기를 당할 우려가 있으니, 각별히 주의하라.
1월	재물은 애써 구하지 않아도 저절로 들어올 운세이다. 다만, 생각지 않은 지출이 많을 징조이며 머무는 곳에서 이동, 변동할 운세이다. 특히, 화재수가 있으니 불조심하라. 또한, 금성(金姓)을 멀리하라. 관재수가 있을 징조이므로.
2월	재물운은 있으나 흉허물 없는 사람과 사소한 일로 다툼이 일어나 결별할 징조이니 조금씩 양보하고 이해하는 아량을 배풀어야 할 것이다. 또한, 도둑을 맞을 징조이니 지갑이나 귀중품 단속에 각별히 신경을 써야 할 것이다. 다만 시험운, 취직운이 대길하다.
3월	운수가 대통하니 매사가 순조롭게 진행되고 안 될 것이라고 생각한 일들도 풀려 나갈 징조이다. 또한, 기다리던 곳에서 반가운 소식이 오거나 재물이 들어올 운세이다. 이 달 운은 시험·취직·승진·출세 모두 좋으며 이상적인 연인도 만나게 된다.
4월	재물을 잃거나 송사수가 있으니 고수익·이자·배당금을 준다는 말에 현혹되지 말라. 재산만 날린다. 또한, 구설수가 있으니 당신의 가정일이나 신상에 관한 일들을 흉허물 없는 사이라도 함부로 말하지 말라. 특히, 남의 험담을 하지 말라.

5 월	매사가 힘들고 애로 사항이 많아도 끈기 있게 밀고 나간다면 중순에서 하순 사이에 막혔던 일들이 풀리고 재물도 얻게 되리라. 또한, 문서로 인한 횡재수가 따르는 운세이다. 다만, 당신이 가장 가까이 지내던 사람이 당신 곁을 떠나게 될 징조이다.
6 월	가정에 우환이 생기거나 당신이 병원을 출입할 징조이니 과음, 과식을 삼가하고 각별히 건강관리에 신경을 써야 할 것이다. 또한, 충돌수가 있으니 먼 여행을 삼가하고 차조심하라. 이 점만 주의한다면 금전운은 양호한 편이 될 것이다.
7 월	추첨운이 대길하니 주택청약예금을 들어 놓았다면 신청 접수를 해 보시라. 좋은 일이 있을 징조이다. 재물은 애써 구하지 않아도 저절로 들어올 운세이다. 다만, 사기를 당하거나 송사수가 있으니 목성(木姓)과 금성(金姓)을 멀리하라.
8 월	사기를 당하거나 배신을 당할 징조이니 당신의 약점 또는 비밀에 부쳤던 속마음을 흉허물 없는 사이라도 함부로 말하지 말라. 또한, 보증을 서거나 금전거래 · 낙찰계 · 동업 · 어음할인 · 주식투자 · 직업 변동 등을 하지 말라. 이 점만 주의한다면 금전운은 양호한 편이다.
9 월	가정에 경사가 있거나 문서로 인한 횡재수가 따르는 운세이다. 또한, 기다리던 곳에서 반가운 소식이 오거나 재물이 들어올 징조이다. 이 달 운은 그 동안 쌓았던 인맥을 적극 활용하면 좋은 결과를 얻으리라. 다만 술 냄새만 맡았어도 차 운전하지 말라.
10 월	나갔던 재물이 들어올 징조이며 얽히고 설켰던 일들이 하나씩 풀릴 운세이다. 또한, 이사운이 대길하니 이사를 하려고 마음을 먹었으면 하시라. 이 달의 길일은 10 · 19 · 29일이다(음력). 이 달은 매매 · 교환 · 결혼 · 약혼 · 여행 · 이사 등이 대길하다.
11 월	얽히고 설켰던 일들이 하나씩 풀릴 징조이며 당신이 해놓은 일들이 많은 사람들에게 인정을 받게 될 운세이다. 재물은 애써 구하지 않아도 저절로 들어올 운세이다. 다만 고수익 · 이자 · 배당금을 준다는 말에 현혹되지 말라. 투자를 하게 되면 재산만 날린다.
12 월	운수가 대통하니 매사가 순조롭게 진행되고 안될 것이라고 생각한 일들도 풀릴 징조이며 기다리던 곳에서 반가운 소식이 오거나 재물이 들어올 운세이다. 다만, 병원을 출입할 징조이니 건강관리에 각별히 신경을 써야 할 것이다.

851

괘

주식중심(蛀食衆心)
사불안정(事不安靜)

升之泰 상

좀이 여러 마음을 먹으니 일이
안정치 못하도다.

해설	재물을 잃거나 송사수가 있으니 고수익·이자·배당금을 준다는 말에 현혹되지 말라. 재산만 날린다. 또한, 망신수가 있으니 이성문제에 각별히 조심해야 하며 특히 충돌수가 있으니 먼 여행을 삼가하고 차조심하라. 이점만 주의한다면 큰 재물은 어려워도 작은 재물은 얻으리라.

금년의 운세	건강운은 정신적이나 육체적으로 무리하지 말라. 또한 가벼운 질환에 걸리더라도 서둘러 병원을 찾아라. 합병증이 생길 징조이므로. 시험운은 좀더 실력을 쌓은 다음 기회를 노리는 것이 좋으며 취직운은 서너 번 고배를 마신 후에 합격될 것이다. 직장운은 승진은 아직 때가 아니다.

1월	몸과 마음이 바쁘고 하는 일은 많으나 실속이 없으니 마음이 심란하고 초조할 징조이다. 또한. 흉허물 없는 사람과 사소한 일로 다툼이 일어나 결별할 징조이니 각별히 말조심하라. 이 달 운은 두 가지 중에 하나를 선택해야 할 상황이 생길 징조이다.

2월	당신을 위해서라면 간도 빼 줄 것처럼 행동하던 사람이 하루 아침에 배신을 할 징조이니 당신의 약점 또는 비밀에 부쳤던 속마음을 함부로 말하지 말라. 이 달 운은 대충 하겠다는 생각은 버려라. 후회할 일이 생기니까 말이다. 또한 술 냄새만 맡았어도 차 운전하지 말라.

3월	매사가 힘들고 어려워도 실망하지 말고 끈기 있게 밀고 나간다면 중순에서 하순 사이에 막혔던 일들이 풀리고 재물도 얻게 되리라. 또한, 기다리던 곳에서 반가운 소식이 올 운세이다. 다만, 돈을 빌려 주지 말라. 빌려 주면 돈 떼인다.

4월	운수가 대통하니 매사가 순조롭게 진행되고 안 될 것이라고 생각한 일들도 풀려 나갈 징조이다. 또한, 가정에 경사가 있거나 나갔던 재물이 들어올 운세이다. 다만, 사기를 당하거나 관재수에 휘말릴 징조이니 금성(金姓)을 멀리하라.

5월	동쪽이나 남쪽 방향의 먼 여행은 사고가 날 징조이니 떠나지 않는 것이 좋으며 각별히 차조심하라. 또한, 가정에 누군가 건강에 이상이 생기거나 당신이 병원을 출입할 징조이니 과음, 과식을 삼가하고 각별히 건강관리에 신경을 써야 할 것이다.
6월	큰 재물은 어려워도 작은 재물은 들어올 운세이다. 다만, 생각지 않은 지출이 많을 징조이며 망신수가 있으니 이성문제에 각별히 조심을 해야 할 것이다. 이 달 운은 안 하는 것과 못 하는 것의 차이를 착각하지 말라. 또한, 대박을 노리지 말라. 재산만 날린다.
7월	배신을 당하거나 사기를 당할 징조이니 당신의 약점 또는 비밀에 부쳤던 속마음을 흉허물 없는 사이라도 함부로 말하지 말라. 또한 보증을 서거나 동업 · 금전거래 · 주식투자 · 낙찰계 · 어음할인 · 직업 변동 등을 하지 말라. 이달운은 노력해서도 안되는 일은 미련을 갖지 말라.
8월	화성(火姓)을 가까이하면 재물을 잃거나 관재수에 휘말릴 징조이니 멀리 하라. 또한, 망신수가 있으니 이성문제에 각별히 조심을 해야 할 것이다. 특히, 먼 여행은 사고가 날 징조이니 떠나지 말라. 이 달은 술 냄새만 맡았어도 차 운전하지 말라. 그 동안의 노력이 물거품이 된다.
9월	가족 중에 누군가 건강에 이상이 생기거나 당신이 병원을 출입할 징조이니 과음, 과식을 삼가하고 각별히 건강관리에 신경을 써야 할 것이다. 이 달 운은 매사를 배운다는 자세로 임하면 좋은 결과를 얻으리라. 또한 돈을 좇지 말고, 꿈을 좇아라.
10월	주변에 잘 아는 사람이나 소개받은 사람한테 사기를 당할 징조이니 보증을 서거나 금전거래 · 낙찰계 · 어음할인 · 동업 · 주식투자 · 직업 변동 등을 하지 말라. 또한, 망신수가 있으니 이성문제에 각별히 조심을 해야 할 것이다. 이 달은 직장 또는 집을 옮기게 될 징조이다.
11월	관재수와 구설수가 있으니 당신의 가정일이나 신상에 관한 일들을 남들에게 함부로 말하지 말라. 특히, 남의 험담을 하지 말라. 또한, 눈에 거슬리고 화가 나는 일이 있어도 참고 또 참아야 할 것이다. 특히, 당신과 가장 친한 사람이 당신 곁을 떠날 징조이다.
12월	운수가 대통하니 매사가 순조롭게 진행되고 안 될 것이라고 생각한 일들도 풀릴 징조이며 기다리던 곳에서 반가운 소식이 오거나 재물이 들어올 운세이다. 이 달 운은 행복한 삶을 원한다면 분수에 맞게 살아야 한다. 행복은 하늘에서 나눠주는 것이 아니라 내가 만드는 것이다.

852

升之謙 　상

일입산문(一入山門)
인불식선(人不識仙)

한 번 산문에 들어가니 사람이
신선을 알아보지 못하는
형상이다.

| 해설 | 매사가 잘되어 가는 듯하다가도 꼬일 징조이니 계획을 크게 잡지 말고 축소하는 것이 좋으리라. 또한, 사기를 당하거나 송사수가 있으니 고수익 · 이자 · 배당금을 준다는 말에 현혹되지 말라. 재산만 날린다. 특히, 질병수가 있으니 과음, 과식을 삼가하고 각별히 건강관리에 신경을 써야 할 것이다. |

| 금년의 운세 | 시험운은 경쟁자가 많아 어려우며, 취직운은 눈높이를 낮추면 가능하다. 직장운은 승진은 기대하지 말라. 지금 있는 자리도 불안하다. 재물운은 좋은 편이 아니니 지출을 줄이고 최대한 절약하는 것만이 최선이다. |

| 1월 | 초순에서 중순 사이에는 매사가 잘 되어 가는 듯하다가도 막히는 현상이 자주 일어날 징조이다. 하지만 끈기 있게 열심히 노력을 한다면 중순에서 하순 사이에 막혔던 일들이 풀리고 재물도 얻게 되리라. 또한, 기다리던 곳에서 반가운 소식이 올 운세이다. |

| 2월 | 매사가 노력 부족으로 막히는 일이 많을 징조이니 좀 더 적극적으로 행동을 하여야 할 것이다. 큰 재물은 어려워도 작은 재물은 얻으리라. 다만, 생각지 않은 지출이 많을 징조이다 이 달 운은 경제적으로 문제가 있으나 마무리는 잘 될 징조이다. |

| 3월 | 남의 말을 무작정 믿고 새로운 일을 시작하거나 동업 또는 직업 변동 등을 하게 되면 큰 손해를 보게 될 운세이니 자중자애하는 것이 좋으리라. 이 달 운은 자신 외에 할 수 없다는 자만심을 버리면 좋은 일이 생기리라. 또한 술 냄새만 맡았어도 차 운전하지 말라. |

| 4월 | 먼 여행을 떠나게 되면 사고가 날 징조이니 다음 기회로 미루는 것이 좋으리라. 또한, 흉허물 없는 사람과 사소한 일로 다툼이 일어나 결별할 징조이니 지나친 농담을 삼가하고 자존심을 상하게 하는 말을 자제하라. 특히, 돈 약속은 하지 말라. 지켜지기가 어려울 것이다. |

5월	운수가 대통하니 매사가 순조롭게 진행될 징조이다. 특히 추첨운이 대길하니 주택청약예금을 들어 놓았다면 신청 접수를 해 보시라. 또한, 이사운이 대길하니 이사를 하려고 마음을 먹었으면 하시라. 이 달의 길일은 10·19·20·29일이다(음력).
6월	친척이나 친구, 형제지간 또는 주변에 잘 아는 사람이 거시기에 투자를 하면 떼돈을 벌 수 있다는 유혹을 하거나 돈 좀 빌려 달라는 요청을 받게 될 징조이다. 만일, 투자를 하거나 금전거래를 하게 되면 결과가 좋지 않을 운세이니 자중자애하는 것이 좋으리라.
7월	몸과 마음이 바쁘고 하는 일은 많으나 실속이 없으니 마음이 심란하고 초조할 징조이다. 또한, 흠허물 없는 사람과 사소한 일로 다툼이 일어나 결별할 징조이니 조금씩 양보하고 자존심 상하게 하는 말을 자제하라. 이 달은 말 못할 고민이 있지만 서서히 해결될 징조이다.
8월	망신수가 있으니 이성문제에 각별히 조심을 해야 할 것이다. 또한, 도둑을 맞을 징조이니 지갑이나 귀중품 단속에 각별히 신경을 써야 할 것이다. 재물은 애써 구하지 않아도 저절로 들어올 운세이며 기다리던 곳에서 반가운 소식이 올 징조이다.
9월	수성(水姓)을 가까이 하면 재물을 잃거나 관재수에 휘말릴 징조이니 멀리하라. 또한, 횡액수가 있으니 각별히 차조심하라. 이 점만 주의한다면 금전운은 양호한 편이며 가정에 경사가 있거나 문서를 잡게 될 운세이다. 다만 보증을 서거나 주식투자·어음할인·금전거래 등을 하지 말라.
10월	심신이 피곤하고 괴로울지라도 하는 일은 비교적 수월하게 진행될 징조이다. 다만, 가족 중에 누군가 건강에 이상이 생기거나 당신이 병원을 출입할 징조이니 과음, 과식을 삼가하고 각별히 건강관리에 신경을 써야 할 것이다. 이 달은 절약하는 것이 최선이다.
11월	매사가 힘들고 어려워도 실망하지 말고 끈기 있게 밀고 나간다면 중순에서 하순 사이에 막혔던 일들이 풀리고 재물도 얻게 되리라. 다만, 망신수가 있으니 이성문제에 각별히 조심을 해야 하며 실물수가 있으니 평소 아끼던 물건을 잘 관리해야 할 것이다.
12월	운수가 대통하니 매사가 순조롭게 진행되고 안될 것이라고 생각한 일들도 풀려 나갈 징조이다. 또한, 당신이 해 놓은 일들이 많은 사람들에게 인정을 받게 될 징조이며 기다리던 곳에서 반가운 소식이 오거나 재물이 들어올 운세이다. 이 달은 약속을 꼭 지켜야 한다.

853

☷☶ 괘

升之師 상

입산금호(入山擒虎)
생사난변(生死難辨)

산에 들어가 호랑이를 잡으니
생사를 판단하기 어렵도다.

해설	큰 재물은 어려워도 작은 재물은 들어올 운세이다. 다만, 생각지 않은 지출이 많을 징조이며 사기를 당하거나 송사수가 있으니 고수익 · 이자 · 배당금을 준다는 말에 현혹되지 말라. 재산만 날린다. 특히, 망신수와 질병수가 있으니 이성문제에 각별히 조심을 해야하며 건강관리에 신경을 써야할 것이다.

금년의 운세	시험운은 좀 더 실력을 쌓은 다음 기회를 노리는 것이 좋으며, 취직운은 오라는 곳은 많으나, 봉급이 마음에 안 든다. 직장운은 이동수가 있다. 재물운은 신통치 않으니 분수를 지키고 절약하는 것만이 최선이다.
1월	매사가 힘들고 어려워도 실망하지 말고 끈기 있게 밀고 나간다면 중순에서 하순 사이에 막혔던 일들이 풀리고 기다리던 곳에서 반가운 소식이 오거나 재물이 들어올 운세이다. 다만, 고수익 · 이자 · 배당금을 준다는 말에 현혹되지 말라. 재산만 날린다.
2월	재물을 잃을 징조이니 보증을 서거나 동업 · 확장 · 금전거래 · 낙찰계 · 어음할인 · 주식투자 · 직업 변동 등을 하지 말라. 이익은커녕 본전마저도 다 날릴 운세이다. 특히 술 냄새만 맡았어도 차 운전하지 말라. 그 동안의 노력이 물거품이 된다.
3월	큰 재물은 어려워도 작은 재물은 들어올 운세이다. 다만, 생각지 않은 지출이 많을 징조이며 사람을 잘 못 사귀면 재물을 잃거나 관재수에 휘말릴 징조이니 각별히 조심하라. 이 달 운은 사람은 각자마다 판단의 기준이 다를 수 있음을 인정해야 할 것이다.
4월	정신적으로나 물질적으로 어려움이 있을 징조이며 당신이 믿고 의지하던 사람 또는 가장 가까이 지내던 사람이 당신 곁을 떠나게 될 징조이다. 이 달 운은 진정한 사랑은 상대를 좋아하는 것이 아니라 상대의 허물을 덮어 주는 것이다.

5월	당신을 위해서라면 간도 빼 줄 것처럼 행동하던 사람이 하루 아침에 배신을 할 징조이니 당신의 약점 또는 비밀에 부쳤던 속마음을 함부로 말하지 말라. 이 달 운은 고수익·이자·배당금을 준다는 말에 현혹되지 말라. 재산만 날린다.
6월	남쪽 방향의 먼 여행은 사고가 날 징조이니 떠나지 않는 것이 좋으리라. 또한, 화성(火姓)을 가까이 하면 재물을 잃거나 관재수에 휘말릴 징조이니 멀리하라. 특히, 초상집에 가지 말라. 액운이 있으므로. 이 달 운은 누군가의 일을 대신 떠맡고 책임을 질 수도 있다.
7월	한 가지 문제를 해결하고 나면 또 한 가지 문제가 터져나와 마음이 심란하고 초조할 징조이다. 특히, 도둑을 맞을 징조이니 지갑이나 귀중품 단속에 각별히 신경을 써야 하며 망신수가 있으니 이성문제에 조심을 해야 할 것이다. 이 달 운은 끈기와 인내가 필요하다.
8월	눈에 거슬리고 화가 나는 일이 있어도 참고 또 참아야 할 것이다. 관재수가 있으므로···. 또한, 당신이 가장 가까이 지내던 사람이 당신 곁을 떠나게 될 징조이다. 특히, 사람을 잘 못 사귀면 재물을 잃을 징조이니 각별히 조심을 해야 할 것이다.
9월	작은 것을 얻으려다 큰 것을 잃을 징조이니 주식투자·어음할인·보증·낙찰계·금전거래·직업 변동 등을 하지 말라. 또한, 가족 중에 누군가 건강에 이상이 생기거나 당신이 병원을 출입할 징조이니 과음, 과식을 삼가하고 각별히 건강관리에 신경을 써야 할 것이다.
10월	금성(金姓)을 가까이 하면 재물을 잃거나 관재수에 휘말릴 징조이니 멀리하라. 또한, 망신수가 있으니 이성문제에 각별히 조심을 해야 할 것이다. 특히, 남의 험담을 하지 말라. 이 달 운은 현재는 현금이요, 미래는 약속어음이다. 현실에 감사하면서 살아야 할 것이다.
11월	친척이나 친구, 형제지간 또는 흉허물 없는 사람과 사소한 일로 다툼이 일어나 결별할 징조이니 지나친 농담을 삼가하고 자존심을 상하게 하는 말을 자제하라. 특히, 대박을 노리지 말라. 손해만 따른다. 절약하는 것이 최선이다.
12월	운수가 대통하니 매사가 순조롭게 진행되고 안 될 것이라고 생각한 일들도 풀려 나갈 징조이며 기다리던 곳에서 반가운 소식이 오거나 재물이 들어올 운세이다. 다만, 생각지 않은 지출이 많을 징조이며 송사수가 있으니 돈을 빌려 주지 말라. 빌려 주면 돈 떼인다.

861

괘

師之臨 상

석양귀객(夕陽歸客)
보보망망(步步忙忙)

뉘엿뉘엿 석양이 지는데 돌아가는
나그네의 발걸음이 바쁘도다.

해설	재물을 잃거나 송사수가 있으니 고수익·이자·배당금을 준다는 말에 현혹되지 말라. 재산만 날린다. 또한, 망신수와 질병수가 있으니 이성문제에 각별히 조심해야 하며 건강관리에 신경을 써야 할 것이다. 금년은 이사를 하면 좋으리라.
금년의 운세	시험운은 경쟁자가 많아 어려우며 취직운은 눈높이를 낮추면 가능하다. 직장운은 승진은 기대하지 말라. 현재 있는 자리도 불안하다. 재물운은 생각지도 않는 지출이 많을 징조이니 약간 들어오는 수입만 믿고 계획을 세우지 말라.
1월	몸과 마음이 바쁘고 하는 일은 많으나 실속이 없으니 마음이 심란하고 초조할 징조이다. 재물은 들어온다 해도 곧 나가는 운세이며 생각지 않은 지출이 많을 징조이다. 이 달 운은 횡재수를 기대하기보다 하나씩 쌓아올린다는 계획을 세워라.
2월	큰 재물은 어려워도 작은 재물은 들어올 운세이다. 다만 생각지 않은 지출이 많을 징조이며 사람을 잘 못 사귀면 재물을 잃거나 관재수에 휘말릴 징조이니 각별히 조심하라. 이 달 운은 일이 잘 풀리지 않을 때는 접근방법을 바꿔 보시라.
3월	운수가 대통하니 매사가 순조롭게 진행되고 안 될 것이라고 생각한 일들도 풀려 나갈 징조이며 기다리던 곳에서 반가운 소식이 오거나 재물이 들어올 운세이다. 다만, 직장이든 집이든 현재의 자리가 위태롭게 느끼는 시기이니 책임 완수를 해야 할 것이다.
4월	가정에 경사가 있거나 문서로 인한 횡재수가 따르는 운세이다. 또한, 이사운이 대길하니 이사를 하려고 마음을 먹었으면 하시라. 좋은 일이 있을 징조이다. 다만, 송사수가 있으니 보증을 서거나 금전거래를 하지 말라. 특히 실물수가 있으니 지갑을 조심하라.

5 월	사람을 잘 못 사귀면 재물을 잃거나 관재수에 휘말릴 징조이니 각별히 조심하라. 또한, 친척, 친구 또는 형제지간에 사소한 일로 다툼이 일어나 결별할 징조이니 지나친 농담을 삼가고 자존심 상하게 하는 말을 자제하라. 특히, 차조심하라.
6 월	재물을 잃거나 송사수가 있으니 동업·보증·낙찰계·어음할인·주식투자·확장·금전거래·직업 변동 등을 하지 말라. 또한, 망신수가 있으니 이성문제에 각별히 조심을 해야 할 것이다. 큰 재물은 어려워도 작은 재물은 얻으리라. 이 달 운은 금전문제나 직장문제로 고민하게 될 징조이다.
7 월	금성(金姓)을 가까이하면 재물을 잃거나 구설수가 있을 징조이니 멀리하라. 또한 도둑을 맞을 징조이니 지갑이나 귀중품 단속에 각별히 신경을 써야 할 것이다. 이 달은 가정사로 부모님 또는 배우자와의 의견 충돌이 있을 징조이다.
8 월	망신수가 있으니 이성문제에 각별히 조심을 해야 할 것이다. 또한, 먼 여행은 사고가 날 징조이니 떠나지 않는 것이 좋으며 각별히 차조심하라. 이 달은 당신이 믿고 의지하던 사람 또는 가장 가까이 지내던 사람이 당신 곁을 떠나게 될 징조이다.
9 월	가족 중에 누군가 건강에 이상이 생기거나 당신이 병원을 출입할 징조이니 과음, 과식을 삼가고 각별히 건강관리에 신경을 써야 할 것이다. 또한, 구설수가 있으니 입을 무겁게 하라. 이 달은 이사를 하면 좋으리라.
10 월	매사가 힘들고 어려워도 실망하지 말고 끈기 있게 밀고 나간다면 중순에서 하순 사이에 막혔던 일들이 풀리고 재물도 얻게 되리라. 다만, 생각지 않은 지출이 많을 징조이다. 이 달 운은 약속을 지키는 것은 약속을 하지 않는 것이다.
11 월	운수가 대통하니 매사가 순조롭게 진행되고 얽히고 설켰던 일들이 하나씩 정리될 징조이며 재물이 들어올 운세이다. 또한, 가정에 경사가 있거나 문서를 잡을 징조이다. 다만 고수익·이자·배당금을 준다는 말에 현혹되지 말라. 재산만 날린다.
12 월	재물은 애써 구하지 않아도 저절로 들어올 운세이다. 다만, 생각지 않은 지출이 많을 징조이며 망신수가 있으니 이성문제에 각별히 조심을 해야 할 것이다. 이 달 운은 웃으면 웃을 일이 생기고 찡그리면 찡그리는 일이 생기며 화내면 화낼 일이 생긴다.

319

862

師之坤 [상]

일성포향(一聲砲響)
금수개경(禽獸皆驚)

대포 소리 한 방에 새와 짐승
모두가 놀라는 형상이다.

| 해설 | 큰 재물은 어려워도 작은 재물은 얼으리라. 다만, 생각지 않은 지출이 많을 징조이며 사기를 당하거나 송사수가 있으니 고수익·이자·배당금을 준다는 말에 현혹되지 말라. 재산만 날린다. 또한, 횡액수가 있으니 먼 여행을 삼가하고 각별히 차조심·물조심·불조심하라. |

금년의 운세

건강운은 가벼운 질환에 걸리더라도 합병증이 생길 우려가 있으니 조금만 이상이 있더라도 서둘러 병원을 찾아라. 시험운은 좀 더 실력을 쌓은 다음 기회를 노리는 것이 좋으며, 취직운은 오라는 곳은 많으나 봉급이 마음에 안 든다. 직장운은 승진은 기대하지 말라.

1월

매사가 잘 되어 가는 듯하다가도 막히는 현상이 자주 일어날 징조이니 계획을 크게 잡지 말고 축소하는 것이 좋으리라. 또한, 새로운 일을 시작하거나 주식투자·동업·어음할인·금전거래 등을 하지 말라. 이익은커녕 본전마저도 다 날릴 운세이다.

2월

사람을 잘못 사귀면 재물을 잃거나 구설수가 있을 징조이니 각별히 조심하라. 또한, 당신이 병원을 출입할 징조이니 과음, 과식을 삼가고 각별히 건강관리에 신경을 써야 할 것이다. 이 달은 주변 사람들의 의견을 충분히 수렴한 후에 계획을 결정하는 것이 좋으리라.

3월

큰 재물은 어려워도 작은 재물은 들어올 운세이다. 다만, 생각지 않은 지출이 많을 징조이며 도둑을 맞을 징조이니 지갑이나 귀중품 단속에 각별히 신경을 써야 할 것이다. 특히, 당신이 가장 가까이 지내던 사람이 당신 곁을 떠나게 될 징조이다.

4월

초상집에 문상하게 되면 돌아온 후 액운이 있으니 부조금만 보내는 것이 좋으리라. 또한, 먼 여행은 사고가 날 징조이니 떠나지 않는 것이 좋으며 횡액수가 있으니 각별히 차조심하라. 이 달 운은 당신이 하는 일을 긴 안목을 갖고 바라보는 자세가 필요하다.

5월	정신적으로나 물질적으로 어려움이 있을 징조이니 끈기와 인내가 필요하리라. 또한, 가족 중에 누군가 건강에 이상이 생기거나 당신이 병원을 출입할 징조이니 과음, 과식을 삼가하고 각별히 건강관리에 신경을 써야 할 것이다. 특히 친구를 너무 믿지 말라. 배신당할 운이므로.
6월	목성(木姓)을 가까이 하면 관재, 구설이 있을 징조이니 멀리하라. 또한 새로운 일을 시작하거나 동업, 주식투자, 금전거래, 직업 변동 등을 하게 되면 이익은커녕 본전마저도 다 날릴 운세이니 자중자애하는 것이 좋으리라. 이 달은 하나를 얻으려다 둘을 잃는다.
7월	망신수가 있으니 이성문제에 각별히 조심을 해야 할 것이다. 또한, 구설수가 있으니 당신의 가정일이나 신상에 관한 일들을 흉허물 없는 사이라도 함부로 말하지 말라. 특히, 남의 험담을 하지 말라. 이 달 운은 한 번은 울고, 한 번은 웃으리라.
8월	몸과 마음이 바쁘고 하는 일은 많으나 실속이 없으니 마음이 심란하고 초조할 징조이다. 특히, 먼 여행은 사고가 날 징조이니 떠나지 않는 것이 좋으며 횡액수가 있으니 각별히 차조심하라. 이 달 운은 돈 약속은 하지 말라. 지켜지기가 어려울 것이다.
9월	매사가 힘들고 어려워도 실망하지 말고 끈기 있게 밀고 나간다면 중순에서 하순 사이에 막혔던 일들이 풀리고 재물도 얻게 되리라. 다만, 생각지 않은 지출이 많을 징조이며 망신수가 있으니 이성문제에 각별히 조심을 해야 할 것이다. 특히 이·강·조·최·장씨 등을 조심하라.
10월	당신을 위해서라면 간도 빼 줄 것처럼 행동하던 사람이 하루 아침에 배신을 할 징조이니 당신의 약점이나 비밀에 부쳤던 속마음을 함부로 말하지 말라. 특히, 목성(木姓)을 가까이 하면 관재수에 휘말릴 징조이니 멀리하라. 이 달은 분수를 지키면 작은 행운이라도 얻을 수 있다.
11월	도둑을 맞을 징조이니 지갑이나 귀중품 단속에 각별히 신경을 써야 할 것이다. 또한, 질병수가 있으니 과음, 과식을 삼가하고 각별히 건강관리에 신경을 써야 할 것이다. 이 달 운은 긍정적으로 현실을 극복하려는 마음가짐이 중요하다.
12월	운수가 대통하니 매사가 순조롭게 진행되고 안 될 것이라고 생각한 일들도 풀려 나갈 징조이며 가정에 경사가 있거나 기다리던 곳에서 반가운 소식이 올 운세이다. 다만 과음하지 말라. 과음하면 그 동안의 노력이 물거품이 된다,

863

괘

師之升 **상**

동풍담양(東風淡陽)
춘화부귀(春花富貴)

동풍이 담양하니 봄꽃이 부귀로다.

해설	주택청약예금을 들었다면 신청해 보시라. 좋은 일이 있을 징조이다. 또한, 가정에 경사가 있거나 문서로 인한 횡재수가 따르는 운세이다. 금년의 운수는 당신이 소망하는 일 중에서 한 가지는 반드시 이룰 수 있는 운세이다. 다만, 관재수와 송사수가 있으니 각별히 조심해야 할 것이다.

금년의 운세	건강운은 좋은 편이며 혹여, 질환이 있더라도 좋은 의사를 만나 완치될 운세이다. 시험운은 입학·취직·자격고시 등에 무난히 합격한다. 직장운은 승진 또는 이동수가 있다. 재물은 애써 구하지 않아도 저절로 들어온다. 다만, 보증을 서거나 동업 등은 하지 말라. 이용만 당한다.

1월	운수가 대통하니 매사가 순조롭게 진행되고 안 될 것이라고 생각한 일들도 풀려 나갈 징조이며 가정에 경사가 있거나 문서로 인한 횡재수가 따르는 운세이다. 또한 기다리던 곳에서 반가운 소식이 올 운세이다. 이 달은 시험운, 취직운이 대길하다.

2월	재물은 애써 구하지 않아도 저절로 들어올 운세이다. 다만, 생각지 않은 지출이 많을 징조이며 망신수가 있으니 이성문제에 각별히 조심을 해야 할 것이다. 이 달 운은 금전문제나 집문제 또는 직장문제로 고민을 많이 하게 될 징조이다.

3월	친척이나 친구, 형제지간 또는 흉허물 없는 사람과 다툼이 일어나 결별할 징조이니 조금씩 양보하고 자존심을 상하게 하는 말을 자제하라. 이 달 운은 가정에 불화가 생기는 원인은 대화 부족·칭찬 부족이다. 다만 칭찬은 조건이 없어야 한다.

4월	남쪽이나 서쪽 방향의 먼 여행은 사고가 날 징조이니 떠나지 않는 것이 좋으며 횡액수가 있으니 각별히 차조심하라. 또한, 보증을 서거나 금전거래를 하지 말라. 이 점만 주의한다면 금전운은 양호한 편이며 가정에 경사가 있으리라.

5월	가정에 경사가 있거나 문서로 인한 횡재수가 따르는 운세이다. 또한, 기다리던 곳에서 반가운 소식이 오거나 재물이 들어올 징조이다. 이 달 운은 결정하기 어려운 일은 선배나 윗사람에게 조언을 구하면 좋은 결과를 얻으리라.
6월	얽히고 설켰던 일들이 하나씩 정리될 징조이며 오랫동안 만나지 못했던 친척이나 친구 또는 형제들을 만나게 될 운세이다. 재물은 애써 구하지 않아도 저절로 들어올 운세이다. 이 달 운은 많은 돈은 아니지만 주머니 사정이 좋아질 운이다.
7월	먼 여행은 사고가 날 징조이니 떠나지 않는 것이 좋으며 수액수가 있으니 각별히 물조심하라. 또한, 망신수가 있으니 이성문제에 각별히 조심을 해야 할 것이다. 특히, 고수익 · 이자 · 배당금을 준다는 말에 현혹되지 말라. 재산만 날린다,
8월	매사가 잘 되어 가는 듯하다가도 꼬일 징조이니 계획을 크게 잡지 말고 축소하는 것이 좋으리라. 또한, 도둑을 맞을 징조이니 지갑이나 귀중품 단속에 각별히 신경을 써야 할 것이다. 이 달 운은 분수를 지켜야 작은 행운이라도 얻을 수 있다.
9월	꿈자리도 뒤숭숭하고 자고 일어나면 몸이 천근만근처럼 무거울 징조이며 매사가 잘 되어 가는 듯하다가도 막히는 현상이 자주 일어날 운세이다. 이 달 운은 아는 사람이 거시기에 투자하면 떼돈을 벌 수 있다는 말에 현혹되지 말라. 재산만 날린다.
10월	기다리던 곳에서 반가운 소식이 오거나 문서로 인한 횡재수가 따르는 운세이며 나갔던 재물이 들어올 징조이다. 특히, 이사운이 대길하니 이사를 하려고 마음을 먹었으면 하시라. 이 달은 매매 · 맞선 · 결혼 · 약혼 · 시험 · 취직 · 집수리 등이 대길하다.
11월	재물을 잃을 징조이니 보증을 서거나 동업 · 확장 · 주식투자 · 낙찰계 · 어음할인 · 금전거래 · 직업 변동 등을 하지 말라. 또한, 구설수가 있으니 당신의 가정일이나 신상에 관한 일들을 흉허물 없는 사이라도 함부로 말하지 말라. 이 달 운은 마음의 갈등을 잘 극복해야 한다.
12월	운수가 대통하니 매사가 순조롭게 진행되고 안 될 것이라고 생각한 일들도 풀려 나갈 징조이며 기다리던 곳에서 반가운 소식이 오거나 재물이 들어올 운세이다. 이 달 운은 현실에 감사하고 살면 천국이요 불평하고 살면 지옥이다.

· **해설자** 염경만(廉敬萬)

　　1953년 서울 출생. 대한일보 신춘 문예 당선
　　입산수도 하산(入山修道下山)
　　易理學院長
　　正命學院長
　　作名學院長
　　韓國易理學會 學術委員

· **주요 저서**

　　『운 트인 사람 복 트인 사주』(태웅출판사)
　　『福 받는 이름 짓는 법』(예가출판사)
　　『八字大運法』(태웅출판사)

· **연구실**

　　서울시 영등포구 당산동 5가 32-1(3층)
　　TEL:02)2631-4971

인지

행운을 잡는 족집게
토정비결

•

2014년 1월 20일 개정 증보판 2쇄 인쇄
2014년 1월 30일 개정 증보판 2쇄 발행

•

저자 / 이지함
해설자 / 염경만
펴낸이 / 조종덕
펴낸곳 / 태웅출판사

•

135-010 · 서울 강남구 논현2동 113-3 태웅 B/D
전화 / 515-9858~9, 팩스 / 515-1950
등록 번호 / 제 2-579호
등록일자/1988. 5. 26

•